Mühl-Seidel

Die Württembergischen

Staatseisenbahnen

Die Württembergischen Staatseisenbahnen

von Albert Mühl
und Kurt Seidel
mit
106 Typenskizzen
von Rudolf Stöckle
2., verbesserte und ergänzte Auflage

Konrad Theiss Verlag Stuttgart

Alle Rechte vorbehalten
ISBN 3 8062 0249 4
© Konrad Theiss Verlag GmbH, Stuttgart 1980
2., verbesserte und ergänzte Auflage
Typographie: Hans Schleuning
Schutzumschlag, Einband und Kunstdrucktafeln: Herbert Braun, Aalen
Bild auf dem Schutzumschlag: Gemälde von Hermann Pleuer, Ausfahrender Zug. 1902.
Essen, Folkwang-Museum
Vorsatz vorn: Königliches Landhaus Rosenstein mit der Neckarbrücke und Tunnelmündung.
Lithographie von Emminger
Vorsatz hinten: Karte des Württ. Eisenbahnnetzes aus Röll, Enzyklopädie des Eisenbahnwesens
2. Auflage 1923
Gesamtherstellung: Grafische Betriebe Süddeutscher Zeitungsdienst Stuttgart und Aalen
Printed in Germany

Geleitwort zur zweiten Auflage

Wer heute in einem der schnellen und modernen Intercity-Züge der Bahn reist, der wird wohl kaum an die Anfänge der Eisenbahnen in Deutschland erinnert. Und doch ist die Entwicklung der Württembergischen Staatseisenbahnen ein Kapitel mit besonderer Bedeutung in der Geschichte unseres Landes.

Dr. Mühl und Dr. Seidel haben mit ihrem Buch »Die Württembergischen Staatseisenbahnen« die 75jährige, eigenständige Entwicklung der Bahn in Württemberg eingehend gewürdigt und sich dabei nicht auf ein reines »Bilderbuch« beschränkt, sondern sie haben mit viel Sorgfalt und großer Genauigkeit die verkehrstechnische und geschichtliche Entfaltung sowie die Zusammenhänge aufgezeigt.

Daß die erste Auflage dieses Buches, 1970 erschienen, bereits seit Jahren vergriffen ist, beweist, daß die Geschichte dieser Eisenbahn nicht nur im Lande selbst großes Interesse findet. Es zeigt darüber hinaus, daß es den beiden Autoren gelungen ist, in einer hochtechnisierten Welt Anfänge und Entwicklungen der Württembergischen Staatseisenbahnen interessant und verständlich darzustellen.

So möge dieses Buch auch in seiner zweiten Auflage eine aufschlußreiche Quelle sein, zu der man immer wieder gerne greift.

Keckeisen

Dr.-Ing. Willi Keckeisen
Präsident der Bundesbahndirektion Stuttgart

Geleitwort zur ersten Auflage

125 Jahre sind schon vergangen, seit die erste Eisenbahn in Württemberg zwischen Cannstatt und Untertürkheim gefahren ist. Was hat sich seit den Tagen, als diese 3½ km lange Strecke unter großer Anteilnahme der Bevölkerung in Betrieb genommen wurde, nicht alles getan!

Heute sind allein über 5000 km Gleise in Württemberg verlegt, werktäglich verkehren darauf mehr als 2700 Reise- und 1150 Güterzüge. Die Technik hat sich, vor allem im zweiten Teil des 20. Jahrhunderts, rasant entwickelt, aber das besagt noch lange nicht, daß die Männer, die vor über 100 Jahren Eisenbahnen geplant und gebaut haben, nicht ebenso revolutionierende Ideen gehabt haben wie die Techniker unserer Tage. Schon im Jahre 1844 gab es z. B. feste Tarife für den Transport von beladenen Fuhrwerken, der Haus-Haus-Verkehr mittels Huckepack ist also nichts Neues.

Da es verhältnismäßig wenig Material über die erste Zeit der Eisenbahn gibt, ist es um so verdienstvoller, daß die Verfasser Dr. Mühl und Dr. Seidel in diesem Buch die Geschichte der Königlich-Württembergischen Staatseisenbahnen Revue passieren lassen. Sie versetzen uns in eine Zeit, in der allein die Eisenbahn als Transportmittel die Voraussetzungen für den Aufbau einer leistungsfähigen Industrie geschaffen und der Bevölkerung die Schönheiten des Landes zwischen Taubergrund und Bodensee, zwischen Schwarzwald und dem Ries nahegebracht hat. Mit ihrer umfassenden Dokumentation, die der Technik genauso wie der baulichen Entwicklung gerecht zu werden sucht, haben die Autoren gleichzeitig auch denen, die diese Leistungen geschaffen haben, ein bleibendes Denkmal gesetzt. Möge das Buch nicht nur ein guter Beitrag zur Geschichte der Eisenbahn sein, sondern auch wertvolle Anregungen für die Zukunft der Schienenfahrzeuge geben.

Dr.-Ing. Hermann Ziller,
Präsident der Bundesbahndirektion Stuttgart

Vorwort

Die Eisenbahn ist aus der Geschichte der Menschheit nicht wegzudenken. Ohne sie sähe die Erde anders aus, ohne sie wären die Menschen andere. Sie hat einen bedeutenden Beitrag zur Geschichte geleistet, sie leistet ihn heute und wird ihn noch lange Zeit leisten. Eisenbahngeschichte ist immer ein Stück politische Geschichte, ein Stück Technikgeschichte, Kulturgeschichte, Wirtschaftsgeschichte, Sozialgeschichte. Die retrospektive Beschäftigung mit ihr soll nicht Selbstzweck sein, sondern muß zugleich Ausblicke in die Zukunft eröffnen. Vor allem ist die Eisenbahn ein Werk von Menschen für die Menschen. Sie ist von Menschen erdacht, erbaut, wird von Menschen betrieben, Menschen bedienen sich ihrer zur Fortbewegung ihrer selbst und zur Beförderung ihrer Güter. Die Technik ist hier — wie überall — Hilfsmittel, dem Menschen untertan. So stehen von Anfang an Menschen — Erfinder, Politiker, Techniker, Finanziers — im Mittelpunkt der Geschichte der Eisenbahn.

Es war der Tübinger Nationalökonom Friedrich List, der große Wegbereiter des deutschen Eisenbahngedankens, der aus seinem Kerker auf Hohenasperg seine Stimme erschallen ließ, die nicht ungehört verhallte und selbst bis zum König von Württemberg drang. Es waren Stuttgarter und Ulmer Bürger, die nach der Eisenbahn riefen. Es kamen Negrelli, Etzel und Klein aus Wien zum Neckarstrand, um ihre Kenntnisse und Erfahrungen dem Königreich Württemberg zur Verfügung zu stellen. Vergessen wir auch nicht Emil Keßler, »Longboiler«-Brockmann, Adolf Klose und Eugen Kittel!

Von den Rufen Lists wie der Ulmer und Stuttgarter Bürger war es noch ein weiter Weg voller Irrungen und Wirrungen bis zur Eröffnung der ersten Eisenbahnstrecke in Württemberg. Maßgeblich beteiligt an der Realisierung des Eisenbahngedankens und der Eisenbahnpläne in Württemberg war Ludwig Klein. Wir dürfen ihn als den »Vater der württembergischen Eisenbahn« bezeichnen. Seinem starken Einfluß entsprang auch die Entscheidung zugunsten des amerikanischen Systems, das die technische Entwicklung der Württembergischen Staatseisenbahnen zunächst in eine in Deutschland einmalige Richtung lenkte. Von Ludwig Klein und Emil Keßler bis zu Eugen Kittel spannt sich der Bogen unserer Geschichte; mit dem Abschluß war zugleich auch ein Höhepunkt der Eisenbahntechnik erreicht.

Die Verfasser haben versucht, das ganze Spektrum der Geschichte der Württembergischen Staatseisenbahnen zu durchleuchten. Es ist das erste Mal überhaupt, daß eine alle Bereiche umfassende und in sich abgeschlossene Monographie über eine deutsche Länderbahn vorgelegt wird. Dabei konnte manches Vergessene wieder ans Tageslicht gebracht, manches Unklare klargestellt, mußte das eine oder andere vorschnell oder aus der Zeit heraus gefaßte Urteil revidiert werden. Hier und da sind neue Quellen erschlossen und dadurch alte Quellen notwendigerweise neu interpretiert worden. Wir hoffen, daß wir mit dem Buch einen Beitrag sowohl zur Geschichte Württembergs als auch zur Geschichte der Eisenbahn beigetragen, zugleich aber auch Anregung und Auftrieb für das Erscheinen weiterer Länderbahngeschichten gegeben haben.

Das vorliegende Werk ist unter weitgehender Arbeitsteilung der beiden Autoren entstanden. *Kurt Seidel* hat die Kapitel über das Streckennetz, die Triebwagen und die Wagen verfaßt, *Albert Mühl* den Teil »Die Lokomotiven« geschrieben. Entsprechendes gilt für den Tabellenteil.

Unser Buch hätte ohne die Unterstützung von Einzelpersonen, Dienststellen, Archiven und Bibliotheken nicht zustandekommen können. Wir danken sehr herzlich den Herren Dr. Erhard Born, Robert Dannecker, Anton Demling, Dr. Joachim Feißel, Reinhard Freiherr Koenig-Fachsenfeld, Emil Konrad, Dr. Günther Scheingraber, Walter Trüb, der Bundesbahndirektion Stuttgart, der Maschinenfabrik Esslingen, der Schweizerischen Industriegesellschaft SIG, dem Lehrstuhl für Eisenbahnwesen der Universität Stuttgart, dem Verkehrsmuseum Nürnberg und dem Verkehrshaus der Schweiz.

Und — last not least — genügen die Autoren der selbstverständlichen wie gerne nachgekommenen Pflicht eines Dankeswortes an Verleger und Verlag, die sich seinerzeit ohne Zögern bereit erklärten, unser Projekt zu verwirklichen und mit viel Verständnis auf unsere Vorstellungen und Wünsche eingegangen sind.

Neustadt an der Weinstraße und Schwäbisch Gmünd, im Juli 1970

Albert Mühl   *Kurt Seidel*

Vorwort zur zweiten Auflage

Ein Jahrzehnt ist seit Erscheinen der ersten Auflage verstrichen. Während dieser Zeit waren beachtenswerte einschlägige Beiträge nicht zu verzeichnen. Die Autoren durften sich daher darauf beschränken, eigene inzwischen gewonnene Erkenntnisse in Form von Berichtigungen und Ergänzungen einzubringen. Letztere erstrecken sich auf die Triebwagen, die Wagen und auf die Lokomotivskizzen.

Das ausnahmslos positive Echo, mit dem die Fachwelt auf das Werk reagierte, bestätigte das Gelingen der umfassenden und abschließenden Behandlung des Themas.

Wir danken dem Verlag für Anregung und Wagnis. Möge diese zweite Auflage so freundlich wie die erste aufgenommen werden.

Neustadt an der Weinstraße und Schwäbisch Gmünd, im Januar 1980

Albert Mühl   *Kurt Seidel*

Inhalt

10

Die Triebwagen

Die Wagen

Tabellen

Das Streckennetz
Seine Entwicklung von 1845 bis 1920

Einleitung

Über die württembergischen Staatsbahnen gibt es zwar verhältnismäßig viel Literatur, aber nur sehr wenige Gesamtdarstellungen ihrer geschichtlichen Entwicklung. *Georg Morlok*, Eisenbahnbauer und Praktiker, gestaltet das Thema in seinem Werk ›Die Königlich Württembergischen Staatseisenbahnen‹[1] umfassend und fundiert. Vor dem Leser erstehen 55 Jahre Eisenbahngeschichte, von ihren Anfängen bis 1889. *Oskar Jakob*, Nationalökonom, behandelt dasselbe Gebiet für den gleichen Zeitraum vom volkswirtschaftlichen Standpunkt aus. ›Die königlich württembergischen Staatseisenbahnen in historisch-statistischer Darstellung‹[2] stellen einen Rechenschaftsbericht über die Rentabilität der Staatsbahnen dar. Im Gegensatz zu diesen beiden Werken fehlt der Arbeit ›Die Entwicklung des Eisenbahnwesens‹[3] von *Otto Supper* — zum 50jährigen Bestehen von der Generaldirektion in Auftrag gegeben — jegliche Kritik. Zwar gibt sie Aufschluß über die Entwicklung, vor allem über die organisatorische und verwaltungstechnische Gliederung, der Autor begibt sich aber selbst des Anspruchs auf wissenschaftliche Unabhängigkeit, wenn er schreibt: »Die Denkschrift erhebt keinen Anspruch auf eine erschöpfende Darstellung der Entwicklung des Eisenbahnwesens in Württemberg, sie sucht vielmehr nur das Wesentliche dieser Entwicklung unter Vermeidung von kritischen Betrachtungen übersichtlich zusammenzufassen«.[4]

Eines ist allen drei obengenannten Darstellungen gemeinsam. Sie greifen auf Quellen zurück, die der Kenner heute vergeblich sucht, weil sie aus mehrfachen Gründen verschollen sind. ›Württembergs Eisenbahnen mit Land und Leuten an der Bahn‹ von *Oskar Fraas*[5], eine sehr informative Studie, beschränkt sich auf die Beschreibung der bereits vorhandenen Bahnen. Zum Jubiläumsjahr 1895 erschien schließlich noch von *Finanzrat Kaltenmark* unter dem Titel ›Die württembergischen Eisenbahnen‹ im ›Röll‹ eine knappe geschichtliche Zusammenfassung. In den nachfolgenden Jahrzehnten gab das ›Württembergische statistisch-topographische Bureau‹ in periodischen Abständen Publikationen über das Thema ›Eisenbahn‹ heraus z. B. in den bekannten Oberamtsbeschreibungen und im Sammelwerk ›Das Königreich Württemberg‹ von *Knapp*.[7]

In dem Beitrag von *Paul Beyerle*, erschienen im Sammelwerk ›Württemberg unter der Regierung Wilhelms II.‹[8] zum Jubiläum des Monarchen im Jahre 1916, wird aus der Sicht des Finanzpolitikers eine Rückschau auf die Jahre 1891—1916 gegeben. Der Verfasser war im Kommerziellen Dienst der Generaldirektion. *Albert Kuntzemüller* streift in ›Die badischen Eisenbahnen‹[9] — bei den langen gemeinsamen Grenzen »vom See bis an des Maines Strand« — immer wieder Probleme, die die Eisenbahnpolitik beider Staaten berühren.

Mein verehrter Lehrer *Josef Griesmeier* veröffentlichte 1929 einen Beitrag ›Eisenbahn und Kraftwagen‹[10], in dem er Untersuchungen über das allmähliche Vordringen des Autos und seiner Stellung zur Eisenbahn anstellte und dabei zu ganz beachtlichen Ergebnissen kam.

Wertvolle Materialien enthalten auch die ›Verwaltungsberichte für die Königlich Württembergischen Verkehrsanstalten‹[11], leider nur für die Zeit von 1879 bis 1913.

Aus neuerer Zeit verdienen noch zwei Dissertationen Beachtung. Sie stammen alle aus der Feder von Geographen. *Margarete Oberreuter*[12] beschäftigte sich mit der Nah- und Fernverkehrsfunktion der württembergischen Eisenbahn und entwickelte dabei ein Verfahren, die Stationsferne kartographisch darzustellen. Eine Parallelarbeit legte *Johann Hansing*[13] für Baden vor, desgl. *Ute Feyer* 1956[14] in ihrer Betrachtung zur Karte der Streckeneröffnungen in Baden-Württemberg.

Die Studie von *Ottmar Hess* ›Das Eisenbahnwesen in Württemberg‹ in den ›Veröffentlichungen des Statistischen Landesamtes von Baden-Württemberg‹[15] vermag der wissenschaftlichen Sonde nicht standzuhalten.

Eine Fundgrube besonderer Art sind die Bilder des Eisenbahnmalers und Impressionisten *Hermann Pleuer*. Sie zeichnen sich durch darstellerische Genauigkeit aus und alte Farbgebungen der Fahrzeuge der K.W.St.E. können oft nur mit ihrer Hilfe — viele seiner Werke hängen auf Schloß Fachsenfeld (dort befinden sich auch eine Anzahl Skizzenbücher des Meisters), in der Staatsgalerie Stuttgart und in der Galerie der Stadt Stuttgart —, aufgestöbert werden.

Schließlich sei noch das zweibändige Werk von *Alfred Dehlinger* ›Württembergs Staatswesen‹[16] erwähnt. Wer die württembergische Eisenbahngeschichte studiert, kann an diesem lückenlosen Quellenwerk nicht vorbeigehen.

Das Königreich Württemberg

Württemberg als räumliche Einheit ist in seinen Grenzen, die auch nach der Bildung des Bundeslandes Baden-Württemberg noch heute in den beiden Regierungsbezirken Nord- und Südwürttemberg erhalten sind[17], in diesen Ausmaßen ein verhältnismäßig junges Gebilde. Es verdankt seine Entstehung jener bekannten Entwicklung, die nach dem Ausbruch der Französischen Revolution auf die Territorien des alten Reiches übergriff und somit staatspolitisch umwälzende und umformende Folgen haben mußte.

Einen Blick auf die alte Landkarte mit der buntgescheckten territorialen Aufgliederung gegen 1795 läßt uns *Peter Lahnstein* tun: »Im Südwesten des alten Reiches ist das einzige Territorium von halbwegs stattlichem Umfang das Herzogtum Wirtemberg, einigermaßen arrondiert zwischen Lorch im Remstal und Schiltach im Kinzigtal; natürlich nicht ohne Exklaven wie Heidenheim und Hohentwiel, eingesprengte Enklaven wie Eßlingen und Weil der Stadt; seine relative Größe sollte alsbald von ausschlaggebender Bedeutung werden, denn in diesem ersten Jahrzehnt des 19. Jahrhunderts geht es, wie so oft, nach dem Grundsatz, daß dem, der da hat, gegeben und dem, der wenig hat, das wenige genommen wird. Fast nur symbolisch erscheint die Präsenz des Erzhauses Österreich. Von der geschlossenen Ländermasse, deren westlicher Zipfel Vorarlberg bildet, zieht sich ›Vorderösterreich‹ wie ein Kometenschweif zum Rhein bei Breisach und hinüber zu den Vogesen — aber die Besitzungen im Elsaß sind bereits verloren, die vorderösterreichische Regierung von Ensisheim nach Freiburg retiriert, im Breisgau als dem größten Teil dieser kleinen Länderfetzen. In Schwaben sind es die Grafschaften Nieder- und Oberhohenberg, die fünf Donaustädte und Ehingen und die ›Landvogtei Schwaben‹, die hauptsächlich aus dem Altdorfer Wald besteht. Die Reichsstädte! Im späteren Württemberg allein weit über ein Dutzend, Ulm und Hall mit einem beträchtlichen Territorium; bei den meisten besteht das Hoheitsgebiet aus nicht mehr als ein paar Dörfern vor den Toren, manche sind Zwerggebilde wie Bopfingen oder Buchau, wo sich auf engstem Raum zwei Reichsstände befinden, die Reichsstadt, ein Fischernest und das gefürstete freiweltliche Damenstift. Mit letzterem sind wir bei den geistlichen Territorien angekommen, den reichsfreien Stiften und Abteien und sonstigen Ländereien unter dem Krummstab; die größte in Schwaben ist die Fürstpropstei Ellwangen; eine eigene Erwähnung verdienen die Deutschordensgebiete Mergentheim und Neckarsulm, Kapfenburg und Altshausen. Endlich die kleinen Fürstentümer, in Franken die Hohenloheschen, in Oberschwaben vor anderen die Waldburg in verschiedenen Zweigen, Zeil, Wolfegg etc., und die ritterschaftlichen Territorien — erschöpfend ist diese Aufzählung nicht. Kunterbuntes Gebrösel, zersplittert, zerkrümelt ... Verzopft, skurril, fidel, malerisch und lächerlich waren diese zwergischen Staatswesen, auch nicht ohne Züge von Derbheit und Roheit, die sich unter Fürsten von Waldburg-Wolfegg oder Hohenlohe-Langenburg, unter dem Abt von Ochsenhausen oder der

Äbtissin von Heiligkreuztal, oder als Senatus Populusque Bopfingensis präsentierten; über all dem in der Ferne der römisch-deutsche Kaiser, zum Mythos halb und halb zum Spott geworden, eine politische Realität nur als Herr seiner Hausmacht Österreich. So waren die öffentlichen Dinge im alten Reich zu der Zeit, da in der Glut der Französischen Revolution eine alte Welt zerschmolz und eine neue ihren Anfang nahm. So lag das alte Deutsche Reich, und zunächst seine Provinzen am Oberrhein, Neckar und Main, in den 1790er Jahren an den Grenzen des vulkanisch bebenden Frankreich. Wenn man die Bildung des Landes Württemberg darstellen will, ist es unerläßlich, sich die Situation im großen zu vergegenwärtigen. Wenden wir uns nun den wichtigsten Elementen zu, die zwischen 1801 und 1810 zum Staat Württemberg zusammenwachsen sollten, nämlich dem Herzogtum Wirtemberg als dem Kernland; den Reichsstädten; den oberländischen Reichsständen, geistlichen und weltlichen, mit Vorderösterreich; den Hohenloheschen Herrschaften.«[18] Für seine Verluste auf dem linken Rheinufer, der gefürsteten Grafschaft Mömpelgard (Montbéliard) und den Herrschaften Horburg und Reichenweiher (Riquewihr), beide bei Colmar, wurde der regierende Herzog Friedrich II. durch den Pariser Vertrag vom 20. Mai 1802 und den Reichsdeputationshauptschluß von Regensburg vom 15. Februar 1803 aufs erste so gut entschädigt, daß die Folgen des Friedens von Lunéville mit der natürlichen Rheingrenze verschmerzt und sogar aufgewogen waren[19]. Das Herzogtum wurde zum Kurfürstentum, was als deutlicher Schlag gegen Österreich zu verstehen war, denn gerade die Verweltlichung der geistlichen Gebiete und die Einverleibung der Reichsstädte raubten, da sie stets eine Stütze der österreichischen Macht waren, die erforderliche Mehrheit im Reichstag[20]. Mit anfänglichen Versuchen, sich in der weiteren Entwicklung neutral zu verhalten, hatte Kurfürst Friedrich kein Glück und am 5. Oktober 1805 kam es zu der Entscheidung nach einem Gespräch mit Napoleon im Schloß zu Ludwigsburg. Württemberg war nun französischer Vasallenstaat geworden und am gleichen Tage erfolgte die Kriegserklärung an Österreich. Ney war bereits an der Donau, lieferte die Schlacht bei Elchingen und bereits am 20. Oktober 1805 kapitulierte Ulm, wo sich das österreichische Heer geschlagen geben mußte. Der Friede von Preßburg vom 26. Dezember 1805 brachte Friedrich schließlich die Königswürde, gleichzeitig mit seinem Nachbarn, dem Wittelsbacher Kurfürsten Max Josef von Baiern.

König Friedrich I. nahm auch an der ›Verwandtengunst‹ teil, indem er seine Lieblingstochter Katharina Jérôme Bonaparte, dem König von Westfalen, zur Frau gab, womit gleichzeitig die Anwartschaft auf Mergentheim und Ulm verbunden war[21]. Die Rheinbundakte vom 12. Juli 1806 schuf schließlich die Verbindung der deutschen Fürsten unter dem Protektorat Napoleons mit Ausnahme von Österreich, Preußen, Braunschweig und Kurhessen[22]. Mit der Niederlegung der Kaiserkrone durch Franz II. am 6. August 1806, eine natürliche Konsequenz politischer Entwicklung, war schließlich die Kaiserwürde verschwunden[23]. Selbstverständlich trug die Parteinahme reiche Früchte. Mergentheim, der Sitz des Hoch- und Deutschmeisters, wurde gleichzeitig mit der Aufhebung des Deutschordens als Folge des Schönbrunner Friedens vom 14. Oktober 1809 nicht ohne Blutvergießen annektiert. Der Vertrag von Compiègne vom 24. April 1810 brachte noch weitere Landgewinne. Mit den Nachbarn Bayern und Baden wurden Tauschverträge geschlossen[24 25].

Es würde zu weit führen, der Entwicklung nachzugehen, die schließlich durch den Wiener Kongreß ihren Abschluß fand.

Für unsere Betrachtung sind zwei Gebietstausche wichtig, die für die spätere verkehrspolitische Entwicklung von ausschlaggebender Bedeutung waren: Der Erwerb der seit 1803 an Bayern angeschlossenen ulmischen Gebiete nördlich der Donau und bis hinunter nach Geislingen durch Württemberg und die Abgabe altwürttembergischer Gebiete an Baden, nämlich das Oberamt Hornberg mit Hornberg und Schiltach und das Amt St. Georgen im Schwarzwald. Diese beiden Ereignisse, sowie der Erwerb württembergischen Anteils am Bodenseeufer, wurden wesentliche Voraussetzungen der württembergischen Verkehrspolitik der kommenden Jahrzehnte[26]. Der Gebietsstand des Staatsgebietes von ›Württemberg‹, wie nun der offizielle Name lautete, war beachtlich vergrößert worden. Er war um das Doppelte angewachsen und betrug nunmehr genau 19 514 km². Die Bevölkerung war auf eine Ziffer von 1 340 000 Seelen angestiegen und das bisher ausgesprochen protestantische Land hatte einen Zuwachs von 400 000 katholischen Einwohnern zu verzeichnen[27]. Einige Tage, bevor in Frankfurt der Deutsche Bund mit der Eröffnung des Bundestages vom 5. November 1816 geschaffen wurde, starb König Friedrich I.[28].

Der Monarch hatte noch zu seinen Lebzeiten großen Wert darauf gelegt, die neu erworbenen Landesteile durch Kunststraßen miteinander zu verbinden. Schon durch das Organisationsmanifest von 1806 wurde die ›Oberchaussee-Intendanz‹ geschaffen[29], aus der dann 1811 die Sektion des Straßen-, Brücken- und Wasserbaus hervorging. Unverkennbar war die Tendenz, die Metropole Stuttgart, die eine zentrale Lage im vergrößerten Territorium hatte, als Ausgangspunkt eines guten Straßennetzes zu machen. Als *Wilhelm I.* 1816 den Thron seines Vaters bestieg, waren schon ca. 2000 km Straßen verbessert oder auch neu trassiert, wie zum Beispiel die Straße von Freudenstadt über die Paßhöhe des Kniebis in Richtung Renchtal und Elsaß[30].

Ein besonders gutes Beispiel einer modernen Chaussee bildete die ›Neue Weinsteige‹, die *Eberhard Etzel,* der Vater von Karl Etzel, von dem noch zu hören sein wird, erbaut hat. Dies waren die ersten Ansätze wirkungsvoller Verkehrspolitik.

Zu Beginn des Eisenbahnzeitalters zeigte sich Württemberg als eine geschlossene und abgerundete geographische Einheit, die sich von Mergentheim im Norden bis an die Gestade des Bodensees rund um die einstige Reichsstadt Buchhorn, neuerdings ›Friedrichshafen‹ genannt[31], und von Neresheim im Härtsfeld im Osten bis zu den Höhen des Kniebis im Westen erstreckte. Dazwischen waren noch die Hohenzollerischen Gebiete eingebettet. Die Lage der Grenzen war nicht sehr glücklich. Die einzige natürliche Grenze bildete der Flußlauf der Iller von deren Mündung in die Donau oberhalb Ulm bis in die Gegend südwestlich von Memmingen. Diese Grenzen, Produkte politischer Willkür und Zufälle, wie wir vorher schon erfahren haben, lasteten als schwere Hypotheken auf dem Lande, wie sich in den späteren Jahrzehnten erweisen sollte.

1834 - 1844

Recherchen in England - Wasserstraßen oder Eisenbahn? - Gründung der ›Ulmer Eisenbahngesellschaft‹ - ›Württembergische Eisenbahn-Gesellschaft‹ - Staatliche Initiative und erster Planungsauftrag - Programm Schlayer in der Diskussion - Negrelli, der erste Gutachter - ›Königliches Sanktions-Reskript‹ - Bildung der Eisenbahn-Kommission - Eisenbahngesetz vom 18. April 1843 - Charles Vignoles: eine Enttäuschung - Ludwig Klein, Karl Etzel und Michael Knoll

Recherchen in England

Als sich in den zwanziger Jahren des 19. Jahrhunderts in England, dem Mutterland der Eisenbahn, das neue Verkehrsmittel immer größerer Beliebtheit erfreute und populär zu werden begann, dachten die fortschrittlichen Kräfte im kontinentalen Europa ebenfalls daran, diese neuartige Beförderungsart der Allgemeinheit nutzbar zu machen. Ende der zwanziger Jahre schon gab es Bahnen, die mit Hilfe tierischer Kraft betrieben wurden, wie die bekannte Salzbahn von Urfahr bei Linz nach Budweis.

Die ersten Eisenbahnen auf dem Kontinent waren zumeist kurze Strecken in der Nähe der Residenzen[32]. Es nimmt nicht wunder, daß man auch in Württemberg früh auf dieses neue Verkehrsmittel aufmerksam wurde.

Der Nationalökonom *Friedrich List*, vor seiner Emigration auf der Festung Hohenasperg eingekerkert, schickte bereits im Jahre 1824 diesbezügliche Vorschläge an den bekannten Verleger *Johann Friedrich von Cotta*. Dieser konnte die Gedanken des Inhaftierten dem Monarchen Wilhelm I. befürwortend vorlegen[33]. Auf diese Anregung hin wurde der Ingenieur-Oberlieutenant *Duttenhofer* von Wilhelm I. beauftragt, eine Erkundungsreise auf die Britischen Inseln zu unternehmen, um die dort schon im Betrieb befindlichen Eisenbahnen zu begutachten und sich von den Erfahrungen berichten zu lassen. Weitere Studienreisen nach Belgien und Frankreich folgten[34]. Offensichtlich waren die Berichte so günstig, daß man zur weiteren Sondierung der Möglichkeiten eine Sonderkommission einsetzte, deren Aufgabe lautete, ›die Verbindung des Rheins und der Donau mittels des Kochers und der Brenz, zweckmäßigerweise aber durch die Anlage von Eisenbahnen‹ zu untersuchen[35].

Wasserstraßen oder Eisenbahn?

Nach vorhergehender Prüfung einer evtl. Kanalverbindung befürwortete die Kommission, sie setzte sich aus Finanzräten und Technikern zusammen, im Jahre 1834 die Anlage einer ›Eisenbahn von Stuttgart durch das Rems-, Kocher- und Brenztal nach Ulm und von da aus an den Bodensee‹[36]. Der Widerhall rings im

Lande blieb nicht aus und in den verschiedenen angesprochenen Regionen wurde man hellhörig. Es bildeten sich Gremien, die sich aufmerksam mit diesen Plänen befaßten und schließlich auch die Ideen von Friedrich List verfolgten, der — nunmehr als amerikanischer Staatsbürger — sich wieder auf den Kontinent begab und eifrig für den Eisenbahngedanken warb[37]. Seine Heimat, die ihn verstoßen hatte, mied er verständlicherweise.

Gründung der ›Ulmer Eisenbahn-Gesellschaft‹

Ein wichtiges Ereignis soll hier erwähnt werden, das dem Eisenbahngedanken in Württemberg den nötigen Impuls verlieh. Noch war in der einstigen Reichsstadt Ulm der Unmut über den Anschluß an Württemberg nicht verraucht. War Ulm doch während seiner siebenjährigen Zugehörigkeit zu Bayern Distriktshauptstadt von Bayrisch Schwaben gewesen, eine Rolle, die es nach der Angliederung an Württemberg an Augsburg hatte abgeben müssen, und — was die Lage noch erschwerte — ein beachtlicher Teil Ulmer Gebietes war bei Bayern geblieben, das bayrische Gegenstück Neu-Ulm entstand[38]. So hatte es die Stadt schwer, ihre alte Bedeutung zu behalten und fühlte sich durch die neue Metropole Stuttgart vollkommen in den Hintergrund gedrängt, zumal auch die Angliederung der Reichsstädte an Württemberg auf entehrende Art und Weise erfolgt war. In dieser Situation schnitt das Bürgerkollegium — vornehmlich Angehörige des Ulmer Handelsstandes — in der Stadtratssitzung am 22. September 1835 erstmals die Eisenbahnfrage an und faßte eine Resolution, in der der Wunsch zum Ausdruck gebracht wurde, die Stadt Ulm möge bei der Eisenbahnfrage unter allen Umständen als bedeutender Handelsplatz berücksichtigt werden. Noch im Dezember desselben Jahres bildete sich eine ›Ulmer Eisenbahn-Gesellschaft‹, deren ausdrücklicher Zweck darin bestand, auf eine direkte Eisenbahnverbindung zwischen Cannstatt und Ulm über Plochingen, Göppingen, Geislingen mit allen Mitteln hinzuarbeiten. Die Linie sollte von Ulm aus an den Bodensee bei Friedrichshafen über Biberach und Ravensburg führen. Am 21. Dezember 1835 wurde das Direktorium dieser Gesellschaft gewählt. Als Sekretär des Gremiums fungierte *Dr. Dietrich Konrad Haßler.* Dieser Mann hat sich in den folgenden Jahren mit allem Nachdruck und mit großer Überzeugungskraft — auch in seiner Eigenschaft als Abgeordneter — für die Eisenbahnbelange von Ulm und seinem Hinterland eingesetzt. Im Auftrage des Direktoriums der Gesellschaft verfaßte er den Text einer Eingabe an den Ulmer Rat vom 26. Dezember 1835. In diesem Schriftsatz betonte er mit allem Nachdruck, daß der Ulmer Anschluß an die Eisenbahn eine wirkliche Lebensfrage für die in ihrem Wohlstand tief gesunkene Stadt sei. Nur durch die Gelegenheit eines Eisenbahnanschlusses könne die Stadt Ulm, angesichts ihrer glücklichen Lage im Mittelpunkt des süddeutschen Straßennetzes, wieder ihre verlorene Bedeutung in Handel und Gewerbe erlangen. Andernfalls würde der Stadt ihr alter Durchgangshandel verloren gehen, wenn, wie es eine andere Interessenrichtung wolle, die Verbindung zwischen Württemberg und Bayern an einem anderen Punkt der Donau auslaufe und ein bayerisches Donaustädtchen — hier ist offensichtlich Regensburg gemeint — ein wichtiger Stapelplatz des Donauhandels werde. Auch würde, so betonte Haßler mit Nachdruck, die beantragte Dampfschiffahrt auf der Donau vor ihrem Entstehen zu Grunde gehen[39]. Dieses lebhafte Eintreten des jungen Ulmers hatte schließlich zur Folge, daß der Rat der Stadt Ulm beschloß, für den Bahnbau eine Summe von 100 000 fl, gestückelt in 1000 Aktien, aus der Stadtkasse zuzusichern. Voraussetzung dazu war allerdings die Führung der Bahn über Eßlingen, Göppingen und Geislingen nach Ulm und von dort aus über Biberach und Ravensburg nach Friedrichshafen. Diese Streckenführung blieb somit auch in den folgenden Jahren, als sich die gegensätzlichen Meinungen naturgemäß im Remstal und der Ostalb bemerkbar machten, das Hauptanliegen der Ulmer Handels- und Industriekreise, nicht zuletzt der Stadt selbst. Ulm verstand es, die an der gewünschten Route gelegenen Städte und Orte im Filstal und in Oberschwaben in sein Interesse zu ziehen.

Dieses Bestreben einer Stadt, ihres Rates und ihrer Bevölkerung, ihre alte Bedeutung wieder zu gewinnen, hatte für die Verkehrspolitik in Württemberg zur Folge, daß sie sich diese Gedanken zu eigen machte und nun selbst den Weg über Ulm nachdrücklich unterstützte. Schließlich war man in der Residenz Stuttgart bemüht, auf diese Weise die vielen Ressentiments der Ulmer gegen Württemberg abzubauen.

›Württembergische Eisenbahn-Gesellschaft‹

Unabhängig davon hatte sich in Stuttgart eine Interessengemeinschaft gebildet, deren Ziel es war, von Stuttgart an den Neckar nach Cannstatt oder Berg eine Bahn zu bauen. Beide Gesellschaften trafen sich am 3. Januar 1836 in Stuttgart zur eingehenden Besprechung dieser Vorhaben. Dabei sondierte man die Frage eines Zusammenschlusses, der bereits in einer zweiten Versammlung am 15. Mai 1836 erfolgte. Unter der Bezeichnung ›Württembergische Eisenbahn-Gesellschaft‹[40] trat die Vereinigung vor die Öffentlichkeit. Man einigte sich auch rasch auf ein festes Programm und zwar sollte — abweichend vom Ulmer Vorschlag—Heilbronn mit seinem Neckarhafen zum Ausgangspunkt der Bahn zum Bodensee werden. Aktien von insgesamt 9,5 Millionen fl. wurden gezeichnet. Der Kostenvoranschlag für das geplante Vorhaben war aber wesentlich höher. Als auch noch die von vielen Mitgliedern erwartete Konzessionserteilung ausblieb — auf eine Eisenbahn auf privater Grundlage wollte man sich vorläufig nicht einlassen — zog ein Teil der Aktionäre seine Einlagen zurück und so kam es schließlich am 31. Mai 1838[41] zur Liquidation der Gesellschaft. Was verblieb war ein Verein, der es sich zur Aufgabe machte, das Problem weiter zu verfolgen und auch der Regierung entsprechende Ratschläge zu erteilen.

Staatliche Initiative und erster Planungsauftrag

Der abschlägig beschiedene Antrag des Verlegers von Cotta vom Jahr 1835 verschwand auch in den Schubladen, hatte aber zusammen mit den vorher genannten Bestrebungen immerhin das Ergebnis, daß sich die staatlichen Stellen nunmehr allen Ernstes mit dem Eisenbahngedanken beschäftigen mußten. Wichtig war hier allerdings eine kluge Planung, denn es gab englische Kreise, die — vom Gedanken einer Landbrücke via Südosteuropa und Kleinasien nach den britischen Besitzungen in Indien ausgehend — am Bau einer Bahn durch Württemberg auf privater Basis interessiert waren[42]. Derartigen Spekulationen wurde gleich von Anfang an energisch entgegengetreten. Die Zielsetzung war klar. Die staatlichen Stellen nahmen die Angelegenheit selbst in die Hand, Eisenbahnbau sollte Sache des Staates sein. Damit beschritt Württemberg von Anfang an den Weg des Staatsbahnprinzips und zeigte sich beispielhaft.

Der Finanzminister *Herdegen* machte Ernst und ließ in den Staatshaushaltsplan 1836/39 ›zur Förderung und Unterstützung der Eisenbahnunternehmungen‹ 100 000 fl. als vorläufigen Fonds für die erforderlichen Vorarbeiten und Terrainuntersuchungen einplanen[43].

Oberbaurat *Bühler* und Generalmajor *Seeger* begannen 1836 mit den Vorarbeiten, die sich auf eine generelle Projektbearbeitung erstreckten.

Bühler erhielt den Auftrag, die Strecken

1. Cannstatt — Neckar — Fils — Albrand — Ulm
2. Sontheim — Ulm
3. Ulm — Friedrichshafen

zu bearbeiten. Seeger war für die Strecken

4. Cannstatt — Gmünd — Aalen — Heidenheim — Sontheim
5. Cannstatt — Heilbronn
6. Eglosheim — Baden in Richtung Pforzheim
                  Baden in Richtung Bruchsal

zuständig.

Auffallend war die Wahl Cannstatts zum Ausgangs- und Mittelpunkt des geplanten Netzes. Sie wird verständlich, wenn man bedenkt, daß sich in Cannstatt

1. *Stuttgarter Nord-bahnhof. Gemälde von Pleuer, 1908*

2. *Stuttgarter Bahn-hof bei Regen-stimmung. Gemälde von Pleuer, 1905*

3. Lok Klasse F2.
Skizze von Pleuer,
1902

4. Lok Klasse AD.
Skizze von Pleuer,
1907

5. Wagenstudie
von Pleuer, 1907

6. *Stuttgarter Güter-bahnhof. Skizze von Pleuer, 1908*

7. *Stuttgarter Hauptbahnhof. Skizze von Pleuer, 1908*

8. *Lokomotivremise Stuttgart Nord-bahnhof. Skizze von Pleuer, um 1908*

9. *Südliche Halle
alter Stuttgarter
Bahnhof*

10. *Alter Stuttgarter
Bahnhof, um 1870.
Im Vordergrund
Lok Klasse D —
Umbau*

eines der 20 Oberpostämter des Hauses Thurn und Taxis befand. Als Postdurchgangsstation war Cannstatt eine der bedeutendsten im Reich.

Die Regierung drängte auf rasche Bearbeitung der Projektstudien. Da aber die Materie völlig neu war, so fehlten den mit der Durchführung Beauftragten jegliche Richtlinien und die Vorarbeiten zogen sich bis in das Jahr 1839, zumal man sich — um unnötige Kosten zu vermeiden — vor fragwürdigen Experimenten hütete.

Erschwerend wirkte auch die Oberflächengestaltung des Landes, denn sie nötigte den Planern mancherlei Probleme auf, die im flachen Lande völlig unbekannt waren. Die Ansichten über Art und Anlage von Eisenbahnen gingen damals weit auseinander. Immerhin konnten passende Vergleiche aus England, dem klassischen Land der Eisenbahnen, herangezogen werden. Die Erfolge, die dort das neue Verkehrsmittel für sich verbuchen konnten, waren vielversprechend. Bau und Betrieb von Schienenbahnen in ebener Lage bildeten bisher kein Problem. Zur Überwindung morphologisch weniger günstiger Strecken dachte man an den Einsatz stationärer Maschinen. So wollte man größere Höhenunterschiede mit Wasserkraft oder mit Seilzugvorrichtungen bewältigen. Steigungswerte über 1:200 wurden anfänglich grundsätzlich als unmöglich verworfen. Die Techniker jener Tage waren sogar der Ansicht, der Minimalradius dürfe den Wert von 573 m (= 2000 wü Fuß)[44] nicht unterschreiten. Diese verschiedenen einschränkenden Bedenken mußten von den beiden Bearbeitern in ihre Überlegungen und Planungen einkalkuliert werden.

Mit den bereitgestellten Mitteln wurden auch württembergische Techniker auf Studienreisen ins Ausland geschickt, um die Erfahrungen an fertigen Eisenbahnen an Ort und Stelle zu überprüfen und kennenzulernen. Diese Erkenntnisse der Praxis des Bahnbetriebes holten sie sich vor allem in Belgien, Frankreich und Großbritannien.

Programm Schlayer in der Diskussion

Am 22. Februar 1839 wurde der Kammer der Abgeordneten das Ergebnis der ausführlichen Untersuchungen ›bezüglich der Ausführbarkeit von Eisenbahnen in Württemberg‹ übermittelt. Eine Sonderkommission aus Mitgliedern der Regierung, der Zollbehörden, des Eisenbahnvereins und des Gewerbevereins Stuttgart hatte darüber ein Gutachten einzuholen. Zuständig war das Ministerium des Innern, das von Minister *Johannes Schlayer* geleitet wurde. Der Abgeordnete *Georg Dörtenbach* aus Calw als Referent erläuterte die Pläne. Nach Ansicht des Ministers mußte zur Überprüfung ein auswärtiger Fachmann beigezogen werden. In einer ministeriellen Note kam eindeutig zum Ausdruck, die Pläne seien »nicht

25

abgeschlossen und der Revision bedürftig«[45]. Die Zoll- und Handelskommission der Kammer, deren Sprecher Dörtenbach war, stellte daher einen Antrag, von einer näheren Erörterung der von der Regierung getroffenen Maßnahmen Abstand zu nehmen, namentlich deshalb, weil die Zeit für die Fassung eines Beschlusses über die Lage der zu erstellenden Bahn und die Art ihrer Ausführung noch nicht gekommen sei, und dem Ministerium des Innern gegenüber auszusprechen, man habe mit Dank die Zusicherung vernommen, daß die Staatsregierung der wichtigen Angelegenheit stete Aufmerksamkeit widmen werde und daß sie, wie sie bisher nichts zu deren Erörterung versäumt habe, so auch fernerhin die inneren und äußeren Verhältnisse, auf die es hierbei ankomme, mit Sorgfalt im Auge behalten und sich aller Momente versichern werde, wovon ein wohlbegründeter und rechtzeitiger Entschluß abhänge.

1842 wurde die Frage ernsthaft erörtert, ob Württemberg an die Nachbarstaaten anschließen solle, und als die Stände wieder tagten, erstattete Minister Johannes Schlayer einen Bericht über den Stand der Eisenbahnangelegenheiten. Das, was Schlayer an jenem 7. März 1842 zu berichten wußte, war eigentlich schon eine Art fertiges Programm. Die Ständekammer erhielt nämlich gleichzeitig den Gesetzentwurf über die Finanzierung der geplanten Bauvorhaben. Nach den Worten des Ministers sollte der Eisenbahnbau dem Wohle der Wirtschaft und der Industrie dienen. Nachdrücklich verwies er auf das Vorbild von Großbritannien, wo trotz einer Vielzahl trefflicher Kanäle und Straßen leistungsfähige Bahnen geschaffen wurden. Wörtlich führte er dazu aus:

»Für die Bedeutung des Verkehrsweges in Württemberg und zum Beweis für das vorhandene Bedürfnis des Eisenbahnbaues sind wichtig:

1. Die zur Lage des Königreiches Württemberg in Beziehung stehenden und in Betracht kommenden großen europäischen Verkehrsgebiete;
2. die früheren Handels- und Verkehrswege;
3. die geplanten, in Bau und Betrieb befindlichen Eisenbahnen anderer Landesgebiete, besonders unserer Nachbarstaaten, um hieraus — aus der Gegenüberstellung der früheren und neueren Verkehrsgestaltung von selbst alle nötigen Vergleichungen und Resultate darüber zu gewinnen, welche Vorteile für Württemberg mit baldiger Einführung der Eisenbahnen einerseits, welche Nachteile mit längerer Zögerung andererseits verbunden seien, und wie sich überhaupt in beiden Fällen die zukünftigen Verhältnisse des Landes herausbilden dürften.

Von den hier hauptsächlich in Frage kommenden Verkehrsgebieten sind zu nennen:

a) gegen Süden: die Stadt Basel und die Küste des Adriatischen Meeres;
b) gegen Osten: Bayern, Österreich, Ungarn und Galizien; die Donau und das Schwarze Meer;
c) gegen Norden: die Ostsee und das Flußgebiet der Oder;

d) gegen Nordwesten: die Nordsee und die Flußgebiete der Elbe, des Rheins und der Schelde.«[46]

Die Entscheidung vom 7. März 1842 fiel endgültig zugunsten des Staatsbahnprinzips aus. Der Eisenbahnbau sollte also auf Kosten des Staates erfolgen. Für die Haushaltsperiode wurde somit ein ›Staatsanlehen‹ von 3,2 Millionen Gulden in Aussicht gestellt.

Zusammenfassend schlug die Regierung vor:

1. Eine West-Ost-Linie als Verbindung Rhein-Donau mit Abzweigung von einem noch zu klärenden Punkt der badischen Eisenbahn über Cannstatt (!) durch das Filstal nach Ulm
2. eine Verbindung von Friedrichshafen nach Ulm
3. die Heilbronner Bahn »zur Verbindung des nordöstlichen Landesteiles mit der westlichen Hauptbahn«
4. Sonstige wünschenswerte Strecken, besonders wurde hier Plochingen—Rottenburg genannt, sollten der Privatinitiative überlassen bleiben.

Schlayer sprach von der Verbindung Rhein-Donau-Bodensee als von einer Südbahn, die »eine von Baden durch Württemberg nach Ulm gehende Linie als die kürzeste Verbindung einer Verkehrsbahn höherer Ordnung«[47] sein solle. Der Impuls aus Österreich mit dem Beschluß zum Bau der Kaiserin-Elisabeth-Bahn von Wien nach Salzburg an die bayerische Grenze gebe einen Hinweis. Gleichzeitig höre man auch aus Paris, daß man sich dort in jüngster Zeit mit dem Projekt einer Bahn nach Straßburg beschäftigt habe. Nachdem Generalmajor Seeger im Jahre 1841 aus dem Staatsdienst ausgeschieden war, oblag es Oberbaurat Bühler allein, die begonnenen Arbeiten weiter zu treiben. Dabei überarbeitete er sämtliche früheren Entwürfe und änderte auch den Verlauf der Westbahn in Richtung Bretten. Diese Revision legte er nunmehr in einer großen Denkschrift mit vielen Tabellen, mit deren Aufstellung *Autenrieth* und *Fischer* beauftragt waren, den Ständen vor.

Negrelli, der erste *Gutachter*

Er kam in der Person des angesehenen Oberingenieurs *Alois von Negrelli* von der Kaiser-Ferdinands-Nordbahn in Wien. Als Gutachter ging ihm ein ausgezeichneter Ruf voraus. Sein Auftrag lautete, während der Parlamentsferien vom 30. Juni 1842 bis 14. Januar 1843 die bereits von Bühler revidierten Projektausarbeitungen Bühler-Seeger mit dem kritischen Blick des Fachmanns zu überprüfen und Stellung dazu zu nehmen. Seine Aufgaben umfaßten folgende Punkte:

1. Stellungnahme über die Auswahl einzelner sich konkurrierender Bahnen,
2. Konstruktion des Oberbaues,

27

3. Krümmungsradien und Steigungen,
4. Mittel zur Überwindung größerer örtlicher Schwierigkeiten;

    a) Überschreitung des Enztales,
    b) Übergang vom Neckartal in das Remstal,
    c) Überschienung der Alb im Zuge der Streckenführung Stuttgart — Ulm,
    d) Wasserscheide zwischen Ulm und Bodensee,
    e) Anlage der Bahnhöfe, speziell von Stuttgart,
    f) die Bauwürdigkeit der Linien überhaupt,
    g) die Baukostenanschläge und die hierauf sich beziehenden Grundsätze.

Negrelli ging mit großem Eifer ans Werk. In Oberbaurat Bühler stand ihm ein tüchtiger Assistent zur Seite und die Zusammenarbeit gestaltete sich sehr gut. Negrelli schaute die Projektvorlagen genau durch und wertete sie aus. Auch Trassenbegehungen unternahmen die beiden, wenn es galt, Augenschein an Ort und Stelle zu nehmen. Zeitgerecht legte der Gutachter am 29. August 1842 dem Ministerium des Innern seinen Bericht vor. Darin ließ er durchblicken, daß er weitgehend von der Richtigkeit der Vorstudien überzeugt und damit einverstanden sei. Die Beiziehung eines Experten erwies sich als sehr gut, obwohl gründliche Arbeit natürlich auch ihre Mängel hatte. In verschiedenen Fällen beschränkte sich Negrelli lediglich darauf, die Wahl bestimmter Steigungswerte zu empfehlen und verschiedene Kurvenradien zu ändern. Auffallend war, daß er der Baukostenfrage und ihrer genauen Nachprüfung auswich. Die Streckenführung der Nordbahn hatte er nicht zu beanstanden. Er führte lediglich kleinere Verbesserungen an, wie einen Tunnel bei Münster am Neckar, den Neckarviadukt bei Mühlhausen, einen tieferen Einschnitt in der Gegend von Eglosheim und eine Dammaufschüttung bei Asperg, die Enzüberquerung und Tunnelbauten bei Walheim und Kirchheim. Ein Konkurrenzprojekt im Zabertale bezeichnete er als bauunwürdig. Er empfahl, den ganzen Plan noch einmal eingehend zu überprüfen und zu überarbeiten, wobei er noch einmal ausdrücklich darauf hinwies, alle die Punkte zu beachten, die er einzeln nannte und zu deren Befolgung er einen ganzen Katalog von Regeln und Normen aufzustellen wußte.

Die beabsichtigte Streckentrennung zwischen Nord- und Westbahn bei Eglosheim gefiel ihm nicht. Diese müsse innerhalb einer Station erfolgen. Eglosheim liege zu nah bei Ludwigsburg und rechtfertige keine weitere Anlage. Um die Doppelführung zu vermeiden, verlegte er die Westbahn durch das Markgröninger Tal. Die beiden in Richtung Baden führenden Strecken mußten nach seiner Ansicht bis in die Gegend nördlich von Dürrmenz beieinanderbleiben. Dort konnten sie dann getrennt werden. Der Bruchsaler Zweig sollte durch die Maulbronner Waldungen und über Bretten nach Bruchsal führen, der Pforzheimer Strang dagegen über Enzberg und Niefern talaufwärts gegen Pforzheim.

Um die Schwierigkeiten mit einem Tunnelbau auf der Maulbronner Wasserscheide zu vermeiden, schlug er für diese Gegend sogar einen Steigungswert von 1:130 vor, nach seiner Ansicht lag die passendste Stelle zur Enzüberquerung bei der Bissinger Sägmühle. Der Strecke nach Bruchsal gab er den Vorzug, denn sie sei kürzer und billiger als die in Richtung Pforzheim führende.

Er akzeptierte die Filsbahn, wollte aber den Albaufstieg bei Überkingen in der Linienführung verbessern. Da der Weigoldsberg im oberen Filstal Schwierigkeiten bereitete, sollte er nach Negrelli auf der östlichen Seite umfahren werden. Mit einem Gradienten von 1:130 ließ er die Strecke die Alb erklimmen bis hinauf zum Steighof bei Amstetten und weiter nach Ulm. Gegen die beabsichtigte Streckenführung von Westerstetten über Bollingen, Mähringen und Ehrenstein nach Ulm hatte er nichts einzuwenden. Die Anwendung des Steigungswertes 1:130 hielt er bei der Bezwingung der Schwäbischen Alb für gerechtfertigt.

Bei der Überprüfung der Remsbahnvariante verwarf Negrelli aus Gründen, die nicht ganz verständlich sind, die angewandten Werte. Nach seiner Ansicht sollte sogar der Wert 1:345 nicht überschritten werden. Eine offene Abneigung gegen diese Linienführung war zu spüren. Die geplante Abzweigung bei Neckarrems kam ihm unglücklich vor. Auch im oberen Remstal hätten die angewendeten Werte unnötige Ausbiegungen im Bettringer Tal und bei Heubach zur Folge gehabt. In den anderen Fällen billigte er anstandslos Ausnahmen zu, die doch damals noch beachtliche Werte darstellten. Im Falle Remsbahn entledigte er sich seiner Aufgabe mit folgenden Worten:

»In Erwägung, daß die Bahnlinie durch das Filsthal gegen zwölf Stunden kürzer als die Linie durch das Remsthal nach Ulm wird, daß die Filsthalbahn immer im Inlande bleibt, während eine bedeutende Strecke der Remsthal — Ulmer Bahn durch fremdes Gebiet gezogen werden müßte; daß die Remsthal — Ulmer Bahn ungeachtet ihrer größeren Länge keine günstigeren Niveauverhältnisse darbietet, daß weitaus den größeren Teil der an der Filsbahn vorkommenden Schwierigkeiten begegnet, während der schwierige Eingang in das Remsthal nur erzwungen werden konnte, so finde ich mich in Ansehung der überwiegenden Vorteile, die sie darbietet, mich bewogen, mit aller Bestimmtheit auf die Annahme der Bahntraçe durch das Filsthal und über die Alb anzutragen.«

Er war, wie es an anderer kompetenter Stelle treffend hieß, »aus Gründen nicht technischer Natur von den Vorzügen der Filsthalbahn überzeugt«[18].

Diese schroffe Ablehnung stieß in den betroffenen Tälern auf wenig Verständnis und hatte sogar noch die Berufung eines Gegengutachters, W. A. Beyse aus Köln, zur Folge, von dessen Berechnungen noch zu hören sein wird. Bei der Südbahn, die er im allgemeinen wohlwollend beurteilte, wollte ihm lediglich die Führung über Waldsee nicht gefallen. Ohne sich darüber aber in konkreter Form auszulassen, empfahl er für diesen Abschnitt eine Neuplanung.

Grundsätzliche Fragen waren ihm ebenso wichtig wie die Bahntrassierung. Die Krümmungswerte der Radien sollten sich zwischen 429,75 m und 515,5 m bewegen; unter gewissen Umständen billigte er noch 340,80 m zu. In Bahnhofsnähe ließ er aber ohne weiteres Radien von 343,80 m gelten. Steigungen sollten allerdings den Wert 1:89 nicht überschreiten. Die Durchschnittslänge einer Station sollte mindestens 257,85 m betragen, in der Horizontalen liegen und allenfalls noch den Grenzwert von 1:500 aufweisen.

Er bejahte bedingungslos den Einsatz von Lokomotiven auf allen zu bauenden Bahnen.

Die eingesetzte Prüfungskommission beschäftigte sich nun eingehend mit dem Negrelli-Gutachten und berichtete während der Sessionsperiode im Januar 1843 der Kammer. Die Stimmung unter den Abgeordneten war geteilt. Die einen meinten, Württemberg als rein agrarisches Land mit wenig Gewerbefleiß und Handel habe kein Bedürfnis für eine Eisenbahn. Verschiedene Gewerbe würden veröden, insbesondere der Stand der Frachtfuhrleute werde völlig zugrunde gerichtet. Staatsbahnen seien abzulehnen, da sie allenfalls steuerliche Belastungen brächten und den entlegenen Bezirken keine Vorteile.

Eine andere Richtung wiederum meinte, man solle erst zu bauen beginnen, wenn die Anschlüsse an die Anrainerstaaten gesichert seien, denn eines reinen Binnenverkehrs bedürfe es nicht und der Wille zum grenzüberschreitenden Verkehr habe erst dann einen Sinn, wenn die Nachbarstaaten auch Lust hätten, mitzumachen. Der weitaus größte Teil der Abgeordneten aber war mit dem Gesetzentwurf einverstanden und billigte die Abänderungsvorschläge. Die Befürworter verkannten nicht den Widerstreit der Meinungen, aber schließlich gaben sie zu bedenken, daß man hierzulande nicht als rückständig betrachtet werden wolle. Auch wurde auf eine gewisse Rangfolge der Projekte Wert gelegt. Dabei wurde vor allem die vorrangige Stellung einer ›Zentralbahn‹ Eßlingen—Ludwigsburg hervorgehoben.

›Königliches Sanktions-Reskript‹

Die Ständekammer schloß sich den Argumenten der Abgeordnetenkammer an und setzte eine Kommission zur eingehenden Überprüfung der Eisenbahnvorlage ein, deren Referenten von der ersten Kammer *Hofkammerpräsident von Gärttner* und *Freiherr von Holzschuer*, von der zweiten Direktor *Werner*, Kaufmann Dörtenbach und Fabrikant *Deffner* waren. Das Ergebnis war positiv, in beiden Kammern war man sich einig, und man sandte die Beschlüsse am 22. März 1843 in einer Adresse an den königlichen Geheimrat.

Auf das ausführliche in sieben Paragraphen gegliederte Schreiben kam alsbald von König Wilhelm I. die Antwort »*Königliches Sanktions-Reskript auf die Be-*

schlüsse der Ständeversammlung zu dem Entwurf des Eisenbahngesetzes« nannte sich das Schriftstück, das noch sehr deutlich den geschwollenen höfischen Ton jener Tage offenbart:

»Wilhelm von Gottes Gnaden König von Württemberg.

Liebe Getreue!

Auf euere unterthänigste Eingabe vom 22. März 1843 in Betreff des Gesetzes über Anlegung von Eisenbahnen haben Wir euren Beschlüssen, welche ihr mit jener Eingabe vorgelegt habt, Unsere Genehmigung erteilt und Unsere Ministerien des Innern und der Finanzen beauftragt, das hiernach zu redigierende Gesetz uns zur Vollziehung vorzulegen. Zu den Bestimmungen über den Punkt 5 eurer Beschlüsse, wodurch Modifikationen in dem Staatsschuldendienst eintreten, werden Wir in einem abgesonderten Gesetze hiernächst verkünden lassen.

Auf die in eurer Eingabe vorgetragenen Bitten und Wünsche werden Wir, soviel die Erleichterung der Verbindung mit den entlegeneren Bezirken betrifft, diesfalls nähere Ermittlung anordnen und nach dem Ergebnisse das Weitere an euch bringen lassen.

Die Niedersetzung einer eigenen technisch-administrativen Kommission für den Bau und den Betrieb der Eisenbahnen liegt in Unserer Absicht, und, so wie hier schon versucht worden ist, für die Ausführung einen ganz bewährten fremden Techniker anzustellen, so werden Wir die auf diesen Zweck gerichteten Bemühungen fernerhin fortsetzen lassen.

Auch die übrigen von euch vorgetragenen Bitten und Wünsche werden wir in Erwägung ziehen und, wonach Wir Unserem Ministerium des Innern bereits Weisung haben zugehen lassen. Wir verbleiben euch mit unserer Königlichen Huld stets wohl beigethan.

Stuttgart, im Königl. Geheimrathe, den 3. April 1843.

Auf seiner Königlichen Majestät besonderen Befehl:
Maucler«[49]

Das ›Sanktions-Reskript‹ weist ausdrücklich auf die Beiziehung eines bewährten Fachmannes aus dem Ausland hin. Eingehende Erkundigungen in Fachkreisen im In- und Ausland ließen schließlich die Wahl auf Professor *Charles Vignoles*[50] fallen, der als Zivilingenieur in London wirkte und dem ein ausgezeichneter Ruf als Experte des Eisenbahnbaues vorausging.

Bildung der Eisenbahn-Kommission

Am 15. Juni 1843 wurde als wichtige Voraussetzung die geforderte ›Eisenbahn-Kommission‹ gebildet. Direktor *Köstlin* wurde zu ihrem Leiter bestimmt. Da er schon im Ministerium Eisenbahnfragen zu bearbeiten hatte, war er der richtige Mann. Als weitere Mitglieder gesellten sich bei: Oberregierungsrat *Schumm*, Finanzrat *Autenrieth*, Baurat *Knoll*, Baurat *Böheim*, Fabrikant *Deffner* und Oberregierungsrat *Cammerer*. Zusätzlich gewann man Oberbaurat *Karl Etzel* aus Wien, den Sohn des bekannten Straßenbauers, der sich schon in Fachkreisen einen guten Namen geschaffen hatte[51].

Die Aufgaben dieses Ausschusses bestanden darin, alle einschlägigen Verwaltungsgeschäfte zu erledigen, finanzielle Untersuchungen anzustellen und sich gleichzeitig auch mit technischen Vorplanungen auseinanderzusetzen. Als Arbeitsgrundlagen hatte er auswärtige Bahnen zu studieren oder anfallende Probleme im Lande selbst an Ort und Stelle zu erarbeiten.

Durch die Aufstellung allgemeingültiger Richtlinien wurden vor allem auch für junge Nachwuchskräfte, mit deren Kommen beim Einsetzen des Bahnbaues mit Sicherheit zu rechnen war, die Grundlagen ihrer Arbeit und die Normen geschaffen, nach denen sie die an sie gestellten Anforderungen erfüllen konnten. Wie nötig gerade dieses Rüstzeug war, sollte sich alsbald bei den gesteigerten Anforderungen, die bei der mannigfachen Oberflächengestaltung eines Landes wie Württemberg an den Eisenbahnbauer heranzutreten pflegten, zeigen. Der Planung kam zugute, daß schon ein gut entwickeltes Kartenwerk vorhanden und in weiterer Entwicklung begriffen war. Die Flurkarte und der topographische Atlas des Königreichs Württemberg waren für die damalige Zeit beachtliche Produkte einer guten Landvermessung. In diese Karten sollten alle Planungen eingetragen werden. Sie bildeten also eine solide Arbeitsgrundlage.

Wichtig war auch die Festlegung gewisser Grenzwerte, an die sich die Planer zu halten hatten. Als Minimalradius wurde $r = 286{,}5$ m bestimmt. Der Steigungsgrad bei Gebirgsbahnen sollte den Wert von 1:45 nicht übersteigen. Bei Bahnen mit weniger schwierigen Voraussetzungen sollte er im allgemeinen nicht mehr als 1:100 betragen. Zu jeder Projektbearbeitung war ein genauer Kostenvoranschlag Voraussetzung. Auch sollte auf die kritische Abwägung und Gegenüberstellung von Konkurrenzprojekten Wert gelegt werden. Sie zu beurteilen war eine der wichtigsten Aufgaben der Eisenbahn-Kommission. Ein klassisches Beispiel hierfür boten die verschiedenen Varianten der Zentralbahn und der Rems- und Filsbahn.

Eisenbahngesetz vom 18. April 1843

Endlich konnte nach eingehender Durcharbeitung ›Das Eisenbahngesetz vom 18. April 1843‹[52] verabschiedet werden, das, kurz gefaßt, folgende grundlegende Punkte umfaßte:

1. Es ist Aufgabe des Staates, die Hauptbahn des Landes als unmittelbares Staatsunternehmen zu bauen.

2. Bau und Betrieb von Zweigbahnen können Privatgesellschaften überlassen werden.
3. Richtung und Ziel der Hauptlinien werden bestimmt. Sie verbinden den Mittelpunkt des Landes, Stuttgart, auf der einen Seite mit Ulm und Friedrichshafen, auf der anderen Seite mit der westlichen Landesgrenze — ohne Zielsetzung wegen der noch schwebenden Verhandlungen mit Baden — sowie in nördlicher Richtung mit Heilbronn, um die *kürzeste Verbindung* zwischen den Endpunkten der beiden Schiffahrtsstraßen Neckar und Donau und dem Bodensee zu schaffen.
4. Die entlegenen Bezirke werden unter sich und mit der Eisenbahn durch Staatsstraßen verbunden.

Charles Vignoles: eine Enttäuschung

Damit lag der Ausführung nichts Besonderes mehr im Wege. Man wartete nur noch mit Spannung und Interesse auf den Gutachter Charles Vignoles. Dieser traf im September in Stuttgart ein, um sich seiner Aufgabe zu widmen. Die Problematik war die gleiche wie bei Negrelli. Allerdings fielen seine Untersuchungen umfangreicher aus und füllten am Ende drei Bände mit insgesamt 439 Punkten. Dabei hielt sich Vignoles leider nicht korrekt an die gestellten Richtlinien und wich in verschiedenen Fällen von seinen Lehrgrundsätzen ab.

Obwohl er wissen mußte, daß die Entscheidung über die zu bauenden Strecken bereits Gesetzeskraft erlangt hatte, behandelte er wieder die Rems-Kocher-Brenz-Variante von Stuttgart nach Ulm. Er verlegte die Südbahn in das Blautal und nach Ehingen. Den Steilabfall der Alb wollte er mit Hilfe einer Steilrampe zwischen 1:40 und 1:20 überwinden und empfahl zu diesem Zwecke mit allem Nachdruck atmosphärischen Betrieb mit Seilzug.

Da die gründliche Überarbeitung der Pläne die Startfreigabe für den Eisenbahnbau bedeutete, war man auf das Urteil des international anerkannten Experten sehr gespannt und drängte in Stuttgart auf Fertigstellung. Um so enttäuschender mußte das Ergebnis wirken, das in Öffentlichkeit und Fachwelt keinen guten Eindruck hinterließ.

Die Untersuchungen Negrellis und der einheimischen Fachleute korrigierte Vignoles in den verschiedensten Formen. Es würde hier zu weit führen, die Einzelheiten zu nennen. Trotzdem sollen einige grundsätzlichen Punkte herausgegriffen werden. Übrigens lassen sich die verschiedenen Varianten aus den beigefügten Kartenskizzen genau entnehmen. Bei der Westbahn bevorzugte er eindeutig den Bruchsaler Zweig und ließ Höchstwerte zwischen 1:125 und 1:100 gelten. Die Streckentrennung in der Nähe von Dürrmenz hielt er für richtig. Für ein Teilstück bei Tamm versteifte er sich auf Anwendung des atmosphärischen Betriebes. Bei der Ostbahn vertrat er, wie schon erwähnt, die bekannte Führung über Aalen. Sollte diese Führung nicht angenommen werden, wollte Vignoles unbedingt den Höhenunterschied bei Geislingen mit Seilzug in der bekannten und von ihm verfochtenen Weise überwinden.

Für die Südbahn, bei deren Führung er Biberach umgehen wollte, nannte er als wichtigsten Grund den Kuhberg südlich von Ulm und dortige Geländeschwierigkeiten. Die Führung über Waldsee wurde von ihm sogar »als gegen den Geist des Eisenbahnwesens verstoßend«[53] bezeichnet.

Nur sehr oberflächlich befaßte er sich mit der so dringend gewünschten Begutachtung der Kostenfrage und setzte für die voraussichtliche Bauzeit eine Spanne von drei Jahren fest.

Zur Frage der Spurweite äußerte er sich sehr klar. 1435 mm waren für ihn eine Selbstverständlichkeit. Er stellte sich damit gegen die im Nachbarlande Baden bereits angewandte Breitspurweite von 1600 mm.

Bei Ablieferung des Gutachtens, das eigentlich nur Verzögerung verursacht hatte, konnte man die Erbitterung nicht verhehlen. Jedenfalls stand fest, daß Vignoles seiner Aufgabe nicht gerecht geworden war, und man erteilte ihm später auch keine weiteren Aufträge.

Sein so beliebtes Steilrampensystem wurde endgültig verworfen. Schließlich, so meinte man mit Recht, sei die Entwicklung im Lokomotivbau so weit gediehen, daß man, bei richtiger Abwägung der Baugrundsätze im Streckenbau, eine Gebirgsüberschreitung wagen durfte. Man hatte jetzt zwar ein neues Gutachten, aber immer noch nicht die gewünschten klaren Verhältnisse.

Ludwig Klein, Karl Etzel und Michael Knoll

Als weiterer Gutachter wurde der Zivilingenieur *Ludwig Klein* aus Wien[54] nach Stuttgart berufen. Er kam von der Kaiser-Ferdinands-Nordbahn. Diesem Praktiker, dessen Name in der Fachwelt einen guten Klang hatte, wurde die Aufgabe gestellt, die Arbeiten von Vignoles und Etzel grundlegend zu überprüfen und, wenn nötig, Neubearbeitungen vorzunehmen.

Vorweg sei bemerkt, daß die Berufung von Klein ein sehr guter Griff war, denn damit wurde ein Mann für Württemberg gewonnen, der der Entwicklung des Eisenbahnwesens entscheidende Impulse gab und sie positiv beeinflußte.

Bereits am 7. März 1844 legte er seine Untersuchungen in der Schrift »Die erste Sektion der württembergischen Eisenbahnen« dar. »Nicht selten«, so schreibt Klein, »entscheidet die Wahl der Richtung einer Eisenbahn über das Schicksal der Unternehmung, und obschon die Geschichte der Eisenbahnen mit Dampfkraft in

Deutschland kaum ihr erstes Decennium zurückgelegt hat, so sind doch schon jetzt nicht wenige Beispiele vorhanden, nach welchen eine bessere Wahl der Linie ein besseres Gedeihen der Eisenbahn zur Folge gehabt hätten.« An zwei Beispielen, der Berlin-Anhaltischen und der Kaiser-Ferdinands-Nordbahn, demonstriert er, was geschehen kann. »Zwei Dinge sind es, die bei jedem Projekt für eine neue Eisenbahn vor allem in Betracht kommen werden: die genaue Bestimmung ihrer *Zielpunkte* und dann die *Richtung*, welche die Linie zwischen den beiden Zielpunkten zu verfolgen hat.«[55]

Nach einigen theoretischen Betrachtungen zum Thema wendet Klein die gewonnenen Grundsätze sogleich bei der Beurteilung der Zentralbahn zwischen Eßlingen, Cannstatt, Stuttgart und Ludwigsburg an.

Gegenstand der Untersuchung bildeten zunächst die drei Varianten der Streckenführung. Unter Beachtung dieser Grundsätze untersuchte er unter dem Titel ›Bericht des Zivilingenieurs Klein aus Wien über die drei Projekte der Zentralbahn an das Direktorium der Königlichen Eisenbahn-Kommission‹ die drei Entwürfe von Bühler, Vignoles und Etzel.

Er stellte bei der Untersuchung Richtlinien auf, die bei allen weiteren Projektbearbeitungen gültig wurden. Bühler hatte, bestärkt durch Negrelli, befürwortet, die Bahn von Eßlingen bis Ludwigsburg auf dem linken Neckarufer bis kurz vor Ludwigsburg zu führen, von wo aus dann der Aufstieg zum Langen Feld erfolgen sollte. Bei dem Weiler Berg am Neckar sollte eine Seitenbahn zur nahen Residenzstadt Stuttgart abzweigen. Vignoles und Etzel traten dafür ein, Stuttgart zur ›Centralstation‹ zu machen, also genau genommen, zum Ausgangspunkt zweier Bahnen, von denen die eine südöstlich nach Cannstatt und von dort auf dem rechten Neckarufer nach Eßlingen, die andere über die Höhen der Prag und Zuffenhausen nach Ludwigsburg führen sollte. Mit allem Nachdruck wurde gefordert, Stuttgart zur ›Hauptstation‹ zu machen, denn »Stuttgart hört auf, Hauptstation zu sein, wenn die Residenz nur mittels einer Flügelbahn in das württembergische Eisenbahnnetz einbezogen werden soll. Es wäre dies das erste Beispiel, daß die Haupt- und Residenzstadt eines Landes nur mit einer Seitenbahn bedacht wurde«[56].

Nach diesem Grundsatz war Stuttgart dazu ausersehen, ›Vereinigungspunkt‹ der von Süden und Norden kommenden Linien zu werden. Für die Strecke Stuttgart—Berg sah er außerdem gleich die Doppelspur vor. Für den Anfangsbetrieb wurden vier Zugpaare als völlig ausreichend betrachtet.

Der Entwurf Bühler wurde gleich ausgeschieden. Ähnlich wie bereits im Falle der Eßlinger Strecke, wurde auch beim Ludwigsburger Zweig die Lösung Etzel der Lösung Vignoles vorgezogen. Klein gab sich auch Mühe, deutlich zu machen, welchen Vorschlag er für den besten hielt und verstand es, dies auch glaubhaft und überzeugend zu begründen, lautete doch die ihm gestellte Aufgabe, »durch eine auf

Theorie und Praxis begründete Erörterung darzutun, welche von den drei, für eine Eisenbahnverbindung zwischen Eßlingen, Cannstatt und Ludwigsburg vorgeschlagenen Linien, besonders in Rücksicht auf den künftigen Betrieb, für die beste anzusehen sei«[57].

Der gründliche Bericht mit der exakten Arbeitsmethode fand bei den Herren der Eisenbahn-Kommission vollen Beifall. Nach eingehender Überprüfung wurde er an das Ministerium weitergeleitet, das ihn billigte.

Hatte Klein schon im ersten Falle bewiesen, daß er der Fachmann war, der in der Lage war, miteinander konkurrierende Projekte gewissenhaft einander gegenüberzustellen und Vor- und Nachteile abzuwägen, so war er auch der weiteren Aufgabe gewachsen, die auf ihn zukam. Er bekam den Auftrag, bei der Streckenführung Stuttgart—Ulm die beiden einander gegenüberstehenden Pläne — Neckar, Fils, Albaufstieg einerseits und Rems, Kocher, Brenz andererseits — zu vergleichen und auf ihre Bauwürdigkeit hin kritisch zu untersuchen. Vor allem sollte er auch auf das von Interessentenkreisen des Remstales geförderte Gegengutachten des Zivilingenieurs Beyse aus Köln eingehen, das noch Vignoles Zustimmung bekommen hatte.

War auch die parlamentarische Entscheidung schon längst gefallen und der Weg klar vorgezeichnet, so mußte noch einmal mit aller sachlich-nüchternen Genauigkeit eine kritische Gegenüberstellung erfolgen. Die drei Herren, Ludwig Klein, Karl Etzel und *Michael Knoll* unterzogen sich dieser Aufgabe und lösten sie souverän. Ihr Bericht wurde der Eisenbahn-Kommission am 31. Mai 1844 übergeben. Es würde das Thema sprengen, auf alle Einzelheiten des gewissenhaften Gutachtens einzeln eingehen zu wollen, nicht zuletzt weil die Überprüfungen später beim Bau der Remsbahn und der Brenzbahn als wesentliche Vorarbeit verwertet werden konnten. Zudem sind alle Untersuchungsergebnisse über die strittigen Varianten kartenmäßig dargestellt. Es ergab sich jedenfalls, »daß in jeder Hinsicht sich die Filsthalbahn der Remsthalbahn gegenüber im entscheidendsten Vorteile befindet: Rechnet man hinzu, daß die Filsthalbahn

1) die Verbindung des Mittelpunktes unseres Landes mit dem oberen Neckarthal auf die einfachste Weise und ohne weitere Kosten herstellt;

2) daß sie die kürzeste mögliche Linie von dem Mittelpunkt unseres Landes nach der zweitbedeutendsten Stadt unseres Landes, nach Ulm, beschreibt;

3) daß sie dort gleichfalls auf dem kürzesten Wege und auf württembergischem Grund und Boden die Verbindung mit den südlichen Landesteilen, ferner

4) mit der Schweiz und Italien,

5) durch die Donauschiffahrt mit einem Teil von Bayern, Österreich und den Donauländern vermittelt,

so wird man nicht allein gestehen müssen, daß die von Regierung und Ständen auf dem Landtage von 1843 getroffene Wahl eine wohlbegründete war, sondern noch mehr, daß keine andere Strecke der württembergischen Eisenbahnen von der Natur so unverkennbar als Hauptader des Verkehrs bezeichnet ist, als die Filsthalbahn«[58].

Selbstverständlich gaben die Gutachter auch zu verstehen, daß zwei Punkte vorläufig noch unberücksichtet seien, wobei sie offen die Verbindung mit dem bayerischen Eisenbahnsystem und die Verbindung mit den Landesteilen im Nordosten ansprachen, insbesondere mit dem Jagstkreis. Den Interessen von Ostwürttemberg käme eher eine Bahn zustatten, die von Stuttgart nach Nördlingen führen würde. In dieser Richtung hatte nämlich das östliche Nachbarland für die allernächste Zeit einen Anschluß in Aussicht gestellt. Das Dreierkollegium führte bei diesem Komplex auch den schon im Sommer 1844 erhaltenen Auftrag zu den erforderlichen Terrainuntersuchungen für eine von Aalen Richtung Nördlingen führende Bahn an. Mit der Frage des Gebirgsbahnproblems hatte sich Etzel auseinandergesetzt und sich die Ansichten seiner beiden Kollegen Klein und Knoll zu eigen gemacht. Neben den genannten Experten waren es auch Bürger des Landes, die ebenfalls über Spezialkenntnisse verfügten und ihre Erfahrungen und ihr Wissen der Eisenbahn-Kommission in selbstloser und gemeinnütziger Weise zur Verfügung stellten. So hatten Bergrat *Schübler* und Baurat *Grundler* zu Beginn der dreißiger Jahre miteinander Belgien und England bereist. Von ihnen stammte der Hinweis, daß sie bereits die Bahn von Birmingham nach Gloucester studiert hätten, die ein Steigungsverhältnis von 1:37 aufweise[59] und ohne Schwierigkeit bewältige; von nachteiligen Folgen sei ihnen nichts berichtet worden. Einen weiteren wertvollen Helfer besaß die Eisenbahn-Kommission in der Person von Professor *Johannes Mährlen*, ein weitgereister und sehr vielseitiger Mann. Er verfügte über eine erstaunlich umfassende Korrespondenz zu allen Stellen im In- und Ausland und betrieb umfangreiche Privatstudien speziell in Verkehrsfragen, die in verschiedenen Publikationen ihren Niederschlag fanden. Mährlen stellte ebenfalls sein umfangreiches Wissen in den Dienst der guten Sache. Er hatte sich die Mühe gemacht, sämtliche auf dem Kontinent, in England und in Amerika gebauten und betriebenen Eisenbahnen auf ihre Steigungsverhältnisse hin zu untersuchen.

Major von Prittwitz — bekannt durch den Ausbau der Bundesfestung Ulm — studierte schon seit Beginn der dreißiger Jahre intensiv das Eisenbahnwesen. Er hatte aus eigener Initiative deswegen die Höhenpunkte zwischen Geislingen und Ulm vermessen und diese Ergebnisse selbstlos der Kommission zur Verfügung gestellt.

Schließlich waren Rat und berufliches Wissen von Ludwig Klein ein großer Gewinn. Auch er wußte aus einer reichen Erfahrung zu schöpfen, die er sich aus vielen Studienreisen im In- und Ausland zusammengetragen hatte. Vor allem hatte er auch die Vereinigten Staaten besucht und deren Eisenbahnen kennengelernt. Gerade diese Tatsache wurde für Württemberg von Bedeutung, wie wir bei der Betrachtung der Lokomotiven sehen werden.

Die Verwendung des atmosphärischen Systems an der Geislinger Steige, wie es Vignoles vorgeschlagen hatte, verwarf Klein vollkommen. Seiner Ansicht nach rechtfertigte die Entwicklung im Lokomotivenbau keine derartigen kostspieligen Experimente mehr.

Etzel und Klein machten in der Eisenbahnzeitung ihre fundierten Erkenntnisse auch einem breiteren Leserkreise zugänglich. Diese Berichte sind wertvolle Dokumente der Geschichte der technischen Entwicklung.

Vor dem ersten Spatenstich hatte man in aller Stille die vielen Voraussetzungen für einen leistungsfähigen Eisenbahnbau geschaffen. Segensreich war die klare Programmstellung, mit der man die Vorarbeiten vorangetrieben hatte. So hatte sich auch ein Mitarbeiterstab herangebildet, der bereit war, mit Elan an die Arbeit zu gehen.

Württemberg war gerüstet und der erste Spatenstich erfolgte am 20. Juni 1844. Der Weg für die Württembergischen Staatseisenbahnen war frei! Interessant ist in diesem Zusammenhang, daß auch Friedrich List sich bemüht hat, Zugang zu den Vorplanungen des Eisenbahnbaus in Württemberg zu bekommen. Hierüber gibt ein Brief des württembergischen Geschäftsträgers in München, des Hauptmanns *von Maucler* Aufschluß, den dieser mit dem Datum vom 31. August 1843 an Staatsrat *von Goes* gerichtet hat.

In dem vertraulichen Schreiben heißt es:

»Um wieder auf den Bau von Eisenbahnen zurückzukommen, habe ich noch zu bemerken die Ehre: Daß Dr. List um die Mitte des vorigen Monats wieder bei mir war, um mich zu befragen: ob ich von Stuttgart aus noch immer keinen Auftrag wegen seiner Berufung oder Anstellung erhalten hätte? Als ich dies verneinte, äußerte er sich sehr befremdet hierüber und setzte mit liebenswürdiger Bescheidenheit hinzu: man habe ja in ganz Württemberg niemanden, außer ihn, der den Eisenbahnbau aus national-ökonomischen Gesichtspunkten zu würdigen verstehe! Er sagte mir dann: er wünsche nur eine beratende Stellung bei uns zu erhalten, man möchte als technischen Dirigenten einen Engländer namens Bignole? oder Vignole (gemeint ist Vignoles, Anm. d. Verf.) nach Württemberg berufen, und ihn (List, Anm. d. Verf.) demselben als Rat in nationalökonomischer Beziehung an die Seite geben, hierfür würde sich List (nach seiner eigenen Äußerung) ein paar tausend Gulden des Jahres bezahlen lassen und wollte sich dann im Übrigen in nichts weiter mischen, mit der gesamten württembergischen Bureaukratie gar nichts zu schaffen haben und durchaus keine Ansprüche auf spätere Beförderung im Staatsdienst machen. Ich erwiderte hierauf ganz gelassen: es scheine mir, daß die württembergische Regierung in Betreff des für unseren Eisenbahnbau anzustellenden Personals bereits ihre Entschließung gefaßt habe, die mir indessen noch nicht bekannt sei. Verdrießlich bemerkte vielmehr der Herr Doktor, er sehe wohl, daß er sich in seinem Vaterlande, Württemberg, keine Anerkennung zu verschaffen möge, daß der Prophet im eigenen Lande ja niemals etwas gelte und daß man bei uns seiner nicht begehre!«

Die Resignation Friedrich Lists ist verständlich. List war in den zwanziger Jahren bei allerhöchster Stelle in Ungnade gefallen, hatte einige Zeit auf dem Hohenasperg zubringen müssen und war danach in die Vereinigten Staaten gegangen.

Der erste Spatenstich: die Zentralbahn Esslingen — Stuttgart — Ludwigsburg - 22. Oktober 1845: Eröffnung Cannstatt — Untertürkheim - Bau der Ostbahn: Geislinger Steige, Albüberquerung, Ulm - Bau der Südbahn: Wettlauf zum Bodensee - Projekt Westbahn: Problem und Lösung - Bau der Nordbahn nach Heilbronn - Bau der Westbahn und Staatsvertrag mit Baden - ›Zentralbehörde für die Verkehrsanstalten‹

Der erste Spatenstich: die Zentralbahn Eßlingen—Stuttgart—Ludwigsburg

Gemäß dem bereits am 18. April 1843 erlassenen Gesetz begann der Eisenbahnbau. Kernstück war zunächst die Zentralbahn Ludwigsburg—Eßlingen. Der Entwurf Etzel, der eine Kopfstation in Stuttgart vorsah, war, wie wir schon gehört haben, aus der Konkurrenz mit Bühler und Vignoles als der beste hervorgegangen. Etzel wurde auch technischer Referent. Die Führung der Strecke über die weite Fläche des Langen Feldes südlich Ludwigsburg bis nach Feuerbach bereitete keinerlei Schwierigkeiten. Dort aber stellte sich der Höhenzug der Feuerbacher Heide und der Prag als Hindernis dem Bahnbau in den Weg. Dieses Problem lösten die Eisenbahnbauer durch einen Tunnelbau von 828,6 m Länge. Wesentlich größere Schwierigkeiten brachte aber der Tunnelbau unterhalb des königlichen Landhauses Rosenstein am Prallhang des Neckars gegenüber von Cannstatt. Gleich nach der am 14. März 1844 erteilten Baugenehmigung hatte die Hofkammerverwaltung, der die Betreuung und Fürsorge dieser unmittelbar der Krone gehörenden Grundstücke oblag, Bedenken angemeldet. Nur die schon weit vorgetriebene Planung verhinderte eine Intervention und eventuell darauf Bauverbot. Die Achse des Tunnels deckte sich völlig mit der Mittelachse des in den Jahren 1823—1829 von Hofbaumeister Salucci in klassizistischen Formen erstellten Schlosses mit seinen Portiken und Freitreppen. Im Hofe des Gebäudes befand sich ein großes Bassin. Als die Mineure darangingen, den Stollen in den Berg zu treiben, mußten sie eine böse Überraschung erleben. Kaum hatten sie ihren Vortrieb gemacht, kam ihnen eine schlammige Masse von oben entgegen. Es bestand die Gefahr eines Durchbruches. Um schlimme Folgen für die Bautrupps zu verhüten, mußten unverzüglich die Bauarbeiten eingestellt werden.

Etzel bat dringend um eine Audienz bei Wilhelm I. in dieser Sache. Der Regent sah ein, daß umfassende Sicherheitsmaßnahmen erforderlich waren und billigte sie uneingeschränkt. Um weitere Wasserdurchbrüche zu verhüten, wurde der ganze Wassertümpel ausgeräumt und vom Schlamm befreit. Die so freigelegte Stelle wurde mit Beton aufgefüllt und verdichtet. Das genannte Wasserbecken war in der Tat die eigentliche Ursache des Mißgeschicks und die bauliche Korrektur ebnete den weiteren Bauarbeiten den Weg. Nach Beseitigung der Störung gab es keine weiteren Schwierigkeiten.

22. Oktober 1845: Eröffnung Cannstatt—Untertürkheim

Die erste Teilstrecke in Württemberg wurde am 22. Oktober 1845 zwischen Cannstatt und Untertürkheim eröffnet. Am 2. November folgte die Teilstrecke Untertürkheim—Obertürkheim und am 20. desselben Monats die Strecke Obertürkheim—Eßlingen. Mit der Eröffnung Cannstatt—Ludwigsburg am 15. Oktober 1846 kam auch die Residenz zu ihrem Bahnhof. Vor allem die Tunnelbauten am Rosenstein und auf der Prag waren die Ursache für die spätere Fertigstellung. Die Stationen waren alle nach einem allgemein gültigen Schema erbaut. Einheitlich für alle Betriebsstellen war ein Stationsgebäude und ein Güterschuppen. Außer mehreren Brücken, von denen die wichtigste die Neckarbrücke bei Cannstatt war, sind an Kunstbauten der Pragtunnel mit 828,65 m und der Rosensteintunnel mit 326 m Länge besonders zu nennen.

Bau der Ostbahn: Geislinger Steige—Albüberquerung—Ulm

Systematisch wurde nun das Netz in Richtung Schwäbische Alb fortgesetzt. Amtlich hieß dieser Abschnitt von Stuttgart bis Ulm ›Ostbahn‹, wobei zu bemerken ist, daß sich der Abschnitt Stuttgart—Eßlingen mit der ›Zentralbahn‹ deckt. Fünf volle Jahre nahm die Strecke nach Ulm an Bauzeit in Anspruch. Dies ist verständlich, wenn man bedenkt, daß dabei die Schwäbische Alb mit ihrem Steilabfall überwunden werden mußte. Baurat Michael Knoll war als leitender Ingenieur für die Ostbahn von Eßlingen ab verantwortlich.

Die Strecke im Neckartal und im unteren Filstal hatte sanfte Steigungen im Durchschnittswert 1:200 und berührte weitgehend die Siedlungen. Zwischen Göppingen und Geislingen dagegen lagen die Stationen meist etwas weiter von den Ortschaften entfernt. Die Steigungen betrugen hier zwischen 1:188 und 1:100. Die ursprünglich beabsichtigte Ausbiegung in das obere Filstal beim Weigoldsberg und bei Bad Überkingen war nun weggefallen, da man sich zur Anwendung eines stärkeren Steigungswertes entschlossen hatte. Dafür wurde der Bahnhof Geislingen an einer Stelle errichtet, an der fünf Täler zusammenstoßen und auch ein weitverzweigtes Vizinalstraßennetz einmündet. Wurde Geislingen noch mit 1:100 erreicht, so stieg ab hier die Strecke mit dem Maximalwert 1:44,5 an und erreichte nach Überwindung der Steilrampe beim Steighof den Bahnhof Amstetten. Auf dem Hochplateau wurden hauptsächlich Werte bis 1:100 angewendet. Ursprünglich sollte der Abstieg gegen Ulm mit dem gleichen Maximalwert wie bei der Geislinger Steige verlaufen und über Bollingen, Mähringen und das Lehrer Tal nach Ulm kommen. Bei den Vorbereitungsarbeiten für diese Teilstrecke erkannte Knoll aber, daß der Abstieg durch das Örlinger Tal mit dem Wert von 1:70 leichter und vor

41

allem betriebstechnisch besser verantwortet werden konnte. Ganz unverkennbar spürt man dabei, daß die Planer dem Albübergang doch noch mit einer gewissen Skepsis gegenüberstanden. Eine Steilrampe im Format der Geislinger Steige sollte vollauf genügen. Obwohl der Abstieg über das Lehrer Tal kostenmäßig günstiger gewesen wäre, wurde der Knollsche Verbesserungsvorschlag nach ausdrücklicher Unterstützung und mit Wohlwollen von Klein und Etzel gutgeheißen. Beim Bau des Dammes im Eybacher Tal gab es Schwierigkeiten. Die Dammschüttung drückte das Gewölbe der Eybbrücke zusammen. Der verwendete Kalkstein mußte daher durch einen widerstandsfähigeren Werkstoff ersetzt werden[60]. Von Anfang an war Knoll darauf bedacht, eine wirksame Abwehr gegen Schneeverwehungen auf den offenen Flächen des Plateaus zu schaffen. Die systematischen Fichtenanpflanzungen waren eine bautechnische Maßnahme, die sich bis in die Gegenwart sehr bewährt hat. Bei den umfangreichen Dammbauten sollten Schutzvorrichtungen, wie Abzugsgräben und Sickerschächte der Rutschgefahr entgegenwirken. Erstmals unterteilte man die Bauämter. Der Hochbau wurde eigenen Hochbauämtern zugeteilt, während die Bauämter sich allein dem Streckenbau zu widmen hatten. Bei den Amtsvorständen finden sich die Namen von jungen Bauinspektoren, die in späteren Jahren in der Heimat oder im Ausland als bedeutende Eisenbahnbauer bekannt wurden, wie Morlok, *Schlierholz* und *Pressel*. Der Schwierigkeitsgrad der Streckenabschnitte zeigt sich an den Eröffnungsdaten. Während Eßlingen—Plochingen noch am 14. Dezember 1846 in Betrieb genommen wurde, verzögerte sich die Eröffnung der weiteren Teilstrecke bis Süßen bis zum 11. Oktober 1847.

Die gespannte Zeit des Revolutionsjahres 1848 wirkte sich auch auf Bau und Eröffnung der Teilstrecke bis Geislingen aus. Sie erfolgte erst am 14. Juni 1849. Der Versuch, den Albaufstieg zu wagen, war gelungen und konnte als großer Erfolg verbucht werden. Damit war die erste Gebirgsüberquerung auf dem Kontinent gelungen. Sie wurde Vorbild für weitere derartige Vorhaben. Michael Knoll hat sich mit diesem für damalige Zeiten wagemutigen Werk ein bleibendes Denkmal gesetzt.

Auch bei der Ostbahn wurden die Richtlinien für die Anlage der Stationen befolgt. Außer den üblichen Brücken und kleineren Kunstbauten ist der Tunnel unter der Frauensteige bei Ulm zu nennen. Er wurde zunächst offen angelegt und hernach wieder mit dem Wall der Bundesfestung bedeckt[61]. Seine Länge betrug 52,5 m. Ein weiterer 63 m langer Tunnel führte ebenfalls unter dem Festungswall hindurch.

Bau der Südbahn: Wettlauf zum Bodensee

Die in Ulm beginnende ›Südbahn‹ nach Friedrichshafen sollte ursprünglich von Etzel ausgeführt werden. Dieser war aber aufgrund anderweitiger Arbeiten verhindert und gab den Auftrag zum Bau an Baurat Knoll weiter. Da auch Knoll sehr stark mit der Ausführung der Geislinger Steige beschäftigt und hier unabkömmlich war, erhielt Baurat *Gaab* den Auftrag.

Am 6. Februar 1846 wurde die Baugenehmigung für den Abschnitt Ravensburg—Friedrichshafen erteilt. Bemerkenswert ist daran vor allem, daß man erstmalig mit dem Bau einer Bahn begann, ohne daß diese Anschluß an das Stammbahnnetz hatte. Die Absicht war eindeutig. Es ging um das Rennen zum Bodensee, das Württemberg auf diese Weise vor anderen Anrainern zu gewinnen hoffte. Der Plan ging aber noch weiter. Nicht umsonst hatte Minister Schlayer in seiner bekannten programmatischen Rede das Wort von der ›Verkehrsbahn höherer Ordnung‹[62] gebraucht. Der Weg wies — wie die Aufmerksamkeit der Schweiz zeigte — über die Schweizer Pässe nach dem Süden.

Als am 8. November 1847 Ravensburg—Friedrichshafen eröffnet werden konnte, hatte Württemberg das Rennen gewonnen. Allerdings unter sehr vielen Mühen! Das gesamte Baumaterial, die Lokomotiven und Wagen hatten umständlich mit pferdebespannten Transporten nach Ravensburg gebracht werden müssen. Immerhin klaffte noch eine Lücke im Schienennetz von Süßen bis Ravensburg, und der Inselbetrieb in Oberschwaben mit ganz wenigen Lokomotiven und Wagen dauerte noch nahezu drei Jahre.

Die seinerzeit von Vignoles angesprochenen Schwierigkeiten beim Kuhberg südlich von Ulm wurden auf folgende Weise aus dem Weg geräumt: die Donau erhielt in diesem Abschnitt ein neues Bett und der neue Bahndamm bekam seine Lage im aufgeschütteten alten Flußbett. So mußte der Abhang des Kuhberges nicht angeschnitten werden. Beim Bau Ulm—Friedrichshafen hatte man die ursprüngliche Planung der Trasse über Waldsee, trotz wiederholter Proteste der dortigen Bevölkerung, verworfen und führte nun die Strecke über den Moränenwall in Richtung Schussenried—Aulendorf—Schussentobel. Übrigens stellten die Moorböden in Oberschwaben mit ihrer elastischen Struktur mitunter Probleme, denen man beim Bau nur durch gute Pfahlgründungen und Entwässerungsanlagen wirkungsvoll begegnen konnte.

Als Heizmaterial für die Lokomotiven wurde Torf verwendet. Die Feuerungseinrichtungen dafür waren in Aulendorf und Friedrichshafen hergestellt worden.

Schlossen alle Stationen an Siedlungen an, so machte davon der Bahnhof Durlesbach im Schussentobel eine Ausnahme. Diese Betriebsstelle im Markungsgebiet Reute hatte ihren Namen auf eine ganz besondere Weise erhalten. Die Bezeichnung tauchte zuerst auf Lohnlisten auf. Die Aufnahme eines im heimischen Dialekt gebrauchten Ausdrucks, der auf eine Furt in der Schussen (›durch den Bach‹) hinwies und sprachlich sichtlich deformiert war, wurde eine endgültige Bezeichnung im bahnamtlichen Sprachgebrauch[63].

Der Schienenstrang von Ravensburg aus, dessen Teilstrecke bis Biberach am 26. Mai 1849 dem Verkehr übergeben wurde, erreichte das Ziel Ulm am 1. Juni 1850, also noch vor Fertigstellung Geislingen—Ulm. Diese Strecke wurde am 29. Juni 1850 eingeweiht. Die Ursache für die spätere Freigabe der Strecke Geislingen—Ulm waren die mit den umfangreichen Arbeiten an der Geislinger Steige verbundenen baulichen Schwierigkeiten. Damit war das Schienenband von Heilbronn zum Bodensee geschlossen. Die Betriebslänge der Strecke betrug nunmehr 248 km.

Jetzt bedurfte es noch einiger Verträge mit den Nachbarländern Baden und Bayern, um zum Westen und Osten die Verbindung herstellen zu können und von der bisherigen Binnen- zur Transitbahn zu gelangen, wie es die gesetzliche Regelung vorsah.

Projekt Westbahn: Problem und Lösung

Waren die gleichzeitig gebauten Bahnen Ludwigsburg—Ulm und Ulm—Friedrichshafen in ihren Streckenverläufen mehr oder weniger klar vorgezeichnet, so traten bei Nord- wie bei Westbahn Zweifel auf. Besonders war hier die Wahl der Anschlußpunkte strittig, zumal diese Entscheidungen wesentlich durch die Einstellung des badischen Nachbarn beeinflußt wurden. Wie schon durch Negrelli und Vignoles gutgeheißen, sollte die Westbahn ursprünglich über Knittlingen—Kleinvillars geführt werden. Im Falle der Nordbahn waren starke Tendenzen, vor allem von Heilbronn ausgehend, die sich für einen Anschluß an Baden in Wiesloch aussprachen. Die Stadt Heilbronn hatte sich aus einer solchen Streckenführung einen attraktiven Transitverkehr ausgerechnet und wollte von einer Verbindung zum badischen Netz in Bruchsal nichts wissen, weshalb sie diese Varianten auch mit der Bemerkung ›unzweckmäßige Verbindungslinie‹[64] abqualifizieren wollte. Sie hatte in dieser Hinsicht sogar einige Zeit auch eine moralische Unterstützung von Baden aus, vor allem aus der Region um Pforzheim.

Württemberg ordnete nunmehr an, die Projekte Thamm—Pforzheim, Thamm—Kleinvillars, Feuerbach—Pforzheim und Heilbronn—Wiesloch gemeinsam zu behandeln. Die erstellten Erhebungen dienten Karl Etzel als Grundlage für ein besonderes Gutachten. Er untersuchte darin folgende drei Möglichkeiten:

(1) Zuffenhausen—Ditzingen—Friolzheim—Pforzheim

11,0 Poststunden (1 St = 3,62 km) = 39,82 km

(2) Zuffenhausen—Thamm—Bissinger Mühle—Illingen—Pforzheim

13,0 Poststunden = 47,06 km

(3) Zuffenhausen—Thamm—Bietigheim—Illingen—Enzberg—Pforzheim

14,1 Poststunden = 51,04 km

Bei der Prüfung dieser Varianten kam Etzel zu einem überraschenden Resultat, das er nunmehr zur Diskussion stellte:

(1) Bietigheim—Illingen—Pforzheim—Durlach   16,0 Poststunden = 57,92 km
(2) Bietigheim—Bretten—Bruchsal—Durlach   18,0 Poststunden = 65,16 km
(3) Bietigheim—Bretten—Bruchsal—Heidelberg   22,2 Poststunden = 80,26 km
(4) Bietigheim—Heilbronn—Wiesloch—Heidelberg

24,5 Poststunden = 88,69 km

Er gab dem Weg über Bruchsal eindeutig den Vorzug, da hier die maximale Steigung 1:100 betrug, während für den Weg über Pforzheim ein Maximum von 1:66 erforderlich war. Was an dem Gutachten überraschend und wichtig ist, ist die Festlegung auf einen neuen Weg. Alle früheren Experten hatten auf der Abzweigung in der Nähe von Thamm bestanden. Etzel kam zu der Erkenntnis, die Trennung sei nur in Bietigheim zweckmäßig und begründete dies auch stichhaltig: die Weiterführung in Richtung Nordbahn nach Heilbronn, so meinte er, sei weitgehend von der Oberflächengestaltung der Tallage abhängig und bereits vorgezeichnet. Im Falle der Westbahn sei bei Bietigheim ein wesentlich kürzerer Viadukt über das eingeschnittene Enztal zu bauen. Das war das Bestechende gegenüber den verschiedenen Vorschlägen früherer Gutachter, die sich immer wieder damit abgemüht hatten, in der Nähe der Bissinger Sägmühle den passenden Weg mit einer Brücke über die Enz zu finden. Bei dieser Variante war, um die Grenze zum Nachbarstaat passieren zu können, ein Staatsvertrag mit dem Großherzogtum Baden erforderlich.

Man war sich darüber im klaren, daß der Anschluß nur nach längeren Verhandlungen zu erzielen sei. Immerhin konnte Württemberg jetzt eindeutig und klar mit einer Trennungsstation, also Bietigheim, auf den Plan treten[65].

Bau der Nordbahn nach Heilbronn

In der Zwischenzeit begann man aber mit dem Bau der Nordbahn, da über ihre Führung keine Zweifel herrschten. Außerdem konnte schon beim Bau der Bahnhofsanlagen in Bietigheim eine sichere Abzweigung der Westbahn ins Auge gefaßt werden, einerlei, ob deren Ziel nun Durlach, Bruchsal oder Heidelberg heißen würde.

Die Teilstrecke Ludwigsburg—Bietigheim wurde am 11. Oktober 1847 in Betrieb genommen. Damit war der erste Abschnitt und die Voraussetzung für die Nordbahn geschaffen. Technischer Referent für den Bau der Nordbahn wurde Karl

Etzel. Professor *Breymann* vom Polytechnikum in Stuttgart — anfangs, als der
Plan bestanden hatte, die Bahn nach Heilbronn von privater Seite zu bauen,
schon mit der Ausarbeitung betraut — wurde Etzel noch als Berater beigegeben.
Schließlich war er durch seine Ausarbeitung in die Feinheiten und Besonderheiten
der Strecke schon eingeweiht. Etzel hatte auch an seinen Plänen nichts besonderes
auszusetzen. Am 25. Juli 1848 konnte die Nordbahn in einem Stück bis Heilbronn eröffnet werden. Der Bahnhof Heilbronn war zuerst als Kopfstation ausgebildet.

Bau der Westbahn und Staatsvertrag mit Baden

Ein Kapitel für sich bildete der Bau der Westbahn. Hier wurde die Frage eines
Staatsvertrages akut, denn wie oben erwähnt, wollte Württemberg die Grenze
eines Nachbarlandes überschreiten, um so vom reinen Binnen- zum Transitverkehr
zu kommen. Die Grenze war aber ein Faktum. Nicht umsonst meint Kuntzemüller über sie: »Die badisch-württembergische Grenze ist von Anfang an eine
wahre crux für Geographen, Volkswirtschaftler, Eisenbahnbauer und Politiker
gewesen.«[66] Mit dieser Grenze mußte man sich jetzt abfinden und sie in die Bespre-
chungen beider Seiten einbeziehen. Württemberg drängte nach Wiesloch oder
Heidelberg, Baden mit aller Macht nach Durlach. Dabei kam es zu kuriosen Par-
teibildungen, die über die Grenzen reichten. Mannheim und Heilbronn stellten sich
dabei gegen Pforzheim und Calw. Die Kreise in Baden freilich, die fest auf der
Meinung beharrten, eine Grenzüberschreitung käme erst dann in Frage, wenn die
badische Eisenbahn den Bodensee erreicht hätte, mußten sehr überrascht sein, als
sie gewahr wurden, daß Württemberg bereits am Ziel angelangt war. Von da
an fiel der Widerstand weg, und die beiden Partner begannen am Verhandlungs-
tisch den richtigen Weg auszuhandeln. Württemberg brachte natürlich seinen Entwurf des Anschlusses in Bruchsal mit. Die Führung der Westbahn war ursprünglich durch das Tal der Metter über Horrheim, Gündelbach, Zeiserweiher vorgesehen. Baden, dem die Berücksichtigung der Stadt Pforzheim stets ein wichtiges
Anliegen war, wollte von dieser Richtung vorerst wenig wissen. Es plädierte für
eine Streckenführung, die auf alle Fälle über Illingen führen mußte und von dieser
Gegend aus in Richtung Maulbronn. Die Ausbiegung über das Mettertal wäre für
Pforzheim nicht tragbar gewesen. Wegen der Bedeutung dieser Stadt und weil die
Argumente sich doch nicht ganz ausräumen ließen, wurde schließlich die Illinger
Variante als bauwürdig betrachtet. Sie bildete dann die Grundlage zu dem dies-
bezüglichen Staatsvertrag. Bevor es jedoch so weit kam, mußte Etzel, der für die
Westbahn Verantwortliche, mit den beiden badischen Oberbauräten Sauerbeck
und Keller verhandeln. Württemberg verzichtete endgültig auf die Mettertal-

Lösung. Wenn nun aber Baden sich dennoch bereit fand, dem Bau der Bretten—Bruchsaler Bahn seine Zustimmung zu geben, so nur deswegen, weil die Jahre der Revolution sich auf das Grenzland besonders nachteilig ausgewirkt und auch finanzpolitische Nachteile gebracht hatten. Die Verhandlungen verliefen in einer gespannten Atmosphäre, da Baden einerseits angesichts seiner kritischen Finanzlage zu einem Kompromiß neigte, andererseits seine Stadt Pforzheim unbedingt berücksichtigen mußte. Diese sollte an einem wichtigen Eisenbahnstrang liegen und auf keinen Fall mit einem faulen Kompromiß wie seinerzeit Mannheim mit dem Bahnhof Friedrichsfeld abgefunden werden[67]. So einigten sich die Partner, den Pforzheim—Durlacher Zweig in der Planung zu verschieben. Der Staatsvertrag vom 4. Dezember 1850 war der erste Vertrag Württembergs mit einem Nachbarstaat. Sein wesentlicher Inhalt sprach Württemberg das Recht zu, die Bahn über Bretten nach Mühlacker zu bauen, und zwar als württembergische Bahn von der Grenze bis zum Knotenpunkt Bruchsal. Dort sollte die Strecke dann Anschluß an die (damals breitspurige) badische Bahn finden. Da die Frage eines Anschlusses nach Durlach über Pforzheim nur für kurze Zeit aufgeschoben war, mußte beim Bau der Bahn von Bietigheim nach Bruchsal auf die Anschlußmöglichkeit Rücksicht genommen werden. Diese Abzweigestation war rasch gefunden. Dennoch war die Wahl des Bahnhofes ›am Eckenweiherhof‹ keine glückliche Lösung und bedeutete für Württemberg das gleiche wie Friedrichsfeld zwischen Mannheim und Heidelberg für Baden. Der ›künstlich geschaffene Übergangsbahnhof‹ hat noch seine besondere Geschichte, die an einen schlechten Schildbürgerstreich erinnert. Politisch gehörte das Gelände, auf dem die Bahnhofsanlagen erstellt wurden, zur Gemeinde Dürrmenz. Da sich aber die Muttergemeinde strikt weigerte, der Station ihren Namen zu geben, wurde dem nächst liegenden Weiler Mühlacker diese Ehre zuteil.

Es war eine Fehllösung. Schuld daran trug auch Etzel. Hätte er sich nicht allzusehr auf seine Abzweigung in Bietigheim versteift und die Bahn Zuffenhausen—Friolzheim—Pforzheim—Bretten—Bruchsal, die er ohnehin zu untersuchen hatte, ins Gespräch gebracht, so wäre Pforzheim gedient und Württemberg viel Umstand erspart geblieben.

Die einzigen Störungen beim Bahnbau der Strecke Bietigheim—Bruchsal zeigten sich bei Heidelsheim im Salbachtal, wo in einem Einschnitt Erdmassen plötzlich in Bewegung gerieten.

Übrigens hatte man die Brücke bei Bietigheim über die Enz — ursprünglich als Holzkonstruktion auf massiven Steinsockeln geplant — endgültig in massiver Steinausführung gebaut. Karl Etzel hat sich mit dem Bau dieser Brücke, die eines der schönsten Brückenbauwerke auf deutschem Boden darstellt, für die Zeit seines kurzen Wirkens in seinem Heimatlande Württemberg ein bleibendes Denkmal gesetzt.

47

Die feierliche Eröffnung der Strecke Bietigheim—Bruchsal fand am 27. September 1853 statt.

Die Einmündung in den Bahnhof Bruchsal, der zu jener Zeit noch breitspurig angelegt war, erfolgte so, daß der württembergische Kopfbahnhof südlich vom Aufnahmegebäude Bruchsal zu liegen kam. Erst nach dem ab 1854 abgeschlossenen großzügigen Streckenumbau auf Normalspur, für jene Zeit immerhin eine beachtliche Pioniertat[68], wurde dann die Einführung in den Bahnhof Bruchsal entsprechend umgestaltet. Es ist anzunehmen, daß bis zum badischen Streckenumbau der württembergische Bahnhof eine provisorische Zwischenlösung darstellte, da die Pläne für eine Umspurungsaktion schon bestanden.

Die Einstellung zur Spurweitenfrage bei den Verhandlungen mit dem badischen Nachbarn war deshalb so eindeutig, weil die Verhandlungen mit Bayern vorausgegangen waren. Dieser Grenznachbar hatte sich bei seinen Eisenbahnen für die Spurweite von 1435 mm entschieden. Die Ludwigsbahn von Nürnberg nach Fürth, die Nord-Südbahn von der sächsischen Grenze zum Bodensee und die München—Augsburger Eisenbahn hatten diese Spur.

Am 25. April 1850 schlossen Bayern und Württemberg einen Staatsvertrag. Gegenstand war der Grenzübergang in Ulm. Wie Bayern bereits beim Bau der Nord-Süd-Bahn bekundet hatte, wollte es in Ulm zunächst nicht anschließen. Schließlich war ja die Berücksichtigung der Stadt Nördlingen kein Zufall. Bayern hätte den Anschluß lieber in Nördlingen gesehen. Württemberg hatte aber bereits den Weg zum Bodensee fertig und bis zur Eröffnung waren es nur noch wenige Monate (Schließung der Lücke Geislingen—Biberach). Es zeigte sich bald, daß beide Seiten Konzessionen machen mußten.

Die Strecke Ulm—Mitte Donaubrücke, die also bis zur Grenze führte, wurde am 1. Juni 1854 eröffnet.

Mit diesem Datum verfügte Württemberg über einen Streckenumfang von total 306,83 km, für ein Jahrzehnt Eisenbahnbau ein gutes Resultat. Es war eine beachtliche Verbindungslinie entstanden. Durch die mit den Nachbarstaaten abgeschlossenen Staatsverträge hatten sich die ›Stammbahnen‹ aus ihrem Binnenverkehr herausgelöst. Erstmals hatte man, wenn auch zunächst in bescheidenem Maße, Transitbahnverkehr. Hier ist vor allem die Strecke Bruchsal—Ulm zu nennen. Für Bayern bedeutete sie eine Verbindungsmöglichkeit zum Rhein. So wurde die Strecke Ulm—Bruchsal eine wichtige Transitlinie.

Ein wichtiges Instrument der Verkehrspolitik schuf sich Württemberg durch den Erwerb der privaten Bodenseeschiffahrt. Dabei wurden in Friedrichshafen die Einrichtungen zum Güterumschlag von Bahn zu Schiff und umgekehrt geschaffen. Diese Tatsache gewann um so mehr an Bedeutung, als schweizerseits der Schienenweg bereits auf Romanshorn und Rorschach zu ausgebaut wurde[69]. Die Verbindung über den See zwischen Friedrichshafen und Romanshorn ist die kürzeste. Das brachte Friedrichshafen gegenüber Lindau, das um 1853 ebenfalls vom Schienenstrang erreicht wurde[70], in Vorteil.

›Zentralbehörde für die Verkehrsanstalten‹

Das erste Eisenbahnjahrzehnt brachte verwaltungsmäßig einige Änderungen. Die 1844 gegründete Eisenbahnkommission unterstand zunächst dem Ministerium des Innern. Dieses hatte in jener Zeit auch noch das Kirchen- und Schulwesen zu betreuen. Der damalige Minister Herdegen war kein Freund des Staatsbahngedankens. Nach seinem Rücktritt wurde die Eisenbahnkommission am 29. September 1844 an die Zuständigkeit des Finanzministeriums überwiesen. Als Herdegen nunmehr als Departement-Chef das Finanzressort übernahm, bestand die Gefahr, daß dieses Gremium wieder an das Innenministerium zurückverwiesen würde. Dies konnte allerdings verhindert werden. An der Spitze der Eisenbahn-Kommission stand in jener Zeit Oberfinanzrat *Knapp* vom Finanzministerium, der spätere Finanzminister. Die Kommission wurde nun der 1849 gegründeten Finanzkammer Abteilung IV = ›Abteilung für die Eisenbahn-Verwaltung‹ (ähnlich der Abt. Domänen, Forste und Bauten) angegliedert.

Mit Wirkung vom 1. Juli 1851 ging die württembergische Post, bislang in den Händen des Hauses Thurn und Taxis, als Erbmannsthronlehen, in Eigentum und unmittelbare Verwaltung des Staates über. Durch eine Verordnung vom 17. Juli 1851 wurde eine eigene ›Zentralbehörde für die Verkehrsanstalten‹ errichtet, die bei der Oberfinanzkammer als Abteilung IV geführt, die Bezeichnung ›(IV.) Abteilung für die Verkehrsanstalten‹ erhielt. Sie gliederte sich in drei Sektionen:

1. Eisenbahn-Kommission
2. Post-Kommission
3. Telegraphen-Amt.

Nach dem Vorschlag des Ministeriums sollte sie ursprünglich mit der Bezeichnung ›Generaldirektion‹ bedacht werden.

Der Bahnbau brachte für viele Arbeitskräfte, gelernte und ungelernte, Arbeitsplätze. In der ersten Zeit um 1847 waren es schon an die 10 000. Beachtlich ist die Tatsache, daß zu einer Zeit, in der das durchaus noch nicht üblich war, für diese Leute auch soziale Einrichtungen geschaffen wurden. An den verschiedenen Baustellen erstellte man zerlegbare ›Speise- und Schenkhütten‹. Die Bauarbeiter wurden ermuntert, einen Teil ihres Arbeitslohnes bei der Landessparkasse einzuzahlen, wofür sie besondere Prämien erhielten[71]. Ein Agent der Sparkasse erschien zu diesem Zweck an jedem Zahltag auf der Baustelle und nahm die Ein-

lagen an. 1846 gründete man eine besondere ›Unterstützungskasse‹. Kranke
Arbeiter und solche, die einem Unglücksfall zum Opfer gefallen waren, erhielten
Unterstützung und während ihres Aufenthaltes im Stuttgarter Katharinenhospital
einen Krankheitskostenbeitrag. Aus dieser Einrichtung wurde eine Pflichtversiche-
rung.

Vom 1. Juni 1850 bis zum 30. Juni 1859 wurden, wenn wir vom Anschluß an
Baden und Bayern absehen wollen, keine Erweiterungsbahnen erstellt. Wenn dies
auch einen augenblicklichen Stillstand von acht Jahren bedeutete, so war es mehr
als eine schöpferische Pause. Überblicken wir jene Periode, die das genannte Jahrzehnt bis 1854 umfaßt, so sind doch einige Leistungen festzustellen. Angefangen
von den Studien des Ingenieur-Offiziers Duttenhofer über die Studien Bühler
und Seeger waren es vor allem die Gutachten namhafter auswärtiger Spezialisten.
Vor allem aber gebührt das große Verdienst um den ersten Bauabschnitt Persön-
lichkeiten wie Karl Etzel, Ludwig Klein und Michael Knoll. Sie waren es, die
den Vorhaben noch den letzten Schliff gaben.

Was die verantwortlichen Ingenieure vom Bau und vom Hochbau geleistet hatten,
konnte sich wirklich sehen lassen. Ist es verwunderlich, daß die Kunde davon
auch nach außen drang? Zweifellos hatten die Hochbauten nichts mit der von
Kuntzemüller immer wieder angeführten badischen ›Opulenz‹ gemein. Sie entsprachen aber ihrem Zwecke voll und ganz. Waren die Brückenbauten anfänglich
als solide Holzkonstruktionen erstellt, so ging man mit dem Bau der Westbahn
systematisch dazu über, solche aus Stein und Eisen vorzuziehen. Etzels Enzviadukt
bei Bietigheim gab dazu einen verheißungsvollen Auftakt und darf geradezu als
ein Symbol gewertet werden. Beim Tunnelbau, der anfänglich in ›Kernbauweise‹
erfolgt war, ging man auf die englische Bauweise über.

Während des Stillstands der Arbeiten nach Vollendung der Stammbahnen wan-
derten leider qualifizierte Kräfte ab. Karl Etzel bekam einen Ruf nach Basel. Er
sollte im Dienste der Schweizerischen Centralbahn alsbald die (alte) Hauenstein-
Linie in Angriff nehmen. Nach kurzem dortigen Wirken — er hatte seinen Auftrag mit Bravour gemeistert — ging er zu weiteren Bauaufgaben nach Österreich.
Beckh zog es ebenfalls in die Schweiz, wo er bei der Schweizer Nordostbahn sein
Können unter Beweis stellen konnte. Auch Pressel hielt es nicht in seiner Heimat,
er wechselte ebenfalls nach Österreich über. Württemberg hatte gezeigt, daß es
fähig war, sich ein vollwertiges Eisenbahnnetz zu schaffen. Es kann den Ruhm
in Anspruch nehmen, die erste Gebirgsbahn Europas in der Geislinger Steige zu
besitzen.

1854 - 1864

Planung und Bau weiterer Eisenbahnstrecken: Lonsee-Projekt, Remsbahn - Die Brenzbahn-Klausel - Der Stuttgarter Bahnhof - Die erste Privatbahn

Planung und Bau weiterer Eisenbahnstrecken: Lonsee-Projekt, Remsbahn

Die Bahnen der ersten Epoche hatten sich schon in den Anfangsjahren gut bewährt. Durch die günstige Finanzlage und die gute Rendite, die die Eisenbahnen schon nach kurzer Zeit abwarfen, wurde bald auch der Wunsch laut, nach einer angemessenen Pause die Bauarbeiten weiterzuführen. Oberbaurat Gaab, der übrigens der einzige im Lande verbliebene Techniker war, wurde beauftragt, unverzüglich die nötigen Vorarbeiten für die Strecken

Lonsee—Heidenheim—Aalen,
Plochingen—Reutlingen—Rottenburg,
Eislingen—Gmünd

in die Wege zu leiten. Etzel, Klein und Knoll hatten in den Jahren 1844/45 schon entsprechende Vorstudien angefertigt. Allerdings dachte man damals noch an eine Abzweigung in Westerstetten statt in Lonsee.

In den eingehenden Beratungen vor den Ständen kam das Lonsee-Projekt sehr schlecht weg. Besonders die Herren *von Varnbühler* und *Moriz Mohl* machten aus ihrer Abneigung gegen dieses Projekt keinen Hehl. Mohl gab deutlich zu verstehen, daß sich nur in den Gegenden Bahnen lohnten, in denen ein großes Verkehrsaufkommen zu erwarten sei. Bei einer in Lonsee abzweigenden Bahn könne von diesem erforderlichen Aufkommen keine Rede sein. So wurde der Abschnitt von Lonsee über die Alb gleich aus der Vorlage gestrichen. Heidenheim—Aalen—Wasseralfingen blieben dagegen unbeanstandet. Beim Projekt Eislingen—Gmünd, der Verbindungsbahn zwischen Fils- und Remstal, war erschwerend, daß hier ein Durchstoß des Braunjurasockels zwischen Hohenstaufen und Hohenrechberg, des sogenannten Asrückens, mit einem 950 m langen Tunnel erforderlich war, was wiederum umfangreiche Erdbewegungen mit sich gebracht hätte.

So standen bei dieser Frage auch noch folgende Varianten zur Diskussion:

1. Cannstatt—Aalen
2. Plochingen—Schorndorf
3. Uhingen—Lorch.

Neben diesen Plänen tauchten für den Norden und Nordosten des Landes noch Vorschläge von Bahnen Heilbronn—Hall—Crailsheim und Ellwangen an die Landesgrenze Richtung Dinkelsbühl auf. An die Regierung wurde nunmehr ein Gesuch gerichtet, das die Strecken Göppingen—Gmünd und Cannstatt—Waiblingen zum Gegenstand hatte. Beide Kammern waren sich in diesen Punkten einig. In erster Linie kam nun das Projekt Plochingen—Reutlingen mit einer baldigen

Verlängerung nach Rottenburg zum Zuge. Mit dem ›Gesetz, betreffend weitere Eisenbahnbauten‹ vom 6. Mai 1857 wurde zunächst der Bau der Strecke Plochingen—Reutlingen gutgeheißen.

Damit wurde diese Strecke, die man anfänglich der privaten Initiative überlassen wollte, doch als Staatsbahn in Angriff genommen. Technischer Referent wurde Oberbaurat Gaab.

Das rechte Neckarufer zwischen Plochingen und Horb bot sich als natürlicher und wenig komplizierter Streckenverlauf an. Bei dieser direkten Streckenführung wären allerdings die beiden an den Neckarseitentälern Erms und Echaz gelegenen Städte Metzingen und Reutlingen um den Genuß einer Eisenbahnverbindung gekommen. Dies wäre aber in Anbetracht der Bedeutung beider Orte, besonders aber der Stadt Reutlingen, nicht gerechtfertigt gewesen, zumal gleichzeitig Bahnprojekte von Reutlingen nach Ehingen an der Donau, Reutlingen—Münsingen—Ulm oder Metzingen—Urach—Ulm zur Debatte standen. Der Antrag der II. Kammer befürwortete den Umweg von Nürtingen nach Kirchentellinsfurt über Bempflingen, Metzingen, Reutlingen. Trotz des Widerstandes von Minister von Varnbühler gegen den ›Umweg‹ wurde der Antrag in der II. Kammer genehmigt. Damit lag der Ausführung nichts mehr im Wege. Die Teilstrecke bis Reutlingen, das erste Stück der neuen Bahn, sollte über Tübingen nach Rottenburg weiterführen.

Nur zwischen Nürtingen und Metzingen traten durch Dammaufschüttungen Schwierigkeiten größeren Ausmaßes auf. Auch hier wurden die allgemeingültigen Normen für den Bau der Strecke und der Stationen angewendet. Plochingen—Reutlingen konnte am 20. September 1859 eröffnet werden, während die weitere Strecke bis Rottenburg am 12. Oktober 1861 folgte. Die Regierung war sich im Jahre 1857 bereits darüber im klaren, daß eine Vervollkommnung des Schienennetzes unbedingt notwendig wäre. Es kam zu jener bekannten ›Zukunftskarte über württembergische Eisenbahnen‹, in welcher neben den bestehenden und den projektierten Bahnen auch solche eingezeichnet waren, »deren Bau in späterer Zeit, nach Zulassung der Umstände, in der einen oder anderen Richtung etwa möglich oder zu empfehlen sein dürfte«.[72] Drei Systeme waren es, das des oberen Neckar, das der Bahnen zwischen Stuttgart, Nördlingen und Ulm und das der Hohenloher Bahnen. Den Ständen wurde noch im Jahre 1858 eine diesbezügliche Gesetzesvorlage eingebracht. Aus ihren Beratungen, in denen im allgemeinen dem Regierungsentwurf zugestimmt wurde, ging schließlich das ›Gesetz (A) vom 17. November 1858, betreffend die weitere Ausdehnung des Eisenbahnnetzes‹ hervor. Dieses sah folgendes Bauprogramm vor:

1. von Heilbronn, dem Endpunkt der Nordbahn aus, über Öhringen und Hall nach Crailsheim;
2. von Crailsheim in südlicher Richtung über Heidenheim bis zur Ostbahn;

3. von Heilbronn an die badische Grenze gegen Neckarelz;
4. als Fortsetzung der oberen Neckarbahn
   von Reutlingen nach Rottenburg und sodann durch das Flußgebiet des oberen
   Neckars über Rottweil gegen die Landesgrenze;
5. im Anschluß an die Ostbahn vom Filstal oder von Cannstatt aus in nördlicher
   Richtung über Gmünd und Aalen gegen Nördlingen[73].

Im Zusammenhang mit der Planung standen verschiedene Projektvarianten zwischen Heilbronn und Crailsheim. Dabei war klar, daß auf alle Fälle eine Verbindung zwischen Heilbronn und Wasseralfingen gebaut werden müsse. Nachdem der ursprüngliche Plan einer Bahn über Gaildorf und Abtsgmünd schließlich fallen gelassen wurde, beschloß man, die Strecke von Schwäbisch Hall über Crailsheim und Ellwangen zu führen. Damit könne, so wurde gefolgert, auch der Bau einer innerwürttembergischen Transitbahn eingeleitet und weitere Landstriche dem Verkehr erschlossen werden.

Ebenfalls ließ man auch die Variante der Hohenloher Bahn zwischen Westernach und Braunsbach nach Hessental fallen. Oberbaurat Gaab erhielt den Auftrag, unverzüglich daranzugehen, die Projekte zu bearbeiten. Der stark beanspruchte Ingenieur gab aber zu bedenken, er sei nicht in der Lage, alle Pläne zu bearbeiten. Vielmehr sei ein weiterer tüchtiger Oberingenieur erforderlich. Der Vorschlag fiel auf *Georg Morlok*, der gleichzeitig zum Baurat aufrückte und somit automatisch Mitglied der Eisenbahnkommission wurde. Er erhielt auch die Aufgabe, das Referat über den technischen Betriebsdienst auf den West-, Ost- und Südbahnen zu übernehmen. Er sollte nun die geeignetste Stelle für eine Verbindungsbahn zwischen Fils und Rems finden. Dazu kam natürlich noch die Planung einer von Cannstatt über Waiblingen durch das Remstal führenden Bahn.

Zunächst wurden die zum Bahnbau nötigen Höhenaufnahmen in Angriff genommen. Das betraf alle vorgeschlagenen Verbindungen zwischen den Tälern von Neckar und Fils einerseits, der Rems andererseits. Diese Varianten sollten kritisch einander gegenübergestellt und auf ihre Bauwürdigkeit geprüft werden. Die dabei gewonnenen Erkenntnisse sollten dann mit einer von Cannstatt über Waiblingen durch das Tal der Rems über Aalen nach Wasseralfingen führenden Bahn verglichen werden.

Morlok mußte sich daher zunächst mit den drei Varianten der Verbindungsbahn auseinandersetzen. In diesen drei Fällen dachte man ernstlich an den Bau eines Tunnels, um auf diese Weise den Höhenrücken des Schurwaldes oder des Braunjurasockels der Albvorberge überwinden zu können. Mit jeder dieser Linien wäre natürlich noch ein Stück Remsbahn zu erbauen gewesen:

Übergangslinien:

Plochingen—Schorndorf

Uhingen—Lorch

Göppingen—Eislingen—Gmünd
Ergänzungslinien:
Schorndorf—Aalen
Lorch—Aalen
Gmünd—Aalen

Die Herren Etzel, Klein und Knoll hatten schon im Jahre 1845 die eigentliche Remsbahn Cannstatt—Waiblingen—Gmünd—Essingen—Aalen bearbeitet, wozu noch die Seitenstrecke von Göppingen nach Gmünd kam. In ihrem bekannten Gutachten entsprachen sie aber mehr der Aufgabe, wichtige Anhaltspunkte für eine kritische Gegenüberstellung der konkurrierenden Projekte zu liefern, als ein baureifes Projekt auf den Tisch zu zaubern. Außerdem war in dieser Studie nur die Variante Göppingen—Gmünd enthalten und als einzige einer näheren Untersuchung unterzogen worden, während die beiden anderen genannten Möglichkeiten völlig außer acht gelassen wurden.

Die Uhinger Variante hatte die größten Chancen, da sie das Gebiet mit der relativ höchsten Bevölkerungsquote anschnitt. Bei der Eislinger Verbindungsbahn waren es vor allem die umfangreichen Erdbewegungen, die hier entscheidende Schwierigkeiten bereiteten. Minister Knapp gab die Anweisung, die allgemeinen und die volkswirtschaftlichen Belange und Interessen zu würdigen. Schließlich sprachen alle Anzeichen für eine baldige Verwirklichung der Uhinger Variante, wenn nicht eine, nicht einmal offizielle Erklärung dagegen gewirkt hätte. Bayern, so hieß es nach dieser Version, werde niemals einer Bahn zustimmen, die von der Ostbahn abzweige[74]. Da der Planung tatsächlich die ernstliche Absicht zugrunde lag, in Nördlingen an Bayern anzuschließen, wurde diesem Hinweis Beachtung geschenkt. Das hatte zur Folge, daß an höchster Stelle die Bahn über Waiblingen—Gmünd—Aalen vereinbart und beschlossen wurde.

Für deren ersten Abschnitt ab Cannstatt standen drei Möglichkeiten zur Diskussion. Es ging hierbei weniger um volkswirtschaftliche als vielmehr um rein technische Probleme bei den möglichen Streckenführungen:

a) Cannstatt—Fellbach—Waiblingen 15,18 km, maximal 1:65
b) Cannstatt—Schmiden—Waiblingen 14,87 km, maximal 1:80
c) Cannstatt—Münster—Hofen—Waiblingen 18,14 km, maximal 1:145.

Nach gründlichen Überlegungen einigte man sich auf die zweite Lösung, obwohl sie bei weitem die kostspieligste und aufwendigste war. Nach technischen Gesichtspunkten war sie zweifellos die bauwürdigste. Nach der Durchquerung des Schmidener Feldes zwischen den beiden Dörfern Fellbach und Schmiden erfolgte hinter Waiblingen der Abstieg in das Remstal, dessen Verlauf die Strecke dann bis Mögglingen folgen sollte. Die Wasserscheide beim Blümle nördlich von Essingen sollte aus Richtung Mögglingen mit einem Steigungswert von 1:100 genommen werden, dem ein Abstieg in das Kochertal nach Aalen und Wasseralfingen mit durchschnittlich 1:130 entsprechen sollte. Die Streckenführung bot keinerlei Schwierigkeiten, lediglich für die Anlage der Bahn im Raume der Stadt Schwäbisch Gmünd gab es anfänglich noch drei verschiedene Spielarten[75].

Im Zusammenhang mit der Planung der ersten Sektion der Remsbahn stand auch der Anschluß des Hüttenwerks in Wasseralfingen. Dessen Werksbahn sollte mit der dortigen Station mit Hilfe einer Spitzkehre, die wegen des Niveauunterschiedes notwendig wurde, verbunden werden. Dieses Industrieobjekt, das unter der Leitung von Morlok in den Jahren 1854 bis 1856 nach den neuesten Gesichtspunkten modernisiert worden war, vermißte bislang immer noch den Anschluß an das Schienennetz. Daß der Bau der Remsbahn dem Werk nur Nutzen bringen würde, war klar.

Die Strecke konnte bereits am 18. Juli 1861 eröffnet werden.

Die Brenzbahn-Klausel

Die zweite Sektion der Remsbahn, die die Weiterführung in Richtung Nördlingen bringen sollte, wurde ebenfalls Morlok übertragen. Auch dieser Teil war seinerzeit von Etzel, Klein und Knoll bearbeitet worden. Sie wiesen, genau wie der schon eingangs erwähnte Gegengutachter W. A. Beyse, auf die geologisch interessante Falte bei den Goldshöfen hin, durch die man die Bahn aus dem Kochertal auf Höhe bei Baiershofen und die Wasserscheide bei Buch bauen könnte. Dabei ließe sich der Wert 1:100 anwenden. Gründliche Geländeuntersuchungen aber hatten ergeben, daß das Gefälle der Nördlinger wie der abzweigenden Crailsheimer Bahn nützlich sein könne. Im Verlauf weiterer Prüfungen zeigte sich, daß der Aufstieg zweckmäßigerweise auf der rechten Kocherseite erfolgen müsse, statt, wie zuerst geplant, auf der linken. Dabei konnte dann von Westhausen aus das Tal der Jagst benützt und über Zöbingen und das Tal der Sechta in Richtung bayerische Grenze schließlich das Ziel Nördlingen erreicht werden. Die andere Möglichkeit war die, über Lauchheim und jenseits dieses Städtchens zu Füßen der Kapfenburg über den durch einen Tunnel zu durchquerenden Bildwasen durch das Tal der Eger und an Bopfingen, Trochtelfingen und Pflaumloch vorbei nach Nördlingen zu gelangen. Die Variante über Zöbingen wäre nur 2,32 km länger gewesen. Sicherlich aber war es auch der Einfluß der Stadt Bopfingen, der schließlich der zweiten Route zum Siege verhalf. Nach sorgfältiger Abwägung der Verhältnisse wurde nun die Strecke Wasseralfingen—Westhausen—Lauchheim—Bopfingen—Nördlingen gebaut. Eine Verlängerung des Tunnels auf dem Bildwasen auf 573 m ermöglichte es, den Steigungswert von 1:100 beiderseits des Tunnels auf den Rampen nicht zu überschreiten. Auch die Krümmungsradien konnten in normalen Grenzen gehalten werden. Diese Streckenführung bildete die rechtliche Grundlage zum Staatsvertrag mit dem Königreich Bayern vom 12. Januar 1861. Er sah den Bau zur Landesgrenze bei Nördlingen vor und wurde nach Verabschiedung durch die Kammern vom württembergischen König am 6. März genehmigt.

Im Gegensatz zur ersten Sektion traten in diesem Streckenabschnitt mehrfache Schwierigkeiten auf. Bei den Goldshöfen, bei Westhausen, Lauchheim und Flochberg kam es zu Rutschungen. Diesen Übelständen konnte aber durch den Bau von Entwässerungsgräben entgegengewirkt werden. Nach glücklicher Überwindung aller Schwierigkeiten konnte diese Strecke am 3. Oktober 1863 gemeinsam mit dem Anrainerstaat Bayern eröffnet werden. Auf einer Länge von insgesamt 3,718 km lag sie auf bayerischem Territorium. Bayern hatte in diesem Abschnitt auch für die bauliche Unterhaltung zu sorgen. Der Bahnhof Nördlingen wurde Gemeinschaftsstation. Die K.W.St.E. erhielten dort einen eigenen Kopfbahnhof mit einer besonderen Bahnsteighalle.

Wesentlicher Bestandteil des vorher erwähnten Staatsvertrages mit Bayern war eine Klausel, die für Württemberg verkehrspolitische Konsequenzen haben mußte. In § 37 des Vertragstextes wurde zur Bedingung gemacht, »innerhalb eines Zeitraumes von 12 Jahren, vom Tage der Eröffnung der Cannstatt—Nördlinger Eisenbahn an, keine Schienenverbindung zwischen dieser und der Cannstatt—Ulmer Eisenbahn herzustellen oder herstellen zu lassen, durch welche die württembergische Bahnlinie von Nördlingen bis Friedrichshafen kürzer würde als die bayerische Linie von Nördlingen bis Lindau«[76].

Diese Sperrfrist ging also vom 3. Oktober 1863 bis zum 2. Oktober 1875. Daß Bayern diese Zeit sinnvoll zu nutzen verstand, braucht nicht besonders betont zu werden. Minister Knapp starb am 24. Mai 1861. Das Finanzministerium wurde von Staatsrat *Sigl* übernommen. Ludwig Klein wurde zum Direktor ernannt und gleichzeitig Vorstand der Eisenbahnbau-Kommission.

Die Vorarbeiten für die Hohenloher Bahn Heilbronn—Hall waren schon weitgehend fertig, als sie Oberbaurat Gaab wegen Arbeitsüberlastung an Bauinspektor *Abel* weiterreichte. Dieser erhielt zugleich den Titel Baurat und wurde damit Kommissionsmitglied. Über die Streckenführung herrschte jetzt auch Klarheit. Geplant war Weinsberg—Öhringen—Westernach—Hall—Hessental—Vellberg—Ilshofen. Der Bau brachte einige anfangs nicht einkalkulierte Probleme mit sich und zwar traten an verschiedenen Teilen der Strecke schwierige Erdbewegungen auf. Sie wurden aber bei weitem in den Schatten gestellt durch die mitunter gefährlichen Schwierigkeiten am Weinsberger Tunnel. Wurde die Streckenführung vor allem auf die Initiative der Stadt Heilbronn, die einer Abzweigung bei Neckarsulm abgeneigt war, schon unter dem Wartbergsattel hindurchgeführt, so zeigten sich sehr bald die Tücken der dortigen geologischen Formation. Der beim

11. *Alter Stuttgarter Bahnhof, um 1910. Stadtseite*

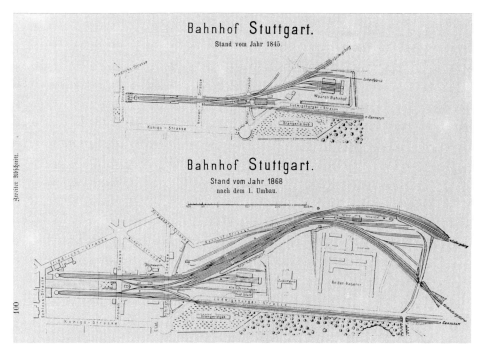

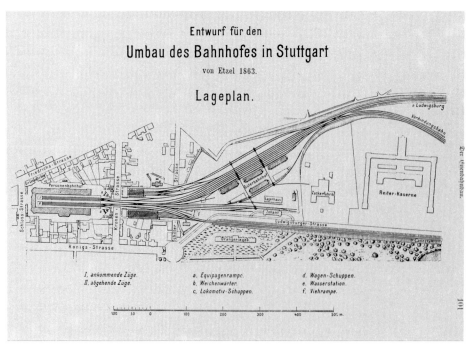

12./13. *Planskizzen alter Bahnhof Stuttgart*

Tunnelbau angeschnittene Gipskeuper geriet bedenklich in Bewegung. Nur sehr kostspielige Sicherungsmaßnahmen konnten Schlimmeres verhüten. Es schien fast, als ob die stabilen Holzeinbauten dem Druck des Gebirges nicht standhalten würden. Die Anlage einer Dole, die die eindringenden Wasser in Richtung Heilbronn ableiten sollte, erwies sich als eine wirksame Schutzvorkehrung. So konnte der Bau der weiteren Strecke seinen Fortgang nehmen. Ein Sorgenkind für die Verantwortlichen der Bahnunterhaltung ist aber der Tunnel zwischen Heilbronn und Weinsberg bis in die Gegenwart geblieben. Am 4. August 1862 wurde die Strecke Heilbronn—Hall eröffnet.

Nachdem das vielerwähnte Lonsee-Projekt endgültig durchgefallen war, wurde wenigstens das Reststück Heidenheim—Wasseralfingen als bauwürdig betrachtet. Die Streckenführung zwischen Aalen und Heidenheim wurde in keiner Weise bemängelt. Lediglich zwischen Königsbronn und Aufhausen sah man eine Verbesserung vor, indem der dort in das Brenztal hereinragende Bergsporn durch den Bau eines Tunnels, dem ›Itzelberger Tunnel‹, durchbohrt wurde. So erzielte man eine Verbesserung der Linienführung. Übrigens wurde beim Bau der Teilstrecke bei allen Anlagen schon auf die Erfordernisse eines späteren Transitverkehrs Rücksicht genommen.

Die Stufenerzgrube in Aalen und das Hüttenwerk in Königsbronn versah man mit Anschlußgeleisen[77].

Der vorläufige Stopp des Bahnbaues in Heidenheim war die natürliche Folge des erwähnten Staatsvertrages zwischen Bayern und Württemberg, der kurz zuvor die Anschlußfrage an das bayerische Nachbarland in Nördlingen geregelt hatte.

Der Bahnbau bot keine besonderen Schwierigkeiten, so daß die Strecke bereits am 15. September 1864 dem Verkehr übergeben werden konnte.

Der Stuttgarter Bahnhof

Die bescheidene Anlage in der Residenz genügte in den ersten Jahren ihres Bestehens und erfüllte ihren Zweck. Mit dem weiteren Ausbau des Streckennetzes zeigte sich aber bald, daß diese Anlage für das wachsende Verkehrsaufkommen nicht mehr ausreichte. Als es zum Bau der ›Zentralbahn‹ kam, wurde die Führung über Stuttgart erzwungen. Darin lag von Anfang an der große Nachteil, der dem Stuttgarter Bahnhof auf die Dauer anhaften sollte.

Schließlich erhielten Oberbaurat Klein und Baurat Abel den Auftrag, für eine großzügige Bahnhofserweiterung ein Projekt auszuarbeiten. In den vierziger Jahren war leider versäumt worden, in weiter Voraussicht bei dem nötigen Grunderwerb auf diese Dinge zu achten.

Den beiden Beauftragten wurde noch Baurat Morlok zur Unterstützung beigegeben Die drei Ingenieure mußten sich vorher noch im In- und Ausland nach interessanten Bahnhofsanlagen umsehen. Das Jahre 1862 war von diesen Studienreisen, die quer durch den Kontinent und nach den Britischen Inseln führten, ausgefüllt. Im Herbst stellten sie ein Programm auf, das im Gegensatz zu den Untersuchungen von Klein und Abel aus dem Jahre 1851 auch die in Zukunft noch zu erwartenden Verkehrssteigerungen berücksichtigen sollte. Der Mangel zeigte sich vor allem bei den Gleisen für den Personenverkehr.

Der alte Bahnhof von 1845 war eine sehr bescheidene Lösung mit zwei Gleisen und zwei Umfahrungssträngen, die über eine Drehscheibe am Gleisende miteinander verbunden waren. Zunächst ging man zur Inselform über. Der Mittelbau sollte Warteräume enthalten und auf beiden Seiten sollten sich die Hallen für den ankommenden und den abgehenden Verkehr anschließen. Da der durchgehende Güterverkehr der relativ kleinen Bahnhofsanlage ohnehin schwere Rangierprobleme aufgab, wurde als besonders notwendig die Anlage einer Verbindungsbahn vorgesehen, die bei den unteren Anlagen kurz nach dem Rosenstein-Tunnel abzweigend die von Cannstatt kommende Strecke verließ und den ›Waarenbahnhof‹ nördlich der Reiterkaserne und der Zuckerfabrik erreichte. Dadurch konnte erst einmal der erforderliche Raum geschaffen werden, den der bisherige Bahnhof niemals bieten konnte. Weiter wurde darauf hingewiesen, daß es zweckmäßig wäre, verschiedene Rangieraufgaben den Bahnhöfen in Zuffenhausen und Cannstatt zuzuteilen. Der Durchgangsgüterverkehr hatte zu jener Zeit noch keinerlei Umfahrungsmöglichkeiten und mußte zwangsläufig Stuttgart passieren. Außerdem wies das Projekt auf die Notwendigkeit hin, die An- und Abfahrt der Postwagen des Zentralpostamtes in der Schloßstraße in besonderen tunnelartigen Durchlässen unterirdisch abzuwickeln, um den sonstigen Reiseverkehr nicht zu behindern. Für eine rationelle und zeitsparende Bedienung der Drehscheiben, Krane und sonstiger Einrichtungen wollte man allen Ernstes den Einsatz von Dampf- und Wasserkraft vorsehen. Endlich sollte auch eine zentrale Weichenstellanlage installiert werden.

Staatsrat Sigl hatte über das Gutachten der drei Fachleute zu befinden. Er hielt es jedoch für zweckmäßig, als bekannten Experten auf diesem Gebiet Karl Etzel aus Wien herbeizurufen. Dieser war ja aus seiner Stuttgarter Zeit mit den örtlichen Bahnhofsverhältnissen vertraut. Etzel erstellte ein völlig neues Projekt, in seiner Gesamtkonzeption für damalige Zeiten eine großzügige Lösung. Seiner Meinung nach genügte eine Halle mit insgesamt sechs Gleisen. Der von Etzel vertretene Grundsatz der ›Teilung der Bewegung‹ sah zwei Stränge für die Ankunftsseite und dementsprechend zwei für die Abfahrtsseite vor, jeweils unter sich durch eine kleine Schiebebühne verbunden. Der nördliche Teil war bei ihm als Ankunftsteil, dessen Mittelgleis für den Lokomotivdienst vorgesehen. Das Mittelgleis der entsprechenden Abfahrtsseite, also der südliche Teil, sollte zur Aufstellung eventuell notwendig werdender Reservewagen dienen. Vor der Einfahrt in den eigentlichen Personenbahnhof plante Etzel vor der Brücke über die Kronenstraße an der rechten Einfahrtsseite die große Lokomotivremise, die Drehscheibe und Verteilerweichen weiter östlich davon. Außerdem war am Ende der Remise gegen die Kronenstraße eine große Schiebebühne geplant, um die Überstellung der Lokomotiven ohne viel Hemmnisse zu ermöglichen. Das Gegenstück hierzu sollte auf der linken Einfahrtsseite, also südlich, die große Wagenremise werden, doppelt so lang wie die Lokomotivremise und ebenfalls rechteckig im Grundriß. Auch hier war auf der Seite gegen die Kronenstraße eine Schiebebühne geplant, um die Wagenbehandlung flüssig zu gestalten.

Beim Güterbahnhof legte Etzel Wert darauf, daß die Überführung einzelner Wagen auf andere Gleise nicht nur über die Weichen an deren Enden, sondern direkt über eingebaute Drehscheiben erfolgen konnte. Dafür sah er zwei Quergleisstränge vor, die, mit kleinen Drehscheiben ausgestattet, alle Gleisstränge im Güterbahnhof kreuzten, ausgenommen die dem Personenverkehr dienenden Fernverkehrsgleise in Richtung Zuffenhausen und Verbindungsbahn.

Zur Behandlung der Güterzuglokomotiven war außerdem noch eine weitere Drehscheibe am westlichen Ende des Güterbahnhofes vorgesehen. Zur Abfertigung der ankommenden und abgehenden Equipagen-Wagen sah Etzel beiderseits der Brücke über die Kronenstraße eine ›Equipagenrampe‹ vor, jeweils über eine kleine Drehscheibe erreichbar.

Es mutet seltsam an, daß dieser für damalige Zeiten durchaus moderne Plan nicht gutgeheißen wurde, zeigte er doch Verwandtschaft zu Bahnhofanlagen bedeutender Städte, wie zum Beispiel verschiedener Wiener Bahnhöfe.

Das Projekt Klein-Morlok-Abel wurde wieder hervorgeholt und auf Antrag der Eisenbahndirektion und des Ministeriums dem Monarchen vorgelegt, der es am 22. Mai 1863 bestätigte und ›zur Ausführung befohlen‹ hat.

Oberbaurat Klein übernahm die Leitung der ›mechanischen Abteilung‹, die vor allem den Gleisbau umfaßte, während Baurat Morlok für die Hochbauten verantwortlich zeichnete. Abel war für die Erdarbeiten und die damit im Zusammenhang stehenden Aufgaben zuständig.

Leider kam auch dieser Plan nicht voll zur Ausführung: Wäre er in seinem vollen Umfang durchgeführt worden, so hätte er immerhin eine wirkungsvolle Maßnahme bedeutet. Vor allen Dingen hätte er einen großen Teil der bestehenden und hinlänglich bekannten Mißstände beseitigt.

Falschverstandene Sparmaßnahmen verhinderten die vollständige Lösung. Die Scheu vor den Kosten führte schließlich dazu, daß man den Praktikern kein Gehör schenkte. Zwar wurde der unterirdische Verbindungsgang zur Hauptpost in der Schloßstraße erstellt, aber zweckentfremdet benützt. Die Postkarren bildeten nach wie vor im Bahnhof ein merkliches Hindernis und versperrten den Weg. Der markante Turm für das zentrale Stellwerk wurde zwar gebaut und somit zu einem wesentlichen Bestandteil der Bahnhofssilhouette, das Stellwerk aber nicht eingerichtet. Die Mittelhalle mit ihren Einrichtungen wie Wartesälen und Buffets, den Perronanlagen und den Gleisen sollte mit der westlichen Seite in der Kronenstraße enden. Aus reinen Ersparnisgründen verkürzte man sie um 64,14 m. Auch die ursprüngliche Verwendung von Wasser- und Dampfkraft wurde fallengelassen.

Das Palais Beroldingen wurde erworben und dessen Garten im Norden der Halle konnte als Raum für ein weiteres Gleis benützt werden.

Im Jahre 1862 tauchten zum ersten Male Pläne für eine Umgehungsbahn von Stuttgart auf. Dieses Vorhaben stieß damals auf heftige Ablehnung. Man befürchtete zu Unrecht, der Stadt Stuttgart werde durch diese Maßnahme, die eigentlich der Entlastung dienen sollte, ein großer Schaden erwachsen. Eifrige Stimmen wurden nicht müde, die vermeintlichen Nachteile aufzuzeigen, welche die Einrichtung eines neuen Rangierbahnhofes in Untertürkheim brächten. Schließlich, so argumentierte man, erwüchsen durch eine geplante Ringbahn weitere Betriebskosten. Außerdem müsse der Rangierdienst vom Stuttgarter Bahnhof auf andere Stationen übertragen werden. Die Gegner behaupteten zudem, es müsse eine Verbindungsbahn von der Remsbahn zum geplanten Rangierbahnhof Untertürkheim gebaut werden, was noch zusätzliche Kosten verursache.

Auch Georg Morlok, der an sich bewährte Eisenbahnbauer, verhielt sich in dieser Frage sehr seltsam, was bei den sonstigen Leistungen dieses Fachmannes befremdend wirkt.

Erst die immer dringender werdenden Verkehrsprobleme in dem Engpaß des Stuttgarter Talkessels zeigten, daß auf die Dauer diese Entlastungsmaßnahme nicht mehr hinausgeschoben werden durfte.

Immerhin ist es interessant, auf die Bauausführung des alten Stuttgarter Bahnhofes näher einzugehen, da er heute nicht mehr besteht. Der bisherige Bahnhof war im ganzen 800 m lang. Die Breite betrug nur 30 m. Eine Halle mit den Maßen 113 × 25 m bildete den eigentlichen Personenbahnhof.

Bei den Bauarbeiten zum ersten Umbau mußte zunächst einmal die Länge auf 1300 m gebracht werden. Die sprichwörtliche Enge zwang dazu, den Personenbahnhof zweizuteilen. Zwei Hallen mit je 230 m Länge und 29 m lichter Weite wurden durch den dazwischen liegenden ›Zungenbau‹ getrennt.

Sie beherbergten die Buffeträume, die Wartesäle und die verschiedenen Diensträume, Toiletten- und Waschräume. Die Fassade gegenüber der Hauptpost, die den Krieg überdauert hat und noch teilweise erhalten ist, bildet heute einen Bestandteil der später erstellten Nachfolgebauten.

Der Güterbahnhof in Richtung Wolframstraße wurde weniger glücklich gestaltet. Das war nicht so sehr die Schuld der Planer als die Ungunst der Lage überhaupt. Eingezwängt zwischen Wohnbezirke, die weiträumigen Anlagen der Reiterkaserne und der Zuckerfabrik, mußte vorlieb genommen werden mit dem bescheidenen Raum. Die Anlage der ›Verbindungsbahn‹, die nach dem Rosenstein von der aus Richtung Cannstatt kommenden Doppelspur abzweigte, war nur ein verzweifelter Versuch, mit diesen offensichtlichen Nachteilen einigermaßen fertigzuwerden. Ohne die Anlage dieser Strecke wäre der Durchgangsverkehr durch Stuttgart schon längst hoffnungslos zusammengebrochen.

Die Epoche ist noch gekennzeichnet durch einen weiteren Staatsvertrag mit Baden. Es handelte sich um den Vertrag ›über die Einmündung einer badischen Bahn von Durlach über Pforzheim bei Mühlacker‹ vom 17. Dezember 1857. Für die neuen Linien hatte dieser Anschluß keine Bedeutung und entsprach auch den württembergischen Interessen sehr wenig. Die württembergische Regierung hatte der badischen schon lange den Vorschlag gemacht, bis Pforzheim auf württembergische Rechnung zu bauen. Baden hatte aber mehr Interesse an einer Bahn nach Mühlacker. Immerhin konnte sich Württemberg in Pforzheim das Recht sichern, von Pforzheim aus die Täler von Nagold und Enz erschließen zu können. Die Zulassung des Anschlusses in Mühlacker wurde also durch die württembergische Bahn nach Bruchsal erkauft. Der entsprechende Vertrag mit Baden wurde am 6. November 1860 abgeschlossen. In wesentlichen Punkten entsprach er dem ersten Staatsvertrag mit Baden vom Jahre 1850.

Der Durchgangsverkehr sollte alsbald durch diesen Anschluß eine Belebung erfahren. Aus diesem Grunde wurde es notwendig, daß auf den Transitstrecken ein zweites Gleis gelegt wurde, um die Züge des Gegenverkehrs zu trennen und die erforderlichen Kreuzungen, die Einbußen an Zeit verursachten, auszuschalten. Damit wurde die Doppelspur auch auf die Strecke nach Ulm ausgedehnt, nachdem bisher nur die Strecke nach Cannstatt von Stuttgart aus doppelspurig war. Diese Maßnahme erwies sich als segensreich, als 1860 Nachtschnellzüge eingeführt wurden[78]. Der Bau der Kehler Rheinbrücke brachte im Jahre 1861 endlich die Verbindung mit Frankreich[79].

Nach dem Ableben des Königs Wilhelm I. und der Thronbesteigung seines Nachfolgers Karl kam es durch die Verordnung vom 21. Oktober 1864 zu einer Änderung in der Verwaltung. Die Zentralbehörde für die Verkehrsanstalten mit ihren vier Sektionen Eisenbahnbau-Kommission, Eisenbahn-Kommission, Post- und Telegraphendirektion wurde vom Finanzministerium an das Ministerium des Auswärtigen überwiesen, dessen Stelleninhaber in Personalunion das Amt des Ministerpräsidenten zu bekleiden pflegte. Die Trennunng der Eisenbahnkommission in zwei Teile, die Eisenbahnbau-Kommission und die Eisenbahn-Kommission, war eine natürliche arbeitsmäßige Folge, die mit Wirkung vom 8. November 1858 verfügt worden war und notwendig wurde, als sich die Zahl der zu bauenden Eisenbahnen mehrte.

Die erste Privatbahn

Abschließend sei noch vermerkt, daß diese Epoche auch die erste auf private Initiative zurückgehende Eisenbahn in Württemberg brachte. Sie führte von Unterboihingen nach Kirchheim unter Teck. Kirchheim hatte beim Bahnbau Plochingen—Reutlingen nicht berücksichtigt werden können. So bildete sich ein Ausschuß, der von der Amtskorporation und den städtischen Kollegien unterstützt wurde. Diese richteten am 13. August 1860 ein Gesuch um Konzessionserteilung an die Regierung. Dabei wiesen die zuständigen Instanzen darauf hin, daß mit einer Seitenstrecke der Staatsbahnen nicht gerechnet werden könne. Eine besondere Aktiengesellschaft wurde gebildet, die am 7. Oktober 1860 um die Konzession zu Bau und Betrieb einer Privatbahn nachsuchte. Das Gesetz vom 18. April 1843 hatte die Zustimmung zu privaten Bauunternehmungen ausdrücklich von der Zustimmung der Regierung abhängig gemacht. Die Kammer der Abgeordneten beriet in ihrer Sitzung vom 23. September 1861 über das Gesuch und beschloß, der Regierung eine wohlwollende Prüfung vorzuschlagen. Somit kam es zur Konzession am 12. August 1863. Die Eröffnung des Betriebes konnte am 21. September 1864 stattfinden.

1864 - 1870

Grenzprobleme mit Preußen und Baden - Die Schwarzwaldbahn - Rasche Entwicklung des Streckennetzes

Grenzprobleme mit Preußen und Baden

Nachdem mit den bisherigen Bahnbauten in groben Zügen ein Grundnetz, teilweise mit Transitcharakter, entstanden war, konnten die vielen Eisenbahnwünsche, die aus dem ganzen Lande vorlagen, allmählich erfüllt werden.

Ohne Berücksichtigung der Grenznachbarn ging es natürlich nicht. Ein klassisches Beispiel war die weitere Teilstrecke der Oberen Neckarbahn von Rottenburg nach Eyach. Der Weiterbau der Strecke drohte an diesem Problem zum Erliegen zu kommen. Es handelte sich um das Neckartal zwischen Horb und Sulz. Hier riegelte der letzte Zipfel des hohenzollerischen Gebietes, seit 1849 an Preußen als Regierungsbezirk Sigmaringen angeschlossen[80], wie eine Barriere die Verbindung ab. Wollte man nicht dieses Gebiet durch kostspielige Umwege umfahren und außerdem die Stadt Sulz schädigen — Oberbaurat Gaab hatte versucht, Pläne einer Umgehung über Schopfloch oder Bittelbronn herzustellen, beklagte aber dabei die Unwirschaftlichkeit —, so war hier eine Fühlungnahme mit Preußen unerläßlich. Das Problem betraf aber nicht nur diesen Punkt. Wie ein Kometenschweif zog das preußische Territorium durch württembergisches Gebiet bis hinein nach Oberschwaben, dort und im Donautal außerdem noch mit badischen Gebietsfetzen eng verzahnt. Diese territoriale Zersplitterung drohte jede weitere Eisenbahnplanung in diesem Raume zum Scheitern zu bringen. Daß zur Erlangung eines Kompromisses manche Zugeständnisse notwendig waren, versteht sich. Am 3. März 1865 kam es zu dem Staatsvertrag »zum Zwecke der Herstellung angemessener Eisenbahnverbindungen zwischen Württemberg und den Hohenzollerischen Landen«[81]. Bei dieser Gelegenheit wurden auch die weiteren Bauvorhaben, bei denen ebenfalls preußisches Gebiet durchquert werden mußten, in den Vertrag mit einbezogen. Glücklicherweise waren die Verhandlungen abgeschlossen, ehe der Krieg begann, den im folgenden Jahre Preußen gegen Österreich und seine süddeutschen Verbündeten — darunter auch Württemberg — führte.

Mit Baden wurde wegen des Anschlusses in Villingen und in Immendingen am 18. Februar 1865 eine Vereinbarung getroffen. Diese Übereinkünfte waren leicht zustandezubringen. Größere Schwierigkeiten allerdings bereitete ein anderer Staatsvertrag mit Baden, der den Anschluß im Norden betraf. Im Gesetz »betreffend den Bau weiterer Eisenbahnen in der Finanzperiode 1861—1864« vom 10. Januar 1862, das die Strecken Wasseralfingen—Nördlingen und Aalen—Heidenheim zum Inhalt hatte, war außerdem noch unter der Rubrik ›Vorarbeiten‹

vermerkt: »für den Bau einer Bahn von Heilbronn an die badische Bahn gegen Neckarelz«.

Als Württemberg merkte, daß Hessen von Hanau aus in Richtung Eberbach am Neckar die ›Mümlingbahn‹ bauen wollte, hätte es die große Chance bekommen, auf einfache Weise in den Genuß des Nord-Süd-Verkehrs zu kommen. Baden hatte ursprünglich seine Bahn in Richtung Würzburg mit der Teilstrecke Heidelberg—Neckargemünd—Meckesheim—Neckarelz—Mosbach eröffnet. Erst etliche Jahre später wurde die badische Bahn neckaraufwärts über Eberbach erbaut, die dann den erstgewählten Weg über Meckesheim im Fernverkehr ablösen sollte. Ein hessischer Anschluß in Neckarelz aber hätte für Württemberg einen wichtigen Zubringer bedeutet. Diese Möglichkeit wurde von den badischen Politikern folgerichtig erkannt: »Durch eine so gestaltete Linie von Heilbronn nach Hanau hätte in Verbindung mit der württembergischen Linie Heilbronn—Friedrichshafen der Weg von Norddeutschland, von Mainz und Frankfurt in die Schweiz eine Abkürzung erfahren, die, in württembergische und in hessische Hände ausschließlich gelegt, Baden hätte empfindlich schädigen können«[82]. Württemberg war andererseits damit einverstanden, die Heidelberg—Meckesheimer Bahn, die über Sinsheim, Bad Rappenau und das hessische Wimpfen verlängert, nach Jagstfeld vorgesehen war, von Baden bis nach Heilbronn hinein betreiben zu lassen. »Die Verhältnisse lassen es aber erklärlich erscheinen, daß Baden auf diesen Vorschlag nicht einging.«[83]

So war die unmittelbare Folge des Vertrags zwischen Baden, Hessen und Württemberg vom 21. März 1864, daß im nächsten Gesetz vom 13. August 1865, betreffend den Bau von Eisenbahnen in der Finanzperiode 1864—1867, an erster Stelle nur noch genannt war: (anstelle der Bahn von Heilbronn nach Neckarelz) die Bahn von Heilbronn nach Jagstfeld. Dasselbe Gesetz bringt aber eine entsprechende Korrektur unter der Rubrik: ›In Angriff zu nehmen‹ unter Ziffer 1: »die Fortsetzung der Eisenbahnstrecke Heilbronn—Jagstfeld über Neudenau, Möckmühl und Adelsheim nach Osterburken«.

Baden hatte also ohne weiteres zugestanden, daß Württemberg in Osterburken anschloß. Dies war ungefährlich und die badische Bahn von Heidelberg nach Würzburg hatte es ja in der Hand, den Verkehr nach ihren Wünschen zu gestalten. Das erwähnte Gesetz enthielt auch noch die Obere Neckarbahn bis Rottweil, die Strecke von Hall nach Crailsheim, die Verbindung zwischen Goldshöfe und Crailsheim und schließlich die Bahn von Pforzheim nach Wildbad. Als ›in Angriff zu nehmen‹ waren außer der schon erwähnten Strecke nach Osterburken noch die Strecke Crailsheim—Mergentheim enthalten, die von Rottweil ausgehenden beiden Enden der Oberen Neckarbahn nach Villingen und Immendingen, eine ›Schwarzwaldbahn‹ über Leonberg und Weil der Stadt nach Calw und Nagold, eine Bahn von Ulm nach Sigmaringen, eine Strecke in Oberschwaben von Leut-

14. *Lokomotiv-*
remise
Bahnhof Stuttgart

15. *Bahnhof*
Schwäbisch Gmünd,
1868

16. *Alter Hafen-*
bahnhof Friedrichs-
hafen
mit Lok T2aa
»Stuifen«

17. *Bahnhof Rott-*
weil, um 1900

18. *Haltepunkt*
Schwäbisch
Gmünd-Süd,
um 1912,
mit Lok T3

kirch bis nach Mengen und schließlich noch eine von Tübingen abgehende Bahn nach Hechingen.

Dieser Katalog war bis jetzt der reichste. Ein Blick auf die Karte zeigt eindeutig, wie die vorhandenen Maschen enger geknüpft werden und der Binnenverkehr in diesem Abschnitt Vorrang genießt. Eine Unterbrechung erfuhr der Bahnbau durch die Ereignisse des Jahres 1866, als Preußen Österreich und seinen Verbündeten im deutschen Süden den Krieg erklärt hatte. Nach Ausgang der Feindseligkeiten konnten die eingestellten Streckenbauten wieder aufgenommen werden.

Oberbaurat Gaab, der bekannte Eisenbahnbauer, erlebte die Fertigstellung der Oberen Neckarbahn, die sein Werk war, nicht mehr; er starb am 23. August 1869. Villingen und Immendingen im Südwesten, Osterburken und Mergentheim im Norden wurden Anschlußbahnhöfe an das badische Netz. Diese Bahnhöfe auf badischem Territorium waren als reine Wechselbahnhöfe zwischen beiden Verwaltungen gedacht. Hierbei wurde an die bewährte Methode angeknüpft, wie sie auch im Wechselverkehr mit Bayern praktiziert wurde. Das Jahr 1869 war mit einer in Betrieb genommenen Gesamtstreckenlänge von 265,94 km das Jahr des stärksten Zuwachses.

Überblicken wir die Streckenbauten, so können wir feststellen, daß erstmals auch Gebiete, die noch sehr eisenbahnarm waren, wie Oberschwaben, mit neuen Strecken bedacht wurden. Eine seltsame Lösung bildete die Bahn von Pforzheim nach Wildbad. Diese Bahn, die am 11. Juni 1868 eröffnet wurde, war volle sechs Jahre eine Art ›Inselbahn‹. Der Austausch von Lokomotiven und sonstigem Rollmaterial mußte in dieser Zeit über das badische Streckennetz in der Verbindung Pforzheim—Mühlacker erfolgen. Es handelte sich um ›eine isolierte Strecke‹[84]. Dieses ›Unikum‹[85] war aber eine Folge der badischen Eisenbahnpolitik, die darauf bestand, die Strecke Pforzheim—Mühlacker als badische Bahn zu betreiben. Eine württembergische Bahn Mühlacker—Pforzheim hätte bedeutet, daß die von Pforzheim in Aussicht genommenen württembergischen Bahnen in Richtung Wildbad und Nagold von dem Übergang in Pforzheim unmittelbar profitiert hätten und bei einem möglichen Weiterbau nach Süden als Konkurrenzlinien aufgetreten wären. Vor allem aber spielte hier der Gedanke an die geplante badische Schwarzwaldbahn eine nicht unbeachtliche Rolle.

Die Schwarzwaldbahn

Der württembergische Schwarzwald war bei den Erschließungen bisher schlecht weggekommen, wenn man von der Strecke Pforzheim—Wildbad absehen will. Daher wurde der Bau der württembergischen ›Schwarzwaldbahn‹ von Zuffenhausen in Richtung Calw als große Entlastung für dieses Gebiet empfunden. Um den geplanten Bahnbau kam es zu schweren Kontroversen, die die Gemüter auf beiden Seiten erhitzten. Für Böblingen, das er zu einem ›Knotenpunkt der Schwarzwaldbahnen‹ machen wollte, setzte sich mit allen Mitteln der Agitation der Stuttgarter Chefredakteur *Dr. Otto Elben* ein, dessen Blatt ›Schwäbischer Merkur‹ eines der bedeutendsten in Württemberg war. Er erhielt noch Schützenhilfe von Oberbürgermeister *Sick* aus Stuttgart. Die andere Gruppe, die vor allem durch den Minister des Auswärtigen, Freiherr von Varnbühler (mit Stammsitz in Hemmingen bei Leonberg) unterstützt wurde, trat dafür ein, auch die Gegend zwischen Leonberg und Weil der Stadt mit einem Bahnanschluß zu bedenken. Gegen die Böblinger Wünsche wurde geltend gemacht, daß man nicht einfach einen Punkt, der bisher abseits der großen Straßen lag, plötzlich zu einem künstlichen Knoten machen könne. Erschwerend wurde noch der Weg von Stuttgart nach Böblingen angeführt, bei dem es nicht ohne erhebliche Überwindung von beachtlichen Höhenunterschieden gehe.

Minister von Varnbühler war in ständigem Kontakt mit auswärtigen Technikern. So zog er den Baudirektor Pressel aus Wien bei, der noch in den fünfziger Jahren unter Etzel im Lande gewirkt und dann beim Bahnbau in Österreich ein weiteres Tätigkeitsfeld gefunden hatte. Bei der Wahl, ob die Bahn über das Strohgäu um Leonberg oder über das Gäu um Böblingen geführt werden sollte, war vor allem die Frage der Steigungsverhältnisse zu klären. Außerdem war noch zu prüfen, inwieweit die ›Schwarzwaldbahn‹ als Transitbahn von Stuttgart über Calw nach Horb und Rottweil in Richtung Basel eine Bedeutung bekommen könnte. Zu den Untersuchungen wurde auch Baudirektor Beckh zugezogen, der in der ersten Bahnbauzeit ebenfalls in Württemberg gewirkt hatte und sich in der Zwischenzeit in der Schweiz mit Auszeichnung betätigte. Daß dabei auch die Streckenführung über Böblingen untersucht wurde, zeugt davon, daß immer noch der altbewährte Grundsatz der Gegenüberstellung zweier konkurrierender Projekte, wie bereits in den vierziger Jahren, praktiziert wurde. Die Strecke über Leonberg erhielt aus reinen Kostengründen den Vorzug.

Wichtig war die systematische Erschließung der Region Oberschwaben. Hier war es zunächst einmal die Strecke Ulm—Sigmaringen, deren leitender Ingenieur Schlierholz wurde. Dieser junge Techniker, der sich schon bei verschiedenen Neubauämtern bewährt hatte, trat die Nachfolge von Oberbaurat Gaab an.

Bisher führte nur die Südbahn als Bestandteil der Stammbahnen von Ulm über Biberach und Ravensburg nach Friedrichshafen zum Bodensee. Immerhin hatte Charles Vignoles 1844 die Aufmerksamkeit auf eine Streckenführung zwischen Ulm, Blaubeuren und Ehingen gerichtet. Bei der Vielzahl der Eisenbahnwünsche wurde auch der Plan einer in Erbach abzweigenden Bahn erörtert. Die Wünsche von Blaubeuren und Schelklingen waren auf eine Verbindung über die Alb nach

Metzingen oder Reutlingen gerichtet. Dieser Plan schien aber noch verfrüht zu sein. Was lag nun näher, als das seinerzeit stark umstrittene Projekt von Vignoles wieder aus der Schublade zu holen. Gewisse Vorarbeit war immerhin geleistet und so konnte auf diese Studie zurückgegriffen werden. Durch das Blautal sollte die Strecke zunächst nach Blaubeuren führen, von dort über Schelklingen nach Ehingen an der Donau. Sie sollte dem Flußlauf aufwärts folgen und über Munderkingen und Riedlingen schließlich Herbertingen, die ›Abstoßstation‹ der Allgäubahnen, erreichen. Von hier aus sollte über Mengen und Scheer die hohenzollerische Residenzstadt Sigmaringen erreicht werden. Hier war auch der Endpunkt der aus Richtung Tübingen kommenden Bahn vorgesehen und Baden beabsichtigte außerdem, von Radolfzell und Stockach kommend, in Mengen und in Sigmaringen an das württembergische Streckennetz anzuschließen. Von Herbertingen aus wies der Weg ins Allgäu. Immerhin wurde noch 1870 Kißlegg als vorläufiger Endpunkt erreicht.

Erst die Verhandlungen mit Preußen hatten außer dem Eisenbahnkorridor durch preußisches Territorium zwischen Horb und Sulz auch dem Bahnbau von Tübingen nach Sigmaringen den Weg geebnet und die gegenseitigen Hindernisse aus dem Weg geräumt. Nach verschiedenen Varianten, worunter auch eine Abzweigung in Bieringen am Neckar vorgesehen war, wurde schließlich doch Tübingen als Abzweigung gewählt. Die Vertragsabmachungen führten schließlich zum Bau einer Bahn, die auf ihrer Gesamtstrecke immer wieder preußisches Gebiet durchfuhr. Beachtlich war vor allem die Bezwingung des Passes bei Ebingen.

Rasche Entwicklung des Streckennetzes

Im Nordosten des Landes ist der Ausbau zwischen Goldshöfe und Mergentheim als Besonderheit zu erwähnen. Dieser Strecke sollte nicht nur im Binnenverkehr, sondern auch im Transit eine Bedeutung zukommen. In Mergentheim schloß nämlich die badische Bahn an. Mergentheim wurde als ›Wechselstation‹ in der bekannten Manier erbaut. Allerdings war der entscheidende Knotenpunkt das benachbarte Lauda an der Strecke von Würzburg nach Heidelberg. Immerhin war der Gedanke einer Verbindung von Lauda über Crailsheim nach Ulm und Friedrichshafen nicht von der Hand zu weisen. Auch klaffte noch die vertraglich verankerte Lücke zwischen Heidenheim und Ulm, eine Folge der bekannten Brenzbahn-Klausel. In der Zwischenzeit hatte Bayern Zeit, seine Verbindung Würzburg—Steinach—Ansbach—Gunzenhausen—Treuchtlingen auszubauen. So ließ das Nachbarland nichts ungenützt, was später Anlaß zur Benützung württembergischer Strecken hätte geben können, zumal nach wie vor die vertragliche Klausel in Kraft war, die Württemberg zum Stillhalten verpflichtete.

67

Nachdem bereits am 15. November 1866 zwischen Goldshöfe und Crailsheim die Verbindung hergestellt war, wurde die Strecke von hier nach Mergentheim über das Vorbachtal am 23. Oktober 1869 dem Verkehr übergeben.

Als schließlich am 13. November 1870 die Teilstrecke von Mengen nach Scheer eingeweiht wurde, hatte das Streckennetz der K. W. St. E. bereits die Tausendergrenze überschritten. Die Zahl von 1052,82 km war erreicht. Das Jahr 1870 in seiner zweiten Hälfte war überschattet von dem Kriegsgeschehen gegen Frankreich und war damit für die geschichtliche Entwicklung Württembergs von einschneidender Bedeutung. Hatte es doch Preußen fertiggebracht, daß die Feinde von 1866 nunmehr als Bundesgenossen nach Frankreich zogen und ihren Blutzoll entrichteten. Waren die Jahre zuvor von Eigenständigkeit geprägt, so sollten die folgenden Jahrzehnte immer stärker die Folgen dieser politischen Wendung in allen Lebensbereichen, nicht zuletzt im Bahnbau zeigen.

Verwaltungsmäßig hatten sich in dem Zeitabschnitt von 1864 bis 1870 keine einschneidenden Veränderungen ergeben. Bei der anhaltenden Hochkonjunktur im Bahnbau mußte sich aber die Trennung zwischen Eisenbahnbau-Kommission und Eisenbahn-Kommission als praktisch erweisen, nicht zuletzt vom Gesichtspunkte des starken Arbeitsanfalles aus.

›Generaldirektion der Verkehrsanstalten‹ - Ausbau des Transitverkehrs - Bevormundung durch das Reich - Württemberg und die Gotthardbahn

»Generaldirektion der Verkehrsanstalten«

Die politische Lage durch den Krieg gegen Frankreich hatte es mit sich gebracht, daß es im Jahre der ›Reichsgründung‹, 1871 zu keiner Streckeneröffnung kam. Das eigenstaatliche Leben, das es zu Zeiten des Deutschen Bundes noch gab, war ein für allemal vorbei.

Im August 1873 übernahm *Dr. Freiherr von Mittnacht* in Personalunion mit dem Justizministerium auch das Ministerium der auswärtigen Angelegenheiten. Es war zuerst sehr fraglich, ob nun die Verkehrsanstalten noch bei diesem Ministerium bleiben konnten. Die durch die politischen Veränderungen notwendigen Aufgaben des Ministeriums brachten es aber zwangsläufig mit sich, daß der Ressortminister ohnehin — auch bei einer Trennung der Verkehrsanstalten von seinem Geschäftsbereich —, vornehmlich bei der Frage der wichtigen Beziehungen der Eisenbahnen zum Reich sich eingehend mit der Materie befassen mußte. Die ›Generaldirektion der Verkehrsanstalten‹ wurde durch Verordnung vom 28. Juni 1875 gegründet. Sie lehnte sich an ähnliche Einrichtungen in Bayern, Baden und Sachsen an und konnte bei ihrer Tätigkeit an das anknüpfen, was in Württemberg tatsächlich schon bestand. Dienstaufsichtsbehörde war das Ministerium der auswärtigen Angelegenheiten, Abteilung für die Verkehrsanstalten. Die Generaldirektion der Verkehrsanstalten war eine Zentralbehörde, die technisch-administrative Aufgaben zu erfüllen hatte. Rein verwaltungsmäßig war sie in folgende ›Sektionen‹ aufgeteilt:

1. *Eisenbahnbaukommission*

   Zuständigkeitsbereich: Leitung und Beaufsichtigung des Baues von Eisenbahnen;

2. *Eisenbahndirektion*

   Zuständigkeitsbereich: Leitung des Betriebes und der Verwaltung der Eisenbahnen und der Bodenseeschiffahrt mit den drei Unterabteilungen: Betriebsabteilung, Verwaltungs- und Bauabteilung, Rechnungsabteilung;

3. *Postdirektion*

   Zuständigkeitsbereich: Leitung des Betriebes und der Verwaltung der Posten;

4. *Telegraphendirektion*

   Zuständigkeitsbereich: Leitung der Einrichtung, des Betriebes und der Verwaltung der Telegraphen für ausschließliche Telegraphen- und Eisenbahnzwecke.

Das Kollegium der Generaldirektion bestand aus dem Generaldirektor, den Vorständen der einzelnen Sektionen und Unterabteilungen, einem Justitiar und je einem administrativen Mitglied der Eisenbahnbaukommission, der Eisenbahndirektion und der Postdirektion[86].

Nach dem Gesetz vom 22. März 1873, das die Bahnbauten in der Finanzperiode 1870/73 regelte, waren die Strecken Nagold—Horb, Calw—Pforzheim, Leutkirch—Isny und Hechingen—Balingen fertigzustellen. Der Bau dieser Strecken verzögerte sich allerdings durch den Krieg um eineinhalb Jahre.

1872 konnte die Teilstrecke Weil der Stadt—Nagold eröffnet werden. Da man auf der Bahn einen starken Holzverkehr erwartete, wurden die Werte so gewählt, daß sie beim Abstieg von der Gäufläche in das Nagoldtal bei Calw den Wert von 1:60 nicht überschritten. Der Abstieg nach Calw konnte nur mit einer starken Schleifenentwicklung erzwungen werden, die von Althengstett zunächst nach Norden ausbog und hoch über Hirsau einen Halbkreis nach Süden beschrieb und von hier aus vollends nach Calw abstieg. Die Fortsetzung nach Nagold machte keine besonderen Schwierigkeiten.

Die Weiterführungen von Nagold nach Horb und von Calw nach Pforzheim wurden am 1. Juni 1874 eröffnet. Mit diesem Tage ging das isolierte Dasein der Bahn von Pforzheim nach Wildbad, das immerhin sechs Jahre gedauert hatte, zu Ende. Im gleichen Jahre wurde auch die Teilstrecke von Hechingen nach Balingen eröffnet. Auf dieser Strecke ist ein Kuriosum geschaffen worden, das doch der Erwähnung wert ist. Der Bahnhof Zollern in der Nähe des Brielhofes zu Füßen der unter Friedrich Wilhelm IV. in neugotischer Manier wiederaufgebauten Burg Hohenzollern mußte diesem Umstand Rechnung tragen und erhielt eigens für die dort aussteigenden ›allerhöchsten Herrschaften‹ einen besonderen Salon. Außerdem sollte ein Turm noch die Bedeutung dieses Bahnhofes unterstreichen. War diese Streckeneröffnung am 1. August 1874, so folgte zwei Wochen später eine weitere im Allgäu. Zwei Wochen später erfolgte die Eröffnung der Teilstrecke Leutkirch—Isny. Damit war die oberschwäbische Ost-West-Bahn Herbertingen—Isny vollendet.

Das Jahr 1873 war durch die Eröffnung einer weiteren Privatbahn von Bedeutung, die von der ›Ermstalbahn-Gesellschaft‹ in Urach betriebene Bahn von Metzingen nach Urach. Nach der Kirchheimer Eisenbahn war sie die zweite dieser Art. Als ›in Angriff zu nehmen‹ wurden weitere fünf Strecken genannt.

Von Altshausen an der Strecke Aulendorf—Herbertingen sollte eine Seitenbahn nach Pfullendorf abzweigen. Pfullendorf wurde bereits 1873 an eine in Schwakkenreute von der Strecke Radolfzell—Meßkirch abzweigende Stichbahn angeschlossen. Eine weitere Wechselstation im Verkehr mit Baden wurde fällig.

Übrigens steht hier in engem Zusammenhang die schon im Staatsvertrag zwischen Württemberg, Baden und Preußen festgelegte Einmündung der Verlängerung der vorläufig in Meßkirch endenden Bahn, die sich in Krauchenwies gabelte und einerseits östlich Mengen und andererseits nördlich Sigmaringen zustrebte. Zu fast gleicher Zeit, am 26. Juli 1873, wurde Sigmaringen auch von Scheer an der Donau aus erreicht. Mit dem Streckenausbau Balingen—Sigmaringen wurde Sigmaringen Ausgangspunkt eines neuen badischen Schienenweges zum Bodensee.

Ausbau des Transitverkehrs

Bestandteil des Staatsvertrages mit Bayern vom 12. Dezember 1868 war der beabsichtigte Anschluß einer aus Richtung Nürnberg—Ansbach—Dombühl kommenden bayerischen Bahn. Entsprechend der bisher gepflogenen Übung im Wechselverkehr mit Bayern sollte auch hier von Crailsheim bis zur Landesgrenze hinter dem Ort Ellrichshausen gebaut werden. Als Wechselstation war Crailsheim vorgesehen. Damit wurde ein entscheidender Impuls für den württembergischen Transitverkehr gegeben.

Vorgesehen war ferner die Verlängerung der bisher in Heidenheim endenden Brenzbahn nach Ulm. Die Brenzbahn-Klausel lief aus und Bayern hatte jetzt keinen triftigen Grund mehr, die Baumaßnahme weiterhin aufzuschieben, denn die Abkürzungsstrecken, die ihm für den raschen Weg zum Bodensee notwendig waren, hatten anstandslos in der Zeit, in der Württemberg aus vertraglichen Gründen die Hände gebunden waren, gebaut werden können.

Die letzte der in Angriff zu nehmenden Strecken war eine Bahn von Waiblingen an der Remsbahn nach Backnang.

Bei den Bauvorhaben fällt ein Projekt besonders auf. Es handelt sich um die Strecke Hessental—Bietigheim, die in Backnang die Seitenbahn aus Richtung Waiblingen berühren sollte. Dieser Plan steht in engem Zusammenhang mit dem bayerischen Anschluß in Crailsheim. Obwohl ursprünglich Wünsche von Schwäbisch Hall bestanden, eine Verbindung von hier aus nach Stuttgart herzustellen, wurde der Weg über Hessental gewählt, weil Württemberg in diesem Falle danach trachtete, im Wettstreit mit Baden eine Konkurrenzstrecke gegen eine zukünftige Streckenführung von Heilbronn über Eppingen, Bretten nach Karlsruhe zu bauen.

Der Staatsvertrag zwischen Baden und Württemberg vom 29. Dezember 1873 sah neben den Bahnen im Neckartal und im Kinzigtal auch den Bau einer Bahn in den Kraichgau vor, die von Karlsruhe über Bretten und Eppingen nach Heilbronn führen sollte. Ursprünglich war Bruchsal als Ausgangspunkt geplant, dann, ab 1869, standen nur noch Berghausen oder Grötzingen im Pfinztal zur Wahl. Der Oberbürgermeister von Karlsruhe, *Lauter*, erkannte die Bedeutung dieses Schienenweges. Als er aber weder bei Württemberg noch bei seinem eigenen

Lande großes Interesse an dieser Verbindung feststellen konnte, beantragte er im Namen der Stadt Karlsruhe die Konzession dieser Strecke als Privatbahn, die am 15. November 1876 der Stadtgemeinde Karlsruhe erteilt wurde. Der Bau zog sich über längere Zeit hin. Württemberg sollte dann ebenfalls bis Eppingen bauen, dem dann die Rolle einer ›Wechselstation‹ zugedacht war. In Württemberg wußte man wohl von den Absichten in Baden. Gestärkt durch den Vertrag über den Anschluß aus Richtung Nürnberg in Crailsheim war Württemberg darauf aus, in den Genuß einer Transitstrecke zu kommen, die dazu geeignet war, den Verkehr aus der Nürnberger Region auf sich zu ziehen. In einer Strecke, die aus Richtung Franken in den Karlsruher Raum tendierte und den Weg über Öhringen—Heilbronn—Eppingen—Bretten—Karlsruhe nehmen wollte, sahen die württembergischen Stellen eine Konkurrenz, der es schon im Entwicklungszustand zu begegnen galt.

Die Eisenbahnbaukommission hatte nämlich der Kammer der Abgeordneten den Vorschlag unterbreitet, die ganze Strecke von Eppingen bis Heilbronn Baden zu überlassen unter der Voraussetzung, daß Baden dafür die Strecke Pforzheim—Mühlacker an Württemberg abtrete. Mit dem Betriebsaustausch sollte weiter erreicht werden, daß Baden die ganze Strecke Heilbronn—Sinsheim—Heidelberg und Württemberg die ganze Strecke Heilbronn—Eberbach erhalte[87]. Dieser Vorschlag fand aber nicht die Zustimmung der württembergischen Kammer. Der Verkehr von Nordwürttemberg, Heilbronn und zum Teil auch von Bayern hatte sich bisher des Weges über Crailsheim—Hall—Öhringen—Heilbronn—Bietigheim—Bruchsal bedient. Dieser Verkehr sollte nun über die neue Route der Murrbahn über Gaildorf—Backnang—Marbach—Bietigheim—Mühlacker—Bruchsal führen. Nicht zu Unrecht befürchtete die Kammer der Abgeordneten, daß — falls Baden den Betrieb bis nach Heilbronn in seine Hand bekäme —, innerhalb von Württemberg eine Konkurrenzlinie mit badischem Einfluß entstünde, die dem Verkehr auf württembergischem Boden großen Schaden zufügen könnte. Konkurrenzlinien wollte der Staat nur unter ganz besonderen Bedingungen anderen Verwaltungen überlassen. Im vorliegenden Fall wäre das nach Meinung der Abgeordneten nur möglich gewesen, wenn Hessen und Württemberg sich für den Bau und Betrieb einer Heilbronn—Eberbacher Bahn die Hand gereicht hätten. Dazu hätte sich allerdings Baden im Hinblick auf seinen Nord-Süd-Verkehr nie bereitgefunden.

Daher wurde die Absicht, mit dem Bau der Murrbahn eine Diagonale von Hessental über Backnang nach Bietigheim und über Waiblingen nach Stuttgart zu schaffen, mit Nachdruck in der Kammer der Abgeordneten verfochten. Die folgende Gegenüberstellung zeigt die im Wettbewerb stehenden Entfernungen:

1. Hessental—Heilbronn—Eppingen—Bretten = 108,6 km
2. Hessental—Heilbronn—Bietigheim—Bretten = 130,4 km
3. Hessental—Backnang—Bietigheim—Bretten = 108,2 km

Der vorliegende Fall zeigt die Tendenz, im Hinblick auf einen zu erwartenden Transitverkehr auch Wege zu beschreiten, die nicht immer volkswirtschaftlich sinnvoll sein mußten. Geschädigt wurde durch diese Maßnahme in allererster Linie die Region Heilbronn, die beim Bahnbau infolge ihrer Grenzlage stets im Nachteil war. Geschädigt wurde ferner die Stadt Schwäbisch Hall, der in der Zukunft der nähere Weg zur Landeshauptstadt nur ermöglicht wurde, wenn die Fahrgäste den Weg über die Spitzkehre Hessental machten. Die Argumente für den Weg über Backnang überzeugten. Ein groteskes Beispiel für die Streckenführung, die sich daraus ergab, ist die Abzweigung im Bahnhof Waiblingen, wo eigens aus diesem Grunde ein kostspieliger Umbau notwendig wurde.

Das entsprechende Gegenstück bildet die geplante Diagonale in südwestlicher Richtung Stuttgart—Freudenstadt.

Es spricht daraus ganz klar die Absicht, den Verkehr in Richtung Schweiz zu intensivieren. Das kam nicht von ungefähr, denn in Immendingen bestand Anschluß in Richtung Singen, Konstanz und Schaffhausen. So sollte die Strecke Stuttgart—Freudenstadt zweierlei Funktionen erfüllen, einmal die Anfahrt nach Horb über Calw abkürzen, andererseits in Freudenstadt einen weiteren Anschluß in Richtung Baden finden. Außerdem erreichte man gegenüber der Oberen Neckarbahn einen Entfernungsgewinn. Die Neubaustrecke, die künftige Gäubahn, durchquerte analog der Murrbahn weniger bedeutende Gebiete und war genau so wie diese vom nüchternen Gedanken an den zu erwartenden Transit diktiert.

Auffallend ist die Tatsache, daß die Strecke Heilbronn—Eppingen in dem verabschiedeten Gesetz noch nicht berücksichtigt wurde. Damit wollte man einen Vorsprung zum Bau der Strecken Hessental—Bietigheim und Waiblingen—Backnang gewinnen, was auch tatsächlich gelungen ist.

Eine natürliche Fortsetzung des nun eingeschlagenen Weges bildet das nächste Gesetz ›betreffend den Bau von Eisenbahnen in der Finanzperiode 1876/77‹. Hier wird zunächst einmal die Fertigstellung der Strecke Balingen—Sigmaringen genannt. Mit der Herstellung dieser Verbindung wurde die Metropole von Hohenzollern zum Knotenpunkt zweier württembergischer Bahnen und einer badischen. Als nächste Strecke erscheint die Strecke Waiblingen—Backnang. Sie bildete den Auftakt zur Murrbahn. Wie schon vorher erwähnt, mußte der Bahnhof Waiblingen zur Abzweigestation umgestaltet werden, wodurch er den Charakter eines Inselbahnhofs erhielt. Die weitere Strecke Hessental—Bietigheim war ebenfalls im Gesetz enthalten. Damit war der Start gegeben für die Abkürzung der Strecke Crailsheim—Heilbronn—Stuttgart und Crailsheim—Aalen—Stuttgart.

Während Waiblingen—Backnang am 26. Oktober 1876 eröffnet wurde, konnten die weiteren Teilstrecken erst nach und nach in Betrieb genommen werden. Schwierigkeiten traten vor allem auf am Gaildorfer und am Fichtenberger

Tunnel. Die Lücke zwischen Murrhardt und Gaildorf wurde erst am 15. Mai 1880 geschlossen.

Die letzte gesetzlich genehmigte Bahn in dieser Finanzperiode war die Stuttgart-Freudenstädter Bahn, die Gäubahn. Sie war übrigens die erste an einem Stück eröffnete Strecke. Zu erwähnen ist bei ihr der auffallende Anstieg aus dem Stuttgarter Talkessel bis herauf nach Böblingen. Vor allem im ersten Streckenabschnitt mußte dies zu einer künstlichen Längenentwicklung führen. Die Neubaustrecke umfaßte zwei Abschnitte, nämlich Stuttgart—Eutingen und Hochdorf—Freudenstadt. Bemerkenswert ist, daß dabei Eutingen als Kopfstation ausgebildet wurde. Der Grund hierfür war offensichtlich, denn die Gäubahn sollte ja in Eutingen an die aus Pforzheim kommende Nagoldbahn von Pforzheim nach Horb anschließen. Zwischen Eutingen und Hochdorf wurde diese mitbenutzt. Interessant ist übrigens die Streckenführung zwischen Hochdorf und Dornstetten, wo die Strecke hoch über die Täler führt und schließlich bei Grüntal noch in einem kühnen Brückenbauwerk das Tal der Glatt überquert. Am 1. September 1879 wurde die Freudenstädter Bahn eingeweiht.

Unter der Rubrik ›in Angriff zu nehmen‹ erschienen in der Finanzperiode 1876/77 auch Heilbronn—Eppingen und Kißlegg—Wangen.

Damit wurde, nachdem der Bau der Murrbahn vorangegangen war, auch diese Verbindungsstrecke genehmigt, da sie jetzt den Transit nicht mehr gefährden konnte. Die Stichbahn von Kißlegg nach Wangen war von Anfang an für die Fortführung in Richtung Bayern gedacht.

Ein besonderes Ereignis brachte das Jahr 1876: der Bau der ersten Sekundärbahn. Dabei handelte es sich allerdings nicht um eine Strecke für den Personenverkehr, sondern um eine reine Materialbahn. Das staatliche Hüttenwerk in Wasseralfingen bekam damit eine Schienenverbindung zwischen den Werksanlagen und den Eisenerzgruben am Braunenberg.

Das nächste Gesetz dieses Zeitabschnitts ist schließlich das vom 25. August 1879, das die Bahnbauten in der Periode 1879/1881 regeln sollte. Es sah die Fertigstellung der Bahnen Heilbronn—Eppingen und Kißlegg—Wangen vor. Erstere wurde bis Schwaigern am 10. Oktober 1878 eröffnet, die Reststrecke bis Eppingen am 15. Oktober 1880, also auf den Tag genau fünf Monate später als das Endstück Gaildorf—Murrhardt der Murrbahn.

Am 8. August 1880 wurde die Strecke Kißlegg—Wangen dem Verkehr übergeben. Nur wenige Kilometer trennten den vorläufigen Endpunkt Wangen von der Grenze zu Bayern und von der Bahn Lindau—Kempten, die in ihrer Streckenführung nicht den wirtschaftlichen Gegebenheiten folgte, sondern absichtlich so trassiert wurde, daß sie ihren Weg stets südlich der württembergischen Grenze und abseits vom Flußlauf der Argen suchen mußte.

74

Von den Staatsverträgen mit den Nachbarstaaten sind drei zu erwähnen, die in diesen Zeitabschnitt fallen:
1. mit Bayern wegen des Anschlusses in Crailsheim vom 12. Dezember 1868,
2. mit Bayern wegen des Anschlusses von Heidenheim nach Ulm vom 8. Dezember 1872 und
3. mit Baden wegen der Verbindung Jagstfeld—Eberbach, Heilbronn—Eppingen und Freudenstadt—Schiltach vom 29. Dezember 1873.

Der erstgenannte Vertrag gab den Anlaß zum Bau der Murrbahn. Mit dem zweiten Staatsvertrag wurde die nach Ablauf der bekannten Brenzbahn-Klausel fällig werdende Durchquerung des Elchinger Zipfels nordöstlich von Ulm, der bayerisches Territorium war, durch einen württembergischen Eisenbahnkorridor erreicht. Der letzte Vertrag endlich regelte den Übergang der badischen Bahn von Eberbach nach Jagstfeld und den Anschluß an die badische Kraichgaubahn nach Eppingen. Da die in Aussicht genommene Verlängerung von Freudenstadt nach Schiltach badisches Territorium berührte, war auch hier eine zwischenstaatliche Regelung erforderlich.

Bevormundung durch das Reich

Erstmals machte sich in diesem Abschnitt nach dem Krieg eine starke Bevormundung durch das Reich bemerkbar, die auch vor den Staatseisenbahnen keinen Halt machte. Die Erfahrung mußten alle deutschen Staaten machen. Als Grundlage für eine Vereinheitlichung des Eisenbahnwesens im Reich galt das ›Betriebsreglement für die Eisenbahnen des Norddeutschen Bundes‹ vom 10. Juni 1870. Auch das Bahnpolizeireglement und die ›Signalordnung‹ wurden gleichgeschaltet. Die Eisenbahnen wurden als militärisches Instrument betrachtet, was sich vor allem in den Bestimmungen der §§ 28 bis 31 im ›Gesetz über die Kriegsleistungen‹ vom 13. Juni 1873 niedergeschlagen hatte. Ebenso bedeutete das ›Gesetz betreffend die Errichtung eines Reichseisenbahnamtes‹ vom 27. Juni 1873 einen Eingriff in die Belange von Württemberg, wie auch das Reichsmilitärgesetz vom 2. Mai 1874 mit seinem § 65.

Die Eisenbahnen waren nun gänzlich der militärischen Gesetzgebung mit allen ihren Konsequenzen ausgeliefert. Auch in der Streckenplanung konnte das Reich seinen Einfluß geltend machen. Strategische Gesichtspunkte wurden vordringlich berücksichtigt.

Württemberg und die Gotthardbahn

Abschließend ist noch auf eine kleine Unterlassung hinzuweisen. Die Stellung Württembergs in der Gotthardbahn-Frage war nicht entschieden genug. Württemberg erhielt vom Schweizer Bundesrat am 2. April 1864 von der Konstituierung einer Gotthardvereinigung Kenntnis und bekam auch eine Einladung zur internationalen Gotthard-Konferenz in Bern am 15. September 1869, verhielt sich aber ablehnend. Zunächst schien es, als ob der Rheinübergang bei Waldshut dazu bestimmt sei, den Verkehr zum Gotthard aufzunehmen. Die Rheinbrücke, die Waldshut mit dem aargauischen Turgi und somit mit dem Schweizer Eisenbahnnetz verband, bestand seit dem 18. August 1859. Sie war ein Werk des badischen Eisenbahnbauers *Robert Gerwig.* Waldshut wurde schon als die ›Pforte des deutsch-italienischen Verkehrs‹ gepriesen. In jenen Tagen tauchte auch der Plan einer Wutachtalbahn zwischen Donaueschingen und Waldshut auf. Basel, das eigentliche Einfallstor zur Schweiz, blieb bis dahin abseits liegen. Für Württemberg hätten sich bei einer Ausführung der genannten Verbindungsbahn nach Waldshut günstige verkehrspolitische Aspekte eröffnet, was man offensichtlich auch in Baden erkannte. Der Übergang in Villingen an die Schwarzwaldbahn hätte hier die Voraussetzungen geschaffen. Erst die ›Basler Verbindungsbahn‹, die ab 1873 bestand, wandte die Lage und Baden tat was es konnte, um sich für den Übergang Basel stark zu machen. Baden hat schließlich als einziger deutscher Staat eine Subvention »à fonds perdu dans le sens le plus strict du mot«[88] in Höhe von 2 717 000,— Schweizerfranken geleistet. Obwohl Württemberg in Bern vertreten war, erklärte es zu Artikel 16 des Schlußprotokolls vom 13. Oktober 1869, es sei »von der Voraussetzung ausgegangen, daß man bezüglich des Verkehrs über den St. Gotthard den Grundsatz der Beförderung auf der kürzesten Linie anerkennen werde. Da diese Hoffnung ... sich nicht erwahrt hat, so muß Württemberg die Frage einer Subvention ... von einer weiteren Vereinbarung mit Baden über ihre beiderseitigen Konkurrenzverhältnisse bezüglich des Verkehrs zwischen Deutschland und Italien abhängig machen«[89]. Württemberg lehnte die Subvention ab, nachdem es zu einer Einigung offensichtlich nicht gekommen war. Angesichts dieses Beitrages, der auch schweizerseits immer wieder gewürdigt wurde, kann man Baden eigentlich nicht verdenken, wenn es stets auf seinen Verkehr im Rheintal bedacht war. Zweifellos zeugte die Haltung in der Gotthard-Frage auf württembergischer Seite nicht von großer Weitsicht. Deshalb muß man die Einstellung Badens verstehen, das stets argwöhnisch den Nachbarn beobachtete, ob er nicht den Versuch unternehme, wenigstens einen Teil des lukrativen Nord-Süd-Verkehrs an sich zu bringen. Der ›Fall Eberbach‹ mit der Einmündung der hessischen Mümlingsbahn war ein solcher. Nur unter den vorher erwähnten Gesichtspunkten ist es zu verstehen, daß Baden in dieser Frage sehr hart war, denn es besaß mit der Rheintalstrecke ein absolutes Transitmonopol.

›Generaldirektion der Staatseisenbahnen‹ - Strategische Streckenbauten - Erste Nebenbahn. Schiltach — Schramberg - Privatbahnen: Filderbahn, Ravensburg — Weingarten

›Generaldirektion der Staatseisenbahnen‹

Die Generaldirektion der Verkehrsanstalten wurde durch die Verordnung vom 20. März 1881[90] geteilt, wobei vor allem der immer größer werdende Arbeitsanfall diese Maßnahme völlig rechtfertigte. Es wurden daraus nunmehr zwei Generaldirektionen gebildet, die der Staatseisenbahnen und die der Posten und Telegraphen. Jeder dieser neuen Verwaltungskörper erhielt einen Präsidenten an die Spitze und die erforderlichen Abteilungen. Die bisherigen vier Sektionen entfielen. Zugleich wurde, ebenfalls durch Verordnung vom 20. März, der ›Rat der Verkehrsanstalten‹ gebildet, der aus dem Präsidenten der ›Generaldirektion der Staatseisenbahnen‹, den Abteilungsvorständen der beiden Generaldirektionen, einem vortragenden Rat des Ministeriums und sechs weiteren Mitgliedern bestand[91]. Durch eine weitere Verfügung, ›betreffend die Bildung von Abteilungen bei den beiden Generaldirektionen der Staatseisenbahnen und der Posten und Telegraphen‹ vom 23. März 1881 wurden bei der Generaldirektion der Staatseisenbahnen drei Abteilungen geschaffen:
1. die Betriebsabteilung,
2. die Rechtsabteilung,
3. die Verwaltungs- und Bauabteilung.
Letztere wurde dann aus administrativen Gründen durch die Verfügung vom 30. März 1890 in eine Bau- und eine Verwaltungsabteilung getrennt[92].
Das Jahrzehnt bis 1890 ist gekennzeichnet durch Fertigstellung verschiedener Transitwege. So bringen die Gesetze für die jeweils zweijährigen Finanzperioden 1881 bis 1889 vom 17. März 1881[93], 25. Mai 1883[94], 31. Mai 1885[95] und vom 24. Mai 1887[96] jeweils die Fortsetzung der Strecke Freudenstadt—Schiltach. In diese Bahn, die ab Schiltach an die badische Teilstrecke von Wolfach aus — von Hausach her bereits 1878 erreicht — anschließen sollte, wurde im Hinblick auf einen zu erwartenden stärkeren Verkehr in Richtung Straßburg anfangs große Hoffnung gesetzt. Der Bahnbau von den Höhen um Freudenstadt hinab in das Tal der Kinzig bei Alpirsbach und Schenkenzell gestaltet sich aufgrund der Bodenbeschaffenheit sehr schwierig. Das ist auch aus der verhältnismäßig langen Bauzeit von drei Jahren ersichtlich. Da man sich beim Bahnbau, in den Händen des bewährten Georg Morlok, stets an den Mindestradius von 350 m hielt, mußten auf der nur 23,1 km langen Strecke nicht weniger als sieben Tunnelbauten und gewaltige Dämme bis zu 25 m Höhe erstellt werden. Der Erbauer der Strecke meinte dazu: »Mit der Strecke Freudenstadt—Schiltach war ein Stück Erdober-

fläche zu projektieren, welches fast alle Unliebsamkeiten vereinigt, die sich der Erbauung von Eisenbahnen irgend entgegenstellen können«[97]. Die Eröffnung der Strecke Freudenstadt—Schiltach fand am 4. November 1886 statt.

Das letzte der genannten vier Gesetze enthält unter der Rubrik ›vollständige Herstellung‹ auch noch die Strecken Bietigheim—Hessental und Heilbronn—Eppingen. Als ›in Angriff zu nehmen‹ wird eine ›lokale Zweigbahn‹ von Schiltach nach Schramberg aufgeführt. Dieses Vorhaben sollte dann im kommenden Jahrzehnt symbolisch für die weitere Entwicklung des Bahnbaues in Württemberg werden, denn damit wurde der Bau von Sekundärbahnen, oder wie man später hierzulande sagte ›Nebenbahnen‹, eingeleitet.

Wenn in dieser Periode der Transitbahngedanke stärker in den Vordergrund trat, so gehört hierher auch noch die Schließung zweier Lücken in Oberschwaben. Es handelte sich hierbei um die Bahnen von Leutkirch über Aitrach bis zur bayerischen Grenze an der Iller bei Buxheim und die Fortsetzung der Strecke von Wangen bis zur Landesgrenze vor Hergatz an der Strecke Lindau—Kempten.

Langwierige Verhandlungen waren vorausgegangen. Bayern, das den Wert der Abkürzungsstrecke von Hergatz über Leutkirch nach Memmingen erkannt hatte, stellte an Württemberg das Ansinnen, die Betriebsführung auf diesem Streckenteil, der eine Abkürzung gegenüber der Kemptener Strecke darstellte, den bayerischen Staatseisenbahnen zuzugestehen. Dies wurde von Württemberg aus guten Gründen abgelehnt.

Die Strecke von Lindau nach Kempten hatte durch die Fertigstellung der Arlbergbahn Auftrieb erhalten. Trotzdem war Bayern nicht für eine Entlastungsstrecke, es sei denn, in eigener Regie. Württemberg wollte schon aus verkehrspolitischen Gründen bei Memmingen eine Verbindung, und bei Hergatz spielten lokale Interessen der Stadt Wangen herein, zu deren Hinterland ja auch noch die Gegend um Hergatz zählte. Erst die Bestrebungen der Heeresleitung, die stets darauf aus war, strategische Verbindungslinien zu schaffen, ermöglichten den Anschluß in Memmingen, da er als ›im Interesse der Landesverteidigung geboten‹ erschien. So kam es schließlich doch zum Staatsvertrag zwischen Bayern und Württemberg vom 10. Februar 1887, der den Bahnbau guthieß. Wenn sich das Nachbarland dazu schließlich durchgerungen hatte, dann nur, weil es mit seinen beiden auf seinem Staatsgebiet gelegenen Ausgangsstationen die nötigen Trümpfe in der Hand hatte. Schließlich konnte eine geschickte Fahrplangestaltung von Bayern aus verhindern, daß der Strecke die befürchtete Rolle einer Abkürzungsstrecke, die sie tatsächlich darstellte[98], zukam.

Bei der Streckenführung fällt nach der Überquerung der Landesgrenze an der Iller bei Buxheim der Knick bei Tannheim auf. Dieser und die Lage des Bahnhofes Tannheim wurden ganz auf eine für später vorgesehene Abzweigung in Richtung Ochsenhausen und Biberach angelegt. In Leutkirch wurde durch die

Einführung der Neubaustrecke der Bahnhof zu einer Inselstation umgewandelt. Die Eröffnung der Strecke Leutkirch—Landesgrenze erfolgte am 2. Oktober 1889, die der Reststrecke Wangen—Hergatz am 15. Juli 1890.

Strategische Streckenbauten

Auffallend wird ab Mitte der achtziger Jahre die immer stärker werdende militärische Einflußnahme auf den Bau von Eisenbahnen. Bezeichnend hierfür ist das ›Gesetz betreffend die Vervollständigung des Eisenbahnnetzes im Interesse der Landesverteidigung und die Beschaffung von Geldmitteln hierfür‹ in der Finanzperiode 1887/89 vom 7. Juni 1887. Wesentliche Bestandteile dieses Gesetzes[99] waren die Herstellung des zweiten Gleises auf der Strecke von der bayerischen Landesgrenze über Weinsberg und Heilbronn bis Eppingen und der Bau einer Eisenbahn von Tuttlingen in Richtung Sigmaringen zum Anschluß an die Bahn Tübingen—Sigmaringen in der Nähe von Inzigkofen.

Den militärischen Stellen war es ein besonderes Anliegen, aus Richtung Bayern Verbindungen zum Oberelsaß zu schaffen. Mit dem Druck, der von militärischer Seite auf den Bahnbau aus Richtung Memmingen nach Aulendorf und Sigmaringen ausgeübt wurde, ist erst die Schließung der Lücke zwischen Inzigkofen und Tuttlingen zu verstehen. Diese leitete wiederum über auf die in Hintschingen hinter Immendingen abzweigende Neubaustrecke über Zollhaus-Blumberg und Epfenhofen nach Weizen, wo der Anschluß an die bereits seit 1876 bestehende Wutachtalbahn aus Richtung Waldshut—Oberlauchringen hergestellt wurde. Diese Strecke, vor allem zwischen Zollhaus und Weizen, vermeidet bewußt höhere Steigungen als 1:100 und umgeht den Schweizer Kanton Schaffhausen. Desgleichen wurde eine solche Umgehungsbahn geschaffen, indem zwischen Säckingen und Schopfheim ein Verbindungsstück durch das Wehratal gebaut wurde, dem sich in Stetten bei Lörrach eine weitere nach Leopoldshöhe und deren Verlängerung über Hüningen nach St. Louis anschloß[100].

Diese Strecken, deren verkehrspolitischer Wert von Anfang an stark umstritten war, stellten Baumaßnahmen dar, die normalerweise billiger und kostengünstiger hätten erstellt werden können. Keiner der beteiligten Bahnverwaltungen konnten diese Kosten zugemutet werden. Trotzdem fand sich Württemberg bereit, beim zweiten Gleis zwischen Ellrichshausen und Eppingen einen Beitrag von 20% der Baukosten zu leisten. Beim Bau der strategischen Bahn Inzigkofen—Tuttlingen war der Beitrag von Württemberg sogar 42,8% der Baukosten. Die hierfür ausgeworfenen M 6 018 840,— wären so annähernd dem Aufwand gleichgekommen, den der Bau einer gewöhnlichen Nebenbahn in diesem Abschnitt erfordert hätte.

Diese Beispiele zeigen, wie ›opulent‹ für strategische Zwecke Bahnen erstellt wurden. Nicht umsonst trifft Albert Kuntzemüller über die ›Umgehungsbahnen‹ folgendes harte Urteil: »Vom verkehrsgeographischen Standpunkt aus müssen strategische Eisenbahnen fast immer als Fehlbauten betrachtet werden, weil beide Momente, das verkehrsgeographische und stategische, nur in den seltensten Fällen miteinander einig gehen. Das gleiche gilt von der württembergischen Donaubahn und mehreren elsässischen Linien«[101].

Auch die Kraichgaubahn Heilbronn—Eppingen—Bretten—Grötzingen ist hierfür ein treffendes Beispiel.

Nach dem Bau der Donautalbahn konnte ein altes badisches Projekt vom Beginn der siebziger Jahre, die Strecke Schwackenreute—Hattingen, nicht mehr verwirklicht werden. Ursprünglich bestand nämlich der Plan, hier aus Richtung Aulendorf zur Schwarzwaldbahn eine Verbindung zu schaffen[102].

Erste Nebenbahn: Schiltach—Schramberg

Unter dem Abschnitt ›in Angriff zu nehmen‹ erschien im Gesetz vom 24. Mai 1887 die ›lokale Zweigbahn‹ Schramberg—Schiltach. Nachdem bereits im November 1876 die erste Sekundärbahn, allerdings nur für Güterverkehr, mit der Wasseralfinger Montanbahn eröffnet worden war, wurde diese Strecke die zweite. Gleichzeitig war damit der Auftakt gegeben für einen neuen Abschnitt des Bahnbaues in Württemberg, den Bau von Nebenbahnen. Schramberg war, infolge seiner sonderbaren Grenzlage zu Baden, beim Bau der Schwarzwaldbahn von Offenburg nach Singen nicht berücksichtigt worden, obgleich die Führung der Strecke über den württembergischen Zipfel weitaus günstiger gewesen wäre. Dies führte *Robert Gerwig*, den Erbauer der Schwarzwaldbahn, dazu, seinen kühnen Plan der über Hornberg, Triberg und Sommerau führenden Gebirgsbahn auszuführen. Schramberg mit seiner Uhrenfabrikation war ein aufstrebender Ort, der dringend nach einer Eisenbahn verlangte. Diesem Wunsche kam man nach, baute aber die Bahn in der einfachsten Weise, indem sie neben dem Straßenplanum angelegt wurde. Die für die Anlage der Bahn notwendigen Normalien wurden dem Zwecke angepaßt, wobei außerdem auf die äußeren Bedingungen Rücksicht genommen werden mußte. So wurden hierfür folgende Vorschriften ausgearbeitet:

1. Die Fahrgeschwindigkeit der Züge soll höchstens 15 Kilometer pro Stunde betragen;
2. die Krümmung der Bahn soll 100 Meter,
3. die Steigung 1:70 im Maximum nicht übersteigen;
4. die fast durchweg nur 6 Meter, also für Straßen- und Bahnverkehr schmal angelegte Staatsstraße soll um 2,3 Meter, also auf eine gesamte Breite von 8,3 Meter verbreitert werden.

19. Eröffnungszug
Schwäbisch
Gmünd—Wäschen-
beuren mit Lok T3,
August 1911

20. Eröffnungszug
Schwäbisch
Gmünd—Göppingen
mit zwei Lok F1c,
Mai 1912

21. Lokomotiv-
parade in
Ochsenhausen,
1901.
Zwei Lok Tssd

22. *Personenzug*
mit Lok B3
»Wuerttemberg«

23. *Schnellzug*
mit Lok Klasse D
in Esslingen

24. *Schnellzug*
mit Lok Klasse C

Außerdem wurde gefordert, daß dort, wo der Schienenstrang die Straße schneidet oder auf deren Planum verläuft, Rillenschienen anzuwenden sind[103].

Dieser Bahnbau, dessen Eröffnung in das nächste Jahrzehnt fiel, leitete den Nebenbahnbau ein, und das Gesetz vom 28. Juni 1889 brachte als neue Linie bereits Nagold—Altensteig, die erste Schmalspurbahn in der Meterspur, und die Strecke Reutlingen—Münsingen, ebenfalls eine Nebenbahn mit betrieblichen Besonderheiten.

Der Nebenbahnbau sollte das bisher vom Bau der Hauptbahnen unberührte Land erschließen und an die großen Linien binden.

Privatbahnen: Filderbahn, Ravensburg—Weingarten

Jetzt wurde, was bisher nur in zwei Fällen, nämlich der Kirchheimer und der Ermstalbahn geschehen war, auch der Bau von Privatbahnen stärker als bisher zugelassen. Das traf vor allem für solche Strecken zu, an die sich die K.W.St.E. nicht heranmachen wollten. Meist war die mangelnde Rendite der Grund dafür. Der Privatinitiative blieb es, unterstützt von lokalen Eisenbahnausschüssen, überlassen, in solchen Landstrichen Eisenbahnbau zu betreiben.

So wurde dem Fabrikanten Emil Keßler jun. in Eßlingen am 28. April 1884 die Konzession zum Bau einer meterspurigen Zahnradbahn, System Riggenbach, von Stuttgart (Marienplatz) nach Degerloch übertragen. Dieser wiederum übertrug das Recht am 14. Januar 1885 auf die im Juli 1884 gegründete Filderbahn-Gesellschaft in Stuttgart. Die Spurweite der am 23. August 1884 eröffneten Bahn beträgt 1 m, die maximale Steigung 1:5,8 und der kleinste Krümmungsradius 120 m. Als Fortsetzung wurde die Strecke nach Möhringen und Hohenheim gebaut, die am 12. Dezember 1888 dem Verkehr übergeben wurde und deren kleinster Halbmesser sogar 1:50 beträgt.

Die Lokalbahn-Aktien-Gesellschaft in München erhielt am 15. November 1887 die Konzession zu einer Dampfstraßenbahn von Ravensburg nach Weingarten die dann am 6. Januar 1888 eröffnet wurde. Diese Daten zeigen, daß sich allenthalben im Lande Gremien bildeten, um ›ihre Eisenbahn‹ und deren baldigen Bau zu betreiben.

Waren um 1890 die Hauptbahnen weitgehend fertig, so kündigte sich jetzt ein neuer Eisenbahnfrühling an, der stark durch den Bau von Nebenbahnen geprägt war.

War das große Netz geknüpft und die Verbindung mit den Grenznachbarn ausreichend hergestellt, so galt es nunmehr, die Flächen im Inneren des Landes, die bisher noch nicht erschlossen werden konnten, zu berücksichtigen.

Den großen Eisenbahngesellschaften, die nicht nur Eisenbahnen betrieben, sondern sich auch deren Bau widmeten, stand eine reiche Betätigung offen.

Abschluß des Hauptbahnbaus und Ausbau der Nebenbahnen

Das Jahr 1891 brachte mit der Meterspurbahn Nagold—Altensteig die erste Schmalspurbahn. Bei diesem ersten Ansatz ist es geblieben. Bei weiteren Schmalspurbahnen der späteren Jahre verwendete man anstelle der Meterspur die Spurweite von 750 mm.

Im Jahr 1892 wurde mit dem Bau von Normalspurbahnen begonnen. Die Teilstrecke Reutlingen—Honau war der Anfang zu der Strecke nach Münsingen, die im Jahre darauf bis Münsingen fertiggestellt wurde. Eine Sensation wurde die Bahn infolge des Aufstiegs vom Tal der Echaz hinauf auf die Albhochfläche beim Lichtenstein. Mit einem maximalen Wert von 1:10 erklimmt sie die Strecke vom Bahnhof Honau zum Bahnhof Lichtenstein und überwindet hierbei bei 2,15 km Entfernung einen Höhenunterschied von 179,0 m. Als Zahnstange wurde das System Riggenbach verwendet.

Am 2. Oktober 1892 wurde die Nebenbahn Waldenburg—Künzelsau eröffnet. Auch sie hat ein starkes Gefälle zu überwinden. Von der Hohenloher Ebene bei Haag senkt sich die Strecke ins Kochertal und überwindet bei 1:26 mit reinem Adhäsionsbetrieb die 125,4 m Höhenunterschied bei 4,55 km Entfernung. Eine Woche darauf, am 9. Oktober 1892, wurde die Nebenbahn von Schiltach nach Schramberg, von der schon ausführlich die Rede war, eröffnet und die gewerbereiche Stadt im Schwarzwald an das Eisenbahnnetz angeschlossen.

Das Jahr 1894 brachte mit der Teilstrecke Marbach—Beilstein der nach Heilbronn-Süd geplanten Nebenbahn die zweite Schmalspurstrecke der K.W.St.E. und die erste mit der Spurweite von 750 mm. Dieselbe Spur war schon seit einigen Jahren im Königreich Sachsen üblich, wo sie sich zu einem immer größer werdenden Netz ausbildete. Württemberg hatte sich für die weitere Anwendung dieser Spurweite für die staatlichen Schmalspurbahnen ausgesprochen. Die darüber hinaus vorgesehenen Bahnen im Neckarland und in Oberschwaben waren bereits im Gesetzestext mit dieser Spur ausgeschrieben.

Im Jahr 1895 wurde nur die Verbindungskurve vom Nordbahnhof in Stuttgart zur Gäubahn erstellt. Diese Maßnahme war der Anfang zur Entlastung des Bahnhofes in Stuttgart.

Im gleichen Jahre wurde eine zweite Bahn der Lokalbahn-Aktien-Gesellschaft München eröffnet. Es war die in Oberschwaben gelegene elektrisch betriebene Nebenbahn, die die bisher noch abseits der Eisenbahn liegende Oberamtsstadt Tettnang mit dem Bahnhof Meckenbeuren verbindet. Die Bahn ist die erste elektrische Eisenbahn auf deutschem Boden. Sie ist ein Werk von Oskar von Miller. Ihre Eröffnung erfolgte am 4. Dezember 1895[104].

Schon zu Beginn der sechziger Jahre hatte der immer stärker werdende Verkehr im Bahnhof Stuttgart die Gemüter bewegt. Verschiedene Fachleute hatten sich damals schon mit dem Problem befaßt. Die Verlegung der Lokomotivbehandlungsanlagen nach Stuttgart Nordbahnhof schaffte eine Erleichterung. Trotzdem belastete der Güterverkehr weiterhin den Bahnhof Stuttgart. Was selbst ein Fachmann wie Georg Morlok drei Jahrzehnte zuvor abgelehnt hatte, wurde nun zwingend notwendig. Zwischen Untertürkheim und Cannstatt mußte der neue Rangierbahnhof Untertürkheim erstellt werden. Seine Hauptaufgabe war die Entlastung von Stuttgart. Es war vorgesehen, durch eine Neubaustrecke, die in Kornwestheim von der Hauptbahn abzweigte und hauptbahnmäßig betrieben werden sollte, den Güterverkehr aus Richtung Norden abzulenken und direkt nach Untertürkheim zu führen. Dabei mußte zwischen Münster und Cannstatt der Neckar auf einem großen Viadukt überquert werden. Der Güterverkehr aus Richtung Plochingen führte ohne große Schwierigkeiten hinter dem Personenbahnhof Untertürkheim in den neuen Rangierbahnhof. Für Güterzüge aus Richtung Rems- und Murrbahn wurde eine neue Kurve angelegt, die nach der Waiblinger Straße in Cannstatt die Remsbahn linkerhand verließ und in den neuen Bahnhof einmündete. Die Kurve von der Gäubahn beim Nordbahnhof zum Pragtunnel sollte Ferngüterzüge aus Richtung Horb nach Kornwestheim bringen, damit sie von dort nach Untertürkheim weitergeleitet werden konnten.

Tatsächlich bedeutete diese Neuanlage einige Zeit für den Stuttgarter Bahnhof eine Entlastung, zumindest im Durchgangsgüterverkehr. Am 1. Oktober 1895 konnte die Bahn Untertürkheim—Kornwestheim, offiziell als ›Umgehungsbahn‹ tituliert, eröffnet werden; die Remsbahnkurve folgte im darauffolgenden Jahre am 1. Mai.

Am 17. Dezember 1895 wurden auch die verschiedenen Zufahrtsgleise zum neuen Rangierbahnhof Heilbronn in Betrieb genommen. Dieser wurde westlich des Neckars auf der Höhe der Nachbargemeinde Böckingen angelegt.

Das Jahr 1896 brachte einen weiteren Zuwachs an Schmalspurbahnen in der festgelegten Spurweite von 750 mm. Am 28. August wurde die Strecke von Lauffen am Neckar nach Güglingen in Betrieb genommen und am 13. Oktober folgte die Bahnstrecke von Schussenried nach Buchau am Federsee. Beide Teilstrecken hatten Ansätze zu späterem Weiterbau. Das folgende Jahr 1897 brachte außer der eben erwähnten Remsbahnkurve die Eröffnung weiterer Meterspurstrecken bei der Filderbahn, die Strecke Möhringen—Neuhausen und Möhringen—Vaihingen, womit erstmals ein Anschluß an die Staatsbahnen geschaffen wurde. Eine weitere elektrische Bahn wurde die Verbindungsstrecke von Trossingen Staatsbahnhof nach Trossingen Ort am 14. Dezember 1898. Als Vorbild diente hauptsächlich die schon erwähnte erste elektrische Bahn von Meckenbeuren nach Tettnang.

Im folgenden Jahr wurde noch einmal eine Hauptbahnstrecke fertig. Es handelte sich um den westlichen Teil der ›Bodensee-Gürtelbahn‹, mit der die letzte Eisenbahnlücke um den See geschlossen werden sollte. Zunächst ging es um die östlich von Friedrichshafen gelegene Teilstrecke von Friedrichshafen Stadtbahnhof nach dem Grenzbahnhof Hemigkofen-Nonnenbach (heute Kreßbronn) in Richtung Lindau. Die westliche Teilstrecke nach Überlingen war damals noch im Bau. Die Strecke nach Lindau konnte am 1. Oktober eröffnet werden. Ungern sah Bayern den Bau dieser Strecke, da es um eine Abwanderung eines Teiles des durchgehenden und grenzüberschreitenden Verkehrs aus Lindau fürchtete.

Am 1. September 1899 wurde eine private meterspurige Dampfstraßenbahn von Reutlingen nach Eningen unter Achalm erbaut, die innerhalb von Reutlingen das Straßenpflaster benützte und später erst auf einen eigenen Bahnkörper überwechselte. Mit der Nebenbahn nach Münsingen wechselte sie beim früheren Bahnhof Eningen, der nunmehr Reutlingen Süd genannt wurde, niveaugleich. Die Kreuzung sicherte man durch eine Schrankenanlage, außerdem beiderseits durch Signale. Nachdem im Jahre 1899 die Kirchheimer Eisenbahn an die Staatseisenbahn übergegangen war, lag auch dem Weiterbau von Kirchheim nach Oberlenningen nichts mehr im Wege. Diese Fortsetzung konnte am 1. Oktober eröffnet werden. Das Ende des Jahres ist schließlich noch gekennzeichnet durch die Eröffnung zweier weiterer Schmalspurstrecken. Die Fortsetzung von Beilstein nach Ilsfeld wurde am 25. November 1899 in Betrieb genommen. Am 30. November folgte die von Warthausen nach Ochsenhausen führende Strecke, deren Verlängerung bis Biberach in Aussicht genommen war.

Das Jahr 1900 verzeichnet einen merklichen Zuwachs an Nebenbahnen und Privatbahnen. Von Blaufelden nach Langenburg führte die Nebenbahn, die gleich zu Beginn des Jahres, am 22. Januar, eröffnet wurde und die hohenlohische Residenz Langenburg mit dem Schienennetz verband. Die Verlängerung der Schmalspurbahn von Warthausen nach Biberach erfolgte am 1. März 1900. Übergangsbahnhof für Normalspurwagen und Güterumladestelle war nach wie vor Warthausen. Mit Rücksicht auf die nahe Oberamtsstadt wurde aber der Ausgangspunkt dorthin verlegt. Eine weitere Teilstrecke in Schmalspur bildete das Reststück der Bottwarbahn von Ilsfeld nach Heilbronn Südbahnhof. Von Talheim an der Schozach bis dorthin wurde gleichzeitig auch eine dritte Schiene gelegt, so daß künftig Normalspurwagen über die damals noch im Bau befindliche Güterbahn vom Heilbronner Hauptbahnhof, die normalspurig ausgeführt wurde, bis Talheim fahren konnten, was besonders wegen der Steinbrüche bei der Haltestelle Rauher Stich von Bedeutung werden sollte. In Heilbronn-Süd endete der Personenverkehr. Dort bestand Anschluß an die Straßenbahn zum Stadtzentrum und zum Bahnhof. Die Strecke Ilsfeld—Heilbronn Süd konnte am 1. Dezember des Jahres eröffnet werden.

1900 wurden außerdem noch zwei Privatbahnen eröffnet. Die erste bildete die Strecke Sigmaringendorf—Bingen in Hohenzollern der Hohenzollerischen Klein-bahn-Gesellschaft. Dieses Unternehmen, Grundstock der späteren Hohenzolleri-schen Landesbahn, war eine Kleinbahn im Sinne des preußischen Kleinbahn-gesetzes. Sie schloß unter anderem auch das Fürstlich Hohenzollerische Hütten-werk Laucherthal an das Schienennetz an. Die zweite Eisenbahn auf privater Grundlage in diesem Jahre war die Nebenbahn Nürtingen—Neuffen. Erbauerin und Eigentümerin war die Württembergische Eisenbahn-Gesellschaft in Stuttgart, die um diese Zeit mehrere Projekte bearbeitete und bald danach sehr stark in das Bahnbaugeschäft einstieg.

Hochkonjunktur im Nebenbahn- und Privatbahnbau - Situation 1914

Hochkonjunktur im Nebenbahn- und Privatbahnbau

In diesem Zeitabschnitt wurde eine große Zahl von Nebenbahnen gebaut. Nachdem sich überall im Lande Ausschüsse gebildet hatten, die bisher unerschlossene Landstriche durch Schienenwege erschlossen haben wollten, galt es vor allem, von seiten der K.W.St.E. zu entscheiden, welche Strecken als bauwürdig zu betrachten waren und welche von vornherein keine Aussicht hatten. Die letzteren wurden dann in der Hauptsache von Privatunternehmungen in Bau genommen. Träger und Verfechter der Nebenbahnen wurden mehr als bislang beim Hauptbahnbau die Abgeordneten, die mitunter lautstark und mit Überzeugung ihre Gedanken verfochten.
Eine besonders hohe Eröffnungsquote brachte das Jahr 1901. Bemerkenswert ist die Tatsache, daß in diesem Jahre die letzte Hauptbahn dem Verkehr übergeben wurde. Es war die schon erwähnte letzte Lücke der Bodensee-Gürtelbahn. Mit Eröffnung der Strecke Überlingen—Friedrichshafen Stadtbahnhof war der Eisenbahnring um den Bodensee geschlossen. Er war im ganzen 175 km lang. Am 1. August 1901 wurde die Strecke Münsingen—Schelklingen eröffnet. Damit war eine weitere Verbindung über die Schwäbische Alb geschaffen und der lange Traum einer Verbindung von Reutlingen nach Ulm verwirklicht.
Die schmalspurige Zabergäubahn Lauffen—Güglingen wurde am 19. Oktober bis nach Leonbronn am Ende des Tales verlängert. Die zweite Zahnradbahn der K.W.St.E. wurde am 21. November mit der Strecke Freudenstadt—Klosterreichenbach eröffnet. Vom Bahnhof Freudenstadt zum Stadtbahnhof wurde die Steigung mit der Zahnstange System Riggenbach überwunden, anschließend fällt die Strecke hinab in das Tal der Murg und die Zahnstange war noch bis Baiersbronn nötig. Mit der Abzweigung der Güterbahn nach Heilbronn Süd hinter dem Haltepunkt Karlstor und die am 7. Dezember eröffnete Nebenbahn Süßen—Weißenstein schließen die Eröffnungen der Staatseisenbahnen.
Alle anderen, auch der überwiegende Teil der 1901 eröffneten Strecken, waren Privatbahnen.
Den Anfang machte die in Möckmühl abzweigende Schmalspurbahn mit 750 mm Spurweite, die über Jagsthausen durch das Jagsttal nach Dörzbach führt. Sie wurde von dem Konsortium Vehring und Wächter erbaut. Ursprünglich sollte die Bahn nach Bad Mergentheim weitergeführt werden.
Die schon erwähnte Hohenzollerische Kleinbahngesellschaft setzte in diesem Jahre gleich drei Stichbahnen in Betrieb. Am 18. März war es die Strecke Hechingen—Burladingen, am 18. Juni Eyach—Stetten bei Haigerloch und am 6. November die Strecke Kleinengstingen—Gammertingen. Bemerkenswert ist, daß auf

württembergischem Territorium diese Seitenbahnen als Nebenbahnen behandelt wurden, während auf preußischem Boden die Grundsätze des preußischen Klein-bahngesetzes galten.

Die Württembergische Eisenbahn-Gesellschaft eröffnete am 14. Juli die ›Talgang-bahn‹ Ebingen—Onstmettingen und am 20. Oktober ihre meterspurige Schmal-spurbahn von Amstetten nach Laichingen. Von der Westdeutschen Eisenbahn-gesellschaft in Köln erbaut und von den Badischen Lokal-Eisenbahnen in Karls-ruhe betrieben wurde die am 31. Oktober eröffnete Härtsfeldbahn Aalen—Neres-heim—Ballmertshofen, die ebenfalls 1000 mm Spurweite aufzuweisen hatte.

Gegenüber dem vorhergehenden Jahr sind die Eröffnungsdaten 1902 sehr gering. Die einzige neuhinzukommende Strecke war die ebenfalls durch die Badischen Lokal-Eisenbahnen betriebene normalspurige Nebenbahn von Reutlingen nach Gönningen. Die Besonderheit dieser Bahn liegt darin, daß sie in Gomaringen eine Spitzkehre hat. Die weiteren Daten in diesem Jahre betreffen nur die Um-spurung bzw. den Einbau eines dritten Gleises in Strecken der Filderbahn. Wäh-rend die erst wenige Jahre im Betrieb befindliche Strecke von Möhringen nach Neuhausen auf den Fildern auf Normalspur umgebaut wurde, erhielt die Ver-bindung nach Vaihingen auf den Fildern zum Anschluß an die Staatseisenbahnen eine dritte Schiene für Normalspur. Gleichzeitig wurde auf dem meterspurigen Streckenteil die elektrische Zugförderung eingeführt. Wenn im Jahre 1903 nur zwei Streckeneröffnungen stattgefunden haben, soll das in keiner Weise bedeuten, daß das Nebenbahnfieber nunmehr abgeflaut war. Vielmehr lagen schon wieder viele Wünsche vor, die dann alsbald in weiteren Gesetzen für bauwürdig befun-den wurden. Eröffnet wurden je eine Privatbahn und eine Staatsbahnstrecke. Die Württembergische Eisenbahngesellschaft brachte ihre Bahn von Gaildorf nach Untergröningen, die am 1. Oktober ihren Betrieb aufnahm. Die staatliche Neben-bahn von Geislingen nach Wiesensteig folgte dann am 21. Oktober. Der Abstieg vom hochgelegenen Bahnhof in Geislingen mußte mit einem Gefälle nach Alten-stadt von 1:37 erkauft werden.

1904 wurden vier Bahnen eröffnet, von denen die Hälfte auf Staatsbahnstrecken, die andere Hälfte auf Privatbahnen entfiel. Die am 17. Mai eröffnete Strecke, führte von Roßberg bei Waldsee nach Wurzach.

Die Filderbahn ließ von ihrer Strecke Möhringen—Vaihingen Staatsbahnhof einen schmalspurigen Anschluß nach Vaihingen Ort abzweigen und am 1. Mai eröffnen. Die Württembergische Eisenbahngesellschaft nahm am 16. Oktober auf ihrer Nebenbahn Vaihingen/Enz—Sersheim—Enzweihingen den Betrieb auf. Das folgende Jahr 1905 war erstmals wieder nach langer Zeit ein Jahr ohne Eröff-nungen. Dafür aber zeichneten sich gerade in diesem Jahre weitere Strecken ab, die in Bälde ausgeführt werden sollten.

Das Jahr darauf, 1906, brachte nur Zuwachs bei den Privatbahnen. So wurde im Monat Februar auf der Strecke der Filderbahn von Möhringen nach Hohenheim die dritte Schiene für Normalspurbetrieb eingebaut. Beim Filderbahnnetz spielte sich nach den verschiedenen Veränderungen der Personenverkehr grundsätzlich auf der Schmal- und der Güterverkehr auf der Normalspur ab. Die einzige Ausnahme bildete die Strecke nach Neuhausen, wo beide Arten sich auf der Normalspur abwickelten.

Am 4. April wurde die Teilstrecke Ballmertshofen—Dillingen eröffnet, wodurch die Härtsfeldbahn nunmehr auch nach Bayern führte und so ein weiterer Übergang über die östliche Grenze geschaffen wurde. Die Württembergische Eisenbahn-Gesellschaft nahm am 1. Juli ihre Bahn von Amstetten nach Gerstetten in Betrieb. Im Gegensatz zur derselben Gesellschaft gehörenden und am gleichen Ausgangsbahnhof beginnenden schmalspurigen Laichinger Bahn war diese normalspurig. Die Württembergischen Nebenbahnen eröffneten ihre Strecke Korntal—Weißach, die sogenannte Strohgäubahn, am 14. August. Im Jahre darauf, 1907, übergab die Württembergische Eisenbahn-Gesellschaft ihre Bahn von Jagstfeld nach Neustadt am Kocher dem Verkehr.

Nach vierjähriger Pause fanden sich 1908 erstmals wieder unter den neuen Eisenbahnstrecken solche der Staatseisenbahnen. In Zuffenhausen wurde zunächst einmal innerhalb des Bahnhofes ein Verbindungsgleis von der Hauptbahn zur Schwarzwaldbahn, das allerdings nur den Zwecken des Güterverkehrs diente, erbaut und am 1. April in Betrieb genommen. Am 15. September wurde die Nebenbahn von Kirchheim Süd nach Weilheim an der Teck eröffnet. Dieser Nebenbahn folgte am 28. November die Teilstrecke Schorndorf—Rudersberg der bis Welzheim im Bau befindlichen Nebenbahn.

Die Hohenzollerische Landesbahn, wie sich nun die Hohenzollerische Kleinbahngesellschaft nannte, konnte am 6. Dezember eine große Lücke schließen. Zwischen Burladingen und Bingen konnte die Verbindungsstrecke in Betrieb genommen werden. Damit waren alle bisherigen isolierten Teilstrecken untereinander verbunden, ausgenommen die Lücke zwischen Hechingen und Stetten bei Haigerloch. Das Jahr 1909 brachte die Strecke Herrenberg—Pfäffingen als Teilstrecke der Verbindungsbahn nach Tübingen. Sie konnte am 12. August eröffnet werden. Der Weiterbau nach Tübingen verzögerte sich durch den Bau des Schloßbergtunnels. Die Strecke Isny—Sibratshofen folgte am 15. Oktober. Sie setzte sich als bayerische Bahn nach Kempten fort. Übergangsbahnhof wurde Sibratshofen auf bayerischem Boden.

Eine weitere Strecke, wegen ihrer Grenzlage besonders interessant, war die am 17. November eröffnete Nebenbahn Weikersheim—Creglingen, die zunächst bis nach Röttingen Bahnhof führte. Die Teilstrecke zwischen Röttingen und Bieberehren war nämlich Bestandteil der einige Jahre zuvor in Betrieb genommenen bayerischen Bahn von Ochsenfurt über Gaukönigshofen nach Röttingen. In Bieberehren begann dann wieder die württembergische Strecke. Das Jahr 1910 brachte am 1. Mai die Eröffnung der Reststrecke Pfäffingen—Tübingen der Herrenberger Bahn. Damit war nunmehr eine Verbindung entstanden, die es ermöglichte, von Tübingen aus auf direkterem Wege, wenn auch mit Umsteigen in Herrenberg, nach Stuttgart zu gelangen. Die am 16. Oktober eröffnete Teilstrecke von Böblingen nach Weil im Schönbuch war die erste von mehreren Nebenbahnen im Raume von Böblingen. Da die Fertigstellung bis zum Endbahnhof Dettenhausen sich infolge geologischer Schwierigkeiten beim Bau verzögerte, wurde die genannte Teilstrecke vorweggenommen. Damit die Stadt Sigmaringen auch in den Genuß des zusammengeschlossenen Netzes der Hohenzollerischen Landesbahn gelangen konnte, wurde die Seitenstrecke von Hanfertal nach Sigmaringen Landesbahnhof eröffnet (5. Oktober 1910). Dieser Bahnhof in unmittelbarer Nachbarschaft des dortigen Staatsbahnhofes erhielt keine Schienenverbindung mit diesem. Übergangsbahnhof blieb daher nach wie vor Sigmaringendorf.

Am 1. Mai 1911 schloß die bayerische Bahn von Gundelfingen nach Sontheim-Brenz auf dem dortigen Bahnhof an die Brenzbahn an.

Das Reststück von Weil im Schönbuch nach Dettenhausen, der von Böblingen in den Schönbuch führenden Nebenbahn, konnte am 29. Juli in Betrieb genommen werden. Zwei Tage darauf, am 1. August, wurde die Teilstrecke Gmünd—Wäschenbeuren eröffnet. Hier wurde ebenfalls die Eröffnung eines Teilstückes vorgezogen, da der Bauabschnitt in Richtung Göppingen mit geologischen Problemen zu kämpfen hatte. Selbst bei dem bereits fertiggestellten Abschnitt mußten bauliche Schwierigkeiten überwunden werden, vor allem an den Hängen um Schwäbisch Gmünd, wo der Knollenmergel immer wieder zu Rutschungen führte. Am 25. Oktober folgte die Bahn von Balingen nach Schömberg, die in einem Teilstück sogar einen Neigungswert von 1:37 erreicht. Ihre Fortsetzung nach Rottweil war damals schon in Aussicht genommen, ließ aber noch lange Jahre auf sich warten. Ähnliche geologische Schwierigkeiten verzögerten die am 25. November erfolgte Eröffnung der Teilstrecke Rudersberg—Welzheim der von Schorndorf in den Welzheimer Wald führenden Nebenbahn.

Die Verlegung des Rangierbahnhofes von Ulm aus dem ohnehin sehr stark beengten Bahnhofsgelände hinaus in den Westen gegen die Vorstadt Söflingen bildete eine wesentliche Erleichterung. Die dorthin aus fünf verschiedenen Richtungen einführenden Güterzuggleise konnten am 12. Juni in Betrieb genommen werden. Die von der Lokalbahn-Aktien-Gesellschaft in München betriebene Straßenbahn von Ravensburg nach Weingarten, die nach anfänglichem Dampfbetrieb auf elektrischen Betrieb umgestellt worden war, hatte keinen Anschluß an die Normalspur. Umlademöglichkeit bestand wohl in Ravensburg, aber infolge des

Straßenbahncharakters konnte kein Wagenübergang durch Rollböcke stattfinden. Unter diesem Mißstand litt vor allem die Ravensburger Nachbarstadt Weingarten, die auch namhafte Industriebetriebe beherbergte. Aus diesem Grunde beschloß die L.A.G., um eine Konzession einzukommen, die es ihr ermöglichte, vom Staatsbahnhof Niederbiegen aus mit einer normalspurigen Strecke nach Weingarten abzuzweigen, die durch eine Seitenstrecke auch die Papierfabrik in Baienfurt dem Schienennetz anschloß. Diese Konzession wurde bewilligt. Somit konnte diese Anschlußbahn, die das Problem glänzend löste, am 1. Oktober 1911 in Betrieb genommen werden. Sie hatte in ihren Anfangszeiten sogar nach Weingarten Personenverkehr, der aber bald wegfiel, da ja die gut frequentierte Straßenbahn vorhanden war. Diese wurde kurz zuvor, am 13. September, von Weingarten bis Baienfurt Ort verlängert und benutzte auf eine kurze Strecke die vorher erwähnte Güterbahn, wodurch es auf diesem kurzen Streckenstück dreischienigen Betrieb gab. Die Anschlußbahn aus Niederbiegen wurde nicht elektrifiziert, sondern mit Dampflokomotiven der L.A.G. betrieben.

Das Jahr 1912 brachte die Einweihung der Reststrecke Wäschenbeuren—Göppingen, mit der die Gesamtstrecke zwischen Gmünd und Göppingen vollendet war. Am 17. November wurde von Cannstatt eine Verbindungsstrecke zum Rangierbahnhof in Untertürkheim hergestellt.

Bei den Privatbahnen konnte die Hohenzollerische Landesbahn am 24. Dezember gewissermaßen als sinniges Weihnachtsgeschenk für die Anwohner die letzte Lücke zwischen Stetten bei Haigerloch und Hechingen schließen. Ein weiteres Vorhaben der Bahn, von Stetten aus nach Balingen zu bauen, kam nicht zur Ausführung. Immerhin durchzog jetzt das ganze hohenzollerische Land zwischen Eyach und Sigmaringendorf eine Privatbahn, die sich in den kommenden Jahren als sehr leistungsfähig erwies.

Die letzte Bahn in Württemberg aus der Friedenszeit war die am 1. August 1913 eröffnete Strecke Neuenstadt am Kocher—Ohrnberg, die Verlängerung der von Jagstfeld ausgehenden Normalspur der Württembergischen Eisenbahngesellschaft.

Situation 1914

Weitere Projekte lagen vor und warteten auf ihre Verwirklichung. Eine einzige Strecke, die Maulbronner Seitenbahn, wurde einen Tag vor der Mobilmachung eröffnet.

Der erste Weltkrieg stellte für die Geschichte der K.W.St.E. eine entscheidende Zäsur dar und gab ihr den Todesstoß. Mit der Teilstrecke von Böblingen nach Sindelfingen am 23. Dezember schloß der Bahnbau im Jahre 1914 ab. Betrachtet man kritisch die Karte der K.W.St.E. am Vorabend des Krieges, so kann man außer dem verstärkten Nebenbahnbau feststellen, daß auch die Hauptbahnen wesentliche Verbesserungen erfahren hatten. Viele Strecken waren doppelspurig ausgebaut. Der Nachholbedarf, der sich bei vielen Bahnhöfen im Lande bemerkbar gemacht hatte, war durch moderne Erweiterungen befriedigt worden. In Stuttgart begann man in diesen Jahren damit, sich Gedanken über die Zukunft des Bahnhofs zu machen. Nachdem die Pläne zu einem radikalen Umbau genehmigt waren, wurde im Jahr 1908 mit dem Bahnhofsumbau begonnen. Es war geplant, den Bahnhof von der Schloßstraße um gute 700 m an die Schillerstraße zurückzuverlegen. Mitten in diese Arbeiten herein platzte der Krieg. Immerhin waren wesentliche Vorarbeiten bei Kriegsbeginn schon abgeschlossen, wie der Bau der neuen Neckarbrücke. Ein neuer Rosenstein-Tunnel südlich vom alten wurde gebaut.

Württemberg konnte Mitte 1914 stolz auf seine Eisenbahnen sein. Immerhin hatten sie einschließlich der Privatbahnen im Jahre 1914 eine Länge von 2256 km erreicht. 588 km davon waren in Doppelspur ausgebaut.

Abschluß begonnener Streckenbauten - Rangierbahnhof Kornwestheim, letztes großes Projekt

Abschluß begonnener Streckenbauten

Die Streckenbauten während der Kriegszeit lassen sich rasch aufzählen. In den meisten Fällen waren es Vorhaben, die vor Kriegsausbruch verabschiedet worden waren oder sich bereits im Bau befanden.
Das Jahr 1915 brachte die Eröffnung der Nebenbahnteilstrecke von Sindelfingen nach Renningen. Am 15. November folgte die Verlängerung der Schmalspurbahn Schussenried—Buchau bis nach Dürmentingen und im Kriegsjahr 1916 wurde am 27. November die Reststrecke von Dürmentingen nach Riedlingen eingeweiht. Die Neubaustrecke von Ludwigsburg nach Markgröningen begann ihren Betrieb am 4. Dezember 1916.

Rangierbahnhof Kornwestheim — letztes großes Projekt

1918 ist schließlich noch der neue Rangierbahnhof auf dem Langen Feld bei Kornwestheim teilweise in Betrieb genommen worden. Seine Zufahrt aus Richtung Stuttgart wurde am 29. Juli eröffnet. Außerdem behinderten die Vorgänge bei Kriegsende den Fortgang der Arbeiten. Trotzdem konnte am 1. Juni 1919 die Zufahrt von Ludwigsburg nach Kornwestheim Rangierbahnhof eingeweiht werden. Mit dem Jahre 1920 endete die Eigenständigkeit der Württembergischen Staatseisenbahnen.

Deutsche Reichsbahn ab 1920

Ende der Eigenständigkeit - Osterburken — Hattingen, ein Programm - Ansätze zur Elektrifizierung - Weitere Eröffnungen, unvollendete Strecken.

Ende der Eigenständigkeit

Nach der Reichsverfassung von 1919 hatte das Reich die Auflage erhalten, spätestens bis zum 1. April 1921 die dem allgemeinen Verkehr dienenden Eisenbahnen — 34 000 km preußische und 19 000 km der acht ›Eisenbahnländer‹ — in sein Eigentum zu übernehmen und als eine einheitliche Verkehrsanstalt zu betreiben. Auf Grund des Staatsvertrages zwischen den Eisenbahnländern und dem Reich vom 31. März 1920[105] und des Gesetzes vom 29. April 1920[106] gingen am 1. April 1920 die Württembergischen Staatseisenbahnen mit der Bodenseeschiffahrt und den Bodensee-Anlagen in Reichseigentum über. Hiervon waren allerdings die Privatbahnen nicht betroffen. An diesem Tag wurden daher die Generaldirektion der Staatseisenbahnen und die ihr unterstellten Dienststellen Behörden des Reiches. Nach der vorliegenden Verwaltungsordnung der Reichseisenbahn vom 26. April 1920[107] trat an ihre Stelle die Eisenbahn-Generaldirektion und später die Reichsbahn-Direktion. Bis zu deren Einrichtung aber amtierte für den Übergang die Verkehrsabteilung beim württembergischen Ministerium für auswärtige Angelegenheiten unter der Amtsbezeichnung ›Reichsverkehrsministerium, Zweigstelle Württemberg‹[108]. Von den Veränderungen waren mehrere Nebenbahnen betroffen, deren Bau vor dem Kriege in Angriff genommen, während der Kriegsjahre geruht und 1919 wieder aufgenommen worden war. Einige von ihnen wurden erst viel später, andere wiederum nur teilweise ausgeführt und blieben als Torso liegen. 1920 konnten nur kleine Strecken im Rahmen von Notstandsarbeiten vollendet werden. Es waren dies die am 1. Oktober eröffnete kurze Güterbahn Kornwestheim Rangierbahnhof—Stammheim, die Neubaustrecke Vaihingen auf den Fildern—Echterdingen und als letzte die am 30. Oktober eröffnete Strecke Unterböbingen—Heubach.

Osterburken—Hattingen, ein Programm

Das Land schloß am 23. und 24. Februar 1927 mit dem Generaldirektor der Deutschen Reichsbahn-Gesellschaft einen Staatsvertrag, dessen wesentlicher Inhalt der zweigleisige Ausbau der Nord-Süd-Strecke von Osterburken über Stuttgart—Immendingen nach Hattingen war. Das Land gab der Deutschen Reichsbahn-Gesellschaft ein vierprozentiges Darlehen von 35 Millionen RM. Diese verpflichtete sich dafür, die genannte Strecke im Zeitraum weniger Jahre doppelspurig auszubauen und das ihr zur Verfügung gestellte Darlehen nach Fertigstellung der einzelnen Teilstrecken in Jahresraten zurückzuzahlen. Bei dem Streckenausbau sollte gleichzeitig schon auf eine spätere ›Verstromung‹ Rücksicht genommen werden. Vor allem bei den verschiedenen, mitunter nicht geringen, Steigungen sei diese Verbesserungsmaßnahme besonders anzuraten[109].

Vor allem waren es Schweizer Kreise, die für das Vorhaben Interesse zeigten, weil sich damit eine ideale Verbindung Zürich—Berlin anbot. Die Schweizerischen Bundesbahnen förderten diesen Gedanken. Nach dem Verlust der linksrheinischen Strecke im Elsaß hatte auch das Reich ein besonderes Interesse, sich auf diese Weise einen Ersatz zu schaffen. Bisher noch vorhandene Verkehrshindernisse konnten dabei geschickt ausgemerzt werden. Die Bahnhöfe Eutingen, Horb, Rottweil und Tuttlingen wurden modernisiert und die bisherige Spitzkehre Immendingen wurde durch die Abkürzungsstrecke Tuttlingen—Hattingen ersetzt.

Die Fertigstellung des Stuttgarter Hauptbahnhofes, dessen Bau durch Kriegs- und Nachkriegsjahre etwas ins Hintertreffen geraten war und nur in Etappen erfolgen konnte, paßte geschickt in dieses Programm. Im Zusammenhang damit erfolgte der systematische Ausbau des Vorortverkehrs zwischen Ludwigsburg und Plochingen.

Der Fall ›Immendingen‹ wurde in Baden zum Politikum hochgespielt. Die Umfahrung von Immendingen stelle eine gewaltige Schädigung der Schwarzwaldbahn dar. Maßgebende Kreise befürchteten, die Schwarzwaldbahn würde dadurch »zur Nebenbahn gestempelt«. Von badischer Seite wollte man den zweigleisigen Ausbau Tuttlingen—Immendingen vorschlagen. Jedenfalls konnte die Fertigstellung der Kurve lange verzögert werden, bis sie endlich mit dem Sommerfahrplan 1934 eröffnet werden konnte. »Sie kürzt die Entfernung Tuttlingen—Immendingen—Hattingen (14 km) zwar nur um rund 6 km ab, tatsächlich ist der Zeitgewinn jedoch viel größer, da der Aufenthalt und das Kopfmachen im Bahnhof Immendingen wegfallen. Da andererseits der Anschluß an die Züge der Schwarzwaldbahn verloren geht, liegen die Nachteile für den Verkehr der letzteren klar zutage, obwohl es nicht so schlimm war, daß sie zur Nebenbahn gestempelt wurde, wie Immendingen und die unmittelbar interessierten Gemeinden in einer Petition an den Landtag meinten.«[110]

Auch in Bayern gab es empörte und sachlich unbegründete Angriffe, die darin gipfelten, dadurch würde die bayerische Strecke Probstzella—Augsburg—Lindau völlig lahmgelegt.

Am 6. März 1928 wurde ein weiterer Vertrag zur Modernisierung des Hafenbahnhofes in Friedrichshafen abgeschlossen.

Ansätze zur Elektrifizierung

Der Vertrag vom 28. Juli 1930 hatte die Elektrifizierung der Vorortbahnen von Stuttgart nach Eßlingen und Ludwigsburg zum Gegenstand. Gleichzeitig war damit auch der viergleisige Ausbau dieser Strecken vorgesehen, damit der Vorortverkehr unabhängig vom Fernverkehr einen Betrieb mit starrem Fahrplan abwickeln konnte[111]. Dies gab den Impuls für die Elektrifizierung der Strecke Eßlingen—Augsburg. Der Ausbau begann bereits 1930 und war 1933 abgeschlossen. Mit einem anderen Vertrag wurde die ›Verstromung‹ der Strecke Plochingen—Tübingen beschlossen.

Weitere Abmachungen betrafen den Umbau und die Erweiterung des Bahnhofes Kirchheim unter Teck und der mit der Elektrifizierung verbundene zweigleisige Ausbau der Strecke von Zuffenhausen nach Weil der Stadt[112].

1937 schließlich sah ein weiteres Abkommen die Erweiterung des elektrischen Vorortverkehrs nach Waiblingen und Bietigheim vor. Zur Beschleunigung war eine Abkürzungsstrecke von Tamm nach Metterzimmern geplant, deren Ausführung allerdings durch den Zweiten Weltkrieg unterbrochen wurde.

Weitere Eröffnungen — unvollendete Strecken

Hatten drei Jahrzehnte lang die Nebenbahnen einen gewaltigen Zuwachs erfahren, so wurde der Ausbau nunmehr auf die Nebenstrecken beschränkt, die schon vor dem Ersten Weltkrieg begonnen und infolge Kriegs- und Nachkriegszeit lange Zeit als Torso liegengeblieben waren. Einige blieben unvollendet wie die Strecken Dornstetten—Pfalzgrafenweiler, Biberach—Uttenweiler und die badische Nebenbahn Bretten—Kürnbach und schließlich das Reststück der Heubergbahn von Reichenbach nach Nusplingen. Lange Jahre erinnerten bei Dornstetten, Biberach, Bretten und Knittlingen fertiggestellte Brücken, Dämme und Einschnitte an die steckengebliebenen Arbeiten.

Die Eröffnungsdaten von Nebenbahnen sind daher in den zwanziger Jahren sehr dünn gesät.

Das Jahr 1922 brachte am 1. Mai die Eröffnung der von der Dettenhäuser Nebenbahn abzweigenden Flügelbahn Schönaicher First—Schönaich. Einen Teil eines größeren Vorhabens bildete die private Teuringer Talbahn von Friedrichshafen nach Oberteuringen, die am 1. Juni eröffnet wurde. Eine bereits der Stadt Ravensburg erteilte Konzession für eine private normalspurige Nebenbahn von Oberzell über Hefigkofen (mit Anschluß an die nicht bis hier weitergeführte Teuringer Talbahn) und weiter nach Wilhelmsdorf blieb ungebaut[113]. Vom Jahr 1923 an fuhr die Güterbahn von Untertürkheim über die Kehrstation Wangen nach

Gaisburg, die vor allem den Belangen des Stuttgarter Gaswerks und des Vieh- und Schlachthofes in Gaisburg zu dienen hatte. Eröffnungsdatum war der 13. November.

1924 wurde die längere Zeit brach gelegene Neubaustrecke von Künzelsau nach Forchtenberg vollendet und am 22. Juni in Betrieb genommen.

Die Strecke von Göppingen nach Boll, ebenfalls schon im Jahre 1919 begonnen, dann jahrelang unvollendet, wurde schließlich doch am 1. Juli 1926 eröffnet. Die Weiterführung der Bahn in Richtung Weilheim an der Teck blieb ungebaut.

Am 18. Dezember desselben Jahres übergab man die meterspurige private Überlandstraßenbahn von Eßlingen über Nellingen nach Denkendorf dem Verkehr.

Das Jahr 1928 brachte die letzten größeren Eröffnungen. Am 26. Mai wurde die Heubergbahn von Spaichingen nach Reichenbach fertig. Der an dieser Strecke gelegene Bahnhof Gosheim mit 806 m über dem Meer wurde damit der höchste Bahnhof in Württemberg. Am 23. Juni folgte die in den Schönbuch führende Bahn von Leinfelden nach Waldenbuch.

Ein ganz besonderes Datum wurde der 14. Juli 1928. An diesem Tage konnte endlich die letzte Eisenbahnlücke zwischen Freudenstadt und Rastatt mit der Teilstrecke Klosterreichenbach—Raumünzach geschlossen werden. Von der Eröffnung der Privatbahn Rastatt—Gernsbach am 1. Juni 1869 bis zur Inbetriebnahme des Reststückes am 14. Juli 1928 hatte man für die 58 km lange Strecke Rastatt—Freudenstadt 59 Jahre gebraucht[114].

Um jene Zeit wurde auch aus der alten württembergischen Strecke Freudenstadt—Baiersbronn die Zahnstange ausgebaut.

Mit der am 26. Oktober 1928 dem Verkehr übergebenen Teilstrecke Schömberg—Rottweil war die Lücke zwischen Balingen und Rottweil endlich geschlossen.

Die Filderbahn eröffnete am 2. Januar 1928 ihre schmalspurige Strecke zwischen Möhringen und Leinfelden, die die 1920 abgebaute normalspurige Strecke von Möhringen nach Echterdingen ersetzte und teilweise deren Planum wieder benützte. Als Ersatz wurde für den Normalspurverkehr bereits 1920 die dort erwähnte Neubaustrecke Vaihingen—Echterdingen in Betrieb genommen. Der Bau der ebengenannten meterspurigen Filderbahnstrecke wurde zwischen Leinfelden und Echterdingen Ort am 31. März desselben Jahres abgeschlossen. Eine von der Stadtgemeinde Reutlingen betriebene elektrische Überlandstraßenbahn nach Altenburg am Neckar wurde am 22. Juni 1928 in Betrieb genommen.

Zu der bereits 1926 eröffneten Überlandstraßenbahn Eßlingen—Nellingen—Denkendorf kam 1929 die in Nellingen abzweigende Seitenlinie Nellingen—Scharnhausen—Neuhausen.

Im Jahr 1933 wurde der Bahnhof Eutingen neu gestaltet und nach Osten in Richtung Ergenzingen verlegt. Durch den Bau der Strecke Eutingen neuer Bahnhof—

25. *Brückenprobe*
Feuerbach-Viadukt
bei Zazenhausen
1896

26. *Remsbrücke bei*
Schwäbisch Gmünd
mit Lok Klasse F1

27. *Unfall*
Durlesbach 1913

28. *Gruppenbild Werkstätte Aalen vor Lok B »Coblenz«*

29. *Personal Crailsheim, Juli 1908, mit Lok AD*

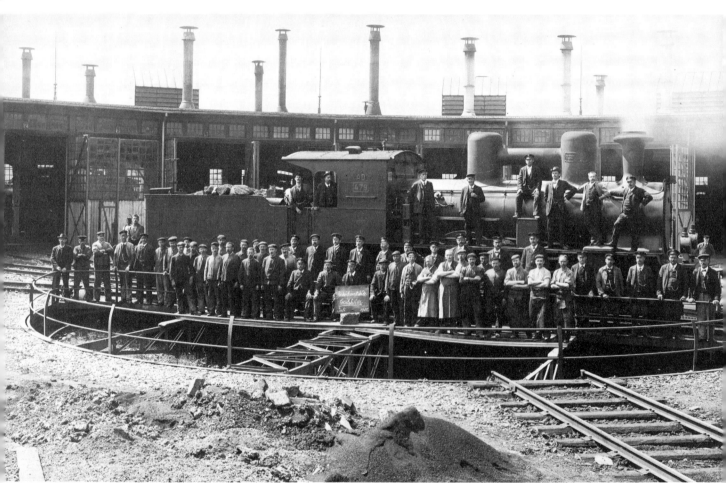

Hochdorf beseitigte man die bisher im Verkehr zwischen Stuttgart und Freuden-stadt erforderliche Spitzkehre. Damit aber weiterhin ein durchgehender Verkehr Pforzheim und Freudenstadt—Horb möglich war, behielt man auch nach Abbau des bisherigen Bahnhofes Eutingen eine doppelspurige Verbindungskurve von Hochdorf zur Strecke nach Horb bei. Der 15. Mai 1934 brachte endlich die lang ersehnte Verbindungskurve von Tuttlingen nach Hattingen.

Die ebenfalls schon bei Kriegsende geplante jahrelang halbfertige Verbindungs-bahn von Kornwestheim Rangierbahnhof nach Korntal, wurde am 1. Dezember 1935 eingeweiht. Damit wurde es möglich, Güterzüge in Richtung Gäubahn über Korntal—Renningen—Böblingen zu führen und somit Stuttgart zu entlasten.

Am 5. Oktober 1940 wurde zur Entlastung des Bahnhofes Friedrichshafen die Kurve Seewald—Rotenmoos eröffnet. Tags darauf, am 6. Oktober, konnte der Erzbahnhof Eybtal bei Geislingen mit seinen Zufahrtsstrecken dem Verkehr über-geben werden. Er war zur Entlastung des Bahnhofes Geislingen durch die vom Bahnhof Staufenstollen kommenden Erzzüge erbaut werden[115].

Bis auf die beiden letztgenannten Streckenbauten handelte es sich um die Voll-endung alter württembergischer Planungen.

Bei den Planungen der Württembergischen Staatseisenbahnen stand das ökono-mische Prinzip immer im Vordergrund. Eine »Opulenz« wie beim badischen Nachbarn war hier weitgehend unbekannt. »Solange die Eisenbahnen noch dem Lande Württemberg gehörten, mußte ... allenthalben gespart werden. So kam es, daß es beim Übergang der Länderbahnen an das Reich wohl keine Direktion in Deutschland gab, die so viele veraltete Bahnhöfe und so wenig zweite Gleise und Überholungsmöglichkeiten besaß wie die Reichsbahn-Direktion Stuttgart«[116]. Dieses Geständnis des Präsidenten der RBD Stuttgart bei der Einweihung des Bahnhofes Tuttlingen am 29. September 1933 besagt mit einem Anflug von Re-signation, daß die württembergische Staatsbahnpolitik im Vergleich zu anderen benachbarten Verwaltungen nicht so großzügig war. Hierzu paßt glänzend eine französische Pressestimme, die sehr kritisch die württembergischen Verhältnisse unter die Lupe nimmt, wenn sie meint: »Dès la première station wurtembergeoise Muhlacker il y a transformation profonde. La gare est d'une austère simplicité, plus de passage souterrain, le matérial est assez primitif; le Wurtemberg d'ailleurs n'est pas comme Bade un pays de passage, sauf pour l'Express-Orient. Ses gares, moins coquettes que celles du grand-duché de Bade, moins vastes que les grandes bâtisses bavaroises, suffisent au trafic. Elles ne pourraient être rendues plus somptueuses qu' à la condition de prélever sur des excédents de recettes bien faibles déjà et qui s'abaissent encore«[117].

Trotz dieser Einschränkungen konnte Württemberg auf das, was es in die Deut-sche Reichsbahn-Gesellschaft einbrachte, stolz sein.

Fehlentwicklungen und Lücken im Netz

Der Bahnbau führte im Lauf seiner Geschichte zwangsläufig auch zu Fehlentwicklungen. In vielen Fällen waren solche Tendenzen durch die gegensätzlichen Interessen bedingt. Das erste Beispiel war die indirekt von Baden erzwungene Linienführung der Westbahn über Illingen und Mühlacker. Sinnvoller wäre, wenn schon die Abzweigung im Sinne von Etzel in Bietigheim erfolgte, die Führung der Strecke durch das Tal der Metter über Horrheim, Gündelbach, Zaiserweiher, Maulbronn und Knittlingen nach Bretten gewesen. Stattdessen mußte bei Dürrmenz ein künstlicher Knotenpunkt mit Rücksicht auf die benachbarte Stadt Pforzheim geschaffen werden. Unter diesem Aspekt wäre auch das von Etzel bearbeitete Projekt einer Bahn von Zuffenhausen über Friolzheim nach Pforzheim die bessere Lösung gewesen. Als zweites Beispiel kann hier Bietigheim angeführt werden. Wenn es sich nicht um die Überquerung des Enztales an der günstigsten Stelle gehandelt hätte, wäre dieser auffällige Knick in der Streckenführung niemals zustandegekommen. Der Vorschlag von 1937, eine Abkürzungsstrecke von Tamm nach Metterzimmern zu bauen, ist ein Beweis für die Erkenntnis, daß das Bietigheimer Eck vor allem für den Schnellverkehr ein Hindernis bildete. Deshalb hat man eine derartige Lösung in unseren Tagen wieder aufgegriffen, nicht zuletzt im Hinblick auf die Konkurrenzfähigkeit der Eisenbahn, die nur durch eine Erhöhung der Reisegeschwindigkeiten erzielt werden kann.

Ein klassisches Beispiel dafür, was verfehlte Planung bedeutet, zeigt der Raum um Heilbronn. Neben dem Verkehrsknotenpunkt Heilbronn befindet sich in kurzer Entfernung in Jagstfeld ein weiterer künstlicher Knoten, bedingt durch die nahe Grenze zu Baden, die zwei badische Bahnen hier einmünden ließ. Die Einmündungen der württembergischen Bahnen in Villingen und in Immendingen stellten noch schlimmere Fehlplanungen dar. Bei Immendingen erzwang man auf diese Weise sogar zusätzliche Kilometer auf badischem Netz, sofern es sich um eine Fahrt in Richtung Singen handelte.

Wenn von Fehlplanungen die Rede ist, so dürfen wir auch die Lage des Bahnhofs in Stuttgart dazu rechnen. Erst heute wird klar, wie praktisch die Anlage des Stuttgarter Bahnhofes auf dem damals noch völlig unbebauten Gelände des Cannstatter Wasens gewesen wäre. Sie hätte im Hinblick auf großzügige Planung und Gestaltung ganz andere und günstigere Möglichkeiten eröffnet als die aus reinem Prestigedenken entstandene Lösung des Stuttgarter Bahnhofs mitten im Talkessel. Machte beim Bau der Zentralbahn die Streckeneinführung aus Richtung Ludwigsburg schon Schwierigkeiten, so wurde der Bau der Gäubahn in Richtung Vaihingen und Böblingen entlang dem Talkessel erst recht zu einem Problem für den Erbauer. Wohl hatte der Bau des neuen Hauptbahnhofes eine bessere und großzügigere Lösung gebracht, aber auch diese war nur eine Lösung ›auf Zeit‹. Die von Margarete Oberreuter erstellte Stationsentfernungskarte macht deutlich, wo die eisenbahnfernen Gebiete liegen und wo Lücken im Netz klaffen. Während das Neckarland am besten erschlossen ist, haben wir Gebiete wie den Mainhardter Wald, die überhaupt keine Eisenbahn haben, so auch der Welzheimer Wald zwischen Schwäbisch Gmünd und Gaildorf. Merkliche Lücken klaffen auch zwischen Weißenstein und Heidenheim und zwischen Gammertingen und Riedlingen.

In Oberschwaben fehlt zwischen Ochsenhausen und Wurzach, Essendorf und Tannheim, sowie zwischen Ostrach und Markdorf, Ravensburg und Pfullendorf die Erschließung durch die Bahn. Das gleiche gilt auch für den Übergang in den Schwarzwald zwischen Rottweil und Schramberg, Alpirsbach und Oberndorf und zwischen Sulz und Balingen.

Auch der nördliche Schwarzwald zwischen Altensteig und Wildbad, zwischen Calw und Schönmünzach ist hier zu nennen. Schließlich spürt man noch eine merkliche Lücke zwischen Ellwangen und Dinkelsbühl. Der Blick auf die Oberreuter-Karte zeigt aber im ganzen, daß das Land relativ gut erschlossen ist, nicht zuletzt wegen der feinmaschigen Erschließung durch eine Vielzahl von Nebenbahnen.

Der organisatorische Aufbau der K.W. St. E.

Der systematische Ausbau des Streckennetzes brachte es mit sich, daß die Dienststellen entsprechend den zeitbedingten Anforderungen ausgebaut und erweitert werden mußten. Es war ein folgerichtiger Weg, der von der Eisenbahn-Kommission, der Keimzelle der Eisenbahnplanung in Württemberg, zur Generaldirektion der Staatseisenbahnen führte.

Bereits 1864 wurden die Staatseisenbahnen dem ›Departement für die auswärtigen Angelegenheiten‹ unterstellt. Sie blieben bis zum Übergang der Bahnen an das Reich dem zuständigen Ressortminister unterstellt.

An der Spitze der Generaldirektion stand der Präsident, dem die drei Abteilungsvorstände für Verwaltung, Betrieb und Bau unterstellt waren.

Dem Präsidenten der Generaldirektion oblag die Aufsicht über den Gang der Amtsgeschäfte. Waren anfänglich kollegiale Beratungen im Rahmen ausgedehnter Sitzungen üblich, so ging man bald dazu über, die betreffenden Sachbearbeiter zum Vortrag beim Präsidenten zu bestellen oder ihre Angelegenheiten an das ›Zentralbureau‹ zu delegieren, das eine Art Präsidialkanzlei darstellte.

Die Verwaltungsabteilung war verantwortlich für das Tarif- und Verkehrswesen, das Rechnungs- und Kassenwesen und die Statistik, sowie für die Beschaffung der verschiedenen im Eisenbahndienst erforderlichen Stoffe wie Kohlen, Bau-, Hilfs- und Betriebsstoffe, den Betrieb der Werkstätten und die soziale Betreuung der Eisenbahner.

Die Betriebsabteilung hatte für die Fahrplanfragen und ihre Bearbeitung, den Stations- und Zugdienst und den sinnvollen Einsatz des rollenden Materials zu sorgen.

Die Bauabteilung war für die Unterhaltung der Bahnanlagen zuständig. Dazu kam die Bewachung der Bahnanlagen und die Verwaltung der bahneigenen Liegenschaften, der Dienstgebäude und Wohnungen. Eine besonders wichtige Aufgabe kam der Abteilung durch die Projektierung von Umbauten und Neubauten zu.

Mit der Bildung eines Gremiums wurde unterstrichen, daß die Eisenbahnen durchaus volksnah waren. Der ›Beirat der Verkehrsanstalten‹ bestand aus 30 Mitgliedern, die aus den Kreisen von Handel, Gewerbe und Industrie, der Land- und Forstwirtschaft kamen, ab 1910 noch verstärkt durch Vertreter der Arbeitnehmer und andere Interessenten am Verkehrswesen. Einem ständigen Ausschuß war die Erledigung dringender Geschäfte übertragen. Zweimal im Jahr fanden Vollversammlungen statt, bei denen Fahrplanfragen und tarifliche Probleme diskutiert wurden. Der Beirat bildete die Verbindung zwischen den verschiedenen Interessentengruppen und der Generaldirektion der Staatseisenbahnen. Die einschlägigen Amtsgeschäfte wurden im Rahmen einer systematischen Arbeitsteilung selbständig erledigt und zur Entscheidung durch den Präsidenten vorbereitet.

Die laufenden Arbeiten für die Generaldirektion, teilweise auch die selbständige

Bearbeitung bestimmter Aufträge, wurden durch folgende Dienststellen ausgeführt:

1. Bahnbautechnisches Bureau
2. Hochbautechnisches Bureau
3. Maschinentechnisches Bureau
4. Revisorat
5. Verkehrskontrolle I
6. Verkehrskontrolle II
7. Wagenbureau
8. Tarifbureau ⎫
9. Reklamations- ⎬ 1892 getrennt
   bureau ⎭
10. Fahrdienstbureau
11. Statistisches Bureau: 1915 aufgehoben
12. Grundbuchbureau

13. Eisenbahnhauptkasse
14. Eisenbahn-
    Hauptmagazin-
    verwaltung
    (Eßlingen) ⎫
    ⎬ 1895/97 geteilt
15. Oberbaumate-
    rialverwaltung
    (Heilbronn) ⎭
16. Holztränkungsanstalt Zuffenhausen
17. Königlich württ. Bekleidungsamt (ehedem Montierungsverwaltung)
18. Bahnzeugamt und Fundbureau

Der Generaldirektion waren die Dienststellen des Betriebsdienstes, des Baudienstes, des Betriebsmaschinendienstes und des Werkstättenwesens direkt unterstellt.

Die zehn Eisenbahn-Betriebsinspektionen hatten in ihren Bezirken neben dem Betriebsdienst auch für den Verkehrs- und Kassendienst zu sorgen. Die verschiedenen Privatbahnen des Landes wurden bahnpolizeilich ebenfalls von den Betriebsinspektionen beaufsichtigt, in deren Bezirk sie lagen.

Für die Bahnunterhaltung und die Bahnbewachung waren die Eisenbahn-Bauinspektionen verantwortlich. Auch Neubaumaßnahmen kleineren Umfangs wurden ihnen von Fall zu Fall übertragen. Das Streckennetz der K.W.St.E. gliederte sich in 24 solcher Bezirke, die wiederum in Bahnmeistereien aufgeteilt waren.

Für die umfangreichen Neubauten, zu denen sich nach 1900 auch noch viele Bahnhofsumbauten gestellten, gab es die verschiedenen Eisenbahn-Bausektionen.

Für die ständige Wartung und Pflege von Lokomotiven und Wagen hatten die Werkstätteninspektionen zu sorgen. Aufgrund der Laufleistungen waren die Fahrzeuge nach einem bestimmten Turnus den vorgeschriebenen Revisionsarbeiten zuzuführen. Die Cannstatter Werkstätte war ausschließlich für Wagenreparaturen zuständig.

Die Aufgaben der Zugförderung waren bis zum Jahre 1893 mit denen des Werkstättenwesens eng verbunden. Aus praktischen Erwägungen wurde hier eine Trennung vorgenommen und vier Bezirke der Eisenbahn-Maschineninspektionen geschaffen.

Seit 1900 kam die Eisenbahn-Telegrapheninspektion Cannstatt hinzu, denn die fortschreitende Entwicklung und Modernisierung im Bahndienst machte eine Betreuung der Stark- und Schwachstromanlagen erforderlich. Auch der Blitzschutz und die sonstigen Arten der Beleuchtung und der Nachrichtenmittel wurden von dieser Stelle versorgt.

Der Stationsdienst gliederte sich nach dem Stand vom 1. April 1914 folgendermaßen:

  24 Bahnstationen   I. Klasse, Leiter: Bahnhofsinspektor (darunter 4 badische)
  67 Bahnstationen II. Klasse, Leiter: Bahnhofsverwalter (darunter 4 badische)
175 Bahnstationen III. Klasse, Leiter: Stationsverwalter
176 Bahnstationen IV. Klasse, Leiter: Haltestellenvorsteher, teilweise auch Agent,
185 Bahnstationen V. Klasse, Leiter: Haltepunktvorsteher, teilweise auch Agent.

Weiterhin bestanden zu diesem Zeitpunkt noch:
2 Haltepunkte für Arbeiter mit Wochenabonnements und
7 Haltepunkte nur für Triebwagenverkehr.
24 Bahnhöfe der Klasse I waren:

1. Aalen	13. Immendingen (badisch)
2. Bietigheim	14. Ludwigsburg
3. Bretten (badisch)	15. Pforzheim (badisch)
4. Crailsheim	16. Plochingen
5. Eßlingen	17. Reutlingen Hauptbahnhof
6. Friedrichshafen	18. Rottweil
7. Geislingen an der Steige	19. Stuttgart Hauptbahnhof
8. Gmünd Hauptbahnhof	20. Stuttgart-Cannstatt
9. Göppingen	21. Stuttgart-Untertürkheim
10. Heilbronn Hauptbahnhof	22. Tübingen Hauptbahnhof
11. Horb	23. Ulm
12. Jagstfeld	24. Villingen (badisch)

Je nach Größe einer Bahnstation setzte sich ihr Personalbestand aus mehreren Sekretären und Assistenten, den Bahnhofsaufsehern, Weichenwärtern und Stationsdienern, Ankupplern, Wagenreinigern und Putzfrauen zusammen, schließlich noch aus dem Zugbegleitpersonal, d. h. den Zugmeistern, Conducteuren und Bremsern.
Beim Ausbruch des ersten Weltkrieges hatte das Personal mit 23 000 im Eisenbahndienst tätigen Personen einen Höchststand erreicht ohne die beim Bahnbau beschäftigten Arbeitskräfte, die zu den Bauunternehmungen gehörten, welche

beim Bahnbau eingesetzt waren. Während des intensiven Nebenbahnbaues waren dies weit über 5000 Beschäftigte.

Verglichen mit den Zahlen von 1891 hatte sich der Personalbestand bis zum Kriegsbeginn verdoppelt. Das darf nicht wundernehmen, denn in diesem Zeitraum (1891—1913) stieg die Zahl der Reisenden um 334%, die Zahl der gefahrenen Züge um 241% und die mit der Bahn beförderten Güter um 167%. Diese Zahlen zeigen den guten Ausbildungsstand und das Leistungsvermögen der württembergischen Eisenbahner.

Am 1. April 1914 hatten die Staatseisenbahnen eine Betriebslänge von insgesamt 2098,95 km (Haupteisenbahnen 1597,02 km, Nebeneisenbahnen 501,93 km). Davon entfielen auf Normalspur 1435 mm 1997,67 km, auf Schmalspur 1000 mm 15,11 km und auf die Schmalspur 750 mm 86,17 km. Von den normalspurigen Strecken von 1997,67 km waren doppelspurig ausgebaut 558,19 km und einspurig 1409,48 km.

Unter dem Begriff ›Betriebslänge‹ verstehen wir die Länge der einzelnen Bahnstrecken von ihrem Ausgangspunkt (= Mitte Drehscheibe oder Mitte Verwaltungsgebäude) bis zum Endpunkt (Mitte Drehscheibe oder Mitte Verwaltungsgebäude). Auf diesen Werten ist auch die Tabelle 22 aufgebaut, die lückenlos alle Strecken in Württemberg enthält. Grundsätzlich sind beim Verkehr in die Nachbarländer einige Dinge zu beachten. Beim Anschluß an Bayern sowie bei der Bodenseegürtelbahn gegen Markdorf wird nach dem Wortlaut der erforderlichen Staatsverträge jeweils bis zur Landesgrenze gemessen. Bei den Nebenbahnen Weikersheim—Röttingen und Bieberehren—Creglingen einerseits und Isny—Sibratshofen andererseits wird jeweils bis zur württembergisch-bayerischen Eigentumsgrenze gerechnet.

Als die Strecken der Staatseisenbahnen an die neugebildete Deutsche Reichsbahn übergingen, ergab sich folgendes Bild nach dem Stand vom 31. März 1920:

a) *Staatsbahnstrecken*   *Stand 31. März 1920:*

Hauptbahn	Nebenbahn	Nebenbahn 1000 mm	Nebenbahn 750 mm	zusammen
km	km	km	km	km
1606,26	425,50	15,11	106,06	2152,93

b) *Privatbahnstrecken*

	Nebenbahn	Nebenbahn 1000 mm	Nebenbahn 750 mm	zusammen
	km	km	km	km
	213,36	105,79	26,71	345,86

Dieses Bild änderte sich bis 1936 nur noch geringfügig:

a) *Reichsbahnstrecken*   *Stand 31. März 1936:*

Hauptbahn	Nebenbahn	Nebenbahn 1000 mm	Nebenbahn 750 mm	zusammen
km	km	km	km	km
1629,20	524,30	15,11	106,06	2284,67

b) *Privatbahnstrecken*

	Nebenbahn	Nebenbahn 1000 mm	Nebenbahn 750 mm	zusammen
	km	km	km	km
	223,78	154,23	26,71	404,72

Die Relation zwischen Staatsbahnen und Privatbahnen war nach dem Stand vom 31. März 1920:

Staatsbahnstrecken	2 152,93 km =	86,2%
Privatbahnstrecken	*345,86 km =*	*13,8%*
Eisenbahnen insgesamt:	2 498,79 km =	100,0%

und am 31. März 1936:

Reichsbahnstrecken	2 284,67 km =	85,0%
Privatbahnstrecken	*404,72 km =*	*15,0%*
Eisenbahnen insgesamt:	2 689,39 km =	100,0%

Eine tabellarische Organisationsübersicht der K.W.St.E. befindet sich auf den Seiten 308—310 dieses Bandes.

Schlußbetrachtung

Württemberg, das seine territoriale Ausdehnung der politischen Entwicklung zu Beginn des 19. Jahrhunderts verdankt, hat als typisches Schichtstufenland an vielerlei Landschaften Anteil. Im Westen ist es der Schwarzwald, von Südwesten nach Osten durchzieht die Schwäbische Alb das Land, der sich im Norden die schwäbisch-fränkischen Waldberge vorlagern. Südlich der Donau erstrecken sich die weitläufigen Moränengebiete von Oberschwaben bis zum Allgäu und Alpenvorland. Es war unter den Bundesstaaten des alten Deutschen Reiches der drittgrößte nach Preußen und Bayern.

Unglücklicherweise war das Land von seinen Nachbarstaaten Baden und Bayern eingeklammert, wenn man von der geringfügigen gemeinsamen Grenze mit Hessen bei der Exklave Wimpfen absieht und im Süden vom preußischen Hohenzollern, das einem Kometenschweif gleich tief in württembergisches Gebiet hereinreichte. Diese geographische Lage, die Tatsache, daß das politische Gebilde Württemberg zwischen seine beiden Nachbarstaaten eingezwängt war, wurde dem Lande verkehrsgeographisch zum Schicksal. Beide Nachbarn hatten es in ihrer Hand, in der Anlage der Verkehrswege ihren Willen durchzusetzen. Eigentlich wäre Württemberg von vornherein das klassische Transitland in der West—Ost-Richtung gewesen. Der ideale Weg hierzu hätte ungefähr aus Richtung Mühlacker in Richtung Nördlingen geführt. Wie aber hat sich der Ausbau der Verkehrswege entwickelt? Die beiden Nachbarstaaten, und zwangsläufig damit auch Württemberg, bauten ihre ersten Strecken von Norden nach Süden. Baden strebte von Mannheim nach Basel, Bayern von der sächsischen Grenze nach Lindau, während Württemberg von Heilbronn zum Bodensee baute. Erst der allmähliche Streckenausbau, zu dem sich die Herstellung der nachbarlichen Verbindungen gesellte, gab Gelegenheit zur Schaffung eines echten Transitverkehrs. Hatte Württemberg im Gegensatz zu seinen beiden Nachbarn meist nicht die Trümpfe in seiner Hand, so verstand doch das Land das beste aus dieser Zwangslage zu machen.

An dieser Stelle sei auf die volkswirtschaftliche Bedeutung des Eisenbahnbaues für das Land hingewiesen, die man längst erkannt hat, wie aus der folgenden Feststellung von Paul Beyerle hervorgeht. »Das Bild wäre nicht vollständig, würden die Eisenbahnen nicht im weiten Rahmen der Volkswirtschaft betrachtet, deren Gradmesser sie in gewissem Sinne sind. Was auch des Landmanns Schweiß erzeugt und was der Fleiß und Unternehmungsgeist in Gewerbe und Handel erschafft und beschafft, die Eisenbahnen haben den Arbeitserfolg erst ermöglicht oder doch begünstigt und erhöht. Sie haben daher am Aufleben und Aufblühen der Volkswirtschaft getreulich mitgewirkt, zum Wachsen des allgemeinen Reichtums das ihrige voll beigetragen und so dem Lande den großen Bauaufwand reichlich vergolten.«[118] Mit diesen Worten wird klar umrissen, in welcher Weise

die Staatseisenbahnen nachhaltig ihren Einfluß auf das Leben in Württemberg
ausgeübt haben.

Als sie im Jahre 1920 ihre Selbständigkeit aufgeben mußten, konnten sie immerhin auf 75 Jahre stolzer Geschichte zurückblicken. Wurde ursprünglich nur der
Hauptbahnbau auf Kosten des Staates ausgeführt, so zeigte sich doch zu Beginn
der neunziger Jahre, daß sich der Staat auch in vermehrtem Maße des Nebenbahnbaues angenommen hat. Dabei mußten in vielen Fällen die Gedanken an eine
Rentabilität und auch rein fiskalische Überlegungen in den Hintergrund treten.
Daraus ist zu ersehen, welche Bedeutung von staatlicher Seite dem Eisenbahnnetz
zugemessen wurde. Wichtigster Gesichtspunkt war eben die gesamtwirtschaftliche
Seite des Bahnbaues und die Erschließung des flachen Landes durch den Schienen-
verkehr. Wir haben schon auf die Probleme hingewiesen, die durch die Nachbarstaaten und ihre indirekte Einflußnahme auf den württembergischen Verkehr
ausgelöst wurden. Aus diesen Gründen fehlte es auch nicht an vielen kritischen
Stimmen, die schon früher einen Anschluß an die preußisch-hessische Eisenbahngemeinschaft gern gesehen hätten. Freiherr von Mittnacht, Ressortminister im
›Departement für die auswärtigen Angelegenheiten‹, war während seiner Amtszeit ein entschiedener Verfechter der eigenständigen Eisenbahnen. Er ging in
seiner Überzeugung sogar so weit, daß er die Wahrung der Selbständigkeit
der Schienenwege mit der Selbständigkeit des Landes Württemberg gleichsetzte.
Immer wieder beteuerte der Politiker, daß er es nie bereut habe ein unerschrocke-
ner Gegner der von Bismarck geforderten Reichseisenbahnen gewesen zu sein.
Solange er Minister und für das Wohl der Eisenbahnen verantwortlich sei,
könne für Württemberg ein Verhältnis, wie es Hessen mit dem Beitritt zur preußisch-hessischen Eisenbahngemeinschaft angenommen habe, niemals in Frage kommen. Als der Minister am 9. November 1900 zurücktrat, wurde Julius Freiherr
von Soden sein Nachfolger. Auch er hielt sich an die grundsätzliche Einstellung
seines Vorgängers und erklärte vor aller Öffentlichkeit am 10. Mai 1901, es sei
seiner Meinung nach völlig ausgeschlossen, daß Württemberg von Artikel 22
des preußisch-hessischen Vertrages Gebrauch mache und in diese Eisenbahngemeinschaft eintrete. Die Einbuße an wirtschaftlicher und politischer Selbständigkeit, die damit verbunden wäre, könne durch die finanziellen Vorteile niemals
aufgewogen werden[119].

Motive für ein Zusammengehen mit einem größeren Verband fehlten keineswegs.
Vor allem beriefen sich die Befürworter auf die sinkende Eisenbahnrendite, die
kaum noch 3% erreichte. Auch die mitunter rücksichtslose Behandlung durch die
Anrainerstaaten Baden und Bayern wurde immer wieder angeführt.

Vor allem waren es die acht Handelskammern des Landes Württemberg, die sich
immer wieder für den Beitritt aussprachen. Im September 1901 trafen sich deren
Vertreter in Stuttgart. Sie schickten eine Resolution an die Regierung, in der mit

allem Nachdruck ein Anschluß von Württemberg an die preußisch-hessische Eisenbahngemeinschaft gefordert wurde[120]. Die Handelskammer Heidenheim äußerte offen, daß die Überführung der deutschen Eisenbahnen in das Eigentum und die Verwaltung des Reiches »im Interesse einer wirksamen nationalen Verkehrspolitik für dringend notwendig gehalten« werden müsse[121].

Tatsächlich fanden am 19. Dezember 1901 in Stuttgart vertrauliche Gespräche statt, an denen Vertreter des Reichseisenbahnamtes, des Reichsamtes für die Verwaltung der Reichseisenbahnen und der Eisenbahnverwaltung von Baden, Württemberg und Bayern zugegen waren[122]. Der damalige König Wilhelm II., der dieser Frage sehr wohlwollend gegenüberstand, ermächtigte Minister von Soden am 6. Dezember 1904 sogar, mit der preußisch-hessischen Eisenbahnverwaltung Fühlung aufzunehmen und zu sondieren, ob sich nicht etwa eine vollständige Betriebsmittelgemeinschaft bewerkstelligen ließe. Weitere Verhandlungen mit den Nachbarstaaten verliefen in der Folgezeit ergebnislos. Auf dem Gebiete des Tarifwesens zeichneten sich allerdings Maßnahmen einer Vereinheitlichung ab. Die Personentarifreform von 1906/07 bescherte Württemberg die bisher hier unbekannte 4. Wagenklasse. Verschiedene Vergünstigungen, die sich hierzulande großer Beliebtheit erfreuten, wie die Landeskarten, wurden abgeschafft. Die Bestrebungen um die Betriebsmittelgemeinschaft scheiterten schließlich am Rücktritt von Bayern, das sich schließlich dann aber doch noch zu einer Güterwagengemeinschaft bereit erklärte. Minister Dr. von Weizsäcker, neuer Chef beim Departement für auswärtige Angelegenheiten, hielt diese Beschränkung auf eine Fahrzeuggattung nicht für sinnvoll. Dennoch kam es am 21. November 1908 zur Bildung der Güterwagengemeinschaft zwischen den Staatsbahnverwaltungen von Preußen, Bayern, Sachsen, Württemberg, Baden, Mecklenburg, Oldenburg und den Reichseisenbahnen in Elsaß-Lothringen. Den Mitgliedern der Gemeinschaft wurde völlig freie Benutzung der zu diesem Wagenpool gehörigen Fahrzeuge zugesichert. Man errechnete sich dadurch eine jährliche Einsparung von 200 Millionen Leerwagen-Achskilometern und 18,5 Millionen Mark an Wagenmieten. Württemberg sollte zu dieser Gemeinschaft 10 097 Fahrzeuge stellen, Bayern 42 391 und Preußen 379 699[123]. Eine weitere Entwicklung bildete die Einführung der Bahnsteigsperre in Württemberg. Dieses System wurde schrittweise in den Jahren 1906 bis 1909 eingeführt und erwies sich »für die Abwicklung des Dienstes vorteilhaft«, wie von offizieller Seite bestätigt wurde[124].

Die Erschließung des Landes durch die Schienenwege führte zu einer merklichen Bevölkerungsbewegung in den einzelnen Oberämtern. Gemeinden, die an der Eisenbahn teilhaben konnten, blühten auf, Gemeinden, die besonders eisenbahnfern lagen und noch keinen Anschluß an das Schienennetz hatten, stagnierten oder blieben stark zurück. Noch deutlicher zeigte sich diese negative Auswirkung bei eisenbahnfernen Gebieten. Sogar die amtliche Statistik befaßte sich mit dem Problem und prägte im Rahmen einschlägiger Untersuchungen den Begriff ›Eisenbahnanlieger‹, der besagte, daß darunter »die Bevölkerung der politischen Gemeinden, nach deren Namen eine Eisenbahnstation oder ein Haltepunkt benannt ist, oder auf deren Markung ein Bahnhof beziehungsweise eine Haltestelle liegt«, zu verstehen sei[125].

Die Eisenbahnkarte von Württemberg zeigt, daß die Verteilung der Schienenwege durchaus nicht gleichmäßig ist. Die durch viele tiefeingeschnittene Täler zerfurchte Schwäbische Alb und auch der Schwarzwald haben große Gebiete, die wenig von der Eisenbahn berührt sind. Um so dichter werden dagegen die Verästelungen des Schienennetzes in den Flußtälern. So drängt sich in den Tälern von Neckar und Nagold und in der Senke zwischen dem Schwarzwald und der Schwäbischen Alb nahezu der ganze westliche Nord-Süd-Verkehr zusammen. Das Gegenstück dazu haben wir im Osten in der Nähe der bayerischen Grenze aus Richtung Bad Mergentheim durch die Täler der Tauber und des Vorbachs, der Jagst, Brenz, Donau, Riß und Schussen zum Bodensee hin. In der Ost-West-Richtung sammeln sich die eigentlichen Durchgangswege im Donautal. Weder die Frankenhöhe noch der Fränkische Jura bilden von Bayern her dem Verkehr ein derartiges Hindernis wie die Schwäbische Alb. Sie wurde auf drei Wegen zwischen Geislingen und Ulm, südlich von Reutlingen durch das Tal der Echaz und über das Hochplateau der Münsinger Alb überwunden.

Von je 100 der Gesamtbevölkerung waren Eisenbahnanlieger

im Jahr	1846	1861	1885	1900	1905	1910	1919	1925
Neckarkreis	17,9	31,1	53,0	67,2	71,7	75,6	78,1	80,6
Schwarzwaldkreis	—	10,1	36,4	50,6	55,6	56,5	60,0	61,8
Jagstkreis	—	8,6	34,1	41,7	47,6	51,7	53,9	56,6
Donaukreis	—	18,1	37,7	50,9	58,2	61,2	62,8	65,1
Württemberg	5,1	17,8	41,6	55,0	60,5	63,7	66,3	68,8

Wie aus dieser Tabelle ersichtlich, schwankt der Anteil der Eisenbahnanlieger zwischen 81 % im Neckarkreis und 57 % Tiefstwert im Jagstkreis.

Der Vorsprung, den gerade der Neckarkreis durch die Eisenbahn gewonnen hatte, konnte von den anderen Gebieten nicht mehr aufgeholt werden. Für die Anliegergemeinden ergaben sich vor allem auch Standortvorteile. Der Eisenbahnanschluß begünstigte die Niederlassung von Industriebetrieben und brachte, damit verknüpft, Bevölkerungswachstum. Nicht umsonst stellten namhafte württembergische Statistiker fest: »Bahnstationen weisen das rascheste Tempo des Bevölkerungswachstums auf, je weiter eine Gemeinde von der Bahnlinie entfernt ist, umso langsamer ist die Zunahme«[126].

Die Geschichte hat bewiesen, daß die Eisenbahnen viel zur Entwicklung des Landes beigetragen haben. Erst durch sie wurde aus dem reinen Agrarland das heutige Württemberg mit seiner leistungsfähigen Industrie. Die Entwicklung vom Agrar- zum Industrieland wiederum brachte der Bevölkerung eine Erhöhung des Lebensstandards, das kulturelle Leben profitierte vom steigenden Wohlstand und der besseren Verkehrserschließung.

Württemberg, das in der napoleonischen Zeit durch politische Machtsprüche zusammengeflickt worden war, konnte tatsächlich erst durch die verbindende Kraft der Eisenbahn zu einem einheitlichen Ganzen zusammengeschweißt werden. Die Eisenbahn trug auch wesentlich dazu bei, die Bevölkerung zusammenzuführen. Bisher unbeachtete und abgelegene Landstriche wurden durch sie erschlossen.

Als 1920 die K.W.St.E. in der Deutschen Reichsbahn aufgingen, brachten sie eine Mitgift ein, auf die Württemberg stolz sein konnte. Ohne die Leistungen der Königlich Württembergischen Staatseisenbahnen, und ihrer Nachfolgeverwaltungen in den elf Jahrzehnten ihrer Geschichte wäre das heutige Bild unseres Landes ein anderes. Sie haben nicht nur ein gut verzweigtes Netz zur Erschließung des Landes geschaffen, sondern den Grundstein gelegt für die wirtschaftliche und industrielle Entwicklung und die Voraussetzung für den heutigen Wohlstand und die erfreulichen sozialen Verhältnisse des Landes geschaffen.

Auch die Zukunft, die eine Integration der heutigen Deutschen Bundesbahn mit den anderen westeuropäischen Staatsbahnen bringen wird, baut auf diesen Leistungen auf und wird mit ihnen rechnen müssen.

Literatur, Quellen, Anmerkungen

1 Morlok, Georg: Die königlich Württembergischen Staatseisenbahnen. Rückschau auf deren Erbauung während der Jahre 1835—1889. — Stuttgart, Leipzig, Berlin, Wien 1890.

2 Jacob, Oskar: Die königlich württembergischen Staatseisenbahnen in historisch-statistischer Darstellung. — Dissertation, Tübingen 1895.

3 Supper, Otto: Die Entwicklung des Eisenbahnwesens im Königreich Württemberg. — Stuttgart 1895.

4 Supper, a. a. O., Vorwort.

5 Fraas, Oskar: Württembergs Eisenbahnen mit Land und Leuten an der Bahn. — Stuttgart 1880.

6 Röll, Viktor: Enzyklopädie des Eisenbahnwesens. — Wien 1895.

7 Knapp: Die Eisenbahn.
in ›Das Königreich Württemberg‹, herausgegeben vom württembergischen statistisch-topographischen Bureau. — Stuttgart 1884.

8 Beyerle, Paul: Das Eisenbahnwesen. —
in dem Sammelwerk ›Württemberg unter der Regierung König Wilhelms II.‹, Stuttgart 1916.

9 Kuntzemüller, Albert: Die badischen Eisenbahnen. —
Karlsruhe 1953².

10 Griesmeier, Josef: Eisenbahn und Kraftwagen. —
in ›Württembergische Jahrbücher für Statistik und Landeskunde‹, Jahrgang 1928, Stuttgart 1929.

11 Verwaltungsberichte der Königlich Württembergischen Verkehrsanstalten, beginnend mit dem Rechnungsjahr 1879/1880. — Stuttgart 1880 ff.

12 Oberreuter, Margarete: Die Eisenbahnen in Württemberg. — Dissertation, Stuttgart 1933.

13 Hansing, Johann: Die Eisenbahnen Badens. — Dissertation, Stuttgart 1929.

14 Feyer, Ute:
in ›Württembergische Jahrbücher für Statistik und Landeskunde‹, 1956, Stuttgart 1956.

15 Heß, Ottmar: Das Eisenbahnwesen in Württemberg. —
in ›Württembergische Jahrbücher für Statistik und Landeskunde‹, 1956, Stuttgart 1956.

16 Dehlinger, Alfred: Württembergs Staatswesen. — Stuttgart 1951.

17 Eschenburg, Theodor: Verfassung, Staat, Parteien. —
in ›Baden-Württemberg, Staat, Wirtschaft Kultur‹ Stuttgart 1963, Seite 98: »Die Volksbefragung fand am 24. September 1950 statt« und S. 100: »Am 9. März 1952 wurde die Verfassunggebende Landesversammlung gewählt. Diese wählte am 25. April Dr. Reinhold Maier zum Ministerpräsidenten, der unmittelbar nach der Wahl die Minister bestellte. Dadurch wurden die drei Länder gemäß der bundesrechtlichen Regelung zu einem neuen Bundesland vereinigt«.

18 Lahnstein, Peter: Württemberg anno dazumal. — Stuttgart 1964, S. 18 ff.

19 Dehlinger, Alfred: Württembergs Staatswesen. — Stuttgart 1951, S. 108.

20 Dehlinger, Alfred a. a. O. S. 113.

21 Müller, Ernst: Kleine Geschichte Württembergs. — Stuttgart 1963, S. 170.

22 Rheinbundakte vom 12. Juli 1806. Unter dem Protektorat von Napoleon wurde der Rheinbund gegründet. Ihm gehörten sämtliche deutschen Fürsten an mit Ausnahme von Österreich, Preußen, Braunschweig und Kurhessen. Er benötigte die Rheinbundstaaten im Kampf um Preußen und mußte seinen Verbündeten ausdrücklich die Erhaltung ihrer Souveränität zusichern. Dehlinger, a. a. O., S. 115.

23 Dehlinger, a. a. O., S. 115—116.

24 Dehlinger, a. a. O., S. 116: Der Tagesbefehl Napoleons vom 24. Januar 1809, der Erlaß über die Aufhebung des Deutschordens, der Friede von Wien vom 14. Oktober 1809, der den Krieg gegen Österreich beendete und der Vertrag von Compiègne vom 24. April 1810 brachten neue Gebietserwerbungen und regelten endgültig die Grenzen der deutschen Staaten durch gegenseitigen Austausch einzelner Gebiete.

25 Müller, a. a. O., S. 169.

26 Müller, a. a. O., S. 169.

27 Müller, a. a. O., S. 170.

28 Dehlinger, a. a. O., S. 121

29 Dehlinger, a. a.O ., S. 687.

30 Dehlinger, a. a. O., S. 688.

31 Das Königreich Württemberg, Band 4, Donaukreis, Stuttgart 1907, S. 503: 1811 wurde das säkularisierte Benediktinerpriorat Hofen mit der mediatisierten Reichsstadt Buchhorn zu ›Stadt und Schloß Friedrichshafen‹ vereinigt.
Ein ähnlicher Fall geschah am badischen Ufer mit dem Dorf Sernatingen, das den Namen Ludwigshafen bekam. Eine Umbenennung von Lindau in Maximilianshafen, die ebenfalls beabsichtigt war, hatte keinen Erfolg.

32 Beispiele erster Bahnen in der Nähe von Residenzstädten: Berlin — Potsdam, Leipzig — Dresden, Wien — Wagram.

33 Dehlinger, a. a. O., S. 701.

34 Supper, a. a. O., S. 3.

35 Dehlinger, a. a. O., S. 701.

36 Supper, a. a. O., S. 3.

37 Dehlinger, a. a. O., Seite 701: 1836 versuchte List von Leipzig aus und 1841 von Augsburg aus Einfluß auf die württembergischen Eisenbahnvorhaben zu gewinnen, doch vergeblich.

38 Häcker, Otto: Ulm, die Donau- und Münsterstadt im Lichte der Vergangenheit. — Stuttgart 1940, S. 196: »In Wahrheit wirkte die unerwartete Änderung (= die Angliederung an Württemberg) auf die Bevölkerung fast wie eine Katastrophe, härter als die Aufhebung der Reichsstadtfreiheit vor acht Jahren... Statt des milden Max Joseph bekam man jetzt in König Friedrich einen Herrscher, dessen Gewalttätigkeit gefürchtet war.«

39 Stadtarchiv Ulm: B 005/5 Nr. 31 § 1972 (Ratsprotokoll) und B 773/14/11 (Eingabe an den Gemeinderat).

40 Supper, a. a. O., S. 4.

41 Supper, a. a. O., S. 4.

42 Supper, a. a. O., S. 31: »Ebenso wurde das bei Beginn des Jahres 1845 gestellte Gesuch einer englischen Gesellschaft um Konzessionierung sämtlicher Eisenbahnlinien, dem der Gedanke zu Grunde lag, eine Teilstrecke der damals geplanten direkten Eisenbahnverbindung zwischen England und Indien an sich zu bringen, abschlägig beschieden.«

43 Dehlinger, a. a. O., S. 701: Im Staatshaushaltsplan 1836/39 wurden auf Antrag des Finanzministers Herdegen »zur Förderung und Unterstützung der Eisenbahnunternehmungen 100 000 fl. als vorläufiger Fonds aus dem Restvermögen eingestellt«.

44 Württembergische Maßeinheiten:
1 württ. Meile = 7,44874 km = 26 württ. Fuß
1 Poststunde = 13 000 Fuß = 3,62 km
1 Zoll = 2,865 m
1 Fuß oder Schuh = 28,649 cm
1 württ. Morgen = 0,315175 ha
Dehlinger, a. a. O., S. 685.

45 Morlok, a. a. O., S. 5.

46 Morlok, a. a. O., S. 10.

47 Morlok, a. a. O., S. 10.

48 Morlok., a. a. O., S. 8.

49 Morlok, a. a. O., S. 15.

50 Vignoles, Charles, Blacker, englischer Ingenieur, 1793—1875. Von ihm stammt die heute überall vorherrschende Form der Breitfußschiene.

51 Etzel, Karl, Architekt und Eisenbahnbauer, 1812—1865, Sohn des Ingenieurs Eberhard Etzel, dem bekannten württ. Straßenbauer.

52 Gesetz, betreffend den Bau von Eisenbahnen, vom 18. April 1843.

53 Morlok, a. a. O., Seite 20.

54 Klein, Ludwig, 1813—1881, war zuerst leitender Ingenieur bei der Kaiser-Ferdinands-Nordbahn in Wien.

55 Morlok, a. a. O., S. 23.

56 Morlok, a. a. O., S. 24.

57 Morlok, a. a. O., S. 34.

58 Morlok, a. a. O., S. 43.

59 Morlok, a. a. O., S. 45.

60 Morlok, a. a. O., S. 54.

61 Morlok, a. a. O., S. 60.

62 Morlok, a. a. O., S. 10.

63 Oskar Fraas a. a. O., S. 22. Der Name ist eine Schöpfung der Eisenbahntechniker, welche
   in Erinnerung an ihr hundertmaliges Durchwaten des Baches im Humor des Ärgers auf einen
   Namen kamen, der anfangs nur in den Lohnlisten, später auch in den Tabellen auftrat, bis
   ihn Oberbaurat v. Gaab zum offiziellen Namen der namenlosen Station erhob.

64 Morlok, a. a. O., S. 67.

65 Morlok, a. a. O., S. 68.

66 Kuntzemüller, a. a. O., S. 34.

67 Kuntzemüller, a. a. O., S. 179 ff.

68 Kuntzemüller, a. a. O., S. 14: Und so geschah es ... diese Umbauarbeiten währten kaum
   ein Jahr. Anfang Mai 1854 wurden sie begonnen, am 9. November 1854 bereits die ersten
   Züge auf der engeren Spur gefahren, so daß monatelang auf doppelspurigen Strecken zu
   gleicher Zeit ein enges und ein breites Gleis in Betrieb waren. Am 15. April war der Umbau
   bendet.

69 Ein Jahrhundert Schweizer Bahnen, 1. Band. —
   Frauenfeld 1947: Mai 1855 Strecke Winterthur — Romanshorn durch Schweizerische Nord-
   ostbahngesellschaft eröffnet; 25. Oktober 1856 St. Gallen—Rorschach Hafen durch die Vereinigten Schweizerbahnen.

70 Das Reststück der Nord—Süd-Bahn aus Richtung Hof erreichte Lindau 1853.

71 Dehlinger, a. a. O., S. 703.

72 Supper, a. a. O., S. 47.

73 Gesetz, betreffend den Bau von Eisenbahnen in der Finanzperiode 1858—1861. Vom 17.
   November 1858, Regierungsblatt 1858, S. 25.

74 Morlok, a. a. O., S. 96.

75 Seidel, Kurt: Die Verkehrserschließung unserer Heimat .—
   In »Einhorn« Nr. 47, Schwäbisch Gmünd 1961.

76 Regierungsblatt 1862, S. 32.

77 Morlok, a. a. O., S. 112.

78 Kuntzemüller, a. a. O., S. 118.

79 Kuntzemüller, a. a. O., S. 42 f.

80 Müller, a. a. O., S. 196.

81 Staatsvertrag zwischen Württemberg und Preußen vom 3. März 1865 zum Zweck der Herstellung angemessener Eisenbahnverbindungen zwischen Württemberg und den Hohenzol-
   lernschen Landen. — Regierungsblatt 1865, S. 190.

82 Jacob, a. a. O., S. 298.

83 Jacob, a. a. O., S. 66.

84 Mayer, Artur: Geschichte und Geographie der deutschen Eisenbahnen von ihrer Entstehung
   bis auf die Gegenwart 1890. — Berlin 1891, S. 984 f: ›isolierte Strecke‹.

85 Mayer, Artur, a. a. O., S. 984

86 Regierungsblatt 1875, S. 373.

87 Müller, Karl: Die badischen Eisenbahnen in historisch-statistischer Darstellung. — Heidelberg 1904, S. 158.
88 Korge, Kurt: Die Gotthardbahnverträge im System des Völkerrechts und in ihrer Beziehung zum Landesrecht. — Dissertation Greifswald 1910, S. 55 ff.
89 Wanner, Martin: Geschichte der Begründung des Gotthardunternehmens, nach den Quellen dargestellt. — Bern 1880, Beilage XVI, S. 330.
90 Regierungsblatt 1881, S. 99.
91 Dehlinger, a. a. O., S. 705.
92 Regierungsblatt 1890, S. 72.
93 Regierungsblatt 1881, S. 265.
94 Regierungsblatt 1883, S. 77.
95 Regierungsblatt 1885, S. 177.
96 Regierungsblatt 1887, S. 139.
97 Morlok, a. a. O., S. 203.
98 Morlok, a. a. O., S. 214.
99 Regierungsblatt 1887, S. 147.
100 Kuntzenmüller, a. a. O., S. 112.
101 Kuntzemüller, a. a. O., S. 204.
102 Kuntzemüller, a. a. O., S. 151: Projekt Schwackenreute — Hattingen laut Gesetz vom 30. März 1872.
103 Morlok, a. a. O., S. 213 ff.
104 Born, Eberhard: Lokomotiven und Wagen der deutschen Eisenbahnen. — Mainz und Heidelberg 1967[3], Seite 86.
105 Reichsgesetzblatt 1920, S. 150.
    Regierungsblatt 1920, S. 774.
106 Regierungsblatt 1920, S. 140.
107 Reichsgesetzblatt 1920, S. 797.
108 Dehlinger, a. a. O., S. 711.
109 Württembergischer Landtag 1927, Beilage 423, S. 37.
110 Badischer Landtag 1927, Bericht über die 45. Sitzung, Spalte 1954 ff.
111 Staatshaushaltsplan 1931/32, XI 3.
112 Staatshaushaltsplan 1935, XI 3.
    Staatshaushaltsplan 1936, X 3.
113 Regierungsblatt 1920, s.
114 Kuntzemüller, a. a. O., S. 155.
115 Der Ausbau der Erzbahnanlagen im Eybacher Tal geschah im Rahmen der Autarkiebestrebungen des Vierjahresplanes. Der Bahnhof Eybtal sollte die Steigung 1:37 nach Geislingen (Nebenbahn Geislingen — Wiesensteig) für die schweren Erzzüge umgehen.
116 Schwäbischer Merkur, Stuttgart: Ausgabe vom 1. Oktober 1933.
117 Le Temps, Paris Nr. 14 928, April 1902, zitiert bei Kuntzemüller, a. a. O., Seite 126/127.
118 Beyerle, Paul: Das Eisenbahnwesen. —
    in ›Württemberg unter der Regierung König Wilhelms II‹. Stuttgart 1916, Seite 780.
119 Egelhaaf, Gottlob: Die allgemeine Entwicklung Württembergs in den Jahren 1891—1916. —
    in ›Württemberg unter der Regierung König Wilhelms II‹. Stuttgart 1916, S. 54.
120 Egelhaaf, a. a. O., S. 55.
121 Theiss, Konrad: 100 Jahre Industrie- und Handelskammer Heidenheim. — Aalen 1967, S. 68.
122 Egelhaaf, a. a. O., S. 55.
123 Egelhaaf, a. a. O., S. 56.
124 Beyerle, a. a. O., S. 763.
125 Griesmeier, a. a. O., S. 341, Spalte 1.
126 Griesmeier, a. a. O., S. 341, Spalte 2.

Die Lokomotiven

Einleitung

Zur Entwicklungsgeschichte der württembergischen Staatsbahnlokomotive liegt einige Literatur vor, die dieses Kapitel umfassend und auch mehr oder weniger abschließend behandelt. Einschränkend muß jedoch festgestellt werden, daß sich dies ausschließlich auf die Lokomotiv-Neubauten bezieht. Die zahlreichen und vielfältigen Lokomotiv-Umbauten werden in der Literatur entweder gar nicht oder nur ganz am Rande, und selbst dann ausnahmslos lücken- und fehlerhaft behandelt. Die Tatsache, daß die K. W. St. E. zwischen 1867 und 1919 immerhin 284 Lokomotiven in eigenen Werkstätten teilweise sogar mehrmals umbauen ließen, wobei — abgesehen von der technischen Motivation des jeweiligen Obermaschinenmeisters — die sprichwörtlich schwäbische Sparsamkeit eine gewiß nicht geringe Rolle spielte, hat schon manchen Lokomotivhistoriker nach vieljährigem Herumstochern im Nebel verzweifeln lassen. Keiner noch hat der interessierten Öffentlichkeit diesbezügliche Forschungsergebnisse, die den dichten Nebel hätten lichten können, vorgelegt. Dies geschieht erstmals in diesem Buch.

In Anbetracht dieser Umstände waren sich Verlag und Verfasser einig, den Umbaulokomotiven der K. W. St. E. im Text- wie im Tabellenteil den ihnen gebührenden Umfang einzuräumen, während bei den Neubaulokomotiven weniger auf die Details eingegangen wird als die allgemeinen Entwicklungslinien nachgezeichnet werden, wobei allerdings — abgesehen von Richtigstellungen und Ergänzungen — einiges in Frage gestellt und die eine oder andere bislang gängige Beurteilung revidiert wird.

Dies alles geschieht sowohl unter Berücksichtigung und Würdigung der Literatur, auf die gleich etwas näher einzugehen sein wird, als auch unter Heranziehung und kritischer Auswertung der gedruckten sowie in besonderem Maße ungedruckter, unveröffentlichter Quellen.

Die beiden Bände ›Die Entwicklung der Lokomotive‹[1] — Standardwerk der deutschen Lokomotivgeschichte — sind nach wie vor eine recht gute Fundgrube. Allerdings darf der I. Band von Helmholtz-Staby nur mit großer Vorsicht benutzt werden. Dieser, der seinen berufenen Kritiker in Franz Gaiser fand, geht zwar hier und da auf die württembergischen Umbaulokomotiven ein, weist dabei aber grobe Fehler auf. Der II. Band von Metzeltin gibt einen ausgezeichneten und detaillierten Überblick über die Entwicklungsgeschichte der württembergischen Neubaulokomotiven ab 1880, der uneingeschränkt Gültigkeit besitzt, läßt aber ebenfalls die Umbaulokomotiven bis auf eine Ausnahme am Rande liegen. Wilhelm Dauner legte 1924 ›aus erster Hand‹ einen Bericht über die ›Entwicklung des Lokomotivparks‹ der K.W.St.E.[2] vor, dem jedoch der gleiche Mangel, was die Umbauten betrifft, anhaftet. Die ›offiziellen‹ Geschichtswerke über die K. W. St. E. von Morlok und Supper[3] enthalten ebenfalls interessantes und brauchbares Material. Besondere Verdienste um die württembergische Lokomotivgeschichte, die mit Emil Keßler und der Maschinenfabrik Esslingen untrennbar verknüpft ist, hat sich Max Mayer, weiland Oberingenieur der Esslinger Maschinenfabrik, erworben[4]. Auch sein ›Esslinger Buch‹ ist ein Standardwerk der Lokomotivgeschichte, wenngleich diese Geschichte wohl doch etwas einseitig von Esslingen aus angelegt und gesehen wird; der Tabellenteil bedarf übrigens dringend der Revision. Zum ›Esslinger Buch‹ hat Franz Gaiser seinerzeit einige Berichtigungen und Ergänzungen veröffentlicht[5]. Bedauerlicherweise sind diese wie weitere längst fällige Korrekturen in einer kürzlich von der Deutschen Gesellschaft für Eisenbahngeschichte herausgegebenen und ansonsten verdienstvollen Dokumentation über Emil Keßler[6] nicht berücksichtigt worden. Born-Obermayer haben ebenfalls unlängst eine hübsche Broschüre mit einem gut gelungenen technisch-geschichtlichen Überblick über Lokomotiven und Wagen der K. W. St. E.[7] herausgebracht. Auf die zahlreichen Artikel über einzelne württembergische Lokomotivbauarten, die zumeist aus berufener Feder vor allem in ›Die Lokomotive‹, im ›Organ für die Fortschritte des Eisenbahnwesens‹ und in der ›Zeitschrift des Vereins Deutscher Ingenieure (VDI)‹ erschienen sind, sei noch hingewiesen — sie stellen durch die Fülle der dargebotenen technischen Details eine wertvolle Bereicherung der Literatur dar.

Weitaus größere Schwierigkeiten in Quantität und Qualität als die Literatur bieten die eigentlichen Quellen zur württembergischen Lokomotivgeschichte. Es ist in der Tat nicht verwunderlich, daß die Literatur, soweit ihr amtliche Quellen zugrunde liegen, voller Widersprüchlichkeiten, Ungenauigkeiten, Lücken und Fehler ist. An amtlichen Quellen haben wir zunächst einmal die ab 1880 gedruckten ›Verwaltungsberichte der Kgl. Württembergischen Verkehrsanstalten‹[8], sowie parallel dazu ab 1881 die ›Statistik der im Betriebe befindlichen Eisenbahnen Deutschlands‹[9] — kurz ›Reichsstatistik‹ genannt —. Beide enthalten jeweils vollständige Übersichten über den Lokomotivpark mit den wichtigsten Angaben wie Betriebsnummern, Stückzahlen, Baujahre, Erbauer und Abmessungen. Sie weisen jedoch, obwohl aus der gleichen Herkunftsquelle, d. h. der Generaldirektion der K.W.St.E., in nicht unerheblichem Umfang Widersprüche, und sei es nur in Form verwirrender Druckfehler, auf. Selbst nachweisliche Fehlangaben sind enthalten, so daß man den Eindruck gewinnen muß, daß die Generaldirektion bzw. deren ›Maschinentechnisches Bureau‹ keinen zuverlässigen Überblick über ihren eigenen Lokomotivbestand und dessen detaillierte Zusammensetzung — zumindest während der Jahre zwischen 1881 und 1892 — besaß. Verwirrung stiften hier natürlich vor allem die Umbauten, und die ungenauen und falschen Angaben in den amtlichen Berichten und Statistiken mußten mit einer an die Qualen des Sisyphus unangenehm erinnernden Kleinarbeit ›verdaut‹ werden. Als weitere durchaus unproblematischere Quellen standen die gedruckten, teils illustrierten Lokomotiv-Verzeichnisse der Königlich Württembergischen Staats-Eisenbahnen ab 1892 zur Verfügung.

Dieses Kapitel hätte allerdings ohne die sekundären, inoffiziellen Quellen, d. h. ohne das Material, das auf private Initiative von Lokomotivhistorikern und Sammlern zusammengetragen worden ist, nicht in der vorliegenden und abschließenden Form geschrieben werden können. Hierbei galt es zunächst, die Spreu vom Weizen zu scheiden, Unseriöses vom Seriösen zu trennen und auszuscheiden. In diesem Zusammenhang muß auch beispielsweise der Anspruch von Ottmar Hess, die von ihm erstellten Angaben über die württembergischen Lokomotiven müßten »als unbedingt stichhaltig angesehen werden«[10], zurückgewiesen werden — gerade dieses Material hat einer kritischen Prüfung in keiner Weise standgehalten. Als wertvolle Quelle hat sich jedoch ein Foliant erwiesen, in dem Bundesbahndirektor i. R. Dipl.-Ing. Robert Dannecker (Stuttgart) einen wohlgelungenen, wenn auch in Details revisionsbedürftigen Versuch der Aufstellung eines Verzeichnisses aller württembergischer Lokomotiven einschließlich der Umbauten unternommen hat[11]. Diese anerkennenswerte Arbeit entstand unter Heranziehung amtlicher Unterlagen und verschiedener Sekundärquellen sowie unter Einbeziehung eigener Beobachtungen und Aufzeichnungen. Allen voran soll aber *Franz Gaiser*, dem Altmeister der deutschen Lokomotivgeschichte, meinem verehrten Lehrer, an dieser Stelle gedacht und gedankt werden; denn gerade ihm sind letztlich entscheidende Unterlagen für die vorliegende Arbeit zu verdanken. Er hat uns die Lokomotivliste von 1864, die Antwort auf so manche Frage gibt und die auch Mayers Angaben in seinem ›Esslinger Buch‹ hier und da berichtigt, überliefert. Auch ein Gesamt-Lokomotivenverzeichnis[12] in seiner charakteristischen Schönschrift, wahrscheinlich Anfang der zwanziger Jahre zusammengestellt, mit vielen Lücken für die Umbaumaschinen, aber mit der ihm eigenen und bewunderungswürdigen Akribie, vor allem was die Rekonstruktion der ersten Esslinger Fabriknummern anbetrifft, hat die Stürme des Krieges und die Wirren der Nachkriegszeit, unter denen Gaiser so sehr gelitten hat, überdauert. Ferner haben die Zusammenstellungen der württembergischen Umbaulokomotiven, die sogenannten ›Generalliste‹ und ›Kleine Umbauliste‹, deren Überlieferung höchstwahrscheinlich auf Gaiser zurückgeht und die mir von Emil Konrad zur Verfügung gestellt wurden, letzte Zweifelsfragen klären helfen.

In die *zweite* Auflage sind neben einigen Berichtigungen zwei zusätzliche Skizzen von Umbaulokomotiven — Klasse D (Umbau) und Klasse E (Umbau) mit Torftender (Skizzen 15 a und 15 b, Seite 307) — aufgenommen worden. Sie sind als Rekonstruktion anhand amtlicher Abmessungen zu betrachten. Damit liegen nunmehr erstmals und einmalig Typenskizzen sämtlicher Lokomotiven und Tender vor. Die Fachkritik zur 1. Auflage erwies, daß diesem Kapitel endgültiger Charakter zugebilligt wird. Neue Aspekte, die den Forschungsstand von 1970 ergänzen oder verändern, haben sich nicht ergeben.

Die Obermaschinenmeister der K.W.St.E.[13]

Ludwig Klein (später v. Klein), erster Obermaschinenmeister 1845 bis 1863, geboren 30. 10. 1813 Uritsch (Böhmen), gestorben 12. 4. 1881 München. Klein ist 1843 in die Kgl. Württembergische Eisenbahnkommission berufen worden, deren Mitglied er bis zu ihrer Auflösung 1858 blieb. Von 1858 bis 1865 war er Mitglied der neuerrichteten Eisenbahndirektion. Im Mai 1863 wurde er zum Vorstand, mit dem Titel ›Präsident‹, der Kgl. Eisenbahnbaukommission ernannt, die er bis Februar 1877 leitete. Während der Jahre 1845 bis 1863 war Klein als Obermaschinenmeister für Beschaffung und Unterhaltung des gesamten Fahrzeugparks verantwortlich. Er war einer der bedeutendsten Eisenbahn- und Lokomotivingenieure der ersten Epoche und prägte gemeinsam mit Emil Keßler das Gesicht des württembergischen Fahrzeugparks für die ersten beiden Jahrzehnte.

Friedrich Trute, Maschinenmeister in Esslingen, füllte von Mai 1863 bis 1865 die wegen der Übernahme anderer Geschäfte durch Klein entstandene Lücke bis zur Verpflichtung eines neuen Obermaschinenmeisters als ›titulierter Obermaschinenmeister‹ aus. Während seines ›Interregnums‹ setzte er das Werk seines Amtsvorgängers fort. Mit seiner 2'B-Schnellzuglokomotive (Klasse B) hatte er keine glückliche Hand, erfolgreich war jedoch sein Güterzug-Dreikuppler (Klasse F).

Heinrich Brockmann (später v. Brockmann), Obermaschinenmeister von 1865 bis 1883, geboren 1822 in Lübeck, gestorben 20. 10. 1910, vorher Obermaschinist der Kgl. Hannoverschen Eisenbahn. Er brach die Klein-Keßlersche Entwicklung der 2'B-Drehgestell-Lokomotive jählings ab und gestaltete den gesamten Fahrzeugpark radikal um, indem er die meisten Drehgestellmaschinen in steifachsige Longboiler-Lokomotiven umbauen ließ und als Neubauten ebenfalls ausschließlich steifachsige Fahrzeuge in Dienst stellte. Brockmann, der in der Literatur ausnahmslos verdammt wird — zu Unrecht, wie ich meine —, hat der K.W.St.E. immerhin zu einem, wenn auch völlig umgestalteten, homogenen und durchaus brauchbaren Lokomotivpark einfachster Bauart verholfen. Er ist dabei mit nur zwei Neukonstruktionen ausgekommen und gegen Ende seiner Amtszeit waren für ein halbes Jahrzehnt Lokomotivneubeschaffungen überhaupt nicht erforderlich. Nicht erkannt hat er allerdings in der Tat die technischen Möglichkeiten, die das Drehgestell bei konsequenter Weiterentwicklung bot.

Adolf Groß führte als Interims-Obermaschinenmeister von 1883 bis 1885 lediglich die Umbautätigkeit Brockmanns fort.

Adolf Klose, Obermaschinenmeister von Juni 1885 bis 1896, geboren 21. 5. 1844 Bernstadt (Sachsen), gestorben 2. 9. 1923 München; vorher Maschineninspektor der Vereinigten Schweizer Bahnen. Er leitete eine Neustrukturierung mit eigenständigen Ideen und unter Verwendung eigener Erfindungen, denen allerdings nur geringer Erfolg auf Dauer beschieden war, ein. Besonderes Verdienst erwarb er sich um die Einführung des Verbundtriebwerks in Württemberg (1889).

Eugen Kittel, seit 1895 Oberingenieur der K.W.St.E., Obermaschinenmeister und Direktor von 1896 bis 1924, geboren 2. 7. 1859 in Eningen (Kreis Reutlingen), gestorben 23. 5. 1946. Er beendete erst eigentlich die Brockmann-Periode und verhalf den Württembergischen Staatseisenbahnen zu einem in jeder Hinsicht modernen und allen Anforderungen gewachsenen Fahrzeugpark.

Die Lokomotivklassifikation der K.W.St.E.

Ursprünglich sind die verschiedenen Lokomotivklassen mit römischen Ziffern bezeichnet worden, nämlich

Klasse I	2'B (Norris)
Klasse II	1'B (Baldwin)
Klasse III	2'B (Kessler und Maffei)
Klasse IV	C (›ALB‹-Klasse)
Klasse V	neuere 2'B (1854)
Klasse VI	2'B-Schnellzuglokomotiven (1854)
Klasse VII	neue 2'B-Personenzuglokomotiven (1856)

Im Jahre 1858 ist das Bezeichnungssystem auf Großbuchstaben umgestellt worden. Es behielt im Prinzip seine Gültigkeit bis 1920. Folgende Klassen wurden gebildet:

Klasse A	aus Klasse VI und Nachbau ab 1858
Klasse B	neue 2'B-Schnellzuglokomotiven (1865) und B-Tenderlokomotiven von Krauss
Klasse C	restliche Lokomotiven der Klasse III
Klasse D	aus Klassen V und VII sowie ›verstärkte‹ Klasse III
Klasse E	neue 2'B-Güterzuglokomotiven (1859) und umgebaute ALB-Lokomotiven
Klasse F	C-Güterzuglokomotiven (1864)

Infolge der Ausmerzung der 2'B-Lokomotiven nahmen ab 1867 andere Bauarten diese Klassen in Anspruch, wobei die noch nicht umgebauten Lokomotiven ihre alte Klassenbezeichnung beibehielten. Um 1880/81 finden wir folgende Klasseneinteilung vor:

Klasse A	Eilzugmaschinen (1B-Schnellzuglokomotiven)
Klasse B	schwere Personenzugmaschinen (1B-Neubau und -Umbau)
Klasse C	
Klasse D	leichte Personenzugmaschinen (2'B- und umgebaute 1B-Lokomotiven)
Klasse E	leichte Güterzugmaschinen (2'B-Lokomotiven)
Klasse F	schwere Güterzugmaschinen (C-Lokomotiven)
Klasse T	Tendermaschinen

Seit 1892/93 traten zu den Großbuchstaben noch arabische Ziffern und bzw. oder Kleinbuchstaben zur Unterscheidung verschiedenartiger Ausführungen innerhalb einer Klasse, wie z. B.

Klasse Aa	ältere 1B-Schnellzuglok (1878—88) zur Unterscheidung von der Klasse A (1888)
Klasse Ab	1B-Umbau-Schnellzuglok
Klasse Ac	1B-Verbund-Schnellzuglok (c-compound-Verbund)

Klasse B 2   1B-Personenzuglok, erste Neubauserie 1868 und Umbauten, zum Unterschied der Klasse B, Neubau ab 1869 und Umbauten

Klasse B 3   1B-Umbaulok mit kleinen Treibrädern

Klasse F 1   C-n2-Güterzuglok mit Innenzylindern, Bauart Klose

Klasse F 1c   C-n2v-Güterzuglok, Bauart Klose

Klasse Fc   C-n2v-Güterzuglok

Klasse Fa   C-n2-Güterzuglok, bisher Klasse F

Klasse F 2   C-n2-Güterzuglok, Neubau ab 1889 und Umbau Klasse F

Die aus 2'B-Lokomotiven umgebauten Tendermaschinen wurden wie folgt eingeteilt:

Klasse T   B-T

Klasse T 2 ⎫
    T 2a ⎬   1B-T
    T 2aa ⎭

Klasse T 4a ⎫
    T 4n ⎭   2'B-T

Im Laufe der Jahre sind durch Ausmusterung freigewordene Klassen mit neuen Bauarten besetzt und neue Klassenbezeichnungen — z. B. AD, G, H, K — geschaffen worden. Heißdampflokomotiven erhielten den Zusatz ›h‹ (ADh, Hh), Nebenbahnlokomotiven ein ›n‹, Zahnradlokomotiven ›z‹, Schmalspurlokomotiven der 1000-mm-Spur ein ›s‹, der 750-mm-Spur ›ss‹; Dampftriebwagen wurden mit DW (›Dampfwagen‹), Benzintriebwagen mit BW bezeichnet; KL schließlich bedeutete ›Kleinlokomotive‹.

Alle Lokomotiven bekamen bis 1896 Namen, wobei sich die Schnellzugmaschinen durch außerwürttembergische deutsche und ausländische Städtenamen auszeichneten, während alle anderen nach württembergischen Städten, Flüssen und Bergen benannt waren. Der Lokomotivbestand ist von Nr. 1 bis Nr. 377 durchlaufend numeriert (Nr. 377 aus 1897) worden, wobei nur einige wenige Neubaulokomotiven Nummern ausgemusterter Maschinen erhalten haben. Im Jahr 1890 wurde dann die Seriennumerierung nach Hundertergruppen eingeführt, nur die Schnellzuglokomotiven der Klasse A sind bis 1897 durchnumeriert worden.

Die »Amerikaner-Lokomotive« 1845 - 1865: Klein und Keßler

Im Zuge der Vorbereitungen für den Eisenbahnbau und für die Beschaffung des Rollmaterials holte Anfang der vierziger Jahre die mit diesen Aufgaben betraute Kgl. Eisenbahnkommission eine Reihe von Angeboten europäischer wie amerikanischer Lokomotivfabriken, darunter Norris in Philadelphia und Keßler in Karlsruhe, ein. Gleichzeitig schickte die Kommission Ludwig Klein auf eine Studienreise in die Vereinigten Staaten von Amerika. Dieser erstattete im April 1844, nach seiner Rückkehr, ein Gutachten mit dem Vorschlag, »die Lokomotiven des bevorzugten Systems aus ihrer ächten Quelle zu beziehen«[14], um damit gleich geeignete Vorbilder zum Nachbau durch die in Esslingen einzurichtende Lokomotivfabrik zu besitzen. Dies war ein während der ersten Phase der deutschen Industrialisierung durchaus gebräuchliches Vorgehen. Mit dem »bevorzugten System« meinte Klein das amerikanische, d. h. das führende Drehgestell in einachsiger (Baldwin) und zweiachsiger (Norris) Ausführung. Diese Bevorzugung entsprach der Angst um die württembergischen engen Kurven mit nur 300 m Radius. Jedenfalls gelang es Klein, sich mit seinen Ansichten und Vorschlägen durchzusetzen — das amerikanische System hielt seinen Einzug bei der württembergischen Staatsbahn. Ziemlich genau zwei Jahrzehnte dauerte diese amerikanische Periode, während der, abgesehen von dem ALB-Experiment, ausschließlich Fahrzeuge mit Drehgestell beschafft wurden.

Die Eisenbahnkommission bestellte im August 1844 bei Baldwin & Whitney in Philadelphia drei 1'B-Lokomotiven und im Oktober des gleichen Jahres bei William Norris, ebenfalls in Philadelphia, drei 2'B-Lokomotiven. Die sechs Maschinen sind 1845 gebaut und wahrscheinlich noch im selben Jahr geliefert worden. Die Baldwin-Lokomotiven, Betriebsnummern 4—6, *Klasse II*, hatten ein führendes Drehgestell, in dem die beiden vorderen Achsen mittels eines beweglichen rechteckigen Rahmens, der um die Mitte seiner Längsseiten schwingen konnte, verbunden waren (sog. Baldwin-Truck). Die — hintere — Treibachse lag hinter der Feuerbüchse und die Zylinder waren in Schräglage neben der Rauchkammer »unten an doppeltem, zu beiden Seiten der Zylindermitte liegenden Barrenrahmen befestigt«[15]. Der Hinterkessel mit hufeisenförmigem Rost war halbrund ausgebildet und nach oben abgeschlossen mit einer Halbkugel (»Heuschober-Kessel«), auf der ein kleiner Dampfdom saß. Der große konische Kamin war aus mehreren Blechstücken recht grob zusammengesetzt. Abweichend von der amerikanischen Praxis erhielten diese wie die Norris-Lokomotiven aus Gründen der Brennstoffersparnis auf Wunsch der Eisenbahnkommission und nach deren, sprich Kleins, Plänen eine Umsteuerung mit ›variabler Expansion‹ — im Prinzip keine andere als die Stephenson-Kulissensteuerung. Neuartig auch bei allen sechs »Amerikanern« waren die von der Kommission vorgeschriebenen Vorrichtungen zur Vorwärmung des Tenderwassers durch Kesseldampf und zur Verhütung des Funkensprühens, letztere von Klein bereits 1841 in Wien für die Kaiser-Ferdinands-Nordbahn erfunden. Der Rahmen des Tenders ruhte vorne auf einem zweiachsigen Drehgestell einfachster Bauart, das übrigens auch für die Güterwagen übernommen wurde, und hinten auf einer festen Achse. Gefeuert wurde mit Holz — daher die riesigen Schornsteine mit Funkenfänger. Die drei Baldwin-Lokomotiven sind 1854 an die Schweizerische Centralbahn verkauft worden, wo sie 1864 ausgemustert wurden.

Den Prototyp für die württembergische Amerikanerlokomotive stellten die drei 2'B-Maschinen von Norris, Betriebsnummern 1—3, *Klasse I*, dar. Sie besaßen ein zweiachsiges, drehbares Vordergestell, das — wie es heißt — schärferen Krümmungen leicht folgte, den typischen ›Heuschober‹-Feuerkasten und einen Barrenrahmen. Auch hier waren die Zylinder schräg neben der Rauchkammer angeordnet und — wie die Zeichnung aufweist — nicht am Rahmen, sondern an der Rauchkammer angeschraubt. Die erwähnte Zeichnung hat Mayer in seinem ›Esslinger Buch‹ veröffentlicht, und zwar als ›Rekonstruktion nach Angaben von R. v. Helmholtz‹. Letzerer dürfte eine dieser drei württembergischen Norris-Lokomotiven persönlich gesehen haben, denn er berichtet[16], daß »eine dieser Maschinen … noch im Jahre 1870 in der Staatsbahn-Hauptwerkstätte in Esslingen« als Hilfsmaschine stand (— und nicht alle drei, wie Mayer behauptet). Die mehrfach veröffentlichte Rekonstruktionszeichnung, die sicher von Mayer selbst stammt, darf wohl als weitgehend authentisch angesehen werden mit Ausnahme des Esslinger Sicherheitsventils und des zylindrischen Esslinger Kamins — beides spätere Zutaten. Ursprünglich müssen die Lokomotiven den voluminösen konischen Schornstein mit Funkenfänger gehabt haben.

Die Lokomotiven wogen 14 t (Baldwin) bzw. 16 t (Norris), das Reibungsgewicht betrug etwa 9—10 t. Sie vermochten auf einer Steigung von 1:100 Züge von 100 t Gewicht mit einer Geschwindigkeit von 24 km/h zu befördern. Getadelt wurde die allzuhäufige Verwendung von Gußeisen anstelle von Schmiedeisen. Die Norris-Maschinen, die sich im Betriebe besser bewährten als die Baldwin-Lokomotiven, sind 1861 ersetzt und wohl kurz zuvor ausgemustert worden.

Im Jahre 1846 erhielt Emil Keßler den Auftrag zur Lieferung von 15 Lokomotiven nach dem Norris-Muster; zugleich wurden drei weitere nach demselben Muster bei Maffei in München bestellt. Die ersten sechs Maschinen, *Klasse III*, lieferte das Karlsruher Werk im gleichen Jahr ab. Die erste in Esslingen, wo Emil Keßler inzwischen eine zweite Fabrik eingerichtet hatte, gebaute Lokomotive wurde im Oktober 1847 — mit dem Namen ESSLINGEN — geliefert; es folgten aus Esslingen acht weitere bis zum August 1848. Die drei Maffei-Lokomotiven sind 1847 gebaut worden. Es waren dies — wie Gaiser[17] im Gegensatz zu Mayer (»Esslinger Buch«) angibt — 13 RISS, 14 BODENSEE und 24 ROSENSTEIN (bei Mayer Nrn. 13—15), die wahrscheinlich in der Reihenfolge ihrer Ablieferung bzw. Indienststellung numeriert wurden. Die Keßler-Maschinen weisen gegen-

125

über denjenigen von Norris eine Reihe von Abweichungen und Verbesserungen auf. Stehkessel und Kuppel — letztere beträchtlich höher als die amerikanische — haben anstatt des runden einen rechteckigen Querschnitt, ein Sandkasten sitzt unmittelbar vor der Kuppel auf dem leicht ovalen, domlosen Kessel, die Zylinder sind nun endlich horizontal am Rahmen — Blechrahmen statt Barrenrahmen — befestigt, die vorderen Treibräder haben, um ein besseres Durchfahren enger Kurven zu gewährleisten, keine Spurkränze. Der Drehpunkt des führenden Gestells ist geringfügig nach vorne verschoben. Karlsruher und Esslinger Ausführungen unterscheiden sich durch die Form des Sandkastens und des Schornsteins. Die Maffei-Lokomotiven haben einen um 35 mm kürzeren Gesamtachsstand (4420 mm statt 4455 mm) als die Keßlerschen, etwas größere Treibräder (1380 mm statt 1372 mm) und andere Zylinderabmessungen (354 × 461 mm statt 356 × 559 mm) sowie einen andersartigen Pumpenantrieb; die Drehgestelltragfedern sitzen fest im Hauptrahmen.

Diesen 18 Lokomotiven folgten zwischen 1849 und 1852 weitere 23 in unveränderter Esslinger Ausführung (Klasse III) sowie 1854 nochmals fünf etwas schwerere mit größeren Zylindern und größerer Heizfläche, *Klasse V*. Alle Nachlieferungen stammen von der Maschinenfabrik Esslingen, die inzwischen längst zum Hauslieferanten der K.W.St.E. geworden war und nicht nur die Lokomotiven und Tender, sondern auch die meisten Wagen sowie Drehscheiben, Schiebebühnen und Wasserstationen lieferte.

Von den insgesamt 41 Maschinen der Klasse III wurden 23 zwischen 1854 und 1864 aus später noch zu erörternden Gründen mit neuen Crampton-Kesseln ausgerüstet und entsprechend verlängert und verstärkt (u. a. Zylinder auf 381 mm ausgebohrt); diese sind dann in die Klasse VII bzw. D eingereiht worden. Von den 18 im Urzustand verbliebenen Lokomotiven sind 1864 zwei an die Kirchheimer Eisenbahn verkauft (Nrn. 9 und 10, nicht 8 und 18 wie bei Mayer) und die restlichen 16 bis zu ihrem Umbau in 1B-Maschinen bzw. bis zu ihrer Ausmusterung (Nr. 50) in der Klasse III bzw. C weitergeführt worden.

Die ALB-Lokomotiven und ihr Rätsel

Auf der Geislinger Steige ergaben sich infolge der starken Steigung von 1:45 von Anfang an Schwierigkeiten mit den Zweikupplern. Die Eisenbahnkommission wandte sich erneut an Baldwin in Amerika um den Entwurf einer geeigneten Berglokomotive, der jedoch, sicherlich auf Betreiben Keßlers und Kleins, verworfen wurde. Emil Keßler selbst erhielt 1848 den Auftrag. Josef Trick legte zwei Alternativentwürfe — einen Vier- und einen Dreikuppler — vor. Man entschied sich für den letzteren, der in Esslingen auch gebaut wurde, unbegreiflicherweise nicht — wie im Projekt Tricks vorgesehen — mit waagrechten, sondern mit schrägliegenden Zylindern. Trotzdem stellt die ›Alblokomotive‹, *Klasse IV*, eine durchaus beachtenswerte Leistung des deutschen Lokomotivbaus dar. Mit ihrem Adhäsionsgewicht von 33,5 t bringt sie den ungewöhnlich hohen Achsdruck von über 11 t auf die Schienen. Die erste Probefahrt der Lokomotive Nr. 30 ALB fand am 1. November 1848 statt — mit Erfolg, wie Emil Keßler befriedigt notierte. Im Dezember 1849 ist eine weitere und zwischen Juli 1850 und März 1851 sind nochmals drei Albmaschinen in Dienst gestellt worden. Sie waren in der Lage, einen 120 t schweren Zug außer ihrem 16,5 t wiegenden Tender mit 18 km/h über die steile Geislinger Steige zu schleppen.

Sehr merkwürdig ist es, daß von der ALB-Klasse zwei verschiedene Zeichnungen mit unterschiedlichen Achsständen überliefert sind. Über diese Tatsache scheint sich bisher noch niemand den Kopf zerbrochen zu haben. Mayer gibt in seinem ›Esslinger Buch‹ (S. 41) eine seitdem in der Literatur immer wieder ausschließlich benutzte Original-Konstruktionszeichnung aus dem Archiv der Maschinenfabrik Esslingen, signiert ›H. Mahler 1850‹ und bezeichnet ›Alb Maschine‹, mit verschiedenen Varianten für Dom und Sandkasten, wieder. In das auf der Originalzeichnung freigelassene Namensschild ist bei Mayer der falschgeschriebene Name ›Alb‹ — es müßte richtig ›ALB‹ heißen — eingefügt. Die beiden Achsstände sind erkennbar gleich groß und in Mayers Wiedergabe mit 1605 + 1605 mm angegeben. Morlok hat in seinem 1890 erschienenen offiziellen Werk ›Die Königlich Württembergischen Staatseisenbahnen‹ zweifellos die Esslinger Originalzeichnung als Vorlage für eine allerdings abgewandelte Wiedergabe der ›Albmaschine vom Jahre 1850‹ benutzt. Der Lokomotive, die hier den Namen ›ALB.‹ trägt, ist ein dreiachsiger ›Amerikanertender‹ angehängt. So weit, so gut. Nun findet sich in Suppers ebenfalls offiziellem Buch ›Die württembergischen Eisenbahnen‹ von 1895 eine von der Esslinger Zeichnung dahingehend abweichende Skizze, daß der Achsstand zwischen erster und zweiter Achse mit 1800 mm größer ist als der nur 1410 mm messende zwischen zweiter und dritter Achse. Die Vorlage hierfür hatte das Maschinentechnische Bureau der Generaldirektion der K.W.St.E. gestellt[18]. Bezeichnenderweise gibt Mayer im ›Esslinger Buch‹ (Tabelle S. 64) für die ALB-Klasse eben dieselben Achsstände, nämlich 1800+1410=3210 mm an. Bedenklich muß auch stimmen, daß die Esslinger Originalzeichnung gemäß Signum erst 1850 entstanden ist, also im Jahr nach Bau und Inbetriebnahme der ersten beiden Lokomotiven ALB und ULM (Dienstantritt November und Dezember 1849). Könnte sie ein Alternativprojekt für die noch zu liefernden drei Maschinen (zwischen Juli 1850 und März 1851 abgeliefert) darstellen? Dafür

127

sprächen auch die eingezeichneten zwei Varianten für die Höhe des Sandkastens
sowie die drei Varianten für Höhe und Durchmesser des Doms. Interessant ist
übrigens fernerhin, daß auf der Esslinger Originalzeichnung als vierte Variante
ein Dom mit Federventil, und zwar genau wie er bei Morlok wiedergegeben ist,
nachträglich eingezeichnet wurde. Diese Domform führte Esslingen erstmals 1854
aus, u. a. für die württembergische Klasse A, für die Semmering-Maschinen und
für Engerthlokomotiven verschiedener schweizerischen Bahnen. — Es dürfte
so gut wie ausgeschlossen sein, die hier aufgeworfenen Fragen jemals eindeutig
und einwandfrei zu beantworten. Gab es zwei Varianten der Klasse IV: eine
›Bauart 1849‹ und eine ›Bauart 1850‹ mit verschieden bemessenen Fahrgestellen?
Ich glaube es nicht und neige dazu, die ›Supper-Skizze‹ als die authentische im
Gegensatz zur ›Esslinger Zeichnung‹ anzusehen.

Dauner erwähnt[19] einen Reisebericht aus dem Jahr 1854 über den Alb-Betrieb,
wonach bei den Bergfahrten vor die gewöhnliche Zuglokomotive eine Albmaschine gespannt wurde und damit 5 bis 7 beladene vierachsige Wagen hinauf-
gezogen wurden. Er folgert daraus, daß die Albmaschinen bei einem derartigen
Vorspannbetrieb nicht mehr voll beansprucht waren. Man habe daher kurz
darauf, »weil die Reibung der beiden hinteren Achsen allein für die Betriebsleistungen ausreichte, die vordere Treibachse abgekuppelt und frei als Laufachse
mitlaufen lassen, um die vielen Reifenabdrehungen, die infolge des ständigen
Kurvenfahrens anfielen, möglichst zu vermindern. Aber auch in diesem Zustand
wirkten die Maschinen auf das Gleis sehr nachteilig ein; sie wurden deshalb im
Jahr 1859 in Güterzuglokomotiven mit zwei gekuppelten Treibachsen und vorderem zweiachsigem Drehgestell umgebaut.« Sie liefen fortan als Klasse E,
zusammen mit den 25 von 1859 bis 1863 gebauten 2'B-Güterzuglokomotiven,
auf die wir noch zu sprechen kommen werden.

Die Weiterentwicklung der 2'B-Lokomotive 1854 bis 1865

Um die Mitte des Jahres 1854 bestand der Lokomotivpark der K.W.St.E. aus
insgesamt 57 Maschinen. Es waren dies die sechs ›Amerikaner‹, Klassen I und II,
von denen noch im gleichen Jahr die drei Baldwins in die Schweiz verkauft
wurden, 41 Lokomotiven der Klasse III und fünf der Klasse V sowie fünf Albmaschinen, Klasse IV.

Am 6. 11. 1853 explodierte der Stehkessel der Lokomotive Nr. 11 BESIGHEIM. »Es
platzte ein Winkel der Vierseitkuppel, während der Langkessel so gut wie un-
versehrt blieb. Die Verankerung der geraden Wände der Kuppeln war un-
genügend. Die Württ. Staatsbahn . . . ging daraufhin von der Vierseitkuppel ab

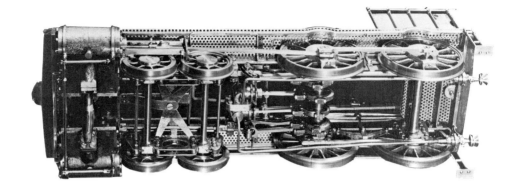

30./31. *Modell der »Esslingen«, erste von der ME gebaute Lok*

32. *Eine der verkauften Baldwins in Olten*

33. »Cannstatt«-
Klasse D (1864).
Namensschild »Ess-
lingen« nur für
Werkaufnahme

34. »Heidelberg«-
Klasse A

35. »Einkorn«-
Klasse E

36. »Schramberg«-
Klasse F,
1. Ausführung

37. »Ries«-Klasse F,
2. Ausführung

38. »Mengen«-
Klasse F2, Umbau

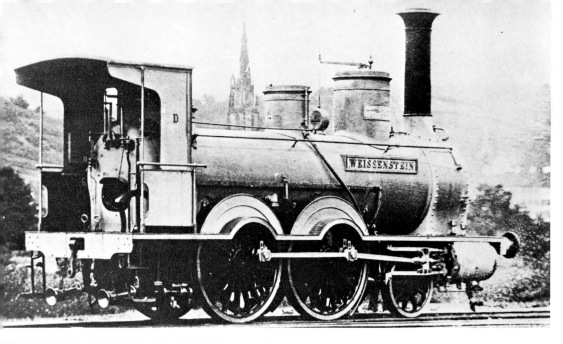

39. »Weissenstein«-
Klasse D, später B

40. »Graz«-
Klasse B

41. »Wetzlar«-
Klasse B

42. »Teinach«-
Klasse B, Umbau

43. »Wuerttemberg«-
Klasse B3

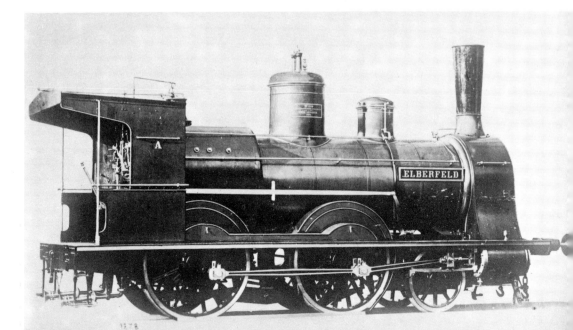

44. »Elberfeld«-
Klasse A,
1. Ausführung

45. »Frankfurt«-
Klasse Ab

46. Württ.
Schnellzug mit
Lok A und AD

47. »Feuerbach«-
Klasse Ac

48. *Die falsche*
»Wuerzburg«

49. *Die falsche*
»Innsbruck«

50. *Die echte*
»Würzburg«

51. »Weichsel«-
Klasse F1c

52. Klasse Fc

53. Eine Fc bei der
MGD Warschau
im Ersten
Weltkrieg

54. *»Tuebingen«-*
Klasse T2aa

55. *»Bretten«-*
Klasse Fb

56. *Betriebswerk-*
stätte Tübingen

57. »Lonsee«-T3,
Bauart Krauss

58. T3, Bauart
Esslingen,
2. Ausführung

59. »Schramberg«-
T3, Bauart Klose

60. *T3 als Werklok Schwäbische Hüttenwerke Wasseralfingen*

61. *»Aus Stuttgarts neuen Bahnhofshallen fuhr ich ins Land den ersten Zug...«*
(22. 10. 1922)

62. »Stockholm«-
Klasse E

63. »Brenner«-
Klasse G

64. »Semmering«-
Klasse G

und baute die älteren Maschinen auf gewöhnliche Stehkessel um«[20]. Ab 1854 wurde bei Neubauten ausschließlich der Cramptonkessel mit glatter Feuerbüchsdecke angewandt.

Die erste eigentliche Schnellzuglokomotive mit, wie sich bald herausstellen sollte, für die württembergischen Streckenverhältnisse viel zu hohen Treibrädern von 1842 mm erschien 1854: *Klasse VI*, ab 1858 *Klasse A*. Bis 1860 lieferte die Maschinenfabrik Esslingen ein Dutzend Maschinen. Sie waren die ersten mit dem Cramptonkessel, auf dessen Mitte ein Dampfdom saß. Ursprünglich waren sie noch mit der Vierseitkuppel projektiert (Dannecker). Leider hatte man nicht berücksichtigt, wenn schon solche große Treibräder gewählt wurden, auch Zylinder und Kessel entsprechend zu dimensionieren. Die Zylinder (381×561 mm wie Klasse V) waren zu klein, ebenfalls der Rost (0,89 m²), der Kesseldruck (7 atü) zu gering. Die ersten sechs Lokomotiven (Nr. 58—63) sind die letzten mit Stephenson-Steuerung gewesen. Künftig, ab Nr. 64 (Klasse VII), d. h. seit 1856, haben die K.W.St.E. — bis zur Einführung der Heusinger-Steuerung — die Allan-Trick-Steuerung (sie war gleichzeitig und unabhängig voneinander von dem Engländer Allan und dem Esslinger Ingenieur Josef Trick erfunden worden) mit gerader Kulisse bei allen Lokomotiven angewendet.

Im Jahre 1856 entstand die vierte württembergische, sprich Esslinger, Drehgestell-Lokomotive — die 2'B-Personenzugmaschine der *Klasse VII*, ab 1858 *Klasse D*. Sie hatte von Anfang an den kreisrunden Kessel mit glatter Crampton-Büchsdecke. Der Achsstand war gegenüber den Klassen III und V um 210 mm von 4455 mm auf 4665 mm verlängert, wobei das herkömmliche Drehgestell (Achsstand 930 mm) um 225 mm nach hinten gerückt und der Achsstand der Kuppelachsen um 435 mm auf 2100 mm vergrößert wurden. Das Reibungsgewicht ist von 11 t (III) bzw. 12 t (V) auf 14,25 t gestiegen. Die ersten zehn Lokomotiven besaßen noch einen Dampfdom auf Kesselmitte, die weiteren Lieferungen (ab Nr. 90, 1860) zwei Dome sowie erstmals so etwas wie ein Führerhaus — ein Schirm vor dem Führerstand mit zurückgezogenem Dach und schmalen Seitenwänden — und einen hohen zylindrischen Kamin[21], den ein hübscher Kranz zierte. Diese neue Kaminform ist durch die um die Mitte der fünfziger Jahre erfolgte Umstellung von Holz- auf Kohlefeuerung bedingt. Nur die mit Torf beheizten Lokomotiven der ›Südbahn‹, die einen besonderen Torftender hatten, behielten ihren bzw. erhielten einen Funkenfängerschornstein. Seit etwa 1860 erschienen an den württembergischen Lokomotiven auch Puffer (Hülsenpuffer). Zu dieser Zeit gelangte auch die Kirchweger'sche Kondensationseinrichtung, mittels derer das Zylinderkondenswasser zur Vorwärmung des Speisewassers zum Tender geleitet wird — erkennbar am Tenderkamin —, in Württemberg zur Anwendung. Von der Klasse VII bzw. D lieferte die Maschinenfabrik Esslingen zwischen 1856 und 1865 insgesamt 45 Lokomotiven. Hierzu müssen noch die sechs in den Jahren 1856 bis 1861 von der Staatsbahnwerkstätte Esslingen ausgeführten Ersatzbauten, Nrn. 1—6, gerechnet werden[22], so daß die Klasse D endgültig 53 Neubaulokomotiven umfaßte. In dieser Klasse sind, wie bereits erwähnt, aber auch die 23 mit neuen Kesseln ausgerüsteten und verlängerten Maschinen der Klasse III wie die fünf Lokomotiven der Klasse V geführt worden.

Die in zunehmendem Maße unzureichende Zugkraft der Personenzuglokomotiven für die Güterzugförderung und der Mißerfolg der Albmaschinen führten notgedrungen zur Schöpfung einer ausgesprochenen Güterzuglokomotive, die 1859, wie nicht anders zu erwarten, als eine 2'B herauskam: *Klasse E*. Sie unterschied sich in vielerlei Hinsicht von der bisherigen württembergischen Drehgestelltype und kann mit Fug und Recht als durchaus ›modern‹ für die damalige Zeit bezeichnet werden. Die beträchtlich vergrößerten Zylinder (410 × 610 mm) lagen zwischen dem allerdings sehr kurzen Drehgestell (Achsstand 840 mm) und der vorderen Kuppelachse; erstmals war die hintere Achse als Treibachse ausgebildet. Die Treibräder waren folgerichtig mit 1218 mm klein gehalten; der glatte Kessel mit dem 1,03 m² großen Rost, einer Dampfspannung von 8 atü und einem voluminösen Dom auf dem Stehkessel brachte zusammen mit dem günstig dimensionierten Triebwerk eine recht beachtenswerte Leistung. Neuartig war auch der Cramptonregler auf der Kesselmitte unmittelbar über den Zylindern mit geraden, äußeren Einströmrohren. Der Achsstand war auf 5070 mm gebracht worden, der Treibachsstand betrug 2250 mm. Erstmals finden wir direkt über den Achsen liegende Tragfedern, die mittels Längsbalanciers in Achshöhe ausgeglichen sind. Das Reibungsgewicht beträgt 19,5 t und ist damit mehr als 5 t höher als das der Klasse D. In den Jahren 1859 bis 1863 sind 25 Lokomotiven der Klasse E in Dienst gestellt worden. Zur Klasse E gehörten auch die fünf 1859/60 in 2'B umgebauten Albmaschinen. — Bereits ein Jahr nach der Ablieferung der letzten E-Maschinen mußten die K.W.St.E. jedoch ihre Zuflucht zu einem Dreikuppler für die Güterzugbeförderung nehmen — der Zweikuppler erwies sich auf die Dauer eben doch als zu schwach. Vier Lokomotiven der Klasse E sind 1871/72 an die Reichseisenbahnen in Elsaß-Lothringen verkauft worden, die restlichen hat Brockmann umgebaut.

Keßlers ›Schwanengesang‹ für die K.W.St.E. bestand in der zweiten 2'B-Schnellzuglokomotive, *Klasse B* — einer Weiterentwicklung der Klasse A. Die Federanordnung war von der E übernommen worden, der Kessel hatte jetzt zwei Dome (Regler im vorderen) und einen Druck von 9 atü; der zwar leicht vergrößerte Rost (1,15 m²) war jedoch für die ebenfalls vergrößerten Zylinder (435 × 612 mm) immer noch zu klein und der Kessel konnte nicht genügend Dampf erzeugen. Dies wie die für die württembergischen Hügellandstrecken ungeeigneten, zu hohen Treibräder (1830 mm) ließen auch diese, durch ihre bemerkenswert hohe Kessellage und das große Führerhaus äußerlich durchaus modern anmutende Schnellzuglokomotive zu einem Mißerfolg werden. Nur sechs Maschinen der Klasse B sind 1865 und 1868 ausgeführt worden. Zur konstruktiven Vollendung der württembergischen Drehgestell-Lokomotive fehlte nur noch das langgespreizte Drehgestell — erst dieses gewährleistet eine wirklich gute Führung — und die Zylinderanordnung in Drehgestellmitte. Dieses Drehgestell fand in Amerika längst Anwendung, ja, Emil Keßler hat es selbst auf dem europäischen Kontinent eingeführt! Er wandte es erstmals bei den 2'B-Tenderlokomotiven sowohl für die Jura-Simplon-Bahn (1862) als auch für die Bernische Staatsbahn (1863) an — leider nicht bei der württembergischen Schnellzuglokomotive. Dieses Versäumnis kann demnach wohl auf den Widerstand des maschinentechnischen Bureaus der K.W.St.E., dem seinerzeit Trute vorstand, zurückgeführt werden. Und so endet die Geschichte der württembergischen ›Amerikanerlokomotive‹ mit einem Mißklang. Dies ist um so bedauerlicher, als Emil Keßler den richtigen Weg in die Zukunft gewiesen hatte.

Interregnum Trute – Der neue Dreikuppler

Ludwig Klein war 1863 Präsident der Kgl. Eisenbahnbaukommission geworden. Als ›titulierter Obermaschinenmeister‹ leitete der Vorstand der Werkstätte Eßlingen, Trute, vorübergehend das maschinentechnische Bureau der K.W.St.E. Der Konstruktionsauftrag für die mißglückte Schnellzuglokomotive, Klasse B, fällt in seine Amtszeit, allerdings auch der für die neue württembergische Güterzuglokomotive, Klasse F, mit der ein tatsächlich besonders guter Wurf gelungen war.

Das Lokomotiv-Bestandsverzeichnis vom 30. 6. 1864 (siehe Tabelle 3) weist ausschließlich 2'B-Maschinen aus, und zwar insgesamt 129 Stück. Ein halbes Jahr darauf war diese wahrlich einmalige Homogenität des württembergischen Lokomotivparks dahingeschwunden, indem die ersten neuen ›schweren Güterzugmaschinen‹, Bauart C-n2, *Klasse F*, in Dienst gestellt worden waren.

Wiederum hatte der Rampendienst auf der Geislinger Steige Schwierigkeiten bereitet. Nachdem bei den benachbarten Eisenbahnen in Bayern und Baden bereits seit Jahren Dreikuppler mit Erfolg im Güterzugdienst eingesetzt waren, entschloß man sich in Württemberg trotz des mißglückten ALB-Experiments nochmals und diesmal endgültig zur Beschaffung einer C-Güterzuglokomotive. Schweren Herzens, wie es scheint; denn man fürchtete nach wie vor schädliche Auswirkungen auf Gleis und Oberbau; und in der Tat mußte letzterer bald nach Einsatz der neuen Maschinen verstärkt werden. Aus dieser Furcht heraus gab man der Lokomotive einen sehr kurzen Achsstand von nur 3000 mm — die Albmaschinen hatten 3200 mm — und ließ sie nicht schneller als 18 km/h laufen. Immerhin war sie um 50 Prozent leistungsfähiger als die Klasse E und sie bewährte sich von Anfang an im Betrieb so gut, daß von 1864 bis 1880 nicht weniger als 98 Maschinen beschafft worden sind. Die steifachsige C-Lokomotive blieb während der vier folgenden Jahrzehnte in verschiedenen Ausführungen *die* Güterzugmaschine in Württemberg. Mit der Klasse F war jetzt auch die Bahn norddeutscher Konstruktion eingeschlagen, in diesem Fall gewiß nicht zum Schaden der K.W.St.E.

Ära Brockmann 1865 - 1885

Neukonstruktionen

Als Heinrich Brockmann 1865 in Württemberg als Obermaschinenmeister auf der Bildfläche erschien, fand er 141 Drehgestellmaschinen sowie zehn neue C-Güterzuglokomotiven vor. Letztere fanden sein Wohlgefallen — er bestellte nach, in unveränderter Form. Dann machte er sich jedoch ans Werk. Nichts, aber auch gar nichts sollte beim alten bleiben! Wohl kaum hat sich in der deutschen Lokomotivgeschichte das Sprichwort ›Neue Besen kehren gut‹ jemals als so wahr erwiesen wie nach der Übernahme der Amtsgeschäfte des Obermaschinenmeisters der K.W.St.E. durch Brockmann. Seine Devise war: Fort mit dem Drehgestell! Bei der gerade neu gegründeten Lokomotivfabrik Krauss in München bestellte er eine großrädrige Tenderlokomotive — die erste der K.W.St.E. — für den Schnellzugdienst. Horribile dictu: eine zweiachsige Maschine, mit großen Rädern, ohne führendes Drehgestell, ohne Tender, und noch dazu für Schnellzüge! Krauss lieferte drei Lokomotiven 1867 und drei weitere im folgenden Jahr. Eben erst hatte die LANDWÜHRDEN der Oldenburgischen Staatsbahn (Krauss-Fabriknummer 1) auf der Weltausstellung in Paris eine Goldene Medaille erhalten. Und alle deren Konstruktionsmerkmale wies auch die württembergische Lokomotive — mit ihren 1530 mm großen Treibrädern in der *Klasse B,* also die Schnellzuglokomotiven eingereiht — auf. Brockmann wußte genau, was er wollte: das Reibungsgewicht war von 19 t (2'B, Klasse B) auf über 26 t gestiegen, der Kesseldruck auf 10 atü. Das hohe Gewicht wurde erzielt durch die Ausführung als Tenderlokomotive mit dem von Krauss erfundenen Wasserkastenrahmen. Die Maschine wies darüber hinaus eine Reihe weiterer Neuerungen auf, u. a. den domlosen Stahlblechkessel und eine Schraubensteuerung anstelle der bisher gebräuchlichen Hebelsteuerung. Die geforderte Leistung — 130 t mit 37,5 km/h auf 1:100 — wurde leicht erreicht. Schwierigkeiten ergaben sich jedoch beim Durchfahren längerer Strecken ohne Ergänzung der Vorräte (4,0 m³ Wasser, 1,2 t Kohlen), was eine weitere Forderung Brockmanns gewesen war. Es heißt, daß ihnen »im weiteren Betrieb zweiachsige Tender angehängt wurden«[23].

War dies wirklich der Fall? Die ›Reichsstatistik‹ wie die ›Verwaltungsberichte‹ weisen die sechs Maschinen durchweg als ›Tenderlokomotiven‹ aus. Zudem besaßen die K.W.St.E. ohnehin schon mehr Schlepptenderlokomotiven als Tender: im Betriebsjahr 1880/81 waren es 312 mit nur 301 Tendern sowie 19 Tenderlokomotiven (einschließlich der Krauss-Maschinen). Auch sind im amtlichen Lokomotiv-Verzeichnis 1892 keine Tender mit den Nummern 172—177 aufgeführt. Außerdem hätte die Kupplung mit einem Tender Umbaumaßnahmen an den Lokomotiven bedingt — hierüber gibt es keinerlei Hinweis in den Quellen. Den zweiachsigen Tender hatte erst Brockmann 1866 in Württemberg neu eingeführt; diese neuen Tender waren aber ausschließlich auch für die neubeschafften Schlepptenderlokomotiven vorgesehen. Sollten sich Dauner wie auch Mayer von einem gefälschten Photo haben täuschen lassen? Im Archiv der Maschinenfabrik Esslingen befindet sich das offizielle Krauss'sche Werkphoto der oldenburgischen Schlepptenderlokomotive LANDWÜHRDEN (ohne Tender) mit dem hineinretuschierten Namen INNSBRUCK. Mayer führt demnach in seiner Lokomotivliste im »Esslinger Buch«[24] die württembergische Nr. 176 INNSBRUCK, als einzige unter den sechs Krauss-Maschinen, als Schlepptenderlokomotive. Das ist aber falsch: alle sechs wurden als Tenderlokomotiven geliefert und sind es wohl auch immer geblieben.

Das Bildarchiv der Maschinenfabrik Esslingen birgt noch eine Fälschung, gleichfalls als Ersatz für eine der württembergischen Krauss-Tenderlokomotiven, nämlich ein Photo mit dem »hineingezauberten« und zudem falsch geschriebenen Namen WUERZBURG, das in Wahrheit die RUPPERTSBERG der Pfälzischen Eisenbahnen darstellt.

Im Jahre 1868 — der Umbau der Drehgestellmaschinen hatte ein Jahr zuvor eingesetzt — beschaffte Brockmann seine ersten neuen steifachsigen Longboiler-Lokomotiven der Bauart 1B mit vorderem und hinterem Überhang. Er hielt zeitlebens an dieser Bauart fest, was ihm den Beinamen »Longboiler-Brockmann« eintrug. Die steifachsige 1B-Lokomotive blieb für ein knappes Vierteljahrhundert die Standardtype für den Reisezugdienst in Württemberg.

Die ersten vier Maschinen wurden 1868 in Dienst gestellt. Sie liefen ein Jahr lang als Klasse D, dann als *Klasse B.* Die auffallende Ähnlichkeit mit gleichzeitigen Lieferungen der Maschinenfabrik Esslingen für andere Bahnen beweist, daß Brockmann die Konstruktion weitgehend der Fabrik überlassen hat. Die Treibräder waren, wie die der Tenderlokomotive, 1530 mm hoch. Die ersten vier Lokomotiven hatten noch die Zylinder der 2'B-Maschinen, Klasse D, übernommen (381 × 561 mm) und besaßen als letzte den hohen zylindrischen Schornstein. Die Nachlieferungen ab 1869 (ab Nr. 208) haben größere Zylinder (408 × 561 mm), ein leicht abgeändertes Führerhaus, ein über beide Kuppelachsen durchgehendes Laufblech, teils gebogene und teils gerade Steuerstangen, teils vorspringende und teils rückspringende Rauchkammern, teils äußere und teils innere Einströmrohre. Allgemein zur Einführung gelangte mit ihnen der Prüsmann-Schornstein in Württemberg, der — wie Brockmann — aus Hannover stammt. 14 Lokomotiven aus der Lieferung 1873/74 hatten ankerlose Feuerbüchsen der Bauart Maey. Die 1B-Personenzuglokomotive, Klasse B, ist zehn Jahre lang in insgesamt 86 Ausführungen gebaut worden; zusammen mit den umgebauten Maschinen (Klassen B und B 2) standen über 100 Lokomotiven dieser Bauart zur Verfügung.

Im Jahre 1878 wurden zehn neue 1B-Schnellzuglokomotiven, *Klasse A* (später Klasse Aa), mit Zylindern der Klasse B und 1650 mm großen Treibrädern, mit überhöhter Feuerbüchsdecke und unterstütztem Feuerkasten, in Dienst gestellt. Ihre Kessel haben, wie die letzten vier Maschinen der Klasse B (1878), einen auf 10 atü erhöhten Dampfdruck.

Heinrich Brockmann hatte während des abgelaufenen Jahrzehnts den Bogen nicht sehr weit gespannt. Aber er hat mit seiner Schnellzuglokomotive die Longboiler-Bauart gewiß zu einer Vollendung geführt, die sich nicht nur in ihrem wohlgelungenen Äußeren, sondern viel mehr noch in ihrer Bewährung bestätigte. Alle seine drei Nachfolger griffen auf sie zurück und bestellten zwischen 1886 und 1897 weitere 46 Schnellzugmaschinen nach der von Brockmann vorgegebenen Grundkonzeption.

Tatsächlich ist Brockmann mit nur zwei im Grunde recht geringfügig unterschiedlichen Neukonstruktionen — die Güterzuglokomotive hatte er unverändert übernommen — während des Jahrzehnts 1868—1878 ausgekommen und hat damit auch dem Gebot der Sparsamkeit durchaus Rechnung getragen. Letzteres gilt in gleichem Sinne für seine gar nicht planlose Umbautätigkeit. Um die Zugförderung in Württemberg war es nicht schlecht bestellt. Fünf Jahre lang, von 1881 bis 1885, waren keine Lokomotiv-Neubeschaffungen erforderlich. Und auch er hat, wie seinerzeit Ludwig Klein, einen homogenen Lokomotivpark, der zu keinen Klagen Anlaß gab, hinterlassen. Sein Nachfolger Groß durfte die Hände in den Schoß legen — er hat lediglich einige Lokomotiven nach Brockmannschen Plänen umbauen lassen, um das Werk seines Vorgängers zu vollenden.

Die Umbaulokomotiven

Von den 143 württembergischen 2'B-Maschinen hat Brockmann bei 110 das Drehgestell ausbauen lassen; zehn wandelte er in Tenderlokomotiven, die ihr Drehgestell behielten, um. Groß baute drei bereits einmal von Brockmann umgebaute Lokomotiven ein zweites Mal um. Dies ergibt zusammen 123 Lokomotivumbauten während der Ära Brockmann. Zur besseren Übersicht folgt eine chronologisch und nach Klassen geordnete Zusammenstellung der Umbauten, die anschließend näher beschrieben werden.

Darunter befinden sich drei ein zweites Mal umgebaute Brockmann-Umbauten: je eine B 3, B und T 4a.

Alle Lokomotiven der Umbau-Klassen B und B 2, außer der ein zweites Mal umgebauten B 55, sind später in der *Klasse B 2* geführt worden (so in amtl. Lok-Verzeichnis v. 1. 4. 1906).

Brockmanns erste Umbauserie, *Klasse D-Umbau*, von der wir weder eine Aufnahme noch eine authentische Zeichnung besitzen, setzt sich zusammen aus Ori-

Erste Umbauperiode (Brockmann) 1867—1885

Umbauklasse	Bauart	Umbaujahre	Urspr. Klasse	Stück	Insges.
D	1 B	1867—77	C	10	
			D	6	16
B 3	1 B	1869—83	C	5	
			D	45	
			B (Umbau)	1	51
B	1 B	1869—84	A	3	
			D	5	
			E	7	
			D (Umbau)	1	16
B 2	1 B	1869—78	A	9	
			D	2	
			E	5	16
T 4a	2'B-T	1868/74—86	D	7	
			E	1	
			E (ALB)	2	
			D (Umbau)	1	11
T 2a	1 B-T	1872/75	E (ALB)	2	2
E	1'B	1873/74	E	2	2
T	B-T	1879—87	D	1	
			E	6	7
Aa	1 B	1882	B	2	2
		Umbauten insgesamt			123

ginal- und seinerzeit verstärkten Lokomotiven der Klasse III, d. h. aus Klassen C
und D. Das Drehgestell wurde ausgebaut und an dessen Stelle eine feste Laufachse
in den alten Rahmen eingebaut. Der Achsstand verkürzt sich dadurch von
4455 mm um 1305 auf 3150 mm. Zylinder und Cramptonkessel — mit einem
bzw. zwei Domen — der Klasse D wurden übernommen bzw. in die Originalmaschinen der Klasse C, deren Rahmen wohl bei dieser Gelegenheit ebenfalls verlängert worden ist (?), eingebaut. Die Maschinen behielten ihr bzw. erhielten ein
Führerhaus der ersten Form, ebenfalls den zylindrischen Kamin, soweit sie nicht
›Torfmaschinen‹ waren.

Die *Klasse B 3* entstand ebenfalls aus Lokomotiven der Klassen C und D und sie hatte — wie der D-Umbau — die kleinen Treibräder (1380 mm) und die Zylinder der Klasse D. Sie erhielt aber neue Kessel von der Bauart der 1B-Neubauten, Klasse B. Das Fahrgestell der 2'B-Maschinen ist dahingehend verändert worden, daß man, außer dem Einbau der steifen Laufachse, die Kuppelräder ganz eng zusammenrückte (Achsstand 1500 mm statt vorher 2100 mm), um Platz für den — jetzt überhängenden — Feuerkasten zu schaffen.

Die Umbau-*Klassen B und B 2* — großrädrige 1 B-Lokomotiven für den Personenzug- und Schnellzugdienst — haben Triebwerk (408 × 561/1530 mm) und Kessel der 1B-Neubaumaschinen, Klasse B. Ihr Umbau setzt gleichzeitig, 1868/69, ein. Die Unterschiede zwischen den beiden Umbauklassen wie auch gegenüber den Neubaulokomotiven sind geringfügig: die Laufachsfedern der Umbauten befinden sich über dem Rahmen, der ebenfalls von etwas anderer Bauart ist und wohl in Teilen von den Originalmaschinen der Klassen A, D und E stammt; die B-Umbauten hatten äußere Dampfeinströmrohre wie ein Teil der B-Neubauten und wie letztere gebogene Steuerstangen, während die B 2 gerade Steuerstangen aufweisen. Viel mehr als Rahmenteile dürften diese Lokomotiven bestimmt nicht von ihren Vorgängerinnen übernommen haben und es sind somit mehr Ersatz-Neubauten durch die bahneigenen Werkstätten als wirkliche Umbauten. Die Umbauklassen B, B 2 und B 3 erhielten übrigens im Gegensatz zur D-Umbau neue, größere Führerhäuser sowie Prüsmann-Schornsteine.

Die Geschichte der 2'B-Umbau-Tenderlokomotiven, *Klasse T 4a,* ist etwas komplizierter. Brockmann ließ 1868 die ehemalige Alblokomotive Nr. 32 ULM, die 1859 wie ihre vier Schwestern in eine 2'B-Güterzugmaschine umgewandelt worden war, in der Werkstätte Esslingen in eine Tenderlokomotive umbauen: der Tender wurde entfernt und die sonst unveränderte Maschine erhielt Wasser- und Kohlenkästen angebaut. Erst 1874 entstand dann die Klasse T 4a durch Umbau von sieben D- und zwei E-Lokomotiven in Tendermaschinen: sie behielten bzw. erhielten das alte D-Fahrgestell mit dem 930 mm langen Drehgestell, den D-Kessel mit zwei Domen, jedoch mit Prüsmann-Kamin, die D-Zylinder, deren Hub um 12 mm verlängert wurde (381 × 573 mm) sowie die Treibräder (1210 mm) der E-Klasse und ein neues Führerhaus. Die Wasserkästen befanden sich auf beiden Seiten des Kessels, die Kohlen waren im Führerhaus untergebracht. Nach diesem Vorbild ist auch die ULM 1881 ein zweites Mal umgebaut worden, und als letzte ließ Groß eine bereits in 1B umgebaute D-Umbau in eine T 4a, also in eine Drehgestellmaschine zurückverwandeln.

Die beiden 1B-Tenderlokomotiven, *Klasse T 2a,* entstanden 1872 und 1875 ebenfalls, wie die elf T 4a, in der Esslinger Werkstätte. Es handelt sich um zwei seinerzeit in 2'B umgebaute Albmaschinen, die ihre Kessel — D-Kessel mit zwei

Domen — behielten, jedoch neue Treibräder (1280 mm) und verlängerte Zylinder — wie T 4a —, sowie einen Prüsmann-Kamin bekamen. Sehr wahrscheinlich erhielten sie auch neue Rahmen; zumindest sind ihre Rahmen verkürzt worden, denn die Feuerbüchse hing im Gegensatz zur T 4a über: echte steifachsige Longboiler-Tenderlokomotiven, die sicherlich auch mehr Ersatzbau unter Verwendung der alten Kessel als echter Umbau waren.

Es folgen 1873 und 1874 zwei sehr interessante Umbaulokomotiven, *Klasse E-Umbau,* mit beweglicher Laufachse, ›vermutlich‹[25] Bauart Nowotny, Achsfolge 1'B. Zwei Güterzugmaschinen der Klasse E — 88 TUEBINGEN und 118 STUIFEN — wurden in Aalen unter Beibehaltung ihrer Kessel, Zylinder, Treibräder und Rahmen in 1'B-Güterzuglokomotiven umgebaut, indem man das Drehgestell durch eine bewegliche Laufachse ersetzte. Dadurch verringerte sich der Achsstand um 405 mm von 5070 mm auf 4665 mm. Beide hatten verschieden große Laufräder: Nr. 88 solche von 840 mm, Nr. 118 von 770 mm Durchmesser. Wir werden nochmals auf diese beiden Maschinen zurückkommen, denn Klose hat sie unter weitgehenden Veränderungen, auch des Fahrgestells, in 1B-Tenderlokomotiven (Klasse T 2aa) umbauen lassen.

Die dritte Umbau-Tenderlokomotive Brockmanns — zweiachsige kleine Maschinen der Bauart B-n2-T, *Klasse T* — entstand 1879, und zwar auf eine sehr einfache Art, indem man nämlich auf das ›Hinterteil‹ von sechs ›E‹-Maschinen einen neuen Kessel (9 atü) setzte und neue Zylinder (320×612 mm) einbaute. Der Rahmen wurde als Wasserkasten ausgebildet, der Kohlenbehälter befand sich seitlich vor dem Führerhaus. Eine siebente ›T‹-Lokomotive ist unter Verwendung von Teilen einer 2'B-Maschine der Klasse D zusammengebaut worden.

Die Reihe der Brockmann-Umbauten wird beschlossen von den beiden 1882 offiziell aus 2'B-Schnellzugmaschinen der Klasse B in 1B-Schnellzuglokomotiven, *Klasse Aa,* umgebauten 142 STRASSBURG und 179 ZUERICH, die die gleichen Abmessungen wie die ab 1878 in Dienst gestellten Neubaulokomotiven, Klasse A, aufweisen[26]. Es läßt sich schwer denken, daß dafür Teile der 2'B-Lokomotiven überhaupt mitverwendet worden sind — Kessel, Triebwerk und Räder sind neu —, und man wird auch diese zwei Maschinen wie so manch anderen ›Umbau‹ als Werkstätten-Ersatzbau im Sinne von Neubau zu betrachten haben. Nur werden sie in den amtlichen Statistiken wohl in Beachtung der gebotenen Sparsamkeit als »umgebaut, eigene Werkstätten« und eben nicht als kostspielige Fabrikneubauten ausgewiesen.

Wie erwähnt, sind während der Brockmann-Ära insgesamt 123 Lokomotiven, einschließlich der ›Werkstätten-Ersatzbauten‹, umgebaut worden. Darunter befinden sich, abgesehen von der zweimal (1868 und 1881) umgebauten ULM (T 4a) drei Maschinen, die Brockmanns Nachfolger Groß ein zweites Mal umbauen ließ:

33 ILLER von B-Umbau und B 3 (1883), 21 STAUFFEN aus D-Umbau in B-Umbau (1884) und 48 PFORZHEIM von D-Umbau in T 4a (1886). Die B-Umbau 55 URACH ist aus nicht mehr ersichtlichen Gründen 1884 ebenfalls ein weiteres Mal ›umgebaut‹ worden (blieb in Klasse B-Umbau). Zwanzig Tenderlokomotiven für den Nebenbahn- und Rangierdienst waren durch Umbau entstanden; 103 Streckenlokomotiven (mit Schlepptender) sind nach Brockmannschen Plänen ›modernisiert‹ und ohne großen Aufwand durch die Bahnwerkstätten Esslingen, Aalen und Rottweil — Friedrichshafen begann erst 1887 mit dem Lokomotivumbau —, in denen mehrere hundert Beschäftigte[27] Arbeit und Brot fanden, dem Betrieb wieder zugeführt worden. Und — es ist schon gesagt worden: um den württembergischen Lokomotivpark war es beileibe nicht schlecht bestellt!

Adolf Klose 1885-1896

Neubaulokomotiven

»In den Kloseschen Konstruktionen kommt allgemein eine starke Befähigung und die Schöpfungskraft eines impulsiven Wollens und Könnens auf vollständig neuen, aber nicht immer einfachen Wegen, manchmal unter starker Ablehnung der Theorie zum Durchbruch. Besonders deutlich fällt diese Klosesche Eigenart bei der Lösung kinematischer Probleme auf durch interessante und in den Einzelheiten meisterhaft durchgebildete Steuerungsanordnungen ...«[28] Letzteres bezieht sich auf das Klose-Lenkwerk: ein patentierter Parallelogramm-Lenker-Mechanismus, mittels dessen der führende und der hinterste Lokomotivradsatz bei Kurvenfahrt durch die Tenderkupplung (außer bei Tenderlokomotiven) radial eingestellt werden — eine zwar infolge der komplizierten Vielteiligkeit störanfällige und in der Unterhaltung kostspielige, aber in der Tat ›interessante‹ und ›meisterhafte‹ Konstruktion.

Besonderes Verdienst hat sich Klose durch die Einführung der Verbundlokomotive in Württemberg erworben. Unter den 161 von ihm neu beschafften Lokomotiven sind 88 Verbundmaschinen; 59 besaßen das Klose-Lenkwerk.

Zunächst bestellte Klose fünf 1B-Schnellzuglokomotiven, Klasse A (ab 1893 Klasse Aa) nach, ließ aber den Kesseldruck von 10 auf 12 atü heraufsetzen. Zehn weitere Schnellzugmaschinen mit größeren Zylindern (420 × 560 anstelle 408 × 561 mm) und glattem Stehkessel folgten 1889/91 als *Klasse A*. Im Jahre 1889 stellte Klose die ersten Verbundlokomotiven in Dienst. Es waren dies Zweizylinder-Verbund-Schnellzugmaschinen mit den Abmessungen der Klasse A (Zylinder 420/600 × 560 mm), *Klasse Ac*. Von ihr sind 1889 bis 1892 durch die Maschinenfabrik Esslingen 26 Lokomotiven geliefert worden; Kittel ließ 1897 nochmals fünf weitere bauen.

Die nunmehr ein Vierteljahrhundert alte C-Güterzugmaschine, Klasse F, erlebte durch Klose 1889 eine verstärkte Neuauflage mit kleineren Zylindern, aber leistungsfähigerem Kessel: sechs C-n2-Lokomotiven, *Klasse F 2*. Nach diesem Vorbild sind die alten Maschinen der Klasse F (jetzt Klasse Fa) modernisiert worden. Der Zwillingsmaschine folgte ein Jahr später die Verbundlokomotive, Bauart C-n2v, *Klasse Fc* (30 Maschinen 1890—1892; 95 weitere unter Kittel).

Im Jahr 1890 griff Klose die Idee des dreizylindrigen Verbundtriebwerks — in England auf der LNWR seit Ende der siebziger Jahre von Webb mit allerdings nur mäßigem Erfolg angewandt — auf, sah jedoch anstelle des englischen Vorbildes drei gleich große Zylinder, die auch mit einfacher Dampfdehnung gefahren werden konnten, vor. Er entwarf zwei Dreizylinder-Verbundlokomotiven — eine für den Schnellzug- und eine für den Güterzugdienst. Der Bauauftrag für erstere wurde an die renommierte belgische Lokomotivfabrik John Cockerill in Seraing vergeben, und zwar einmal wegen des niedrigeren Preises und kürzerer

Lieferfristen, zum anderen, weil die Maschinenfabrik Esslingen mit anderen Neuentwicklungen und Bauaufträgen, u. a. der neuen Güterzuglokomotive, ausgelastet war. Die zehn 1'B 1'-n3v-Schnellzuglokomotiven, *Klasse E,* wurden 1892/93 abgeliefert. Sie wiesen äußerlich gewisse Ähnlichkeit mit der Type 12 der Belgischen Staatsbahn auf; vieles ist aber nach Angaben Kloses geändert worden. Der beträchtlich größere Belpaire-Kessel war für 15 atü berechnet, wurde aber leider nur mit 12 atü in Betrieb genommen. Das Triebwerk bestand aus drei Zylindern von 420 × 560 mm in Verbundanordnung (Hochdruckzylinder innen, Niederdruckzylinder außen), die beim Anfahren mittels eines Wechselventils auf einfache Dampfdehnung geschaltet werden konnten; eine Dampfhilfssteuerung besorgte die Umsteuerung auf Verbundwirkung. Die beiden Laufachsen waren durch das Klose-Lenkwerk mit der Tenderkupplung verbunden. Der Lokomotivachsstand betrug insgesamt immerhin 5800 mm; der vordere Überhang war jedoch erheblich und so müssen die Lokomotiven bei höheren Geschwindigkeiten beträchtlich und unangenehm ›genickt‹ haben. Die zulässige Höchstgeschwindigkeit von 81 km/h ist später auf 75 km/h herabgesetzt worden. Diese ersten deutschen Dreizylindermaschinen beförderten 150 t schwere Züge auf der Steigung 1:100 mit 60 km/h. Sie standen ein Jahrzehnt lang im Schnellzugsdienst auf der Hauptstrecke Bretten — Ulm, bis sie 1903 von Stuttgart nach Heilbronn abgeschoben wurden. Ihre Ausmusterung erfolgte 1921.

In dem Jahr, in dem die Schnellzugmaschine erschien, lieferte die Maschinenfabrik Esslingen fünf Dreizylinder-Verbund-Güterzuglokomotiven, Bauart E-n3v, *Klasse G,* ab. Wiederum war es die Geislinger Steige, die den württembergischen Lokomotivbau zu neuartigen Konstruktionen inspirierte. Gefordert war eine Lokomotive mit der doppelten Zugkraft eines Dreikupplers. Dies erforderte ein Reibungsgewicht von etwa 70 t, das auf fünf Achsen verteilt werden mußte. Klose löste diese Aufgabe meisterhaft — er schuf den ersten deutschen Fünfkuppler. Die als ›Elephanten‹ bekannt gewordenen Lokomotiven besaßen natürlich auch, um Krümmungen von 150 m Halbmesser durchfahren zu können, das Klose-Lenkwerk; sie hatten einen Achsstand von 6000 mm. Ihre Betriebsleistungen entsprachen durchaus den Erwartungen. Sie waren dem Maschinenbezirk Esslingen bzw. Stuttgart zugeteilt, wo sie vor allem auf der Geislinger Steige Dienst taten; 1910 sind sie dann in den Ulmer Bezirk abgegeben worden, verblieben aber auf der Hauptstrecke Ulm — Stuttgart.

Wie bereits besprochen, hatte Klose 1889 seine erste Verbundschnellzuglokomotive (Klasse Ac) und ein Jahr darauf eine Verbund-Güterzugmaschine (Klasse Fc) beschafft. »Statt der erhofften Kohlenersparnisse von 10 bis 20 % ergaben sich aber nur 5,6 % gegenüber den gleich großen und auch mit gleichem Kessel versehenen Zwillingslokomotiven ...; an Zugkraft waren die letzteren sogar den Verbundmaschinen überlegen.«[29] Der Grund für diesen Mangel lag in

der zu geringen Dampfspannung von nur 12 atü. Bei der nächsten Verbundlokomotive erhöhte Klose daher den Kesseldruck auf 14 atü und vergrößerte die
Treibräder von 1230 auf 1380 mm; die Zylinder der Fc-Maschinen (480/685 ×
612 mm) behielt er bei. Der Achsstand wurde von 3200 ganz erheblich auf
5000 mm verlängert, was durch den Einbau des Lenkgestells möglich war. Sechs
solche Güterzuglokomotiven, Bauart C-n2v, *Klasse F 1c,* lieferte die Maschinenfabrik Esslingen 1893 aus. Sie konnten und durften ihres langen Achsstandes
wegen 60 km/h fahren und verfügten über größere Zugkraft als ihre Vorgängerinnen gleicher Achsanordnung. Dadurch war auch ein vielseitigerer Verwendungs-
spielraum gegeben. Von 1894 bis 1896 sind 28 Maschinen in Zwillingsausführung
(C-n2) mit Lenkwerk als *Klasse F 1* gebaut worden — zwecks Gewährleistung
eines ruhigeren Laufes mit Innenzylindern und daher als Zwilling, weil für einen
Niederdruck — neben dem Hochdruckzylinder zwischen den Rahmen kein Platz
war.

Klose ließ ab 1891 C-Tenderlokomotiven für den Nebenbahndienst, *Klasse T 3,*
bauen. Von dieser sehr einfachen und im Nebenbahn- wie im Verschiebedienst
recht brauchbaren Maschine sind während mehr als 20 Jahren, von 1891 bis 1913,
insgesamt 108 Stück gebaut worden. Den Anfang machten 1891 acht Lokomotiven von Krauss-München; die anderen sind von der Maschinenfabrik Esslingen (ab 1893), der Maschinenfabrik Heilbronn und der Werkstätte Esslingen
geliefert worden. ›Bauart Krauss‹ hat Vorräte von 3,10 m³ Wasser und 1,47 t
Kohle, während der Wasservorrat der ›Bauart Esslingen‹ von 3 m³ der ersten
Lieferung (1893) bei den Nachbauten ab 1896 durch Verlängerung der seitlichen
Wasserkästen bis zur Rauchkammer auf über 5 m³ gebracht wurde. Der Rahmen
der T 3 war in Krauss'scher Manier als Wasserkasten ausgebildet. Ein Teil dieser
Maschinen tat auf Nebenstrecken Dienst und jedesmal, wenn eine Lokomotive
von einer auf eine andere Strecke ›versetzt‹ wurde, ist zugleich auch ihr Name der
neuen Umgebung angepaßt worden, so daß einzelne T 3 drei, vier verschiedene
Namen im Laufe der Jahre trugen.

Die beiden 1892 von der Maschinenfabrik Esslingen ausgeführten Lokomotiven
T 3, Nrn. 998 SCHRAMBERG und 999 SCHILTACH (ab 1894 Nrn. 993 KORNWEST-
HEIM und 994 THAMM) sind, wie ihre Namen beweisen, für die im gleichen Jahr
eröffnete Nebenstrecke Schiltach — Schramberg bestimmt gewesen. Sie haben
einen um 15 mm kürzeren Achsstand als die ›normale‹ T 3 und hatten ursprünglich keine seitlichen Wasserkästen. Fest steht — und hier irrte Gaiser[30] —, daß
sie als Dreikuppler, Bauart C-n2-T, gebaut, abgeliefert und in Dienst gestellt
worden sind. Im amtlichen ›Verzeichnis des Lokomotiven-Bestandes am 1. April
1906‹ der K.W.St.E. erscheinen sie jedoch als B 1'-T, und zwar nicht mit hinterer
Laufachse mit kleinen Rädern, sondern mit der hinteren entkuppelten Achse als
Lenkachse. Es ließ sich keinerlei Hinweis auf Zeit (und Ort) dieses Umbaus

finden, doch ist dieser aller Wahrscheinlichkeit nach auf Veranlassung von Klose 1893 oder 1894, vielleicht sogar noch 1892 vorgenommen worden — jedenfalls sicherlich bald, nachdem sich die beiden steifachsigen Maschinen für die sehr scharfen Kurven der Strecke Schiltach — Schramberg als ungeeignet erwiesen hatten. Zwischen 1906 und 1911 sind sie dann ein zweites Mal geändert worden, in dem sie der T 3 ›Bauart Esslingen 1896‹, d. h. C-n2-T mit vergrößertem Wasservorrat, angeglichen wurden. Inzwischen hatten sie auch ihre dritten Namen — KUENZELSAU und KUPFERZELL — erhalten.

Nach dem Mißerfolg dieser zwei Maschinen ließ Klose für die Nebenbahnen Schiltach — Schramberg 1894 und Waldenburg — Künzelsau 1896 je zwei C-Tenderlokomotiven mit T 3-Kessel und -Zylindern (hier geneigt), jedoch mit vorderer und hinterer Klose-Lenkachse sowie mit seitenverschiebbarer (±31 mm) mittlerer Treibachse, was den sehr langen Achsstand von 4400 mm ermöglichte, bauen (Klasse T 3 ›Bauart Klose‹).

Für die beiden württembergischen Zahnstrecken Honau — Lichtenstein und Freudenstadt — Klosterreichenbach entwarf und lieferte die Maschinenfabrik Esslingen eine bemerkenswerte 1'C-Zahnrad-Tenderlokomotive mit getrennten Triebwerken für Zahnrad- und für Reibungsbetrieb, *Klasse Fz.* Die vier Zylinder gleichen Durchmessers (420 mm), aber verschiedenen Hubes (540 und 612 mm) können derartig betrieben werden, daß entweder alle vier als Hochdruckzylinder oder die beiden des Reibungstriebwerks als Hochdruck- und die des Zahnradtriebwerks als Niederdruckzylinder arbeiten. Bei reinem Reibungsbetrieb blieb das innere Zahnradtriebwerk stillgelegt. Vier Maschinen sind 1893 und nochmals fünf zwischen 1899 und 1904 in Dienst gestellt worden. Letztere hatten ab Werk zwei Dome mit Dampfverbindungsrohr (wie AD), wie sie auch um 1904 den älteren Lokomotiven, auf deren Kessel ursprünglich nur ein Dampfdom saß, aufgesetzt wurden.

Die Kloseschen Schmalspurlokomotiven sind im Kapitel ›Schmalspurlokomotiven‹ gesondert behandelt.

Die Klose-Umbauten (II. Umbauperiode)

Wie Brockmann hat auch Klose eine beträchtliche Anzahl von Lokomotiven nach seinen eigenen Plänen umgebaut. Insgesamt 161 Lokomotivumbauten sind während dieser ›Zweiten Umbauperiode‹, die von 1887 bis 1910 währte und damit weit in die Amtszeit Kittels hineinreicht, gemäß Kloseschen Richtlinien in den Hauptwerkstätten ausgeführt worden. Klose selbst ließ nahezu alle der wenigen noch vorhandenen 2'B-Lokomotiven in Tendermaschinen sowie eine Anzahl von Brockmann-Umbauten ein zweites Mal umbauen. Außerdem veranlaßte er die Verstärkung und damit die Modernisierung der Klasse F. Er schuf durch Umbau eine neue Güterzugtype, Bauart 1'C (Klasse Fb), und eine der Klasse A angepaßte Schnellzuglokomotive (Klasse Ab). Der leichteren Übersicht wegen folgt wiederum eine Zusammenstellung der Lokomotivumbauten dieser zweiten Periode.

Zweite Umbauperiode (Klose und Kittel) 1887—1910

Umbau-Klasse	Bauart	Umbaujahre	Ursprüngl. Klasse	Stück	Insges.
T 2aa	1B-T	1887/92	E-Umbau (1'B)	2	2
T 2	1B-T	1890—94	D-Umbau	14	
			D (2'B)	1	15
T 4n	2'B-T	1891—95	D (2'B)	6	6
B 140	1'B	1890/91	B	1	1
Fa *)	C	1890—92	F	8	8
F 2	C	1891—1910	F	88	88
Ab	1B	1893—1902	B 2	2	
			B	3	
			B 2-Umbau	10	
			B-Umbau	1	16
Fb	1'C	1895—99	B 3	12	12
A	1B	1896—1905	Aa	13	13
Umbauten insgesamt					161

*) Später in die *Klasse F 2* eingereiht (so im amtl. Lok.-Verz. vom 1. 4. 1906).

Darunter sind 39 Zweitumbauten, die von Brockmann in der ›Ersten Umbauperiode‹ bereits einmal umgebaut worden waren.

Als erste Lokomotive nahm Klose sich 1887 die von Brockmann 1873 in eine 1'B-Güterzugmaschine (Klasse E-Umbau) umgebaute 118 STUIFEN vor, die er in eine steifachsige 1B-Tenderlokomotive verwandeln ließ. Das bewegliche Lauf-

65. »Lichtenstein«-
Klasse Fz
(umgebaut)

66. »Achalm«-
Klasse Fz
vor Probezug

67. *Klasse D*
in Ulm

68. *Klasse AD*

69. *Klasse ADh*
in Herrenberg

achsgestell wurde ausgebaut und statt dessen eine um nicht weniger als 1465 mm weiter nach hinten gerückte steife Laufachse mit neuen Rädern eingebaut. Kessel und Treibräder der alten Maschine sind geblieben, die Zylinder weisen leichte Abmessungsänderungen auf (410 × 605 anstelle bisher 406 × 609 mm), Wasser- und Kohlenbehälter sind an beiden Seiten des Kessels angebracht. In ähnlicher Form, jedoch mit mehreren Abweichungen, ist 1892 auch die 88 TUEBINGEN umgebaut worden: Ersatz der beweglichen Laufachse durch eine um 1415 mm nach hinten verrückte steife, neue Kuppelräder (1200 mm), deren erstes Paar von den ausgebohrten (413 × 609 mm) und vor die Laufachse gerückten Zylindern angetrieben wird, sowie neuer Kessel (9 atü). Beide liefen als *Klasse T 2aa*.

Von 1890 bis 1894 entstanden die 15 Tenderlokomotiven der *Klasse T 2*, Bauart 1B, und zwar aus 14 D-Umbauten und einer Original-Drehgestellmaschine der Klasse D. Bis auf letztere, die irgendwie aus einigen alten Teilen zusammengebastelt worden ist, sind die Umbau-Schlepptenderlokomotiven unter Beibehaltung ihrer Fahrgestelle, Zylinder und Kessel einfach in Tendermaschinen umgewandelt worden; neu waren nur die Rauchkammern mit Klose-Schornstein und die Führerhäuser wie natürlich die seitlich angebrachten Behälter für Wasser und Kohlen.

In genau den gleichen Bahnen vollzog sich der Umbau (1891 bis 1895) von sechs übriggebliebenen 2'B-Lokomotiven der Klasse D: sie sind lediglich in Tendermaschinen mit Kohlenbunker hinter dem Führerhaus verwandelt worden — *Klasse T 4n*. Neu waren — wie bei der T 2 — Rauchkammer und Kamin, Führerhaus und Behälter. Als T 4n überlebten die alten ›Amerikanerlokomotiven‹, Klasse D, aus den sechziger Jahren, unverändert in ihrem ursprünglichen Kern, die Jahrhundertwende; sie sind erst zwischen 1904 und 1911 ausgemustert worden.

Die Werkstätte Rottweil hat 1890/91 die Lokomotive Nr. 140 WIEN, erste der 2'B-Schnellzugmaschinen der Klasse B, in eine 1'B-Lokomotive mit durch den Tender einstellbarer Laufachse umgebaut. Zweifellos stellt dies — die Handschrift von Klose ist unverkennbar — einen ersten praktischen Versuch auf der K.W.St.E. zum Studium und zur Erprobung radial lenkbarer Achsen dar. Klose ließ das Drehgestell entfernen und genau in Höhe der ersten Drehgestellachse eine Lenkachse einsetzen, die naturgemäß gleich dem zweiachsigen Drehgestell mit 16 belastet und damit weitaus überlastet war. Die Lokomotive erwies sich als »unbrauchbar«[31].

Die nunmehr noch vorhandenen drei 2'B-Schnellzuglokomotiven der Klasse B sind 1890 »behufs Umbau ausgeschieden« worden. Sie sollten zusammen mit der unbrauchbaren WIEN (1893 zum Umbau ausgeschieden) in 2'B-Tendermaschinen, für die die Klasse T 4nn vorgesehen war, umgebaut werden. Daraus wurde aber nichts. Im ›Verwaltungsbericht‹ für das Betriebsjahr 1894/95 heißt es: »Der beabsichtigte Umbau der 4 Lokomotiven B 140, 141, 143 und 178 ist aufgegeben. Dieselben werden durch neue Lokomotiven ersetzt.« Damit wäre auch dem Spuk der ›Geisterklasse‹ T 4nn ein Ende bereitet!

Zwischen 1893 und 1902 sind auf die Fahrgestelle und Triebwerke von 16 Lokomotiven der Klassen B und B 2 (1B-Neubauten und -Umbauten) neue Kessel — nahezu gleich dem Ac-Kessel — und große Führerhäuser aufgesetzt worden: sie wurden trotz ihrer Treibräder von 1530 mm Durchmesser als *Klasse Ab* unter die Schnellzuglokomotiven eingereiht.

Es ist schon wiederholt erwähnt worden, daß Klose die Modernisierung der Dreikuppler-Güterzuglokomotive, Klasse F, deren Entwurf aus dem Jahre 1864 stammt und von der 98 Maschinen vorhanden waren, veranlaßte. Zunächst sind 1890 bis 1892 bei acht F-Lokomotiven neue Kessel der Klasse F 2 eingebaut worden: *Klasse Fa*. Ab 1891 erhielten 88 weitere Maschinen sowohl den Kessel als auch die Zylinder der Klasse F 2. Die derartig umgerüsteten Lokomotiven — der Umbau zog sich bis 1910 hin — wurden wie die entsprechenden Neubauten als *Klasse F 2* bezeichnet. Alle 96 umgebauten Maschinen erhielten das große Einheitsführerhaus. Seit 1892 liefen die noch nicht in F 2 umgebauten wie die ersten acht neubekesselten Maschinen als Klasse Fa, letztere sind später ebenfalls als F 2 klassifiziert worden. Bemerkenswertester Umbau war die 1'C-n2-Güterzuglokomotive, *Klasse Fb,* an deren Projektierung wahrscheinlich Eugen Kittel bereits beteiligt war. Die Werkstätte Rottweil baute zwischen 1895 und 1899 zwölf 1B-Umbauten, Klasse B 3, ein zweites Mal um: Rahmen und Triebwerk mit den Rädern blieben erhalten, die Zylinder wurden von 381 auf 400 mm Durchmesser ausgebohrt, die vordere steife Laufachse als freie Lenkachse ausgebildet und der Rahmen zum Einbau der dritten Kuppelachse nach hinten mit Blechplatten verlängert. Auf dieses Fahrgestell setzte man einen Kessel der Klasse F 1 und ein neues, großes Führerhaus. Dadurch war eine vielseitig verwendbare Lokomotive — die Höchstgeschwindigkeit betrug 70 km/h — mit einem um 8 t höheren Reibungsgewicht entstanden. Während der hintere Stehkesselüberhang beseitigt war, blieb der vordere Überhang von Zylindern und Rauchkammer bestehen. Die gesamte Klasse war bis zum Ausbruch des Weltkrieges dem Maschinenbezirk Rottweil bzw. Tübingen zugeteilt und kam dann nach Heilbronn, wo sie 1920 noch zu finden war.

Eugen Kittel 1896-1924 – Krönung und Abschluß

Eugen Kittel, der 1895 zum Oberingenieur der K.W.St.E. ernannt worden war und 1896 Klose als Maschinendirektor nachfolgte, hat gleich nach seiner Amtsübernahme fünf 1B-n2v-Schnellzuglokomotiven, Klasse Ac, nachbestellt sowie den Bau der bewährten C-n2v-Güterzugmaschinen, Klasse Fc — ab 1897 mit 14 atü statt bisher 12 atü — fortsetzen lassen (85 Lokomotiven, Klasse Fc, 1896 bis 1908). Ferner übernahm er von seinem Vorgänger die Klassen T 3 und Fz. In den Werkstätten Esslingen und Aalen ließ er zwischen 1896 und 1905 nach und nach 13 von den 15 älteren Schnellzuglokomotiven der Klasse Aa durch Umbau der Klasse A angleichen, und zwar durch Einbau neuer Kessel, Zylinder und Führerhäuser: *Klasse A-Umbau.* Die von Klose veranlaßte Modernisierung der Klasse F bzw. Fa — Umbau in Klasse F 2 — lief bis 1910 weiter.

Kittels bemerkenswerte Neukonstruktionen, die sämtlich in Zusammenarbeit mit der Maschinenfabrik Esslingen entstanden, sind in der Literatur ausgiebig gewürdigt worden, so daß ich mich auf die Darstellung der wesentlichen Grundzüge beschränken kann.

Im Jahre 1898 ist endlich — 23 Jahre nachdem Brockmann es verbannte — das führende Drehgestell für Schnellzuglokomotiven in Württemberg wieder eingeführt. worden. Die K.W.St.E. waren nunmehr die letzte der deutschen Länderbahnen, die das moderne Drehgestell anwandten. So schloß sich der weitgespannte Kreis von Ludwig Klein bis Eugen Kittel über eine Generation hinweg. Letzterer führte auch die Tradition der Verbundlokomotive für ein weiteres Jahrzehnt fort und verhalf dieser Bauart zur Vollendung. 1907 schließlich hielt dann auch der Heißdampf seinen Einzug in Württemberg.

Kittels erste Neukonstruktion ist die 2'C-n4v-Schnellzuglokomotive, *Klasse D.* Im schweren Schnellzugdienst auf der steigungsreichen Hauptstrecke Bretten—Ulm reichten die Zweikuppler nicht mehr aus. Angeregt durch die guten Erfahrungen der benachbarten Badischen Staatseisenbahnen mit ihrer 2'C-n4v-›Schwarzwaldlokomotive‹, Bauart de Glehn (Gattung IVe), fiel Kittels Wahl auf einen gleichartigen Typ. Das klassische de-Glehn-Triebwerk — Zweiachsantrieb mit getrennten Steuerungen für Hoch- und Niederdruckzylinder, HD-Zylinder außen, ND-Zylinder innen — ist unter Beibehaltung des Zweiachsantriebs abgewandelt worden: eine gemeinsame Steuerung für beide Triebwerksgruppen, die mittels eines Sondermechanismus in sehr engen Grenzen für HD- und ND-Zylinder variiert werden konnte; die voluminösen Niederdruckzylinder mit 600 mm Durchmesser fanden zwischen den Rahmen keinen Platz und mußten nach außen verlegt werden, infolgedessen konnte das Drehgestell mit Innenrahmen ausgebildet werden. 14 Lokomotiven sind 1898 bis 1905 gebaut worden. Sie waren für eine Höchstgeschwindigkeit von 90 km/h ausgelegt und konnten 250 t auf der Steigung 1:100 mit 60 km/h fahren. Sie wurden im schweren Schnellzugdienst der Betriebswerkstätte Stuttgart eingesetzt und sind erst gegen Ende ihrer

Karriere, nachdem sie während des Weltkrieges zusammen mit anderen württembergischen Lokomotiven auf dem Balkan Dienst getan hatten, nach Ulm verlegt worden.

Bereits ein Jahr nach dem Erscheinen der Klasse D verließ eine neue Schnellzuglokomotivbauart in Form einer 2'B-n2v die Werkhallen der Maschinenfabrik Esslingen — *Klasse AD.* Von dieser sind zwischen 1899 und 1907 nicht weniger als 98 Maschinen in Dienst gestellt worden. Sie hatten 1800 mm große Treibräder und einen Kessel mit 14 atü, dessen zwei Dome zur Erzeugung möglichst trockenen Dampfes durch ein großkalibriges Rohr verbunden waren. Die ersten Lieferungen (Nrn. 441—500) besaßen entlastete Flachschieber, die weiteren (Nrn. 1501—1538) geneigte Kolbenschieber; letztere wiesen auch eine spitze Rauchkammertürverkleidung und einen Kamin mit Kranz auf. 16 Maschinen (Nrn. 1515—1530) waren mit Serverohren ausgerüstet. Ab 1907 wurde diese Bauart als Heißdampf-Zwilling mit sonst unveränderten Abmessungen weitergebaut: 17 Lokomotiven, *Klasse ADh.* Leider ist dabei der Dampfdruck wieder auf 12 atü herabgesetzt worden. Sie hatten zwar die spitze Rauchkammertür, jedoch glatte konische Schornsteine ohne Kranz. Während die Heißdampfmaschinen ausschließlich in Stuttgart stationiert wurden, standen die Verbundlokomotiven bei allen vier Maschinenbezirken der K.W.St.E. im Schnellzugdienst. Einzelne ADh haben bis Anfang der dreißiger Jahre ausgehalten.

Als eine Folge der ansteigenden wirtschaftlichen Prosperität nach der Jahrhundertwende nahm das auf der Eisenbahn zu befördernde Gütervolumen beträchtlich zu. Dadurch sahen sich die K.W.St.E. vor die Beschaffung neuer Güterzuglokomotiven gestellt. Kittel beauftragte 1904 die Maschinenfabrik Esslingen mit dem Entwurf und der Ausführung eines neuen Fünfkupplers mit seitenbeweglichen Achsen, wie sie der geniale Österreicher Karl Gölsdorf entwickelt hatte. 1905 sind fünf, 1909 nochmals drei solcher E-n2v-Maschinen, *Klasse H,* geliefert worden. Ihr Achsdruck betrug 15 t, was den Einbau eines um 30 % leistungsfähigeren Kessels mit 15 atü als der der ›Elephanten‹ (Klasse G) erlaubte. Auch dieser Kessel erhielt Serverohren und zwei durch ein Rohr miteinander verbundene Dampfdome. Erste, dritte und fünfte Achse waren seitenverschiebbar. Die sehr leistungsfähige Lokomotive beförderte 1750 t schwere Güterzüge in der Ebene mit 45 km/h und 495 t auf 1:100 mit 35 km/h. Diese Bauart ist ab 1909 mit dem gleichen Laufwerk, das sich im Betrieb hervorragend bewährt hatte, jedoch in Heißdampf-Zwillingsausführung als *Klasse Hh* bis 1920 weiterbeschafft worden (26 Stück), wofür Zylinder und Kessel — leider wiederum mit nur 12 atü — neu durchkonstruiert worden sind. Trotz des etwas kleineren Kessels zog sie noch mehr als ihre Vorgängerin: 1550 t in der Ebene mit 50 km/h, 530 t auf 1:100 mit 35 km/h. Einige H-Maschinen wurden in der Reichsbahnzeit mit Überhitzern versehen. Die neuen Fünfkuppler beider Versionen waren zunächst alle dem Maschinenbezirk Stuttgart zugeteilt; auch sie machten Kriegsdienst auf dem Balkan bei der Militär-Eisenbahndirektion Bukarest.

Wir haben die Entwicklung der neueren württembergischen Schnellzuglokomotive von der Klose'schen 1B-n2v (1889, Klasse Ac) über die 1'B 1'-n3v (1892, Klasse E) bis dahin zu den Kittelschen 2'C-n4v (1898, Klasse D), 2'B-n2v (1899, Klasse AD) und schließlich zur 2'B-h2 (1907, Klasse ADh) verfolgt. Welch ein, wenn auch verhältnismäßig spät einsetzender, Wandel innerhalb eines knappen Jahrzehnts: von der steifachsigen Longboiler-1B zur 2'C und 2'B — vom Mittelalter zur Neuzeit! Weitere zehn Jahre strichen ins Land und wir erlebten die Einführung des Heißdampfes. Und nun, im Jahr 1909, stellt Eugen Kittel sein Meisterwerk vor: die 2'C 1'-h4v-Schnellzuglokomotive, *Klasse C.*

Die Projektierung dieser neuen Schnellzugmaschine, die die für den schweren Schnellzugdienst auf der Hauptstrecke inzwischen zu leistungsschwach gewordene Klasse D ablösen soll, geht ins Jahr 1908 zurück. Eben erst waren in den beiden Nachbarländern Baden (1907) und Bayern (1908) vierzylindrige Heißdampf-Verbundlokomotiven der ›Pacific‹-Type (2'C 1') mit beachtlichem Erfolg in Dienst gestellt worden (badische IVF und bayerische S 3/6). Die K.W.St.E. führten als dritte deutsche Verwaltung diese Bauart ein. Dabei beschritt Kittel wiederum eigene Wege. So übernahm er nicht den Barrenrahmen, sondern blieb beim Plattenrahmen, den er durch einen schmalen Außenrahmen verstärkte. Die Zylinder, deren Raumverhältnisse dem inzwischen geänderten der Klasse D — Dauner hatte die HD-Zylinder mittels Einziehen einer Büchse von 380 auf 344 mm verkleinern lassen — entsprach und geringer als das der badischen und bayerischen Lokomotiven war, lagen auch nicht in einer Ebene, sondern die innenliegenden HD-Zylinder waren gegen die ND-Zylinder um eine halbe Länge nach hinten verschoben. Die Zylinderabmessungen betragen 420/620 $\times$ 612 mm; sie waren bei den Maschinen Nrn. 2012—2024 auf 430/635 mm im Durchmesser vergrößert. Der Überhitzer war mit 53 m² anfangs recht klein gehalten und erst ab 1915 (mit Nr. 2025) baute man einen größeren mit 65 m² ein. Die württembergische C, von der 1909—1921 insgesamt 41 Stück gebaut worden sind, war zwar die kleinste unter ihren deutschen Pacific-Schwestern, genügte aber vollauf den an sie gestellten Anforderungen und übertraf ihre größeren Schwestern sogar an Wirtschaftlichkeit.

Im Oktober 1909 gelangten die ersten fünf C-Lokomotiven bei der Betriebswerkstätte Stuttgart zum Einsatz im schweren Schnellzugdienst, wo sie die Klasse D ablösten. Es wurde ein doppelt besetzter Dienstplan gebildet, in dem Schnellzüge von Stuttgart nach Ulm und nach Bretten bzw. Heidelberg gefahren und gleich im ersten Jahr Laufleistungen von über 132 000 km pro Maschine erreicht wurden.

Wir haben uns zwischendurch mit den Tenderlokomotiven zu befassen. Die

K.W.St.E. bezogen 1896 bis 1904 von der Maschinenfabrik Heilbronn zehn kleine B-Tenderlokomotiven, *Klasse T,* für den leichten Nebenbahndienst. Die Maschinchen hatten 800 mm kleine Räder und Zylinder von 270 × 380 mm sowie Wasserkastenrahmen. Die Mehrzahl ist schon recht bald an Industriebetriebe als Werkslokomotiven wieder verkauft worden.

Speziell für den Schiebedienst auf der Geislinger Steige, der dringend einer Verbesserung bedurfte, da die dort eingesetzten T 3 meist zu zweien schieben mußten, ließ Kittel eine D-n2-Tenderlokomotive, *Klasse T 4,* mit 64,5 t Reibungsgewicht und seitenverschiebbaren Achsen (Gölsdorf) entwickeln, die 1906 (5 Stück) und 1909 (3 Stück) in Ulm zum Einsatz gelangten. Diese seinerzeit schwersten deutschen D-Tenderlokomotiven schoben außer auf der Geislinger Steige auch zwischen Ulm und Jungingen; sie versahen ferner den Rangierdienst im 1910 in Betrieb genommenen Rangierbahnhof Ulm. Auf der Geislinger Steige ist die T 4 im Jahre 1921 von den preußisch-württembergischen T 14 und 16, diese sind wiederum 1923 von der T 20 abgelöst worden.

Für den Nebenbahndienst wurden 1906/07 von der Maschinenfabrik Esslingen zehn 1'C-n2-Tenderlokomotiven, *Klasse T 9,* nach dem Muster der preußischen T 9[3] bezogen, die im Raum Stuttgart zum Einsatz kamen.

Nach den Vorschlägen Wilhelm Dauners — seit 1907 als Lokomotivdezernent in Stuttgart Kittels engster Mitarbeiter — entstand 1910 eine äußerst leistungsfähige und doch sehr einfache 1'C 1'-h2-Tenderlokomotive für den Personenzugdienst auf Haupt- und Nebenstrecken mit 15 t Achsdruck: *Klasse T 5.* Von dieser erfolgreichen und beliebten Maschine sind 96 Stück von 1910 bis 1920 beschafft worden. Sie liefen trotz ihrer kleinen Treibräder von nur 1450 mm Durchmesser wegen ihres ungewöhnlich großen festen Achsstandes von 4000 mm noch mit 80 km/h sehr ruhig, was auch ihren Einsatz im Schnellzugdienst ermöglichte. Ihre Vorräte — Wasser zunächst 8 m³, bei den ab 1912 gebauten Maschinen erhöht auf 10 m³, Kohlen 3 t und ab 1912 4 t — verliehen ihr einen weiten Aktionsradius. Sie konnten auf der Steigung 1:100 Züge mit einem Gewicht von 350 t mit 32 km/h befördern. Die letzten T 5 sind erst 1962 ausgemustert worden.

Während des Weltkrieges wurde ein neuer Vierkuppler für den Verschiebedienst, Bauart D-h2, *Klasse T 6,* gebaut (12 Maschinen 1916—1918). Er hatte Treibräder von 1150 mm, Gölsdorfachsen und den kleinen Schmidt-Rauchrohrüberhitzer. Die zweite Lieferung (1918, 6 Lokomotiven) besaß etwas kleinere Zylinder (485×560 mm) als die erste (500×560 mm).

Nach dem Krieg stellte die Generaldirektion Stuttgart zwei Tenderlokomotivtypen preußischer Bauart in Dienst: je 20 Lokomotiven *Klasse T 18* (1919 von Vulkan gebaut; wie preußische T 18) und *Klasse T 14* (1921 Maschinenfabrik Esslingen; wie preußische T 14[1]).

Im Jahre 1919 schließlich ist für den Güterzugdienst auf Neben- und Stichbahnen, auf deren Oberbau nur Lokomotiven mit einem Achsdruck bis zu 13 t zugelassen waren, eine E-h2-Tenderlokomotive (mit Kleinrohrüberhitzer), 12,5 t Achsdruck und unter Verwendung von Austauschteilen der T 5 entwickelt worden — *Klasse Tn*. Die Auslieferung der 30 Maschinen verzögerte sich bis 1921/22. Dieser kleinste aller deutschen regelspurigen Fünfkuppler vermochte immerhin 560 t auf der Steigung 1:200 mit 40 km/h zu schleppen.

Den Abschluß des eigenständigen württembergischen Lokomotivbaues stellt die von der Maschinenfabrik Esslingen für die Zahnstrecke Honau — Lichtenstein entwickelte E-h2/4v-Zahnrad-Tenderlokomotive — die stärkste ihrer Art in Deutschland — dar. Je zwei Maschinen — vorgesehen war die württembergische Bezeichnung als *Klasse Hz* — sind 1923 und 1925 gebaut und als Baureihe 97⁵ der Deutschen Reichsbahn in Dienst gestellt worden.

Damit sind wir jedoch der Zeit weit vorausgeeilt. Es harrt noch die Krönung des württembergischen Lokomotivbaus der Besprechung — der mächtige Sechskuppler, Bauart 1'F-h4v, *Klasse K*.

Die Projektierung dieser Lokomotive geht im wesentlichen gleichfalls auf Baurat Wilhelm Dauner zurück. Nachdem der Verein Deutscher Eisenbahnverwaltungen 1913 die Einführung einer stärkeren Zugvorrichtung mit 21 t Zugkraft beschlossen hatte, entschieden sich die K.W.St.E. 1916/17 für eine neue Güterzugmaschine, die diesen erhöhten Zugkräften entsprechen sollte und wegen des auf 16 t beschränkten Achsdruckes nur ein Sechskuppler werden konnte. Im Interesse konstruktiver Einfachheit wurde die Lagerung aller sechs gekuppelten Achsen in einem Rahmen vorgesehen — eine Aufgabe, die Karl Gölsdorf bereits gelöst hatte. Mit Rücksicht auf hohe Leistung und große Wirtschaftlichkeit gelangten Heißdampf-Vierzylinder-Verbundtriebwerk und Abdampfvorwärmung zur Anwendung. Der Rahmen war als 35 mm starker Blechrahmen ausgebildet und die vordere Laufachse als Bisselgestell mit ± 95 mm Seitenspiel ausgeführt. Zweite und fünfte Kuppelachse lagen fest, die erste hatte ein Spiel von ± 20 mm und die letzte ein solches von ± 45 mm; die Radspurkränze der dritten und vierten Treibachsen — gleichfalls fest im Rahmen gelagert — waren um 15 mm schwächer als die der Kuppelachsen. Die Treibstangen der außenliegenden ND-Zylinder, die auf die vierte Kuppelachse einwirkten, waren 3650 mm lang. Die zu ihrer Zeit leistungsfähigste deutsche Güterzuglokomotive, die zudem äußerst wirtschaftlich arbeitete, beförderte in der Ebene 1740 t mit 60 km/h, 1310 t auf der Steigung 1:200 mit 40 km/h und 1010 t auf 1:100 mit 30 km/h. Infolge des Krieges zögerte sich der Bau hinaus und die ersten Maschinen sind erst Anfang 1918 ausgeliefert worden. Die Maschinenfabrik Esslingen hat bis 1924 44 Lokomotiven gebaut. Sie gelangten bei den Betriebswerkstätten Stuttgart, Kornwestheim und Ulm, ab 1933 auch beim Bahnbetriebswerk Mannheim Rbf zum Einsatz vor schweren und schwersten Güterzügen auf der württembergischen Hauptstrecke. Zu Beginn des Zweiten Weltkrieges kam eine Anzahl zum Semmering zur Förderung der Kohlenzüge nach Italien, von wo aus sie teilweise nach Jugoslawien und Ungarn verschlagen wurden. 1948 waren die fünf letzten in Deutschland in Betrieb befindlichen Lokomotiven der württembergischen Klasse K, Bauart 59⁰ der DR, im Bw Rottweil, wo sie kurz danach ausgemustert worden sind.

Erwähnt werden muß zum Schluß noch die 1'E-h3-Güterzuglokomotive, *Klasse G 12* (wie preußische G 12), von der zwischen 1919 und 1922 die Maschinenfabrik Esslingen für die württembergische Generaldirektion Stuttgart 43 Maschinen lieferte.

Unter der Ägide Eugen Kittels hat der württembergische Lokomotivbau — seit jeher eine Gemeinschaftsleistung des Maschinentechnischen Büros der K.W.St.E. und der Maschinenfabrik Esslingen — seinen Zenith erreicht. Höhepunkte sind die Schnellzuglokomotive, Klasse C, und die Güterzuglokomotive, Klasse K; in gewissem Sinne, und Abschluß zugleich, auch die Zahnradlokomotive Hz.

70. Klasse C —
Fabriknummer
4000 der ME

71. Klasse K

72. T5 in
Reutlingen

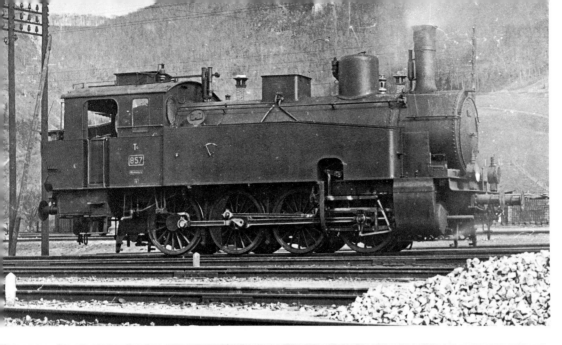

73. *T4 in Geislingen*

74. *Klasse T6*

75. *Tn in Holzgerlingen*

76. Württ. T18
in Kilchberg

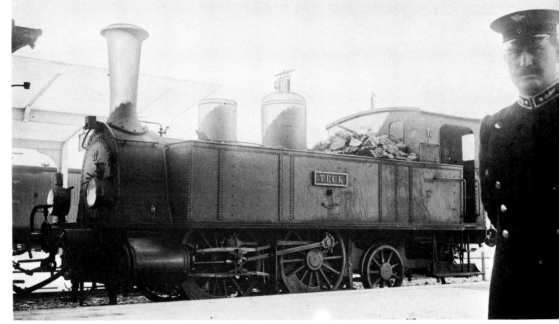

77. Die »Teck«
in Reutlingen

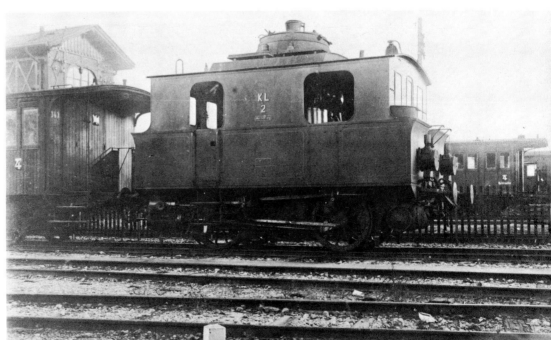

78. KL in Tübingen

79. *Hz bei Probefahrt in Lichtenstein*

80. *Ts3 — »Ebhausen« in Nagold*

81. *Postwagen, Baujahr 1869*

Lokomotiven, die von Privatbahnen
an die K.W.St.E. übergingen

Der Vollständigkeit halber sollen noch sechs kleine Tenderlokomotiven aufgeführt werden, die von verschiedenen Privatbahnen an die K.W.St.E. übergegangen sind.

Da sind zunächst die beiden B1-T, die die Maschinenfabrik Esslingen 1876 für die Kirchheimer Eisenbahn-Gesellschaft gebaut hatte und die durch Übernahme dieser Bahn durch den Staat 1899 in den Fahrzeugbestand der K.W.St.E. als *Klasse Tk* eingereiht wurden. Beide haben sie lange Jahre Verschiebedienst in Tübingen geleistet. Zwei 1873 von Esslingen an die Ermstalbahn in Urach gelieferte B-Tendermaschinen gelangten 1904 durch Verstaatlichung als *Klasse Tu* in den Park der K.W.St.E. Sie wurden bereits 1908 ausgemustert.

Zwei B-›Trambahnlokomotiven‹ mit stehendem Kittel-Kessel aus einer Serie von vier Maschinen, die die Maschinenfabrik Esslingen 1908 im Auftrag der Westdeutschen Eisenbahn-Gesellschaft baute, haben die K.W.St.E. im Jahr 1910 als *Klasse KL* in ihren Lokomotivbestand übernommen. Diese Heißdampfmaschinchen mit 2500 mm Achsstand und 16 atü schleppten einen Wagenzug von 100 t Gewicht in der Ebene mit 55 km/h, auf der Steigung 1:200 mit 20 km/h. Sie waren in Tübingen beheimatet und erscheinen im Lokomotivenverzeichnis vom 1. 4. 1920 nicht mehr.

Nach jahrzehntelangem Einsatz der KL 2 in einem Industriebetrieb in Osnabrück wurde diese Maschine von einer Museumsbahngruppe erworben und wieder betriebsfähig gemacht. Sie verkehrt in den Sommermonaten bei einer Museumsbahn in Westfalen.

Schmalspurlokomotiven

Spurweite 1000 mm (Nagold — Altensteig)

Ende der achtziger Jahre waren Planung und Bau der Hauptbahnen im wesentlichen abgeschlossen. Allenthalben wurde im Lande der Ruf nach Erschließung der Regionen, die bislang ohne Eisenbahn geblieben waren, laut. Der Sekundärbahngedanke machte auch vor den schwarzroten Grenzpfählen keinen Halt, nachdem die Anrainerstaaten schon Beispiele dieser Art von Eisenbahnbau gezeigt hatten, wie das benachbarte Bayern. Die große Zeit rühriger Volksvertreter, für ›ihren‹ Bezirk ›ihre‹ Nebenbahn zu erkämpfen, hatte begonnen.

Damit zeigte sich auch eine Art von Bahnbau, die sich als kostensparend und recht geländeanpassungsfähig erwies: die Schmalspurbahn. In der benachbarten Schweiz z. B. wurde hierfür die Meterspur bevorzugt und es begannen sich, um einige Beispiele zu nennen, die Appenzeller Bahn, die Brünigbahn und die Landquart — Davos-Bahn — Keimzelle der späteren Rhätischen Bahn — bereits zu bewähren. Selbst in der Stuttgarter Gegend, auf der Filder-Ebene, wurde mit der ›Filderbahn‹ ein neues Versuchsfeld geschaffen und von Ravensburg nach Weingarten verkehrte eine Krauss-›Dampftramway. Württemberg kann sich rühmen, schon sehr früh zu seiner ersten Meterspurbahn gekommen zu sein. Eigentlich dürften wir sie nicht in unsere Betrachtung einschließen, da sie eine reine ›Montanbahn‹ war. Sie hatte die Aufgabe, Abraum und Schlacken vom Hüttenwerk Wasseralfingen zur Erzgrube am Braunenberg zu führen und bei der Talfahrt dann die Doggererze des Braunjura in das Werk zur weiteren Aufbereitung zu bringen. Die im November 1876 im gemischten System, d. h. als Adhäsions- und Zahnradbahn in Betrieb genommene Bahn war die erste Schmalspurbahn (1000 mm Spurweite) in Württemberg, ja, sie war sogar die erste deutsche Zahnradbahn. Dieser Umstand und die Herkunft aus der Maschinenfabrik Aarau, also direkt aus der Meisterhand eines Niklaus Riggenbach, sind Grund genug, sie nebenbei doch zu erwähnen[32] [33]. Die dort von 1876 bis zur Stillegung im Jahre 1924 eingesetzte Lokomotive war die logische Weiterentwicklung der Lokomotiven GNOM und ELFE der schon längst verschwundenen Steinbruchbahn von Ostermundigen bei Bern[34].

Um den Kreis wieder zu schließen, ist es sehr aufschlußreich, daß bei der Prüfung dieser Riggenbach-Schöpfung Adolf Klose, damals Maschinenmeister der Vereinigten Schweizerbahnen in Rorschach, die Hand mit im Spiele hatte. Das Wasseralfinger Lokomotivpersonal mußte seine ersten Instruktionen und Übungsfahrten bei der Rorschach-Heiden-Bahn unter der Aufsicht von Klose absolvieren! Nach diesem unumgänglichen Exkurs zurück nach Württemberg! Klose hatte in den wenigen Jahren seiner Tätigkeit in Stuttgart der technischen Entwicklung seinen Stempel aufgedrückt. Bei dem nun einsetzenden Sekundärbahnbau boten

154

sich nicht minder günstige Anwendungsmöglichkeiten für seine feinsinnigen Konstruktionen.

Für die im Dezember 1891 eröffnete erste Schmalspurbahn der K.W.St.E. von Nagold nach Altensteig wurde die Meterspur gewählt. Zur Erstausstattung dieser Bahn gehörten zwei Tenderlokomotiven, Bauart D-n 2, *Klasse Ts 4*, aus dem Eröffnungsjahr, denen sich 1899 noch eine dritte hinzugesellte. Die Lokomotiven waren typische Klose-Schöpfungen mit Innenzylindertriebwerk und Lenkmechanismus. Der bei Normalspurlokomotiven übliche Klose-Kamin mit Kranz, der die Tradition der Vereinigten Schweizerbahnen auf württembergischem Boden fortführte, fand auf der Schmalspur eine etwas andersartige Form, und zwar — wegen eines zusätzlichen Funkenfängers — in Kobelart. Geräumig und luftig war das Führerhaus ausgebildet. Das Fenster an der Rückwand konnte bei Vorwärtsfahrt durch eine Jalousie verschlossen werden — eine Einrichtung, die auch für die weiteren Schmalspurlokomotiven dieser Periode richtungweisend wurde. Dampfpfeife und Glocke krönten das schwach gewölbte Dach.

Der Ts 4 folgt *Klasse Ts 3*, Bauart C-n2-T. Die ältere der beiden Dreikupplermaschinen war ursprünglich als Baulokomotive beim Bahnbau eingesetzt. Die jahrelang in Altensteig hinterstellte Maschine wurde 1900 als Betriebslokomotive übernommen und eingereiht. Diese Krauss-Maschine, die 1913 ausgemustert wurde, gehörte zu einer Serie von Lokomotiven, die von der Westdeutschen Eisenbahn-Gesellschaft für die Ronsdorf-Müngstener Eisenbahn im Bergischen Land beschafft wurden. Sie wurden dann aber auch im Bahnbau verwendet, genau so, wie zum Beispiel die Lokomotive SOLINGEN der genannten Bahn zum Bau der Albtalbahn Karlsruhe — Herrenalb und Busenbach — Brötzingen wie später nochmals beim Bau der Härtsfeldbahn Aalen — Ballmertshofen[35].

Da der Verkehr sich gut entwickelte und neben dem Personenverkehr ein reger Güterverkehr, hauptsächlich Holztransporte, auf der 15 km langen Strecke abgewickelt werden mußte, wurde eine weitere Lokomotive erworben. Im Jahre 1904 kauften die K.W.St.E. von der Württembergischen Eisenbahn-Gesellschaft deren Maschine Nr. 4ˢ, Bauart C-n2-T, die auf der Strecke Amstetten — Laichingen entbehrlich war. Sie wurde in die Klasse Ts 3 eingereiht.

Somit verfügte der Betriebsmaschinendienst auf der Schmalspurbahn Nagold — Altensteig ab 1904 bis weit in die zwanziger Jahre hinein über fünf Lokomotiven.

Die Strecke war mit wenigen Ausnahmen vom Ausgangspunkt Nagold aus rechts der Straße angelegt und hatte somit fast trambahnähnlichen Charakter. Dieser Umstand muß sehr früh zu einer Vorsichtsmaßnahme geführt haben. Alle Maschinen bekamen einen Triebwerkschutz, wie er bei vielen Tramway-Lokomotiven jener Zeit üblich und beliebt war. Diese Schutzvorrichtung diente nicht nur der Sicherheit der Verkehrsteilnehmer, sondern war auch eine Vorbeugungsmaßnahme gegen Verstaubung und Verschmutzung. So sinnvoll die Klose-Maschinen konstruiert waren, so bereiteten sie bei Unregelmäßigkeiten doch auch Ärger. Man machte sich bereits in der Ära Kittel Gedanken, neue Meterspurlokomotiven zu konstruieren, u. a. aufgrund der guten Erfahrungen mit Normalspur-Heißdampfmaschinen. Der Krieg und die Fertigstellung größerer und wichtigerer Serien schoben die dringende Erneuerung natürlich weiter hinaus. Der Verschleiß an den vorhandenen Maschinen wurde immer größer. Erst im Jahre 1927 ist mit der *Klasse Ts 5*, Bauart E-h2-T, die gewünschte Abhilfe geschaffen worden. Wenn auch von der Deutschen Reichsbahn in Dienst gestellt, ist dieser HeißdampfFünfkuppler eine moderne und zweckmäßige Schöpfung aus der Ära Kittel. Sie verrät in ihrem Aufbau Anklänge an württembergische Normalspur-Tenderlokomotiven der zehner und zwanziger Jahre (T 6, T n), doch bei genauem Hinsehen läßt sich eine gewisse äußere Verwandtschaft mit der sächsischen VI K, die ursprünglich für Heeresbahnzwecke gedacht war, nicht verleugnen. Nach Anlieferung dieser vier Lokomotiven verschwanden allmählich die alten Maschinen der Altensteiger Strecke. Als letzte Ts 5 verblieb die 99 193, nach Einführung der Dieseltraktion, als Betriebsreserve in Altensteig. Ihr letzter Dienst war ein trauriger, nämlich der Abbau der einzigen Meterspurbahn der K.W.St.E. Eine Zeitlang fanden sich Interessenten zur Aufstellung auf einem Kinderspielplatz. Auf dem letzten Stumpen in Nagold drohte ihr aber die Verschrottung, bis die ›Chemin de fer touristique Blonay — Chamby (BC)‹ sie käuflich erwarb und im Frühjahr 1969 nach Vevey am Genfer See überführte, wo sie auf der dortigen Museumsbahn nach gründlicher Überholung wieder eifrig dampft.

Spurweite 750 mm

Offensichtlich war man bei den K.W.St.E. nach dem Anfang mit der Schmalspur von der Bedeutung dieser Betriebsweise überzeugt. Gleichzeitig dürfte aber auch der Gedanke mitgespielt haben, daß mancher Eisenbahnwunsch unter Anwendung dieser Bauprinzipien eher zur Erfüllung kommen konnte, als unter dem zähen Festhalten am Wunsch nach der Normalspur.
Was das Maschinentechnische Büro und die für den weiteren Bahnbau zuständigen Instanzen in Stuttgart allerdings dazu bewogen haben mag, es bei der Meterspurbahn Nagold — Altensteig zu belassen und keine weiteren Bahnen dieser Spurweite zu bauen, läßt sich nicht mehr klären. Sicherlich aber dürfte das Beispiel Sachsens den Weg gewiesen haben. Hier wurde die Spurweite von 750 mm gewählt und der sächsische Hauslieferant Hartmann stieg 1881, beginnend mit der Gattung I K der Königlich Sächsischen Staatsbahnen, in das Schmalspurgeschäft ein. Daß sich das sächsische Schmalspurnetz zum umfang-

reichsten in Mitteleuropa entwickelt hat, ist bekannt, und daß Adolf Klose bei der Wahl dieser Spurweite hierzulande ein Wort mitzureden hatte, läßt sich nicht leugnen, denn auch er wurde in seinem Heimatland Sachsen bei der Konstruktion der sächsischen III K mit einem Auftrag der ›Bauart Klose‹ beehrt[36]. Dabei wird er auf die Vorzüge dieser Spurweite aufmerksam geworden sein. Erfahrungen lagen in Sachsen immerhin schon ein gutes Jahrzehnt vor und so ist es klar, daß die weiteren württembergischen Planungen in dieser Spur vorgesehen wurden.

Wie schwerwiegend das Wort des Lokomotivkonstrukteurs für die Bauplaner war, wird hier deutlich. Tatsächlich stehen zu Beginn der neunziger Jahre auf dem großen Wunschzettel der Nebenbahnen schon drei Teilstrecken in 750-mm-Spur. Diese sollten dann auch den Grundstock des späteren Netzes dieser Spur bilden. Im Mai 1894 wurde die Strecke Marbach — Beilstein eröffnet und die hierfür beschafften drei Maschinen der *Klasse Tss 4*, Bauart D-n2-T, genügten vollauf den Anforderungen.

1896 kamen die Teilstrecken Lauffen — Güglingen und Schussenried — Buchau hinzu. Dazu wurden vier Dreikuppler, *Klasse Tss 3*, Bauart C-n2-T, ebenfalls ›System Klose‹ beschafft und je zur Hälfte beiden Strecken zugeteilt. Im Jahre 1899 kamen dann die Teilstrecken Beilstein — Ilsfeld und Warthausen — Ochsenhausen hinzu, zur Jahrhundertwende schließlich noch Warthausen — — Biberach und Ilsfeld — Heilbronn-Süd. Der vorhandene Lokomotivpark reichte zu einer ordnungsgemäßen Abwicklung des Dienstes nach diesem Zuwachs bei weitem nicht mehr aus.

Kittel wählte bei den erforderlich werdenden Lokomotivbeschaffungen die Gelenklokomotive, System Mallet. Die ›Duplexlokomotive‹, *Klasse Tssd*, Bauart B'B-n4v-T, befriedigte bis 1913 den weiteren Bedarf an Maschinen. Somit decken sich ihre Beschaffungsjahre auch weithin mit den Baujahren weiterer Teilstrecken dieser Spurweite. Von der Tssd wurden neun Stück gebaut. In der Hauptsache waren die Strecken Lauffen — Güglingen, in der Zwischenzeit bis nach Leonbronn verlängert, Biberach — Ochsenhausen und Schussenried — Buchau, während des Krieges bis nach Riedlingen ausgebaut, ihr Einsatzgebiet.

Die letzte betriebsfähige Maschine dieser Klasse, die 99 633, schied im Herbst 1968 aus dem Dienst, nachdem sie als Reserve für defekte Diesellokomotiven auf den beiden oberschwäbischen 750-mm-Bahnen einspringen durfte und dieser Aufgabe vollauf gerecht wurde. Ihr wurde sogar die Ehre zuteil, in das neue Lokomotivschema der DB aufgenommen zu werden. Sie soll der Nachwelt erhalten werden und ist zum Einsatz für Dampfsonderzüge auf der Jagsttalbahn vorgesehen.

Mit diesen Lokomotiven und einem Dampftriebwagen, von dem noch an gesonderter Stelle die Rede sein soll, bestritten die K.W.St.E. den Betriebsmaschinendienst auf den Schmalspurstrecken der Maschineninspektionen Ulm und Heilbronn, in

Oberschwaben und im Neckarland. Erst als in der frühen Reichsbahnzeit der Verschleiß an den Klose-Maschinen immer größer wurde und Ausbesserungen nicht mehr vertretbar waren, wurden Original- und Nachbauten der sächsischen VI K auf die württembergischen 750-mm-Bahnen als Ersatz für ausgemusterte Lokomotiven übernommen.

Literatur, Quellen, Anmerkungen

1 Helmholtz und Staby: Die Entwicklung der Lokomotive im Gebiete des Vereins Deutscher Eisenbahnverwaltungen, I. Band (mit Tafelband) 1835—1880. — München und Berlin 1930. Metzeltin: Die Entwicklung der Lokomotive im Gebiet des Vereins Mitteleuropäischer Eisenbahnverwaltungen, II. Band (mit Tafelband) 1880—1920. — München und Berlin 1937.

2 Dauner, Wilhelm: Die Entwicklung des Lokomotivparks der ehemalig Württembergischen Staatsbahnen. — Verkehrstechnische Woche, Sonderausgabe Württemberg, 1924.

3 Morlok, Georg: Die Königlich Württembergischen Staatseisenbahnen. – Stuttgart usw. 1890. Supper, Otto: Die württembergischen Eisenbahnen. – Stuttgart 1895.

4 Mayer, Max: Esslinger Lokomotiven, Wagen und Bergbahnen. — Berlin 1924.
Vgl. auch dergl.: Emil Keßler, ein Begründer des deutschen Lokomotivbaues. — In: ›Beiträge zur Geschichte der Technik und Industrie‹, 14. Band, Berlin 1924.

5 Gaiser, Franz: Einiges zum Esslinger Buch. — In: ›Die Lokomotive‹, 1932, Heft 10, S. 191.

6 Deutsche Gesellschaft für Eisenbahngeschichte e. V., Hrsg.: Emil Keßler 1813—1867 (Ausstellungskatalog). — Karlsruhe 1967.

7 Born und Obermayer: Lokomotiven und Wagen der Königlich Württembergischen Staatseisenbahnen. — Stuttgart 1966.

8 Verwaltungsberichte der Kgl. Württembergischen Verkehrsanstalten. — Stuttgart 1880 ff. (bis 1913).

9 Statistik der im Betriebe befindlichen Eisenbahnen Deutschlands nach den Angaben der Eisenbahnverwaltungen, bearb. im Reichs-Eisenbahn-Amt, Band I ff., Betriebsjahr 1880/81 ff. — Berlin 1882 ff.
Die Bände I und XIII (Betriebsjahr 1892/93) enthalten vollständige Lokomotivenverzeichnisse sämtlicher Eisenbahnen des Deutschen Reiches. In den Bänden II bis XII sind alle Neuzugänge aufgeführt. Diese sog. ›Reichsstatistik‹ ist eine ungemein wertvolle und im allgemeinen auch zuverlässige Quelle zur gesamten Eisenbahngeschichte, wenn sie auch gerade bei den Lokomotiven der K.W.St.E. eine Reihe von Druckfehlern und Fehlangaben enthält.

10 Hess, Ottmar: ungedr. Manuskript in der Bücherei der BD Stuttgart. — Lokomotiv-Nationale sämtlicher Klassen aus den Jahren 1846 bis 1920.

11 Dannecker, Robert: Verzeichnis der Lokomotiven der Württ. Staatsbahn. — Ungedr. Mskr.

12 Gaiser, Franz: ungedr. Mskr. im Besitz Anton Demling.

13 Vgl. Mühl, Albert: Ehre ihrem Andenken. — Die Obermaschinenmeister der deutschen Länderbahnen. — In: LOK-MAGAZIN 3 (1963).

14 Zitiert bei Mayer, Max, a. a. O., S. 37.

15 So bei Helmholtz-Staby, a. a. O., S. 190 f. Anders bei Moser, Alfred: Der Dampfbetrieb der schweizerischen Eisenbahnen 1847—1966, Basel u. Stuttgart 1967⁴, S. 166: »In fehlerhafter Weise waren die Zylinder ... an der Rauchkammer ..., statt am Rahmen befestigt.« Die mehrfach veröffentlichte Abbildung der Baldwinlokomotive hat übrigens F. Gaiser entdeckt.

16 Helmholtz-Staby, a. a. O., S. 220.

17 So in der handschriftlichen Liste von F. Gaiser.

18 Supper, a. a. O., im Vorwort: »Abbildungen im Text sowie die Unterlagen ... über die ›Betriebsmittel‹ haben ... das maschinentechnische Bureau der Generaldirektion der Staatseisenbahnen geliefert.«

19 Dauner, a. a. O., S. 46.

20 Dannecker, a. a. O.

21 Dannecker, a. a. O., im Gegensatz zu Mayer, a. a. O.: dort erst ab Betriebsnummer 106.

22 Nach F. Gaiser ›Einiges zum Esslinger Buch‹, a. a. O., hat die Werkstätte Esslingen »für die ersten sechs amerikanischen Lokomotiven 2B-Ersatzmaschinen im Neubau« 1856—1861 gebaut. Zweifel erheben sich hinsichtlich der Nr. 2 FILS, deren Baujahr im ›Illustrirten Locomotivenpark-Verzeichnis nebst zugehörigen Tendern‹ der K.W.St.E. von 1892 mit ›1846‹ — das gleiche gilt für den Tender Nr. 2 — angegeben ist, während für die anderen Lokomotiven das Baujahr des Ersatzes aufgeführt wird. Auch die ›Reichsstatistik‹, a. a. O., Bde. I und XIII,

weisen für Nr. 2 das Jahr 1846 aus. In Band I der ›Reichsstatistik‹ heißt es aber: »Das ... Alter der Lokomotiven kann nicht angegeben werden, weil das genaue Alter der vor 1860 beschafften Lokomotiven nicht bekannt ist.« Könnte die ursprüngliche FILS die Hilfsmaschine der Werkstätte Esslingen 1870 gewesen sein? Ich neige der Aussage Gaisers, d. h. Ersatzbau auch der Nr. 2 FILS durch Werkstätte Esslingen, zu.

23 Dauner, a. a. O., S. 47.

24 Mayer, a. a. O., S. 231.

25 Mayer, a. a. O., S. 55.

26 In den »Verwaltungsberichten der Kgl. Württ. Verkehrsanstalten« 1889 bis 1892 sind die beiden Lokomotiven Nrn. 142 und 179 mit von den Neubaumaschinen der Klasse A, Nrn. 318 ff., abweichenden Zylinder- (440 × 561 mm statt 408 × 560 mm), Kessel- (größere Heiz-, kleinere Rostfläche) und Fahrwerkabmessungen (um 5 mm längerer Achsstand) aufgeführt. Erst die ›Reichsstatistik‹, Band XIII (1892/93), und die ›Verwaltungsberichte‹ ab 1892/93 weisen für sämtliche jetzt als Klasse Aa geführten Lokomotiven gleiche Abmessungen (mit Zylindern 408 × 560 mm) nach. Offensichtlich ist aufgrund der an das Reichs-Eisenbahn-Amt abzuliefernden Gesamtstatistik für das Betriebsjahr 1892/93 in Stuttgart die längst fällige Berichtigung vorgenommen worden.

27 Der ›Verwaltungsbericht‹ 1886/87 gibt folgende Zahlen für die Werkstätten an:

	Handwerker	Sonstige	Zusammen
Aalen, Hauptwerkstätte	76	23	99
Nebenwerkst. Crailsheim	13	4	17
Nebenwerkst. Heilbronn	21	5	26
Esslingen, Hauptwerkstätte	130	29	159
Nebenwerkst. Ulm	48	5	53
Friedrichshafen, Hauptwerkstätte	56	6	62
Rottweil, Hauptwerkstätte	74	27	101
Nebenwerkst. Tübingen	19	10	29

28 Mayer, a. a. O., S. 80.

29 Dauner, a. a. O., S. 50.

30 Gaiser, F.: Einiges zum Esslinger Buch, a. a. O.: »... Sonderbauart B1t mit anfangs fester, dann radial einstellbarer Hinterachse ...« Alle amtlichen Unterlagen weisen C-T als Ursprungsform nach.

31 Mayer, a. a. O., S. 118.

32 Morlok, a. a. O., S. 208: Der Verfasser kommt auf die ›Sekundärbahnen‹ in Württemberg zu sprechen und schreibt im Zusammenhang mit der Nebenbahn Schiltach — Schramberg: »Da diese Sekundärbahn aber nicht die erste in Württemberg ist, welche vom Staate auf Staatskosten ins Leben gerufen wurde, so erscheint es angezeigt, der ersteren zunächst den Blick zuzuwenden. Jene erste Sekundärbahn mit 1 m Spurweite, welche schon im Jahre 1876 hergestellt wurde, ist die als erste Zahnradbahn in Deutschland — vom Hüttenwerk Wasseralfingen zur Stuferzgrube auf dem Braunenberg — erbaute Bergbahn!«

33 Seidel, Kurt: Schmalspur in Baden-Württemberg. Schwäbisch Gmünd 1977, S. 43 ff. Unveröffentlichtes Manuskript (Schwäbisch Gmünd 1968).

34 Moser, a. a. O., S. 370 ff.

35 Seidel, Kurt: Brücke zum Härtsfeld. — Schwäbisch Gmünd 1962, S. 118 und 152.

36 Maedel, Karl-Ernst: Die deutschen Dampflokomotiven gestern und heute. — Berlin 1962², S. 116 und 297.

Die Triebwagen

Dampftriebwagen

Die Dampftriebwagen der K.W.St.E. — hier stets als ›Motorwagen‹ bezeichnet — wurden weniger wegen ihrer höheren Geschwindigkeit als vielmehr aus ökonomischen Gründen eingeführt. Es gab Streckenabschnitte mit geringerem Verkehrsaufkommen, die den Einsatz eines vollständigen Zuges zu bestimmten Tageszeiten nicht rechtfertigten, für die aber trotzdem ein Verkehrsbedürfnis bestand. Deshalb beschäftigte man sich Ende der neunziger Jahre mit der Frage, ob es nicht zweckmäßig wäre, solche Fahrzeuge einzuführen. Die Société Serpollet in Paris, die schon einige Erfahrung in diesen Dingen hatte, unternahm 1895 auf dem Streckenabschnitt Reutlingen — Rottenburg Probefahrten mit einem Fahrzeug mit Serpollet-Kessel[1]. Bei diesen Fahrten — der Erfinder, Monsieur Serpollet, war persönlich zugegen — erprobte man das neue System. Es bestand darin, daß ein Röhrensystem in einem feuerfesten Geschränk, durch direkte Feuerung zur Glühhitze gebracht, nach Einpumpen von Wasser hochüberhitzten Dampf erzeugte[2]. Dieser Fahrzeugtyp wurde nun eingeführt. Ein Serpollet-Motorwagen erreichte eine maximale Geschwindigkeit von 25 bis 30 km/h und konnte bis zu zwei Zweiachspersonenwagen mitführen.

Die tägliche Praxis ergab aber bei den beschafften Triebwagen auf die Dauer Nachteile. Der erforderliche Dampfraum war nicht groß genug.

Als die Maschinenfabrik Esslingen eine neue Konstruktion, den von Eugen Kittel geschaffenen ›Kittel-Kessel‹, entwickelt hatte, wurden die Serpollet-Kessel durch diese Konstruktion ersetzt.

Der Kittelsche Kessel war ein stehender Feuerrohrkessel. Er enthielt eine gußeiserne Wellrohrfeuerbüchse, von deren Decke senkrecht stehende Feuerrohre nach der Decke des Kesselmantels aufstiegen. Der obere Teil des Kesselmantels, ringförmig erweitert, schaffte größeren Dampfraum und eine erweiterte Verdampfheizungsfläche. Die Rauchkammer beherbergte oberhalb der Manteldecke einen aus einem ringförmigen Rohrbündel bestehenden Überhitzer. Der diesem zugeführte Dampf wurde schon im oberen Kesselraum durch die Feuerrohre vorgetrocknet. An Vorräten konnte das Fahrzeug 1,5 m³ Wasser und 0,45 t Kohlen mitführen[3].

Dank der breiteren Ausbildung des Wagenkastens an dem Ende, wo sich Kessel mit Führerstand befanden, konnte der Triebwagenführer beim Rückwärtsfahren Strecke und Signale besser überblicken.

Die Dampfmaschine der Dampftriebwagen war eine einfache Zwillingsmaschine und leistete 80 PS. Die Zylinder waren außen auf beiden Seiten des Wagens angeordnet und wirkten an außerhalb der Räder liegenden Kurbeln auf die Triebachse. Durch diese Anordnung war die Maschine gut zugänglich, so daß sie jederzeit leicht nachgesehen werden konnte.

Der Wagen hatte vierundzwanzig Plätze und war imstande, bis zu drei Zweiachspersonenwagen mitzuführen.

Alle Motorwagen wurden einmännig gefahren und bedient. Mit diesen Fahrzeugen konnte eine Durchschnittsgeschwindigkeit von 52 km/h erzielt werden.

Die Normalspur-Motorwagen zeigten das Achsbild A 1 und trugen die Klassenbezeichnung DW. Sie waren von 1 bis 17 durchnumeriert.

Der Original-Serpollet-Wagen DW 1 ist 1908 ausgemustert worden. Die Wagen mit Serpollet-Kesseln der MF Esslingen erhielten 1908 Kittel-Kessel.

Die Dampfwagen 1 — 5 (Serpollet) waren 1906/07 eingesetzt auf den Strecken Friedrichshafen — Ravensburg, Metzingen — Rottenburg und Ulm — Biberach / Schelklingen, die Kittelwagen 6 — 14 Esslingen — Kirchheim/Böblingen — Eutingen, Heidenheim — Hermazingen, Ulm — Riedlingen, Heilbronn — Lauffen, Mühlacker — Bietigheim und Metzingen — Rottenburg.

Die Schmalspurausführung für 750 mm — zuerst auf der Bottwarbahn[4] und später auf der Bahn Schussenried — Buchau[5] eingesetzt — hatte die Achsanordnung (1 A)' 2'. Entsprechend dem Brauch bei den Lokomotiven dieser Spurweite erhielt dieses Fahrzeug die Bezeichnung DWss und die Betriebsnummer 1.

Benzintriebwagen

Die Benzinmotoren von Gottlieb Daimler und Carl Benz hatten in erster Linie die Aufgabe, Fahrzeuge fortzubewegen. Ursprünglich nur für die Fortbewegung auf Straßen gebaut, kam auch sehr bald der Gedanke der Nutzbarmachung dieser Motoren für Fortbewegung auf Schienen auf.

Um die Jahrhundertwende hatten die K.W.St.E. bereits fünf ›Benzinwagen‹ mit der Klassenbezeichnung BW und den Betriebsnummern 1 bis 5 in ihrem Bestand. Diese Fahrzeuge — im Gegensatz zu den Dampftriebwagen ohne Zug- und Stoßvorrichtung und Zweiachser — hatten einen 30 PS starken Motor, der in der Mitte des Wagens abgedeckt untergebracht war. Zwischen Motor und Triebachse war ein mechanisches Zahnradgetriebe geschaltet. Das Fahrzeug hatte vier Gänge, die maximale Geschwindigkeiten von 7,5, 13, 23 und 32 km/h zuließen[6]. Der erste Einsatz solcher Fahrzeuge erfolgte 1896 zwischen Riedlingen und Saulgau. Leistungsmäßig waren sie den Dampftriebwagen in keiner Weise ebenbürtig. So waren bei Kriegsausbruch von den ursprünglichen fünf Benzintriebwagen nur noch zwei übrig.

Ihr Einsatz erfolgte 1906/07 auf den Abschnitten Kißlegg — Aichstetten, Böblingen — Eutingen und Saulgau — Sigmaringen. Zu diesem Zeitpunkt war BW 1 bereits ausgemustert.

Akkumulatorentriebwagen

Auch auf diesem Gebiet wurde ein Versuch unternommen. Die Elektrizitätswerke AG, vormals Kummer, in Niedersedlitz in Sachsen lieferte 1897 die elektrische Ausrüstung, während die Accumulatorenfabrik Hagen die Batterien beisteuerte. Der Einbau erfolgte in einen Zweiachser der Gattung E, mit einem Trieb- und einem Laufdrehgestell ausgestattet, woraus sich die Achsanordnung Bo'2' ergab[7]. Die Plattformen, auf denen sich die Führerstände befanden, bekamen einen bescheidenen Wetterschutz. Ähnlich wie bei den anderen Triebwagen erhielt er die Bezeichnung AW und die Ordnungsnummer 1.

Der Anstrich des Fahrzeuges war elfenbein-hellblau. Das Fahrzeug wurde zuerst zwischen Stuttgart und Cannstatt und auf der Umgehungsbahn von Kornwestheim nach Untertürkheim eingesetzt. 1903 wird der Akkumulatorenwagen als zum Maschineninspektionsbezirk Ulm gehörig aufgeführt. Er diente in dieser Zeit dem Nahverkehr zwischen Ravensburg und Friedrichshafen.

Die Spitzengeschwindigkeit ging über 40 km/h nicht hinaus.

Nach dem vermehrten Einsatz der Motorwagen der Klasse DW war das Fahrzeug als Einzelstück überflüssig und nach Ausbau der Batterien und Führerstände kam der Wagen zum Werkzug der Hauptwerkstätte Esslingen.

Elektrische Triebwagen

Wenn auch die Elektrifizierung in Württemberg erst lange nach dem Jahre 1920 erfolgte, so muß doch die Konstruktion der elektrischen Triebwagen für den Stuttgarter Vorortverkehr als spezifisch württembergische Konzeption betrachtet werden. Durch tatkräftige Unterstützung des Landes wurde dieses Vorhaben erst ermöglicht. Die Maschinenfabrik Esslingen baute 1932 den mechanischen, BBC den elektrischen Teil der elektrischen Triebwagen elT 1201—1216[8]. Mit diesen Fahrzeugen wurden noch Steuerwagen der gleichen Bauart in Auftrag gegeben. Sie erhielten die Nummern BC 4 i el S 2201 bis 2212[9]. Als Zwischenwagen wurden Nachbauten der ›Doppelwagen‹, jener bewährten Esslinger Bauart, vorgesehen. Sie wurden als Zweit- und Drittklaßwagen unter den Nummern BB i el 2685 bis 2696 und CC i el 2650 bis 2684 eingereiht[10]. Nach diesem Vorbild wurden auch bei den Trieb- und Steuerwagen die Einstiege konstruiert. Sie erhielten dieselben Nischen wie die bekannten Vorortwagen. Der Fahrgastfluß war auch hier einwandfrei gewährleistet.

Literatur, Quellen, Anmerkungen

1 Bennett, H. Douglas: The Royal Wuerttemberg Railway. — In ›The Railway Magazine‹, Vol. VIII, January to June 1901, London 1901, S. 169 f.
2 Mayer, a. a. O., S. 142.
3 Loch: Triebwagen. — In ›Das deutsche Eisenbahnwesen der Gegenwart‹, Band 1, Berlin 1911, S. 183.
4 Königlich Württembergische Staatseisenbahnen: Verzeichnis des Lokomotiven-Bestandes am 1. April 1906.
5 Königlich Württembergische Staatseisenbahnen: Graphischer Fahrplan, gültig ab 1. Oktober 1913.
6 Born, Erhard: Lokomotiven und Wagen der deutschen Eisenbahnen. — Mainz und Heidelberg 1967³, S. 69.
7 Hess, Ottmar: Der schwäbische Akkumulatorenwagen. – In LOK-MAGAZIN Nr. 7/1964, Stuttgart 1964, S. 68 ff. – Foto in LOK-MAGAZIN 9, S. 47.
8 Merkbuch der Fahrzeuge der Reichsbahn. III. Elektrische Lokomotiven und Triebwagen aller Antriebsarten, 939c, Angabe 1932, Berlin 1932, S. 50/51.
9 Merkbuch der Fahrzeuge der Reichsbahn. III., a. a. O., S. 52/53.
10 Merkbuch der Fahrzeuge der Reichsbahn. III., a. a. O., S. 56/57.

82./83. *Alte Rosen-steinbrücke*

84. Dampftrieb-
wagen Nr. 15
in Reutlingen

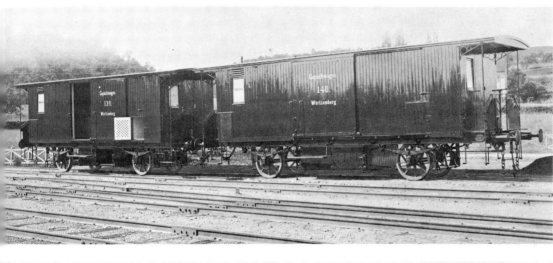

85. Gepäckwagen
der SIG,
Baujahr 1869

86. Vorortwagen
(»Doppelwagen«)

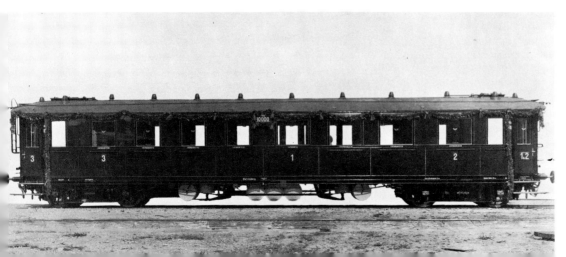

87. ABCCü. Der
10 000.
von der ME
gebaute Wagen

Die Wagen

Einleitung

Die Entwicklung der Wagen bei den K.W.St.E. war weitgehend beeinflußt durch Ludwig Klein, der sich gleich von Anfang an auch hier wie bei den Lokomotiven durch das amerikanische Vorbild leiten ließ. Konsequent wurden dabei die Prinzipien verfolgt, die dort galten und sich auch bewährten. Die wichtigsten Merkmale der amerikanischen Wagen waren die beiden zweiachsigen Drehgestelle, die den langen Wagenkasten trugen. Erstmals wurde dieses System durch den Amerikaner Ross Winans 1834 bei der Baltimore-Ohio-Bahn im Jahre 1834 angewendet[1]. Der Wagengrundriß zeigte Quersitze beiderseits eines Mittelgangs und an den Stirnwänden des Wagenkastens Plattformen mit bequemen Aufstiegen. Auf den Plattformen befanden sich auch die Handbremsen. Ludwig Klein hatte auf die Wagenbeschaffung in seinem Gutachten vom 8. Juni 1844 hingewiesen und die Eisenbahnkommission, die neben den Baufragen auch für die Beschaffung von Rollmaterial verantwortlich war, ließ sich von seinen überzeugenden Argumenten leiten und fuhr nicht schlecht dabei. Ein Musterfahrzeug wurde von der Firma Eaton Gilbert & Cie. in New York bestellt. Klein hatte in seinem Gutachten auch die Frage erwogen, ob die Staatseisenbahnen in eigener Regie den Bau von Wagen aufnehmen sollten. Er stellte darauf den Antrag, »daß die Herstellung der 62 Wagen, welche der Bahnbetrieb zwischen Esslingen, Stuttgart und Ludwigsburg erfordere, an sachverständige und zuverlässige Unternehmer in Akkord gegeben und hierbei zur Bedingung gemacht werde, daß der Bau in oder in der Nähe von Stuttgart unter der unmittelbaren Aufsicht der Kgl. Eisenbahnkommission stattfinde«[2].

Da Emil Keßler damals noch nicht sein Werk in Esslingen eröffnet hatte, beauftragte die Eisenbahnkommission die Firma Winkens & Co in Halle an der Saale, mit einer Bestellung vom 25. April 1845, folgende Wagen zu liefern:

2 vierachsige Personenwagen I. und II. Klasse
2 vierachsige Personenwagen II. Klasse
4 vierachsige Personenwagen III. Klasse
2 zweiachsige Gepäckwagen
2 vierachsige offene Güterwagen
4 zweiachsige offene Güterwagen

Als ›Richtschnur‹ wurden Zeichnungen mitgeliefert, die nach dem amerikanischen Musterwagen angefertigt wurden. Bedingung war die Herstellung der Wagen im Raume von Stuttgart oder Cannstatt unter sachkundiger Anleitung durch die Facharbeiter der genannten Waggonfabrik[3]. Nachdem im Jahre 1847 Emil Keßler sein Werk in Esslingen gegründet hatte, übernahm er dort die Herstellung der Schienenfahrzeuge, die alle noch nach den Musterzeichnungen aus Amerika angefertigt wurden.

Mit den amerikanischen Fahrzeugen wurde auch deren Kupplungssystem übernommen. Während das englische gleich von Anfang an die Seitenpuffer kannte, waren die Amerikaner-Wagen mit einem Kuppeleisen in der Mitte ausgerüstet, das in die Kuppelgabel der beiden zu verbindenden Wagen eingeführt und mit einem Kuppelbolzen, damals ›Nagel‹ genannt, festgehalten wurde[4].

Die amerikanische Kupplung wurde in Württemberg noch mindestens bis zum Jahre 1860 angewandt. Von dieser Zeit an wurde die Umstellung auf die neue Zug- und Stoßvorrichtung nach englischem Muster mit Seitenpuffern durchgeführt.

Die Klassifikation der Wagen der K.W.St.E.

Personenwagen

Salonwagen	Litera A
Cavalierwagen	Litera A
Dienerschaftswagen	Litera A
Coupéwagen I. Klasse	Litera A
Durchgangswagen I. Klasse	Litera A
Durchgangswagen I. und II. Klasse	Litera A
Coupéwagen I. und II. Klasse	Litera A
Durchgangswagen II. Klasse	Litera B
Durchgangswagen II. und III. Klasse	Litera BC
Durchgangswagen II. Klasse	Litera D
Coupéwagen II. Klasse	Litera D
Durchgangswagen II. und III. Klasse	Litera A^c
Durchgangswagen II. und III. Klasse	Litera D^a
Durchgangswagen III. Klasse	Litera C
Durchgangswagen III. Klasse	Litera E
Durchgangswagen IV. Klasse	Litera E^4
Gefangenen- und Krankenwagen	Litera Gef

Postwagen

Postwagen	Litera Post

Gepäckwagen

Gepäckwagen	Litera Gep.
Gepäckwagen mit Postabteil	Litera Gep Post
Gepäckwagen mit Bremszahnrad	Litera Gep. Z
Gepäckwagen mit Postabteil mit Bremszahnrad	Litera GepPostZ

Bedeckte Güterwagen

Bedeckte Güterwagen	Litera F
Bedeckte Güterwagen	Litera H
Bedeckte Güterwagen	Litera HS
Bierwagen	Litera H
Küchenwagen	Litera H
Pferdestallwagen	Litera H
Doppelbodige Viehwagen	Litera M
Einbodige Viehwagen	Litera V
Heizwagen	Litera H

Offene Güterwagen

Offene Güterwagen	Litera G
Offene Güterwagen	Litera J

Offene Güterwagen	Litera O
Kieswagen	Litera N
Eiserne Kohlenwagen	Litera K
Tarierwagen	Litera K
Plattformwagen	Litera S
Schmalspurtransportwagen	Litera SS mit Ladegleis 1000 mm
Schmalspurtransportwagen	Litera SSS mit Ladegleis 1000 mm und 750 mm
Langholzwagen	Litera L
Kesseltransportwagen	Litera R
Latrinenwagen	Litera J
Salztransportwagen	Litera J
Cichorientransportwagen	Litera J
Düngerwagen	Litera J
Torfwagen	Litera J

Die Lieferer der K.W.St.E. sind sehr zahlreich. Es fällt vor allem auf, daß in der ersten Zeit auch solche Firmen auftauchten, die ihre Aufträge noch in handwerklicher Art erledigten und später nicht mehr im Waggonbau waren.

Viele andere Firmen haben sich im Verlauf der Jahre fusioniert, andere änderten ihre Bezeichnungen, wieder andere gaben den Bau von Wagen gänzlich auf. Daß Firmen vom ganzen Kontinent vertreten sind, versteht sich von selbst. Selbstverständlich konnte die Maschinenfabrik Esslingen nicht allein den Bedarf der Staatsbahnen befriedigen, deshalb wurden die Aufträge an günstige Produzenten im In- und Ausland vergeben.

Folgende Firmen traten als Lieferanten auf:
Bruderhaus Reutlingen
Blessing Hemmingen
Baume et Marpent Haine — St. Pierre
Bochumer Verein Bochum
Daimler Motorengesellschaft Untertürkheim
de Dietrich & Cie Bad Niederbronn
Eberhardt Ulm
Eaton Gilbert & Cie New York
Fuchs Heidelberg
Gebrüder Gastell Mombach
Maschinenfabrik Kirchheim unter Teck
Münch Stuttgart
La Metallurgique Société Anonyme Bruxelles
Maschinenbau Aktiengesellschaft Nürnberg
J. C. Lüders Görlitz

Schweizerische Industriegesellschaft Neuhausen am Rheinfall
Waggonfabrik Nöll & Co Würzburg
Waggonfabrik Rastatt
Vereinigte Königs- und Laurahütte
Süddeutsche Waggonfabrik Kelsterbach
Maschinenfabrik Esslingen
J. C. Reifert Bockenheim bei Frankfurt
Joseph Rathgeber München
Schmieder & Mayer Karlsruhe
Société Serpollet Paris
Traub & Cie Dettingen bei Urach
Königliche Wagenwerkstätte Cannstatt
Königliches Hüttenwerk Wasseralfingen
Waggonfabrik Ludwigshafen
van der Zypen & Charlier Köln-Deutz
Winkens Halle an der Saale

Die Tabellen sagen uns das Nötige über die Wagen aus, so daß wir uns hier auf die wichtigsten Merkmale und Eigenheiten beschränken können.

Die Personenwagen

Die amerikanische Wagenform, in der Fachsprache als ›Intercommunications-wagen‹ bezeichnet, hatte sich in Württemberg so gut bewährt, daß andere Wagenarten, vor allem im Sinne des Coupéwagens englischer Prägung, sich hier-zulande kaum durchsetzen konnten, wenngleich der Versuch unternommen wurde. Schon von Anfang wiesen die württembergischen Personenwagen die Grund-voraussetzungen an Bequemlichkeit auf, die man in den ersten Jahren der Eisen-bahn ohne weiteres verlangen konnte. Selbst die Drittklaßwagen waren mit Fen-stern versehen.

Die Untergestelle der Wagen bestanden bis zu Beginn der sechziger Jahre aus stabilem Eichenholz heimischer Herkunft. Aus demselben Werkstoff waren auch die Drehgestelle gefertigt. Die Längsbalken der Drehgestelle waren beidseits mit Blech beschlagen, die, zu Achslagerführungen ausgebildet, zwischen sich die Trag-federn aufnahmen. Die Längsträger wurden ab 1860 und die Drehgestelle ab 1866 gänzlich aus Eisen hergestellt. Der Drehgestellradstand war anfänglich sehr knapp. Er betrug in der Zeit der ersten Eisenbahnen nur 1225 mm, wurde dann auf 1445 mm und später sogar noch auf 1605 mm erweitert. Diese kleinen Ver-besserungen, die mit der Zeit alte Mängel verdrängten, änderten aber keineswegs die Konzeption der Wagen hinsichtlich ihres Raumprogrammes.

175

Die Drehgestellfahrzeuge wurden entsprechend den Prototypen der ersten Tage immer wieder bis in die sechziger Jahre hinein weitergebaut. In jenen Jahren wurde auch schon der Wunsch laut, für Züge mit geringerem Verkehrsaufkommen kleinere Wagen zu beschaffen. Diese wurden als Zweiachser ausgeführt, die aber in dem Grundrißschema genau dem amerikanischen Prinzip des Durchgangswagens entsprachen und ebenfalls an den beiden Stirnseiten Plattformen besaßen.

Wenn seit den sechziger Jahren versuchsweise Coupéwagen eingeführt wurden, so wurden diese Fahrzeuge hauptsächlich für den Schnellzugdienst eingesetzt. In der Ära Klose wurden erstmals auch Dreiachser beschafft, deren Kurvenläufigkeit durch die bekannten Vereinslenkachsen erzielt wurde. Diese Konstruktionen sind natürlich auf Adolf Klose selbst zurückzuführen, dessen Lieblingsgebiet ja schließlich die Beschäftigung mit der Kurvenläufigkeit war.

Übrigens war der Durchgangswagen in Württemberg so beliebt, daß die Abteilwagen englischer Prägung nie die Sympathie des reisenden Publikums erringen konnten. Eine Wiedergeburt der Drehgestellwagen brachte die Zeit vor der Jahrhundertwende, als die Schnellzugwagen neuer Art aufkamen, die in sich die guten Seiten der Coupébauart und der Durchgangsbauart zu vereinigen suchten. Auch die Personenzugwagen erfuhren eine Renaissance im Sinne der alten ›Amerikaner‹. Diese Fahrzeuge, die um jene Zeit noch reichlich im Einsatz waren, wurden lediglich zurückgestuft und vor allem im Nahverkehr verwendet.

Auch bei den Zweiachsern gab es neue Bauarten, die vor allem nach der Jahrhundertwende bei dem Zuwachs der vielen Nebenbahnen notwendig wurden. Dafür konnten dann alte Zweiachser zurückgestuft oder gänzlich aus dem Verkehr gezogen werden. Auch hier wurde bei den Neubauten die bewährte Konzeption des Durchgangswagens beibehalten und teilweise durch Untergliederung in zwei Raumteile für Raucher und Nichtraucher verbessert. Diese Neubauwagen wurden dann die typischen Nebenbahnfahrzeuge der K. W. St. E.

Der Bau der Doppelwagen oder ›Vorortwagen‹, wie sie auch genannt wurden, war ein weiterer beachtlicher Fortschritt. Auch hier wurde das bewährte System des Intercommunicationswagens beibehalten mit der einzigen Ausnahme, daß anstelle der offenen Plattformen zurückliegende Eingangstüren kamen. Fortschrittlich war der Gedanke an den Fahrgastfluß. Die Doppeltüren in der Wagenmitte dienten nur zum Einsteigen und die anderen an den Enden nur zum Aussteigen. Jeweils zwei Wagen waren zu einer Wageneinheit zusammengefaßt. Beide Wagen, die ein Paar bildeten, waren kurzgekuppelt und mit einem Faltenbalg abgedeckt. An den Wagenstirnwänden eines jeden Paares befanden sich normale Türen und Übergangsbrücken und auch die üblichen Stoß- und Zugvorrichtungen.

Diese neue Schöpfung bildete im Wagenbau eine Sensation. »Die Einführung der neuen Wagenform auf einer deutschen Staatsbahn in einer Zeit der Typisierung des bestehenden Materials ist eine Tat, die ähnlichen voraussehenden Gedankengängen entspringt, mit denen seinerzeit Klein entgegen allem Hergebrachten das Durchgangssystem in Württemberg durchgesetzt hat« [5].

Es wären hier noch die Besonderheiten im württembergischen Personenwagenbau anzuführen.

Für die beiden Zahnradstrecken Honau—Lichtenstein und Freudenstadt—Friedrichstal wurden besondere Bauarten von Personenwagen beschafft, die nach dem System reine Durchgangswagen darstellten und als Dreiachser mit Bremszahnrad auf der Mittelachse konstruiert wurden. Um dem Transportbedürfnis für »höchste und allerhöchste Herrschaften« Genüge zu tun, mußten die Staatseisenbahnen natürlich auch einen besonderen Park an Hof- und Salonwagen bereithalten. Diese Fahrzeuge konnten untereinander nach Bedarf zusammengekuppelt werden. Häufiger war aber die Beförderung solcher Fahrzeuge mit Planzügen. Neben verschiedenen Zwei-, Drei- und Vierachsern bildete das Glanzstück aber der Sechsachser A 20 von König Wilhelm II., ein höchst moderner Salonwagen mit dunkelblauem Anstrich. Dieses Fahrzeug erfreute sich bei dem letzten württembergischen Regenten großer Beliebtheit. Er benützte den Wagen bei seinen Fahrten an die Riviera, zu seiner Sommerresidenz Friedrichshafen am Bodensee, zu Inspektionsfahrten zu den Garnisonen im Lande und während des ersten Weltkrieges zu Fahrten an die Fronten in Flandern und in Polen [6]. Schließlich dürfen auch die Schmalspurbahnen mit ihrem einheitlichen und nur auf wenige Arten beschränkten Wagenpark nicht vergessen werden. Die Fahrzeuge der 1 000 mm-Spur unterschieden sich kaum von denen der 750 mm-Spur. Diese Vereinheitlichung war auch wichtig für die Ersatzteilbeschaffung und für anfallende Reparaturen. Etwas Einmaliges war der einheitliche Abschluß der Plattformen dieser Fahrzeuge. Die Drehtüren war eine typische Schöpfung von Adolf Klose.

Das Mehrklassensystem für den Personentransport hatte sich in Württemberg von Anfang an durchgesetzt. Es gab die I., II. und III. Wagenklasse. Die 4. Klasse (stets im Gegensatz zu den Klassen I—III in arabischen Zahlen angeschrieben), wurde erst im Jahre 1906 in Württemberg eingeführt. Alte Fahrzeuge, zum Teil noch aus der Anfangszeit, wurden damals zur 4. Klasse zurückgestuft.

Dabei spielte zur Unterscheidung der Wagen schon von außen her eine bestimmte Farbgebung eine Rolle. Es wurde zwischen olivgrün, zitrongelb und rotbraun unterschieden.

Grün war die Farbe der Wagen der I. Klase und der kombinierten Wagen der I. und der II. Klasse. Dabei spielte es keine Rolle, ob es sich um Intercommunicationswagen oder Coupéwagen handelte. Die Wagen der II. Klasse hatten den gelben Anstrich. Diese Farbe scheint sehr heikel gewesen zu sein, da sie in ihrem hellen Farbton zu sehr der Verschmutzung durch Rauch und Ruß ausgesetzt war.

Deshalb muß schon um die Jahrhundertwende diese Farbgebung durch das Olivgrün der I. Klasse ersetzt worden sein. Einen eindeutigen schriftlichen Beweis
haben wir in der Schilderung eines Engländers, der um 1900 einen Besuch in
Württemberg unternahm und seine Erfahrungen und Erlebnisse unter dem Titel
›The Royal Wuerttemberg State Railway‹ niederschrieb: »First and second class
coaches are painted a dark olive green and varnished, the part reserved for first
class having, as a distinction, a thin yellow line painted round the part of the
carriage; third - class coaches are of reddish - brown colour, unvarnished, and
all coaches have Roman numerals denoting their class painted on the sides in
yellow or gold« [7].

Außer den laufenden Statistiken in den Verwaltungsberichten der Verkehrsanstalten, in denen noch bis in die neunziger Jahre die Farben angegeben waren,
gibt uns dieser Bericht genauer darüber Auskunft. Außerdem sind wir noch in
der glücklichen Lage, ein Meisterbild eines württembergischen Impressionisten zu
besitzen, das im Besitz der Galerie der Stadt Stuttgart befindliche Gemälde
›Alter Stuttgarter Bahnhof 1908‹. Der Maler, Hermann Pleuer, dessen Eisen-
bahndarstellungen von einer Genauigkeit sowohl in Zeichnung als auch in Malerei
zeugen, bestätigt uns die Bemerkungen über die Farbe der Personenwagen in dem
englischen Reisebericht. Olivgrün und rötlichbraun sind die Personenwagen
und dunkelgrün die Post- und Güterwagen [8].

Diese Farbdokumente sind heute noch der einzige sichere Hinweis und wir können
uns glücklich darüber schätzen.

Die Gepäckwagen

Die ersten beiden Gepäckwagen der württembergischen Eisenbahnen waren zwei
Zweiachser, denen später Vierachser in der amerikanischen Bauart folgten. Diese
Fahrzeuge erhielten in der Folgezeit auch Postabteile, die erst mit der Einführung
der eigentlichen Postwagen wieder wegfielen.

Von der Mitte der sechziger Jahre an kamen in stärkerem Maße auch zweiachsige
Gepäckwagen hinzu, die eigentlich schon sehr bald die Formen zeigten, in denen
dann von den neunziger Jahren ab systematisch Gepäckwagen gebaut wurden.
Der vermehrte Bau von Nebenbahnen hatte zur Folge, daß der Bau dieser
Wagengattung sehr intensiv betrieben wurde. Es wurde allmählich jener unver-
kennbare württembergische Typus des Gepäckwagens geschaffen, der vor allem
durch seinen Oberlichtaufbau über dem Zugführerabteil auffiel. Diese Art wurde
in zweiachsiger und dreiachsiger Form ausgeführt, mit einem und mit zwei Tür-
paaren. Eine Bauart mit gewölbtem Dachaufbau war, da sie vor allem auch im
Schnellzugsverkehr verwendet wurde, mit Faltenbalg ausgestattet. Außerdem

gab es auch einen Vierachser mit Dachaufbau in der Mitte als Gepäckwagen für Schnellzüge. Für Honau — Lichtenstein wurde eine Sonderbauart geschaffen, eine Dreiachsausführung mit Bremszahnrad auf der mittleren Achse.

Neben dem reinen Gepäckwagen wurde in großen Stückzahlen der Mischtyp ›Gepäckwagen mit Postabteil‹ in Auftrag gegeben. Auch bei den Schmalspurfahrzeugen gab es eine fast einheitliche Ausführung, nach Bedarf mit und ohne Postabteil.

Die Farbe der Gepäckwagen war dunkelgrün. Ihre Beschriftung, die außer dem Wort ›Württemberg‹ noch die Ordnungszahl aufzuweisen hatte, war weiß.

Die Postwagen

Die ersten Postwagen der K. W. St. E. kamen 1861 zum Einsatz. Dieser Wagenpark wurde erstmals 1869 durch 40 neue Postwagen von der Schweizerischen Industrie-Gesellschaft (SIG) ersetzt. Die 58 Fahrzeuge der Beschaffungsperiode 1869—1875 hatten ursprünglich noch kein Oberlicht. Erst die 10 Wagen von 1878 erhielten gleich von Anfang an den für die Bahnpostwagen so charakteristischen Oberlichtaufbau. Alle Wagen trugen die Aufschrift »Königl. Württ. Post« und waren wie die Güterwagen grün gestrichen. Als spezifisch württembergische Besonderheit wären in diesem Zusammenhang die außenlaufenden Schiebetüren zu erwähnen.[9]

Die Güterwagen

Die Güterwagen wurden zunächst in die beiden Obergruppen bedeckte und offene Güterwagen gegliedert. Ihre Farbe war dunkelgrün[10]. Die bedeckten Güterwagen waren zunächst, zusammengefaßt in der Gattung F Vierachserwagen aus der ersten Zeit der Staatseisenbahnen. Diese Fahrzeuge hatten jeweils zwei Bremsplattformen an beiden Stirnwänden.

Mitte der sechziger Jahre, zur selben Zeit als auch bei den Personenwagen in verstärktem Maße zweiachsige Fahrzeuge beschafft wurden, kam es auch zur Beschaffung größerer Stückzahlen von bedeckten Güterwagen der Gattung H. Eine verbesserte Fortführung dieser Bauart bildete die Reihe HS.

Zum Kleinviehtransport diente der doppelbödige Viehwagen der Gattung M, der in halber Höhe von einem Zwischenboden durchzogen war. Dem Großviehtransport diente dieselbe Bauart, jedoch ohne Zwischenboden, die unter der Gattung V eingereiht war. Beide Arten von Viehwagen hatten in den Seitenwänden die Schlitze zur Durchlüftung.

Die offenen Güterwagen der ältesten Bauart waren die vierachsigen der Gattung G. Diese hatten niedere Wände, während die der Spielart GS mit Rungen ausgegerüstet waren. Waren die Wagen der Gattung G und GS niederbordig ausgebildet, so waren die Zweiachser der Gattung J hochbordige offene Güterwagen. Die Fahrzeuge der Reihe O hatten Seitenwände, die weniger Höhe als die der Gattung J aufwiesen. Dafür hatten sie die größere Ladefläche. Eine Sonderform war die Gattung OL. Diese war als Niederbordwagen mit einem Drehschemel in der Wagenmitte für den Transport von Langholz und Brettern ausgebildet.

Niederbordwagen, ebenfalls zweiachsig, mit verhältnismäßig kurzem Radstand waren die unter N aufgeführten Kiestransportwagen. Eine Abart war die Gattung NL, die aus den Kieswagen für den Brettertransport hergerichtet wurde. Die eisernen Kohlenwagen der Serie K zeigten eine sehr robuste Bauart. An diesen Fahrzeugen stand der Hinweis: ›Für artilleristische Zwecke ungeeignet‹.

In großer Zahl beschafft wurden die Plattformwagen der Serie S mit niederen Bordwänden und hölzernen Rungen.

Die Spezialwagen waren großenteils Fahrzeuge, die der einen oder anderen Gattung zugehörten und durch spezielle Veränderungen oder Ergänzungen umgeändert wurden. So wurden mehrere Fahrzeuge der Serie H zu Bierwagen umgewandelt und entsprechend gekennzeichnet. Ebenfalls in diese Gattung gehörten auch die Küchenwagen, die mit einem kompletten Herd, den nötigen Vorrats- und Brennstofflagerräumen ausgestattet waren. Noch zur Gruppe H gehörte der Pferdestallwagen, der in verschiedenen Varianten, mit und ohne Pferdeboxen, ausgeführt wurde. Die letzte Spielart der Serie H bildeten die beiden Heizwagen, in denen alte Lokomotiv-Kessel eingebaut waren. Diese Fahrzeuge dienten zum Aufheizen.

Die Spezialfahrzeuge

Bei den offenen Güterwagen gab es etliche Spezialfahrzeuge. Wagen der Gattung K waren als Tarierfahrzeuge ausgebildet. Für den Transport und den Austausch von Schmalspurfahrzeugen dienten die Transportwagen der Reihen SS und SSS. Die Fahrzeuge der Gattung SS hatten ein Ladegleis mit 1000 mm Spurweite, während bei SSS vier Schienen vorhanden waren und zwar für die beiden Schmalspurweiten 1000 mm und 750 mm. Sie hatten die Aufgabe, die Betriebsmittelübergabe und den Austausch sowie den Transport von und zu den Werkstätten herzustellen.

Besondere Aufgaben fielen noch weiteren Spezialfahrzeugen zu. So gab es Kesseltragwagen, die sich für den Transport sperriger Kessel eigneten. Mit dem Aufkommen der Bahngaswerke für die Zwecke der Zugbeleuchtung wurden auch Gaswagen mit zwei und drei längsliegenden Kesseln erforderlich.

Eine besondere Bedeutung hatten die Latrinenwagen für den Fäkalientransport von den Städten auf das Land, wo in der Landwirtschaft viele Abnehmer waren. Die Salzwagen waren für den Bedarf der Salzbergwerke und Salinen, deren es in Württemberg mehrere gab, erforderlich. Für den Bedarf der zichorienverarbeitenden Industrie waren besondere Transportwagen erforderlich. Die Torfwagen dienten vor allem in Oberschwaben, wo noch längere Zeit Lokomotiven mit Torf befeuert wurden, als Transportfahrzeuge vom Torfried Herdtle zu den Lokomotivstationen in Friedrichshafen und Aulendorf. Die Seitenwände waren besonders hoch ausgebildet, damit die Fracht nicht verweht werden konnte.

Die Schmalspurgüterwagen

Bei den Schmalspurbahnen beider Spurweiten wurde ein großer Güterwagenpark vorgehalten. Vor allem waren es Langholzwagen und offene Güterwagen. Die bedeckten Güterwagen waren im Gegensatz zu den Schmalspurpersonenwagen drei- oder vierachsig ausgebildet. Bei den vierachsigen Ausführungen der Meterspurbahn Nagold — Altensteig war bemerkenswert, daß es sich um keine Drehgestellfahrzeuge handelte, sondern um Ausführungen mit Lenkachsen.[11]
Zu den Spezialfahrzeugen und zu den Fahrzeugen der Schmalspurbahnen gehörten auch die Rollböcke, die es ermöglichten, Normalspurfahrzeuge ohne Umladen an ihre Bestimmungsbahnhöfe auf Schmalspurstrecken zu bringen. Sie waren in sehr großer Zahl beschafft worden. Auffallend ist die Tatsache, daß es nur Rollböcke und keine Rollschemel gab.[12]

Ausklänge in die Zeit nach 1920

Bewährte Bauarten wurden auch nach dem Übergang der Staatsbahnen an das Reich als ›Nachbauten‹ weiterhin beschafft. Vor allem bei den Personenwagen die ›Vorortwagen‹ und verschiedene Arten der Gepäckwagen.
In erster Linie handelte es sich dabei um den Weiterbau der schon erwähnten Doppelwagen. Diese Gattung, die durch die ideale Trennung von Ein- und Ausgängen den Fahrgastfluß beim Berufsverkehr in den Ballungszentren des Landes sehr gut löste, wurde in größeren Stückzahlen zur Reichsbahnzeit noch bis zu Beginn der dreißiger Jahre weitergebaut. Vor allem geschah dies, als für die bevorstehende Elektrifizierung des Stuttgarter Vorortsverkehrs zwischen Ludwigsburg und Esslingen zu den erforderlichen Trieb- und Steuerwagen die nötigen Mittelwagen benötigt wurden. Es wurden immerhin noch 93 Fahrzeuge dieser Art nach dem Übergang an die Reichsbahn geliefert.

Die Schmalspurfahrzeuge erhielten ebenfalls noch Nachlieferungen der Personenwagen der 300er-Reihe, die dann mit der Nummer 411 endeten.[13]

Für die Meterspurbahn Nagold — Altensteig wurden 1935 vier moderne Drehgestellpersonenwagen beschafft, die die alten Traditionen der Wagen mit den offenen Plattformen fortführten, die aber dennoch den modernen Anforderungen entsprachen. Sie stellten allerdings schon einen Übergangstyp zwischen den alten Staatsbahnbauarten und dem Typ des Einheitspersonenwagens dar.

Wenn man von einigen Gepäck- und Postwagen absieht, die ebenfalls in jener Zeit gekauft wurden, dann war auch der Wagenbau in spezifisch württembergischer Art zum Stillstand gekommen und der Einheitswagen begann sich immer stärker auszubreiten. Zu diesen neuen Fahrzeugen kamen auch noch viele Altfahrzeuge, die bisher in Württemberg wenig Anklang gefunden hatten, vor allem die alten preußischen Coupé-Wagen.

Trotzdem bestimmten die württembergischen Wagentypen noch lange Jahre das Bild auf den Strecken des Landes, bis schließlich nach Mitte der fünfziger Jahre das große Sterben der alten Länderbahnfahrzeuge begonnen hatte und mit den Beständen schließlich restlos aufgeräumt wurde.

Literatur, Quellen, Anmerkungen

1 Mayer, a. a. O., S. 177.
2 Mayer, a. a. O., S. 178.
3 Mayer, a. a. O., S. 178.
4 Born, a. a. O., S. 115.
5 Mayer, a. a. O., S. 187.
6 Dost, Paul und Niel, Alfred: Der rote Teppich. — Stuttgart 1963, S. 161.
7 Bennet, Douglas: The Royal Wuerttemberg State Railway. — In ›The Railway Magazine‹, Vol. VIII, January to Juni 1901, London 1901, page 213.
8 Gauss, Ulrike: Pleuer und die Eisenbahn. Katalog zur Ausstellung, Stuttgart 1978, S. 69 und 66.
9 Mühl, Albert: Die bayerischen und württembergischen Bahnpostwagen. in: LOK-MAGAZIN 1980, Stuttgart 1980.
10 Bennet, a. a. O., S. 214.
11 Seidel, Kurt: Schmalspur in Baden-Württemberg, Schwäbisch Gmünd 1977, S. 181.
12 Seidel, Kurt, a. a. O., S. 207 ff.
13 Seidel, Kurt, a. a. O., S. 189.

Tabellen

1. Verzeichnis der Lokomotiven und Triebwagen (Gesamtverzeichnis)

Betriebs-Nr.		Namen		Klasse	Bauart	Baujahr	Erbauer	Fabrik-Nr.
		ursprünglich	umbenannt Jahr in ( )					
	1	Donau		I	2'B	45	Norris	.
	2	Fils		I	2'B	45	Norris	.
	3	Jaxt		I	2'B	45	Norris	.
	4	Neckar		II	1'B	45	Baldwin	223
	5	Enz		II	1'B	45	Baldwin	224
	6	Rems		II	1'B	45	Baldwin	225
Ersatz	1	Donau	(95) Endersbach	D	2'B	61	WE	–
Ersatz	2	Fils	(96) Pluederhausen	D	2'B	61	WE	–
Ersatz	3	Jagst	(96) Waldhausen	D	2'B	61	WE	–
Ersatz	4	Neckar	(96) Kornthal	D	2'B	58	WE	–
Ersatz	5	Enz	(95) Winterbach	D	2'B	58	WE	–
Ersatz	6	Rems	(96) Ditzingen	VII/D	2'B	56	WE	–
	7	Stuttgart		III	2'B	46	Keßler Carlsruhe	.
	8	Ludwigsburg		III	2'B	46	Keßler Carlsruhe	.
Ersatz	8	Ludwigsburg		F	C-n 2	80	ME	1775
	9	Cannstatt		III	2'B	46	Keßler Carlsruhe	.
	10	Eyach		III	2'B	46	Keßler Carlsruhe	.
Ersatz	9	(Esslingen)	(64) Cannstatt	D	2'B	64	ME	681
Ersatz	10	Eyach		D	2'B	64	ME	682
	11	Besigheim		III	2'B	46	Keßler Carlsruhe	.
	12	Heilbronn		III	2'B	46	Keßler Carlsruhe	.
	13	Riss	(96) Hoefen	III	2'B	47	Maffei	18
	14	Bodensee		III	2'B	47	Maffei	19
	15	Schussen	(96) Calmbach	III	2'B	48	ME	9
	16	Esslingen		III	2'B	47	ME	1
	17	Plochingen		III	2'B	47	ME	2
	18	Bietigheim		III	2'B	47	ME	3
Ersatz	18	Bietigheim		F	C-n 2	80	ME	1776
	19	Lauffen		III	2'B	48	ME	4
	20	Zaber	(96) Willsbach	III	2'B	48	ME	5
	21	Stauffen		III	2'B	48	ME	6
	22	Rechberg		III	2'B	48	ME	7
	23	Stromberg		III	2'B	48	ME	8
	24	Rosenstein		III	2'B	47	Maffei	20
	25	Kocher	(96) Essingen	III	2'B	49	ME	15
	26	Wartberg		III	2'B	49	ME	16
	27	Argen		III	2'B	49	ME	17
	28	Teck	(64) Glatt	III	2'B	49	ME	18
	29	Biberach		III	2'B	49	ME	19
	30	Alb		IV	C-n 2	49	ME	20
Ersatz	30	Alb		F	C-n 2	80	ME	1777
	31	Ravensburg		III	2'B	49	ME	21
	32	Ulm		IV	C-n 2	49	ME	22
	33	Iller	(96) Moegglingen	III	2'B	50	ME	23
	34	Waldburg		III	2'B	50	ME	24
	35	Geislingen		IV	C-n 2	50	ME	25
	36	Biau	(95) Niederbiegen	IV	C-n 2	50	ME	26
	37	Helfenstein		IV	C-n 2	51	ME	27
	38	Sachsenheim		III	2'B	51	ME	28
	39	Vaihingen		III	2'B	51	ME	29

(Abkürzungen: ME = Maschinenfabrik Esslingen, WE = Werkstätte Esslingen)

Anmerkungen	Umbauten										aus-gemu-stert
	Jahr	Klasse	Bauart	Anmerkungen	Jahr	Klasse	Bauart	Jahr	Klasse	Bauart	
											~61
											~61
											~61
1854 SCB verkauft											64
1854 SCB verkauft											64
1854 SCB verkauft											64
	75	B3	1B								
	74	B3	1B								12
	74	T4a	2'B-T								
	74	D	1B		92	T2	1B-T				
	76	B3	1B								06
	79	B3	1B								
1864: Klasse D	77	B2	1B		97	Ab	1B				
1864: Klasse D											
	10	F2	C-n2								
1864 an Kirchh.E.B.verk.											
1864 an Kirchh.E.B.verk.											
urspr. als Nr. 140 vorges.	75	T4a	2'B-T								11
urspr. als Nr. 141 vorges.	77	B3	1B								10
1864: Klasse D	69	B3	1B								11
1864: Klasse D	76	B3	1B		95	Fb	1'C				
	71	D	1B		92	T2	1B-T				09
	71	D	1B		90	T2	1B-T				09
	71	D	1B		90	T2	1B-T				
	71	D	1B		91	T2	1B-T				11
	79	B3	1B								
1864: Klasse D											17
	71	B3	1B								05
1864: Klasse D	81	B3	1B								
	70	D	1B		84	B	1B				10
1864: Klasse D	79	B3	1B								
	68	D	1B		91	T2	1B-T				
1864: Klasse D	67	D	1B		93	T2	1B-T				
1864: Klasse D	67	D	1B		93	T2	1B-T				
	69	D	1B		91	T2	1B-T				10
	71	D	1B		92	T2	1B-T				
1864: Klasse D	79	T4a	2'B-T								11
	70	D	1B		90	T2	1B-T				
~56:1.Achse entkupp.	59	E	2'B								~80
	05	F2	C-n2								
1864: Klasse D	70	B3	1B		95	Fb	1'C				
~56:1.Achse entkupp.	59	E	2'B		69	E	2'B-T	81	T4a	2'B-T	03
1864: Klasse D	79	B	1B		83	B3	1B				
1864: Klasse D	67	D	1B		94	T2	1B-T				
~56:1.Achse entkupp.	59	E	2'B		77	T4a	2'B-T				09
~56:1.Achse entkupp.	59	E	2'B		72	T2a	1B-T				
~56:1.Achse entkupp.	59	E	2'B		75	T2a	1B-T				00
1864: Klasse D	75	B3	1B								
1864: Klasse D	81	T4a	2'B-T								13

Betriebs-Nr.	Namen		Klasse	Bauart	Baujahr	Erbauer	Fabrik-Nr.
	ursprünglich	umbenannt Jahr in ( )					
40	Maulbronn		III	2'B	52	ME	30
41	Bretten		III	2'B	52	ME	31
42	Bruchsal		III	2'B	52	ME	32
43	Rhein	(96) Renningen	III	2'B	52	ME	33
44	Schwarzwald		III	2'B	52	ME	34
45	Baden		III	2'B	52	ME	35
46	Achalm	(93) Westerstetten	III	2'B	52	ME	36
47	Lichtenstein	(93) Schoenthal	III	2'B	53	ME	214
48	Pforzheim		III	2'B	53	ME	227
49	Calw		III	2'B	53	ME	228
50	Nagold		III	2'B	53	ME	229
Ersatz 50	Nagold		F	C-n2	80	ME	1778
51	Metter		III	2'B	53	ME	230
52	Schwaben		III	2'B	53	ME	231
53	Pfalz		V	2'B	54	ME	242
54	Hohenheim		V	2'B	54	ME	243
55	Urach		V	2'B	54	ME	244
56	Neuffen		V	2'B	54	ME	245
57	Wuerttemberg		V	2'B	54	ME	246
58	Frankfurt		VI/A	2'B	54	ME	259
59	Leipzig		VI/A	2'B	55	ME	260
60	Magdeburg		VI/A	2'B	55	ME	261
61	Heidelberg		VI/A	2'B	55	ME	262
62	Berlin		VI/A	2'B	55	ME	263
63	Hamburg		VI/A	2'B	55	ME	264
64	Metzingen		VII/D	2'B	56	ME	365
65	Nuertingen		VII/D	2'B	56	ME	366
66	Reutlingen		VII/D	2'B	56	ME	367
67	Kirchheim	(64) Goeppingen	VII/D	2'B	56	ME	368
Ersatz 67	Goeppingen		F	C-n 2	80	ME	1779
68	Echatz	(95) Grunbach	VII/D	2'B	56	ME	369
69	Erms		VII/D	2'B	57	ME	370
Ersatz 69	Erms	(96) Trier	A	1 B	86	ME	2197
70	Lauter		VII/D	2'B	57	ME	371
71	Steinlach		VII/D	2'B	57	ME	372
72	Altenburg		VII/D	2'B	57	ME	373
73	Ammer	(95) Warthausen	VII/D	2'B	57	ME	374
74	Bremen		A	2'B	58	ME	469
75	Cassel		A	2'B	58	ME	470
76	Hannover		A	2'B	58	ME	471
77	Braunschweig		A	2'B	58	ME	472
78	Waiblingen		E	2'B	59	ME	473
79	Schorndorf		E	2'B	59	ME	474
Ersatz 79	Schorndorf		F	C-n 2	72	ME	1169
80	Gmuend		E	2'B	59	ME	475
81	Aalen		E	2'B	59	ME	476
82	Wasseralfingen		E	2'B	59	ME	477
83	Weinsberg		E	2'B	59	ME	478
84	Oehringen		E	2'B	59	ME	479
Ersatz 84	Oehringen		F	C-n 2	72	ME	1170

Anmerkungen	Umbauten										aus-gemu-stert
	Jahr	Klasse	Bauart	Anmerkungen	Jahr	Klasse	Bauart	Jahr	Klasse	Bauart	
1864: Klasse D	76	T 4a	2'B-T								06
1864: Klasse D	78	B 3	1 B		98	Fb	1'C				
1864: Klasse D	77	B 3	1 B								13
	70	D	1 B		90	T 2	1 B-T				
1864: Klasse D	78	B 3	1 B								
1864: Klasse D	77	B 3	1 B		98	Fb	1'C				
1864: Klasse D	69	D	1 B		91	T 2	1 B-T				
1864: Klasse D	67	B 3	1 B								12
1864: Klasse D	69	D	1 B		86	T 4a	2'B-T				13
	80	B 3	1 B								
	09	F 2	C-n 2								
	79	B 3	1 B								05
	79	B 3	1 B								13
1864: Klasse D	69	B 3	1 B								11
1864: Klasse D	69	B 3	1 B								
1864: Klasse D	70	B	1 B		84	B	1 B				
1864: Klasse D	81	B 3	1 B								
1864: Klasse D	79	B 3	1 B								
	69	B	1 B		95	Ab	1 B				
	70	B 2	1 B								11
	69	B 2	1 B		96	Ab	1 B				
	68	B 2	1 B								04
	69	B 2	1 B		00	Ab	1 B				
	78	B	1 B								07
	76	B 3	1 B								
	76	B 3	1 B								03
	76	B 3	1 B								
	09	F 2	C-n 2								
	78	B 3	1 B		96	Fb	1'C				
											12
	80	B 3	1 B								10
	83	B	1 B								11
	82	B 2	1 B								
	77	B 3	1 B		99	Fb	1'C				
	78	B	1 B								13
	68	B 2	1 B		98	Ab	1 B				
	70	B 2	1 B		95	Ab	1 B				
	69	B 2	1 B		94	Ab	1 B				
	77	B 2	1 B								05
1872 an EL verkauft											
	97	F 2	C-n 2								
	74	B	1 B								
	75	B	1 B								
	75	B	1 B								06
	72	B	1 B								
1872 an EL verkauft											
	00	F 2	C-n 2								

1. Lokomotiven und Triebwagen

Betriebs-Nr.	Namen		Klasse	Bauart	Baujahr	Erbauer	Fabrik-Nr.
	ursprünglich	umbenannt Jahr in ( )					
85	Hall		E	2'B	59	ME	480
86	Crailsheim		E	2'B	59	ME	482
Ersatz 86	Crailsheim		F	C-n 2	72	ME	1171
87	Waldenburg		E	2'B	59	ME	483
88	Tuebingen		E	2'B	60	ME	484
89	Rottenburg		E	2'B	60	ME	485
90	Wildbad		D	2'B	60	ME	505
91	Teinach		D	2'B	60	ME	506
92	Niedernau		D	2'B	60	ME	507
93	Mergentheim		D	2'B	60	ME	508
94	Berg		D	2'B	60	ME	509
95	Jagstfeld		D	2'B	60	ME	510
96	Augsburg		A	2'B	60	ME	517
97	Muenchen		A	2'B	60	ME	518
98	Lorch		D	2'B	60	ME	519
99	Brenz	(95) Fellbach	D	2'B	60	ME	520
100	Heidenheim		D	2'B	60	ME	521
101	Koenigsbronn		D	2'B	60	ME	522
102	Ellwangen		D	2'B	60	ME	523
103	Noerdlingen		D	2'B	60	ME	524
104	Ohrn		D	2'B	60	ME	525
105	Kirchberg		D	2'B	60	ME	526
106	Gaildorf		D	2'B	60	ME	557
107	Langenburg	(00) Neufra	D	2'B	60	ME	558
108	Tauber	(96) Nordheim	D	2'B	60	ME	559
109	Nuernberg		D	2'B	60	ME	560
110	Wilhelmsglueck		D	2'B	61	ME	561
111	Friedrichshall		D	2'B	61	ME	562
112	Eger		E	2'B	62	ME	567
113	Kupfer		E	2'B	62	ME	568
114	Bopfingen		E	2'B	62	ME	569
115	Markgroeningen		E	2'B	62	ME	570
116	Kapfenburg		E	2'B	62	ME	571
117	Weibertreu		E	2'B	62	ME	572
118	Stuifen		E	2'B	62	ME	573
119	Braunenberg		E	2'B	62	ME	574
120	Friedrichshafen		D	2'B	62	ME	604
121	Horb		D	2'B	62	ME	605
Ersatz 121	Horb		A	1 B	86	ME	2198
122	Hohentwiel		D	2'B	62	ME	606
123	Bussen		D	2'B	63	ME	607
124	Zavelstein		D	2'B	63	ME	608
Ersatz 124	Zavelstein		F	C-n 2	79	ME	1780
125	Scharfenstein		E	2'B	63	ME	612
126	Buehler		E	2'B	63	ME	613
127	Comburg		E	2'B	63	ME	614
Ersatz 127	Comburg		F	C-n 2	72	ME	1172
128	Einkorn		E	2'B	63	ME	615
129	Limpurg		E	2'B	63	ME	616
130	Boeblingen		F	C-n 2	64	ME	664

Anmerkungen	Umbauten										aus-gemu-stert
	Jahr	Klasse	Bauart	Anmerkungen	Jahr	Klasse	Bauart	Jahr	Klasse	Bauart	
1872 an EL verkauft	73	B 2	1 B		98	Ab	1 B				
	98	F 2	C-n 2								
	85	T	B-T								04
	73	E	1'B		92	T2aa	1 B-T				11
	76	T 4a	2'B-T								10
	80	B 3	1 B								
	83	B	1 B								10
	77	B 3	1 B		99	Fb	1'C				
	82	B	1 B								
	77	B 3	1 B		95	Fb	1'C				
	77	B 3	1 B								
	71	B 2	1 B		01	Ab	1 B				
	71	B 2	1 B		00	Ab	1 B				
	85	T 4a	2'B-T								99
	81	B 3	1 B								
	80	B 3	1 B								
	93	T 4n	2'B-T								10
	77	B 3	1 B		96	Fb	1'C				
	80	B 3	1 B								
	79	B 3	1 B								
	86	T	B-T								10
	75	B 3	1 B								
	79	B 3	1 B		97	Fb	1'C				
	76	B 3	1 B		96	Fb	1'C				
	76	B 3	1 B								
	91	T 4n	2'B-T								08
	77	B 3	1 B								
	71	B 2	1 B								09
	79	T	B-T								04
	78	B 2	1 B		01	Ab	1 B				
	86	T	B-T								04
	84	B	1 B								11
	82	T	B-T								
	74	E	1'B		87	T2aa	1 B-T				06
	84	B	1 B								
	76	B 3	1 B								
											~86
	80	B 3	1 B								13
	81	T 4a	2'B-T								97
											~79
	08	F 2	C-n 2								
	74	B	1 B								06
	87	T	B-T								09
1872 an EL verkauft	91	Fa	C-n 2	erhielt 11/12 das Fahrgestell der Nr. 228 und wurde Kl. B							
	77	B 2	1 B								
	87	T	B-T								09
	93	F 2	C-n 2								

Betriebs-Nr.	N a m e n		Klasse	Bauart	Baujahr	Erbauer	Fabrik-Nr.
	ursprünglich	umbenannt Jahr in ( )					
131	Freudenstadt		F	C-n 2	64	ME	665
132	Herrenberg		F	C-n 2	64	ME	666
133	Muehlacker		F	C-n 2	64	ME	667
134	Oberndorf		F	C-n 2	64	ME	668
135	Rottweil		F	C-n 2	64	ME	669
136	Schramberg	(92) Hochberg)	F	C-n 2	64	ME	670
137	Spaichingen		F	C-n 2	64	ME	671
138	Sulz		F	C-n 2	64	ME	672
139	Tuttlingen		F	C-n 2	64	ME	673
140	Wien		B	2'B	65	ME	727
141	Paris		B	2'B	65	ME	728
142	Strassburg		B	2'B	66	ME	729
143	Coeln		B	2'B	66	ME	730
144	Leonberg		D	2'B	65	ME	719
145	Weil der Stadt		D	2'B	65	ME	720
146	Balingen		D	2'B	65	ME	721
147	Ebingen		D	2'B	65	ME	722
148	Blaubeuren		D	2'B	65	ME	723
149	Leutkirch		D	2'B	65	ME	724
150	Saulgau		D	2'B	65	ME	725
151	Isny		D	2'B	65	ME	726
152	Teck	(99) Roth	F	C-n 2	66	ME	773
153	Laupheim		F	C-n 2	66	ME	774
154	Marbach		F	C-n 2	66	ME	775
155	Mengen		F	C-n 2	66	ME	776
156	Neckarsulm		F	C-n 2	66	ME	777
157	Langenargen		F	C-n 2	66	ME	778
158	Tettnang		F	C-n 2	66	ME	779
159	Waldsee		F	C-n 2	66	ME	780
160	Hohenkarpfen		F	C-n 2	67	ME	810
161	Heuberg		F	C-n 2	67	ME	811
162	Scheer		F	C-n 2	67	ME	812
163	Wildberg		F	C-n 2	67	ME	813
164	Suessen		F	C-n-2	67	ME	814
165	Aulendorf		F	C-n 2	67	ME	815
166	Schussenried		F	C-n 2	67	ME	826
167	Altshausen		F	C-n 2	67	ME	827
168	Erbach		F	C-n 2	67	ME	828
169	Backnang		F	C-n 2	67	ME	829
170	Wangen		F	C-n 2	67	ME	830
171	Riedlingen		F	C-n 2	67	ME	831
172	Würzburg		B	B-T	67	Krauss	12
173	Mainz		B	B-T	67	Krauss	13
174	Mannheim		B	B-T	67	Krauss	14
175	Karlsruhe		B	B-T	68	Krauss	15
176	Innsbruck		B	B-T	68	Krauss	16
177	Salzburg		B	B-T	68	Krauss	17
178	Basel		B	2'B	68	ME	869
179	Zuerich		B	2'B	68	ME	870
180	Weikersheim		D/B	1 B	68	ME	874

Anmerkungen	Umbauten										aus-gemu-stert
	Jahr	Klasse	Bauart	Anmerkungen	Jahr	Klasse	Bauart	Jahr	Klasse	Bauart	
	91	F 2	C-n 2								
	96	F 2	C-n 2								
	94	F 2	C-n 2								
	00	F 2	C-n 2								
	99	F 2	C-n 2								
	95	F 2	C-n 2								
	94	F 2	C-n 2								
	98	F 2	C-n 2								
	03	F 2	C-n 2								
	90	B	1'B	Sonderbauart Umbau 90/91 in T4nn vorgesehen							96
											96
	82	Aa	1 B	Umbau 90/91 in T 4nn vorges.							05
											96
	92	T 4n	2'B-T								11
	94	T 4 n	2'B-T								10
	77	B 3	1 B								
	82	B 3	1 B								
	78	B 3	1 B		97	Fb	1'C				
	95	T 4n	2'B-T								04
	90	T 2	1 B-T								
	91	T 4 n	2'B-T								09
	95	F 2	C-n 2								
	91	F 2	C-n 2								
	94	F 2	C-n 2								
	02	F 2	C-n 2								
	94	F 2	C-n 2								
	98	F 2	C-n 2								
	01	F 2	C-n 2								
	01	F 2	C-n 2								
	99	F 2	C-n 2								
	91	Fa	C-n 2								
	94	F 2	C-n 2								
	92	Fa	C-n 2								
	96	F 2	C-n 2								
	98	F 2	C-n 2								
	91	F 2	C-n 2								
	98	F 2	C-n 2								
	06	F 2	C-n 2								
	00	F 2	C-n 2								
	90	Fa	C-n 2								92
	90	Fa	C-n 2								92
											89
											92
											92
											92
					Umbau 90/91 in T 4nn vorges.						96
	82	Aa	1 B								04

1. Lokomotiven und Triebwagen

Betriebs-Nr.	Namen		Klasse	Bauart	Baujahr	Erbauer	Fabrik-Nr.
	ursprünglich	umbenannt Jahr in ( )					
181	Buchau		D/B	1 B	68	ME	875
182	Liebenzell		D/B	1 B	68	ME	876
183	Weissenstein		D/B	1 B	68	ME	877
184	Wurzach		F	C-n 2	68	ME	865
185	Muensingen	(93) Witthoh	F	C-n 2	68	ME	866
186	Gaeu		F	C-n 2	68	ME	867
187	Allgaeu		F	C-n 2	68	ME	868
188	Koenigseck	(93) Königsegg	F	C-n 2	68	ME	878
189	Kniebis		F	C-n 2	68	ME	879
190	Neuenbuerg		F	C-n 2	68	ME	880
191	Sindelfingen		F	C-n 2	68	ME	881
192	Herbertingen		F	C-n 2	68	ME	882
193	Wolfegg		F	C-n 2	68	ME	883
194	Brackenheim		F	C-n 2	68	ME	884
195	Kuenzelsau	(93) Illingen	F	C-n 2	68	ME	885
196	Ipf		F	C-n 2	69	ME	931
197	Baldern		F	C-n 2	69	ME	932
198	Staufeneck		F	C-n 2	69	ME	933
199	Hohenstaufen		F	C-n 2	69	ME	934
200	Ramsberg		F	C-n 2	69	ME	935
201	Asperg		F	C-n 2	69	ME	936
202	Ehingen		F	C-n 2	69	ME	937
203	Wiesensteig		F	C-n-2	69	ME	938
204	Hechingen		F	C-n 2	69	ME	939
205	Welzheim		F	C-n 2	69	ME	940
206	Schwenningen		F	C-n 2	69	ME	941
207	Doeffingen		F	C-n 2	69	ME	942
208	Regensburg		B	1 B	69	ME	912
209	Passau		B	1 B	69	ME	913
210	Linz		B	1 B	69	ME	914
211	Triest		B	1 B	69	ME	915
212	Graz		B	1 B	69	ME	916
213	Pest		B	1 B	69	ME	917
214	Bruenn		B	1 B	69	ME	918
215	Olmuetz		B	1 B	69	ME	919
216	Prag		B	1 B	69	ME	920
217	Dresden		B	1 B	69	ME	921
218	Chemnitz		B	1 B	69	ME	922
219	Hof		B	1 B	69	ME	923
220	Bamberg		B	1 B	69	ME	924
221	Constanz		B	1 B	69	ME	925
222	Freiburg		B	1 B	69	ME	926
223	Offenburg		B	1 B	69	ME	949
224	Darmstadt		B	1 B	69	ME	950
225	Bonn		B	1 B	69	ME	951
226	Coblenz		B	1 B	69	ME	952
227	Aachen		B	1 B	69	ME	953
228	Duesseldorf		B	1 B	69	ME	954
229	Kehl		B	1 B	69	ME	955
230	Romanshorn		B	1 B	69	ME	956

| Anmerkungen | Umbauten | | | | | | | | | | aus-gemu-stert |
	Jahr	Klasse	Bauart	Anmerkungen	Jahr	Klasse	Bauart	Jahr	Klasse	Bauart	
	97	Ab	1 B								
	96	Ab	1 B								
	93	F 2	C-n 2								
	94	F 2	C-n 2								
	03	F 2	C-n 2								
	00	F 2	C-n 2								
	03	F 2	C-n 2								
	05	F 2	C-n 2								
	97	F 2	C-n 2								
	91	Fa	C-n 2								
	95	F 2	C-n 2								
	95	F 2	C-n 2								
	98	F 2	C-n 2								
	96	F 2	C-n 2								
	07	F 2	C-n 2								
	98	F 2	C-n 2								
	01	F 2	C-n 2								
	00	F 2	C-n 2								
	91	Fa	C-n 2								
	96	F 2	C-n 2								
	99	F 2	C-n 2								
	99	F 2	C-n 2								
	06	F 2	C-n 2								
	09	F 2	C-n 2								
	03	F 2	C-n 2								
	01	F 2	C-n 2								
	93	Ab	1 B								
											04
											12
											05
											11
											11
											09

Betriebs-Nr.	Namen		Klasse	Bauart	Baujahr	Erbauer	Fabrik-Nr.
	ursprünglich	umbenannt Jahr in ( )					
231	Rorschach		B	1 B	69	ME	957
232	Rastatt		B	1 B	69	ME	958
233	Stettin		B	1 B	69	ME	959
234	Schaffhausen		B	1 B	69	ME	960
235	Luebeck		B	1 B	69	ME	961
236	Donauwoerth		B	1 B	69	ME	962
237	Ansbach		B	1 B	69	ME	963
238	St. Gallen		B	1 B	69	ME	976
239	Winterthur		B	1 B	69	ME	977
240	Luzern		B	1 B	69	ME	978
241	Bern		B	1 B	69	ME	979
242	Baireuth		B	1 B	69	ME	980
243	Erlangen		B	1 B	69	ME	981
244	Ingolstadt		B	1 B	69	ME	982
245	Landshut		B	1 B	69	ME	983
246	Pilsen		B	1 B	69	ME	984
247	Steyer		B	1 B	69	ME	985
248	Zwickau		B	1 B	69	ME	986
249	Aschaffenburg		B	1 B	69	ME	987
250	Worms		B	1 B	69	ME	988
251	Saarbruecken		B	1 B	69	ME	989
252	Kirchheim	(99) Ach	F	C-n 2	70	ME	1037
253	Bebenhausen		F	C-n 2	70	ME	1038
254	Neresheim		F	C-n 2	70	ME	1039
255	Weingarten		F	C-n 2	70	ME	1040
256	Pfullingen		F	C-n 2	70	ME	1041
257	Mainhardt		F	C-n 2	70	ME	1042
258	Lone		F	C-n 2	71	ME	1113
259	Filder		F	C-n 2	71	ME	1114
260	Ries		F	C-n 2	71	ME	1115
261	Zabergaeu		F	C-n 2	71	ME	1116
262	Schoenbuch		F	C-n 2	71	ME	1117
263	Aalbuch		F	C-n 2	71	ME	1118
264	Schurwald		F	C-n 2	71	ME	1119
265	Gerabronn		F	C-n 2	71	ME	1120
266	Hardt		F	C-n 2	72	ME	1165
267	Heuchelberg		F	C-n 2	72	ME	1166
268	Rothenberg		F	C-n 2	72	ME	1167
269	Solitude		F	C-n 2	72	ME	1168
270	Wimpfen		B	1 B	71	ME	1121
271	Bingen		B	1 B	71	ME	1122
272	Giessen		B	1 B	71	ME	1123
273	Marburg		B	1 B	71	ME	1124
274	Genf		B	1 B	71	ME	1125
275	Chur		B	1 B	71	ME	1126
276	Kempten		B	1 B	72	ME	1161
277	Ludwigshafen		B	1 B	72	ME	1162
278	Metz		B	1 B	73	ME	1305
279	Weissenburg		B	1 B	74	ME	1306
280	Hagenau		B	1 B	74	ME	1307

Anmerkungen	Umbauten										aus-gemu-stert
	Jahr	Klasse	Bauart	Anmerkungen	Jahr	Klasse	Bauart	Jahr	Klasse	Bauart	
	02	Ab	1 B								12
											06
											13
											13
											11
											13
											12
											06
	03	F 2	C-n 2								
	05	F 2	C-n 2								
	05	F 2	C-n 2								
	01	F 2	C-n 2								
	95	F 2	C-n 2								
	05	F 2	C-n 2								
	09	F 2	C-n 2								
	08	F 2	C-n 2								
	10	F 2	C-n 2								
	10	F 2	C-n 2								
	09	F 2	C-n 2								
	05	F 2	C-n 2								
	03	F 2	C-n 2								
	01	F 2	C-n 2								
	91	F 2	C-n 2								
	91	Fa	C-n 2								
	03	F 2	C-n 2								
	00	F 2	C-n 2								
											12

Betriebs-Nr.	Namen		Klasse	Bauart	Baujahr	Erbauer	Fabrik-Nr.
	ursprünglich	umbenannt Jahr in ( )					
281	Mühlhausen		B	1 B	74	ME	1308
282	Weimar		B	1 B	74	ME	1358
283	Goettingen		B	1 B	74	ME	1359
284	Koenigsberg		B	1 B	74	ME	1360
285	Potsdam		B	1 B	74	ME	1361
286	Schwerin		B	1 B	74	ME	1362
287	Coburg		B	1 B	74	ME	1363
288	Breslau		B	1 B	74	ME	1364
289	Luxemburg		B	1 B	74	ME	1365
290	Wiesbaden		B	1 B	74	ME	1366
291	Schleswig		B	1 B	74	ME	1367
292	Kiel		B	1 B	74	ME	1368
293	Bregenz		B	1 B	74	ME	1369
294	Lindau		B	1 B	74	ME	1370
295	Colmar		B	1 B	74	ME	1371
296	Sigmaringen		F	C-n 2	74	ME	1372
297	Hohenzollern		F	C-n 2	74	ME	1373
298	Hirsau		F	C-n 2	74	ME	1374
299	Federsee		F	C-n 2	74	ME	1375
300	Eningen		F	C-n 2	75	ME	1470
301	Giengen a. Br.		F	C-n 2	75	ME	1471
302	Murrhardt		F	C-n 2	75	ME	1472
303	Moeckmuehl		F	C-n 2	75	ME	1473
304	Munderkingen		F	C-n 2	75	ME	1474
305	Winnenden		F	C-n 2	75	ME	1475
306	Breisach		B	1 B	75	ME	1481
307	Glarus		B	1 B	75	ME	1482
308	Feldkirch		B	1 B	75	ME	1483
309	Fuerth		B	1 B	75	ME	1484
310	Erfurt		B	1 B	75	ME	1485
311	Speyer		B	1 B	75	ME	1486
312	Hanau		B	1 B	75	ME	1487
313	Wetzlar		B	1 B	75	ME	1488
314	Hasenberg		B	1 B	78	ME	1724
315	Neipperg		B	1 B	78	ME	1725
316	Trauchburg		B	1 B	78	ME	1726
317	Zeil		B	1 B	78	ME	1727
318	Altona		A	1 B-n 2	78	ME	1653
319	Danzig		A	1 B-n 2	78	ME	1654
320	Stralsund		A	1 B-n 2	78	ME	1655
321	Halle		A	1 B-n 2	78	ME	1656
322	Oldenburg		A	1 B-n 2	78	ME	1657
323	Essen		A	1 B-n 2	78	ME	1713
324	Dortmund		A	1 B-n 2	78	ME	1714
325	Elberfeld		A	1 B-n 2	78	ME	1715
326	Goerlitz		A	1 B n 2	78	ME	1716
327	Eisenach		A	1 B-n 2	78	ME	1717
328	Alpirsbach		F	C-n 2	77	ME	1632
329	Schwaigern		F	C-n 2	77	ME	1633
330	Zwiefalten		F	C-n 2	77	ME	1634

Anmerkungen	Umbauten										aus-gemu-stert
	Jahr	Klasse	Bauart	Anmerkungen	Jahr	Klasse	Bauart	Jahr	Klasse	Bauart	
											06
											06
											07
											06
											07
											11
	96	F 2	C-n 2								
	99	F 2	C-n 2								
	99	F 2	C-n 2								
	07	F 2	C-n 2								
	02	F 2	C-n 2								
	92	F 2	C-n 2								
	00	F 2	C-n 2								
	95	F 2	C-n 2								
	00	F 2	C-n 2								
	97	F 2	C-n 2								
											12
											08
											09
	96	Ab	1 B								
											12
	99	A	1 B-n 2								
	02	A	1 B-n 2								
	98	A	1 B-n 2								
	05	A	1 B-n 2								
	05	A	1 B-n 2								
	01	A	1 B-n 2								
	05	A	1 B-n 2								
	04	A	1 B-n 2								
	05	A	1 B-n 2								
	03	A	1 B-n 2								
	04	F 2	C-n 2	Umbau in F2 1910 beg. nicht ausgef.							
	96	F 2	C-n 2								12

Betrieb- Nr.	N a m e n		Klasse	Bauart	Baujahr	Erbauer	Fabrik Nr.
	ursprünglich	umbenannt Jahr in ( )					
331	Dornstetten		F	C-n 2	77	ME	1635
332	Goldshoefe		F	C-n 2	77	ME	1636
333	Ditzenbach		F	C-n 2	77	ME	1637
334	Kinzig	(96) Crefeld	A	1 B-n 2	86	ME	2199
335	Wunnenstein		A	1 B-n 2	88	ME	2289
336	Lichtenstein		A	1 B-n 2	88	ME	2290
337	Grafeneck	(93) Dessau	A	1 B-n 2	88	ME	2274
338	Schalksburg		A	1 B-n 2	88	ME	2275
339	Murr		A	1 B-n 2	88	ME	2276
340	Bottwar		A	1 B-n 2	88	ME	2277
341	Sulm		A	1 B-n 2	88	ME	2278
342	Schiltach	(92) Minden	Ac	1 B-n 2v	89	ME	2279
343	Löwenstein		Ac	1 B-n 2v	89	ME	2280
344	Herrenalb		Ac	1 B-n 2v	89	ME	2281
345	Neuenstadt		Ac	1 B-n 2v	89	ME	2282
346	Feuerbach		Ac	1 B-n 2 v	89	ME	2283
347	Barmen		Ac	1 B-n 2v	90	ME	2371
348	Mannheim		Ac	1 B-n 2v	90	ME	2372
349	Lugano		Ac	1 B-n 2v	90	ME	2373
350	Rom		Ac	1 B-n 2v	90	ME	2374
351	Florenz		Ac	1 B-n 2v	90	ME	2375
352	Turin		Ac	1 B-n 2v	90	ME	2376
353	Genua		Ac	1 B-n 2v	90	ME	2377
354	Neapel		Ac	1 B-n 2v	90	ME	2378
355	Mailand		Ac	1 B-n 2v	90	ME	2379
356	Venedig		Ac	1 B-n 2v	90	ME	2380
357	Karlsbad		Ac	1 B-n 2v	90	ME	2381
358	Krakau		Ac	1 B-n 2v	90	ME	2382
359	Lemberg		Ac	1 B-n 2v	90	ME	2383
360	Belgrad		Ac	1 B-n 2v	90	ME	2384
361	Bukarest		Ac	1 B-n 2v	90	ME	2385
362	Konstantinopel		Ac	1 B-n 2v	90	ME	2386
363	Ems		A	1 B-n 2	91	ME	2460
364	Fulda		A	1 B-n 2	91	ME	2461
365	Gotha		A	1 B-n 2	91	ME	2462
366	Detmold		A	1 B-n 2	91	ME	2463
367	Posen		A	1 B-n 2	91	ME	2464
368	Gera		Ac	1 B-n 2v	92	ME	2534
369	Liegnitz		Ac	1 B-n 2v	92	ME	2535
370	Arolsen		Ac	1 B-n 2 v	92	ME	2536
371	Merseburg		Ac	1 B-n 2v	92	ME	2537
372	Osnabrueck		Ac	1 B-n 2v	92	ME	2538
373	–		Ac	1 B-n 2v	97	ME	2817
374	–		Ac	1 B-n 2v	97	ME	2818
375	–		Ac	1 B-n 2v	97	ME	2819
376	–		Ac	1 B-n 2v	97	ME	2820
377	–		Ac	1 B-n 2v	97	ME	2821

Anmerkungen	Umbauten										aus-gemu-stert
	Jahr	Klasse	Bauart	Anmerkungen	Jahr	Klasse	Bauart	Jahr	Klasse	Bauart	
	99	F 2	C-n 2								
	08	F 2	C-n 2								
	04	F 2	C-n 2								
	05	A	1 B-n 2								
	03	A	1 B-n 2								
	96	A	1 B-n 2								

1. Lokomotiven und Triebwagen

Klasse	Betriebs-Nr.	N a m e	Bauart	Bau-jahr	Erbauer	Fabrik-Nr.	Anmerkungen	aus-gemu-stert
E	401	Bruessel	1'B 1'–n 3 v	92	Cockerill	1680		21
	402	Stockholm		92		1681		21
	403	Athen		92		1682		21
	404	London		92		1683		21
	405	Amsterdam		92		1684		21
	406	Madrid		92		1685		21
	407	Sofia		92		1686		21
	408	Odessa		93		1687		21
	409	Petersburg		92		1688		21
	410	Riga		92		1689		21
D	421		2'C–n 4 v	98	ME	2911		24
	422			98		2912		24
	423			99		3063		24
	424			99		3064		24
	425			99		3065		24
	426			99		3066		24
	427			01		3149		24
	428			01		3150		24
	429			02		3202		24
	430			02		3203		24
	431			02		3204		24
	432			02		3205		24
	433			05		3330		24
	434			05		3331		24
AD	441		2'B–n 2 v	99	ME	3027		
	442					3028		
	443					3029		
	444					3030		
	445					3031		
	446					3032		
	447					3033		
	448					3034		
	449					3035		
	450					3036		
	451					3037		
	452					3038		
	453					3039		
	454					3040		
	455					3041		
	456			00		3100		
	457					3101		
	458					3102		
	459					3103		
	460					3104		
	461					3105		
	462					3106		
	463					3107		
	464					3108		

Klasse	Betriebs-Nr.	Name	Bauart	Bau-jahr	Erbauer	Fabrik-Nr.	Anmerkungen	aus-gemu-stert
AD	465		2'B–n 2 v	00	ME	3109		
	466			01		3178		
	467					3179		
	468					3180		
	469					3181		
	470					3182		
	471					3183		
	472					3184		
	473					3185		
	474					3186		
	475					3187		
	476					3188		
	477					3189		
	478					3190		
	479					3191		
	480					3192		
	481			02		3206		
	482					3207		
	483					3208		
	484					3209		
	485					3210		
	486					3211		
	487					3212		
	488					3213		
	489					3214		
	490					3215		
	491			03		3231		
	492					3232		
	493					3233		
	494					3234		
	495					3235		
	496					3236		
	497					3237		
	498					3238		
	499					3239		
	500					3240		
	1501					3260		
	1502					3261		
	1503					3262		
	1504					3263		
	1505					3264		
	1506			04		3265		
	1507					3266		
	1508					3267		
	1509					3268		
	1510					3269		
	1511			05		3332		
	1512					3333		
	1513					3334		
	1514					3335		

Klasse	Betriebs-Nr.	Name	Bauart	Bau-jahr	Erbauer	Fabrik-Nr.	Anmerkungen	aus-gemu-stert
AD	1515		2'B−n 2 v	05	ME	3336		
	1516			06		3361		
	1517					3362		
	1518					3363		
	1519					3364		
	1520					3365		
	1521			07		3402		
	1522					3403		
	1523					3404		
	1524					3405		
	1525					3406		
	1526					3407		
	1527					3408		
	1528					3409		
	1529					3410		
	1530					3411		
	1531					3424		
	1532					3425		
	1533					3426		
	1534					3427		
	1535					3428		
	1536					3429		
	1537					3430		
	1538					3431		
ADh	1539 = 1541		2'B−h 2	07		3432		
	1540 = 1542					3433		
	1543			08		3484		
	1544					3485		
	1545					3486		
	1546					3487		
	1547					3488		
	1548					3489		
	1549					3490		
	1550					3491		
	1551					3492		
	1552					3493		
	1553			09		3516		
	1554					3517		
	1555					3518		
	1556					3519		
	1557					3520		
F 1 c	501	Elbe	C−n 2 v	93	ME	2579		
	502	Weser				2580		
	503	Weichsel				2581		
	504	Oder				2582		
	505	Main				2583		
	506	Mosel				2584		

Klasse	Betriebs-Nr.	Name	Bauart	Bau-jahr	Erbauer	Fabrik-Nr.	Anmerkungen	aus-gemu-stert
F 1	511	Murg	C−n 2 (i)	94	ME	2646		
	512	Lahn				2647		
	513	Sieg				2648		
	514	Ruhr				2649		
	515	Lippe				2650		
	516	Nahe				2651		
	517	Wupper				2652		
	518	Isar				2653		
	519	Ammer		95		2683		
	520	Argen				2684		
	521	Blau				2685		
	522	Brenz				2686		
	523	Donau				2687		
	524	Echaz				2688		
	525	Enz				2689		
	526	Erms		96		2690		
	527	Fils				2691		
	528	Jagst				2692		
	529	Iller				2693		
	530	Kinzig				2694		
	531	Kocher				2695		
	532	Neckar				2696		
	533	Rems				2697		
	534	Rhein				2698		
	535	Riss				2699		
	536	Schussen				2700		
	537	Tauber				2701		
	538	Zaber				2702		
F 2	601	Beuron	C−n 2	89	ME	2351		
	602	Fridingen				2352		
	603	Adelegg				2353		
	604	Memmingen				2354		
	605	Breitenstein				2355		
	606	Plettenberg				2356		
F c	611	Haertfeld	C−n 2 v	90	ME	2398		
	612	Reussenstein				2399		
	613	Ruhestein				2400		
	614	Lochen				2401		
	615	Schoenenberg				2402		
	616	Hornisgrinde				2403		
	617	Reinsburg				2415		
	618	Kriegsberg				2416		
	619	Rossberg				2417		
	620	Wildenstein		91		2418		
	621	Werenwaag				2419		
	622	Engelberg				2420		
	623	Filseck				2421		
	624	Hegau				2422		

Klasse	Betriebs-Nr.	N a m e	Bauart	Bau-jahr	Erbauer	Fabrik-Nr.	Anmerkungen	aus-gemu-stert
F c	625	Feldberg	C−n 2 v	91	ME	2423		
	626	Bopser				2465		
	627	Burgholz				2466		
	628	Dobel				2467		
	629	Drachenstein				2468		
	630	Ebersberg				2469		
	631	Hohenberg				2470		
	632	Hohenkraehen				2471		
	633	Pfaender				2472		
	634	Schalkstein				2473		
	635	Farrenberg		92		2474		
	636	Frauenkopf				2539		
	637	Stocksberg				2540		
	638	Waldenstein				2541		
	639	Geroldseck				2542		
	640	Lupfen				2543		
	641			96		2807		
	642					2808		
	643					2809		
	644					2810		
	645					2811		
	646					2812		
	647					2813		
	648					2814		
	649					2815		
	650					2816		
	651			97		2890		
	652					2890		
	653					2891		
	654					2892		
	655					2893		
	656					2894		
	657					2895		
	658					2896		
	659					2898		
	660			98		2899		
	661					2900		
	662					2901		
	663					2902		
	664					2903		
	665					2954		
	666					2955		
	667					2956		
	668					2957		
	669					3003		
	670					3004		
	671					3005		
	672					3006		
	673					3007		
	674					3008		

Klasse	Betriebs-Nr.	Name	Bauart	Bau-jahr	Erbauer	Fabrik-Nr.	Anmerkungen	aus-gemu-stert
F c	675		C−n 2 v	98	ME	3009		
	676					3010		
	677					3011		
	678					3012		
	679			99		3074		
	680					3075		
	681					3076		
	682					3077		
	683					3078		
	684					3079		
	685					3080		
	686					3081		
	687					3082		
	688					3083		
	689			00		3110		
	690					3111		
	691					3112		
	692					3113		
	693					3114		
	694					3115		
	695					3116		
	696					3117		
	697					3118		
	698					3119		
	699			01		3151		
	700					3152		
	701					3153		
	702			02		3216		
	703					3217		
	704					3218		
	705					3219		
	706					3220		
	707					3221		
	708					3222		
	709					3223		
	710					3224		
	711					3225		
	712			04		3302		
	713					3303		
	714					3304		
	715					3305		
	716					3306		
	717			07	WE	1		
	718			07	WE	2		
	719			07	ME	3434		
	720					3435		
	721					3436		
	722					3437		
	723					3438		
	724			08	WE	3		

Klasse	Betriebs-Nr.	Name	Bauart	Bau-jahr	Erbauer	Fabrik-Nr.	Anmerkungen	aus-gemu-stert
F c	725		C−n 2 v	08	WE	4		
	726				ME	3494		
	727					3495		
	728					3496		
	729					3497		
	730					3498		
	731					3499		
	732			09	WE	5		
	733				WE	6		
	734				WE	7		
	735				WE	8		
G	801	Arlberg	E−n 3 v	92	ME	2475		
	802	Brenner				2476		
	803	Gotthard				2477		
	804	Semmering				2478		
	805	Spluegen				2479		
H	811		E−n 2 v	05	ME	3324		
	812					3325		
	813					3326		
	814					3327		
	815					3328		
	816			09		3500		
	817					3501		
	818					3502		
Hh	821		E−h 2	09	ME	3524		
	822					3525		
	823					3536		
	824					3537		
	825					3538		
	826					3539		
	827			13		3683		
	828					3684		
	829					3685		
	830					3686		
	831					3687		
	832					3688		
	833					3689		
	834					3690		
	835			14		3715		
	836					3716		
	837					3717		
	838			20		3949		
	839					3950		
	840					3951		
	841					3952		
	842					3953		
	843					3954		

Klasse	Betriebs-Nr.	Name	Bauart	Bau-jahr	Erbauer	Fabrik-Nr.	Anmerkungen	aus-gemu-stert
Hh	844		E–h 2	20	ME	3955		
	845					3956		
	846					3957		
K	1801		1'F–h 4 v	17	ME	3765		
	1802			18		3766		
	1803					3767		
	1804					3831		
	1805					3832		
	1806					3833		
	1807					3834		
	1808					3835		
	1809					3836		
	1810					3837		
	1811					3853		
	1812					3854		
	1813					3855		
	1814					3856		
	1815			19		3857		
	59 016			23		4093		
	59 017					4094		
	59 018					4095		
	59 019					4096		
	59 020					4097		
	59 021					4098		
	59 022					4099		
	59 023					4100		
	59 024					4101		
	59 025					4102		
	59 026					4103		
	59 027					4104		
	59 028					4105		
	59 029					4118		
	59 030					4119		
	59 031					4120		
	59 032			24		4121		
	59 033					4122		
	59 034					4125		
	59 035					4129		
	59 036					4130		
	59 037					4131		
	59 038					4132		
	59 039					4133		
	59 040					4134		
	59 041					4135		
	59 042					4136		
	59 043					4137		
	59 044					4138		

1. Lokomotiven und Triebwagen

Klasse	Betriebs-Nr.	Name	Bauart	Bau-jahr	Erbauer	Fabrik-Nr.	Anmerkungen	aus-gemu-stert
G 12	1901		1'E–h 3	19	ME	3865		
	1902					3866		
	1903					3867		
	1904					3868		
	1905					3869		
	1906					3870		
	1907					3871		
	1908					3872		
	1909					3873		
	1910					3874		
	1911					3875		
	1912					3876		
	1913					3877		
	1914					3878		
	1915					3879		
	1916					3880		
	1917					3881		
	1918					3882		
	1919					3883		
	1920					3884		
	1921					3885		
	1922					3905		
	1923					3906		
	1924					3907		
	1925					3908		
	1926					3909		
	1927					3910		
	1928					3911		
	1929			20		3912		
	1930					3913		
	1931					3914		
	1932					3915		
	1933					3916		
	1934					3917		
	1935					3918		
	5761			22		4037		
	5762					4038		
	5763					4039	Lok mit Bezeichnung „ED Cassel" geliefert.	
	5764					4040		
	5765					4041		
	5766					4042		
	5767					4043		
	5768					4044		
C	2001		2'C 1'-h 4 v	09	ME	3444		
	2002					3445		
	2003					3446		
	2004					3447		
	2005					3448		
	2006			10		3567		

Klasse	Betriebs-Nr.	Name	Bauart	Bau-jahr	Erbauer	Fabrik-Nr.	Anmerkungen	aus-gemu-stert
C	2007		2'C 1'-h 4 v	10	ME	3568		
	2008					3569		
	2009					3570		
	2010					3571		
	2011					3572		
	2012			12		3617		
	2013					3618		
	2014					3619		
	2015					3620		
	2016			13		3661		
	2017					3662		
	2018					3663		
	2019					3664		
	2020					3665		
	2021			14		3699		
	2022					3700		
	2023					3701		
	2024					3702		
	2025			15		3736		
	2026					3737		
	2027					3738		
	2028					3739		
	2029					3747		
	2030			19		3846		
	2031					3847		
	2032					3848		
	2033					3849		
	2034					3850		
	2035					3851		
	2036					3852		
	2037			21		3978		
	2038					3979		
	2039					3980		
	2040					3981		
	2041					4000		
Fz	691 = 591	Achalm	1'C-n 2 (4) Z	93	ME	2585		
	692 = 592	Lichtenstein		93		2586		
	693 = 593	Grafeneck		93		2587		
	694 = 594	Muensingen		93		2588		
	595			99		3052		
	596			00		3160		
	597			00		3054		
	598			02		3241		
	599			04		3295		

1. Lokomotiven und Triebwagen

Klasse	Betriebs-Nr.	Name	Bauart	Bau-jahr	Erbauer	Fabrik-Nr.	Anmerkungen	aus-gemu-stert
T 3	885		C–n 2–T	12/13	Heilbronn	599		
	886					600		
	887					594		
	888					595		
	889					601		
	890			11	WE	11		
	891					12		
	892			12	Heilbronn	570		
	893					571		
	894					572		
	895					573		
	896			11	Heilbronn	562		
	897					563		
	898					564		
	899			11	WE	9		
	900					10		
	901			10	ME	3563		
	902					3564		
	903					3565		
	904			10	Heilbronn	549		
	905					550		
	906					551		
	907			09	Heilbronn	525		
	908					526		
	909					537		
	910					538		
	911					539		
	912					521		
	913					522		
	914					523		
	915					506		
	916					507		
	917					508		
	918					509		
	919					510		
	920					485		
	921					486		
	922					487		
	923					488		
	924					489		
	925			06	Heilbronn	466		
	926					467		
	927					468		
	928					469		
	929					470		
	930			05	Heilbronn	455		
	931					456		
	932					457		
	933					458		
	934					459		

Klasse	Betriebs-Nr.	Name	Bauart	Bau-jahr	Erbauer	Fabrik-Nr.	Anmerkungen	aus-gemu-stert
T 3	935			03	ME	3255		
	936					3256		
	937					3257		
	938					3258		
	939					3259		
	940			02	Heilbronn	415		
	941					416		
	942					417		
	943					418		
	944			01	Heilbronn	400		
	945					401		
	946					402		
	947			01	ME	3154		
	948					3155		
	949					3156		
	950					3157		
	951					3158		
	952					3159		
	953					3053		
	954					3161		
	955					3162		
	956					3163		
	957			99	ME	3044		
	958					3045		
	959					3046		
	960					3047		
	961					3048		
	962					3049		
	963					3050		
	964			00		3051		
	965			98		2972		
	966					2973		
	967					2974		
	968					2975		
	969					2976		
	970					2977		
	971					2978		
	972					2979		
	973					2980		
	974					2981		
	975					2982		
	976					2983		
	977					2984		

Klasse	Betriebs-Nr.	Namen I. ursprünglich	II. umbenannt in evtl. 3. Änderung	Bau-art	Bau-jahr	Erbauer	Fabrik-Nr.	Anmerkungen	ausgemustert
T 3	978	Fichtenberg		C-n 2-T	97	Heilbronn	330		
	979	Eschenau	1900 Langenburg 1993 Kuenzelsau		96	ME	2792	1896 ex 993I	
	980	Bretzfeld	1895 Gailenkirchen 1899 Hohenlohe 1893 Kupferzell 1895 Neuenstein		96	ME	2793	1896 ex 994I	
	981	Illingen			91	Krauss	2538		
	982	Obertürkheim			91	Krauss	2539		
	983	Untertürkheim			91	Krauss	2540		
	984	Altbach			91	Krauss	2541		
	985	Amstetten			91	Krauss	2542		
	986	Lonsee			91	Krauss	2543		
	987	Kupferzell	1892 Obertürkheim		92	Krauss	2544		
	988	Ingelfingen			92	Krauss	2545		
	989	Beimerstetten			93	ME	2591		
	990	Einsingen			93	ME	2592		
	991	Risstissen			93	ME	2593		
	992	Schemmerberg			93	ME	2594		
	993I	Eschenau	1894 Kornwestheim		–	–	–	1896 in 979	
	993II	Schramberg	1912 Kuenzelsau		–	–	–	1894 ex 995	
	994I	Bretzfeld	1894 Thamm		–	–	–	1896 in 980	
	994II	Schiltach	1912 Kupferzell		–	–	–	1893 ex 996I	
	995	Schramberg			–	–	–	1894 in 993II	
	996I	Schiltach	noch 1906		–	–	–	1893 ex 999I, 1893 in 994II	
	996II	Kuenzelsau	1912: kein Name		96	ME	2791	ex 1000/Bauart Klose	
	997	Kupferzell	noch 1906		96	ME	2790	Bauart Klose	
	998I	Schramberg			92	ME	2564	1893 in 995	
	998II	Schramberg			94	ME	2644	Bauart Klose	
	999I	Schiltach			92	ME	2565	1893 in 996I	
	999II	Schiltach			94	ME	2645	Bauart Klose	
	1000	Kuenzelsau			–	–	–	in 996II	
T		Name	Bauart						
	1001		B-n 2-T		96	Heilbronn	325	~1912 verk.oder +	
	1002				98		332	1917 verk. Saarbrücken	
	1003				98		333		
	1004				99		373	1911 verk.	
	1005				99		374	verk. Laucherthal	
	1006				99		375	1912 verk. Nürtingen	
	1007				04		446		
	1008						447	1911 verk. Kochendorf	
	1009						448	. verk. Gaggenau	
	1010						449		
T 9	1101		1'C-n 2-T		06	ME	3366		
	1102						3367		
	1103						3368		
	1104						3369		
	1105				07		3412		
	1106						3413		
	1107						3414		
	1108						3415		
	1109						3416		
	1110						3417		

Klasse	Betriebs-Nr.	Name	Bauart	Bau-jahr	Erbauer	Fabrik-Nr.	Anmerkungen	aus-gemu-stert
T 4	851		D-n 2-T	06	ME	3370		
	852					3371		
	853					3372		
	854					3373		
	855					3374		
	856			09		3521		
	857					3522		
	858					3523		
T 5	1201		1'C 1'-h 2-T	10	ME	3548		
	1202					3549		
	1203					3550		
	1204					3551		
	1205					3552		
	1206					3553		
	1207					3554		
	1208					3555		
	1209					3556		
	1210			11		3599		
	1211					3600		
	1212					3601		
	1213					3602		
	1214					3603		
	1215					3604		
	1216					3605		
	1217			12		3641		
	1218					3642		
	1219					3643		
	1220					3644		
	1221					3645		
	1222					3646		
	1223					3647		
	1224					3648		
	1225					3649		
	1226					3650		
	1227					3651		
	1228					3652		
	1229					3653		
	1230			13		3658		
	1231					3659		
	1232			14		3703		
	1233					3704		
	1234					3705		
	1235					3706		
	1236			14/15	Heilbronn	607		
	1237					608		
	1238			14	ME	3718		
	1239					3719		
	1240					3720		
	1241					3721		

Klasse	Betriebs-Nr.	N a m e	Bauart	Bau-jahr	Erbauer	Fabrik-Nr.	Anmerkungen	aus-gemu-stert
T 5	1242		1'C 1'-h 2-T	14	ME	3722		
	1243					3723		
	1244					3724		
	1245					3725		
	1246			15		3740		
	1247					3741		
	1248					3742		
	1249					3743		
	1250			17	Heilbronn	612		
	1251					613		
	1252			16	ME	3754		
	1253					3755		
	1254					3756		
	1255					3757		
	1256					3758		
	1257					3759		
	1258					3760		
	1259					3761		
	1260					3762		
	1261					3763		
	1262					3764		
	1263			17		3792		
	1264					3793		
	1265					3794		
	1266					3795		
	1267			20		3919		
	1268					3920		
	1269					3921		
	1270					3922		
	1271					3923		
	1272					3924		
	1273					3925		
	1274					3926		
	1275					3927		
	1276					3928		
	1277					3929		
	1278					3930		
	1279					3931		
	1280					3932		
	1281					3933		
	1282					3934		
	1283					3935		
	1284					3936		
	1285					3937		
	1286					3938		
	1287					3939		
	1288					3940		
	1289					3941		
	1290					3942		
	1291					3943		

Klasse	Betriebs-Nr.	Name	Bauart	Bau-jahr	Erbauer	Fabrik-Nr.	Anmerkungen	aus-gemu-stert
T 5	1292		1'C 1'-h 2-T	20	ME	3944		
	1293					3945		
	1294					3946		
	1295					3947		
	1296					3948		
T 6	1401		D-h 2-T	16	ME	3768		
	1402					3769		
	1403			17		3770		
	1404					3771		
	1405					3772		
	1406					3773		
	1407			18		3825		
	1408					3826		
	1409					3827		
	1410					3828		
	1411					3829		
	1412					3830		
T 14	1441		1'D 1'-h 2-T	21	ME	3958		
	1442					3959		
	1443					3960		
	1444					3961		
	1445					3962		
	1446					3963		
	1447					3964		
	1448					3965		
	1449					3966		
	1450					3967		
	1451					3968		
	1452					3969		
	1453					3970		
	1454					3971		
	1455					3972		
	1456					3973		
	1457					3974		
	1458					3975		
	1459					3976		
	1460					3977		
T 18	1121		2'C 2'-h 2-T	19	Vulkan	3513		
	1122					3514		
	1123					3515		
	1124					3516		
	1125					3517		
	1126					3518		
	1127					3519		
	1128					3520		
	1129					3521		
	1130					3522		

Klasse	Betriebs-Nr.	N a m e	Bauart	Bau-jahr	Erbauer	Fabrik-Nr.	Anmerkungen	aus-gemu-stert
T 18	1131		2'C 2'-h 2-T	19	Vulkan	3523		
	1132					3524		
	1133					3525		
	1134					3526		
	1135					3527		
	1136					3528		
	1137					3529		
	1138					3530		
	1139					3531		
	1140					3532		
Tn	1001		E-h 2-T	21/22	ME	3992		
	1002					3993		
	1003					3994		
	1004					3995		
	1005					3996		
	1006					3997		
	1007					3998		
	1008					3999		
	1009					3982		
	1010					4001		
	1011					4002		
	1012					4003		
	1013					4004		
	1014					4005		
	1015					4006		
	1016					4007		
	1017					4008		
	1018					4009		
	1019					4010		
	1020					4011		
	1021					4012		
	1022					4013		
	1023					4014		
	1024					4015		
	1025					4016		
	1026					4017		
	1027					4018		
	1028					4019		
	1029					4020		
	1030					4021		
Hz	97 501		E-h 2 (4v) Z	23	ME	4056		
	97 502					4057		
	97 503			25		4141		
	97 504					4142		
KL	1		B-h 2-T	08	ME	•	aus Serie ME 3480-83	
	2					•	für Westd. E. G.	

Klasse	Betriebs-Nr.	Name	Bauart	Bau-jahr	Erbauer	Fabrik-Nr.	Anmerkungen	aus-gemu-stert
Tk	1		B 1-n 2-T	76	ME	1568	1899 durch KWStE	
	2					1569	von Kirchheimer EB übernommen (1 Teck, 2 Kirchheim)	
Tu	1		B-n 2-T	73	ME	1309	1904 durch KWStE von Ermsthalbahn übernom-	
	2					1310	men (ex Nr. 1 und 2)	
Ts 4	1	Altensteig	D-n 2(i)-T	91	ME	2434	1000 mm-Spur	
	2	Berneck		91		2435		
	3	Ebhausen		99		3067		
Ts 3	9	–	C-n 2-T	00	Borsig	4873	1000 mm-Spur ex WEG 4	
	10	–	C-n 2-T	91	Krauss	2558	00 als Betriebslok über-nommene Baulok	13
Ts 5	99 191	–	E-h 2-T	27	ME	4181	1000 mm-Spur	
	99 192	–				4182		
	99 193	–				4183		
	99 194	–				4184		
Tss 4	11	Grossbottwar	D-n 2(i)-T	94	ME	2638	750 mm-Spur	
	12	Oberstenfeld				2639		
	13	Beilstein				2640		
Tss 3	21	–	C-n 2-T	96	ME	2794	750 mm-Spur	
	22	–				2795		
	23	–				2796		
	24	–				2797		
Tssd	41	–	B'B-n 4 v-T	99	ME	3070	750 mm-Spur	
	42	–				3071		
	43	–				3072		
	44	–		01		3198		
	45	–				3199		
	46	–				3200		
	47	–		04		3294		
	48	–		08		3503		
	49	–		13		3698		

Dampftriebwagen

Klasse	Betr.-Nr.	Bauart	Baujahr	Erbauer	Fabr.-Nr.	Anm.	Klasse	Betr.-Nr.	Bauart	Baujahr	Erbauer	Fabr.-Nr.	Anm.
DW	1	A1-n2	1895	Serpollet	•		DW	10	A1-n2	1906	ME	3356	
DW	2	A1-n2	1899	ME	•		DW	11	A1-n2	1906	ME	3375	
DW	3	A1-n2	1899	ME	•		DW	12	A1-n2	1906	ME	3376	
DW	4	A1-n2	1901	ME	•		DW	13	A1-n2	1906	ME	3377	
DW	5	A1-n2	1901	ME	•		DW	14	A1-n2	1906	ME	3378	
DW	6	A1-n2	1903	ME	•		DW	15	A1-n2	1906	ME	3379	
DW	7	A1-n2	1903	ME	•		DW	16	A1-h2	1909	ME	3526	
DW	8	A1-n2	1905	ME	•		DW	17	A1-h2	1909	ME	3527	
DW	9	A1-n2	1905	ME	•		DWss	1	1A'2'-h2	1907	ME	3399	750 mm-Spur

2. Zusammenstellung der Original-Lokomotivklassen (Normalspur)

Klasse	Bauart	Betriebsnummern	Stück-zahl	Baujahre
I	2'B-n 2	1–3	3	1845
II	1'B-n 2	4–6	3	1845
III ab 58 C	2'B-n 2	7–29, 31, 33, 34, 38–52	41	1846-53
IV (Alb)	C-n 2	30, 32, 35–37	5	1849/51
V	2'B-n 2	53–57	5	1854
VI ab 58 A	2'B-n 2	58–63, 74–77, 96, 97	12	1854/58/60
VII ab 58 D	2'B-n 2	1–6 Ers., 9/10 Ers., 64–73, 90–95, 98–111, 120–124, 144–151	51	1856-65
B	2'B-n 2	140–143, 178/179	6	1865/68
E	2'B-n 2	78–89, 112–119, 125–129	25	1859-63
F	C-n 2	8/18/30/50/67/79/84/86/124/127 Ers., 130–139, 152–171, 184–207, 252–269, 296–305, 328–333	98	1864-80
B	B-n 2-T	172–177	6	1867/68
D ab 69 B	1 B-n 2	180–183, 208–251, 270–295, 306–317	86	1868–78
A	1 B-n 2	69/121 Ers., 318–327, 334–341, 363–367	25	1878-91
Ac	1 B-n 2 v	342–362, 368–377	31	1889-97
F 1	C-n 2	511–538	28	1894–96
F 1 c	C-n 2 v	501–506	6	1893
F 2	C-n 2	601-606	6	1889
Fc	C-n 2 v	611–735	125	1890-1909
Fz	1'C-n2(4)-TZ	591–599	9	1891–1904
E	1'B 1'-n 3 v	401–410	10	1892/93
D	2'C-n 4 v	421–434	14	1898-1905
AD	2'B-n 2 v	451–500, 1501–1538	88	1899-1907
ADh	2'B-h 2	1541–1557	17	1907-09
C	2'C 1'-h 4 v	2001–2041	41	1909-21
G	E-n 3 v	801–805	5	1892
H	E-n 2 v	811–818	8	1905/09
Hh	E-h 2	821–846	26	1909-20
K	1'F-h 4 v	1801–1815	15	1917-19
G 12	1'E-h 3	1901–1935	35	1919/20
T	B-n 2-T	1001–1010	10	1896-1904
T 3	C-n 2-T	885–994, 996–999	114	1892-1913
T 4	D-n 2-T	851–858	8	1906/09
T 5	1'C 1'-h2-T	1201–1296	96	1910-20
T 6	D-h 2-T	1401–1412	12	1916-18
T 9	1'C-n 2-T	1101–1110	10	1906/07
T 14	1'D 1'-h 2-T	1441–1460	20	1921
T 18	2'C 2'-h 2-T	1121–1140	20	1919
T n	E-h 2-T	1001–1030	30	1921/22

3. Bestand an Lokomotiven am 30. Juni 1864

Klasse A	Klasse C		Klasse D						Klasse E				
58	13	49	1	18	41	64	92	106	30	80	87	116	128
59	14	50	2	20	42	65	93	107	32	81	88	117	129
60	15	51	3	22	44	66	94	108	35	82	89	118	
61	16	52	4	24	45	67	95	109	36	83	112	119	
62	17		5	25	46	68	98	110	37	84	113	125	
63	19		6	28	47	69	99	111	78	85	114	126	
74	21		7	31	48	70	100	120	79	86	115	127	
75	23		8	33	53	71	101	121					
76	26		9	34	54	72	102	122					
77	27		10	38	55	73	103	123					
96	29		11	39	56	90	104	124					
97	43		12	40	57	91	105						

12 Schnellzuglokomotiven Klasse A
16 leichte Personenzuglokomotiven Kl. C
71 schwere Personenzuglokomotiven Kl.D
30 leichte Güterzuglokomotiven Klasse E
129 Lokomotiven insgesamt

4. Die Lokomotiv-Umbauten (Übersichtstafel)

	Klasse (ursprünglich)				A	B	C	D	E	F	B	Aa
	(Umbau)	Bauart			2'B	2'B	2'B	2'B	2'B	C	1 B	1 B
			Jahre		1854-60	1865/68	1846-53	1854-65	1859-63	1864-80	1868-78	1878-88
				Zahl	12	6	16	79	30	98	86	17
Erster Umbau	A (Umbau)	1 B	1896-1905	13								13
	Aa	1 B	1882	2		2						
	Ab	1 B	1893-1902	5							5	
	B	1 B	1869-84	15	3			5	7			
	B 2	1 B	1869-78	16	9			2	5			
	B 3	1 B	1869-83	50			5	45				
	D (Umbau)	1 B	1867-77	16			10	6				
	E (Umbau)	1'B	1873/74	2					2			
	Fa (Umbau)	C	1890-92	8						8		
	F2 (Umbau)	C	1891-1910	88						88		
	T	B-T	1879-87	7				1	6			
	T 2	1 B-T	1890	1				1				
	T 2a	1 B-T	1872/75	2					2			
	T 4a	2'B-T	1874-92	10				7	3			
	T 4n	2'B-T	1891/92	6				6				
	B Nr. 140	1'B	1890	1		1						
				242	12	3*)	15*)	73*)	25*)	96*)	5*)	13*)
Zweiter Umbau	Ab	1 B	1893-1902	11	8 $^{B(1)}_{B2(7)}$			1 (B2)	2 (B2)			
	B	1 B	1884	1			1 (D)					
	B 3	1 B	1883	1				1 (B)				
	Fb	1'C	1895-99	12				12 (B3)				
	T 2	1 B-T	1890-93	14			9 (D)	5 (D)				
	T2aa	1 B-T	1887/92	2					2 (E)			
	T 4a	2'B-T	1886	1				1 (D)				
				42	8	–	10	20	4	–	–	–
						*) Rest nicht umgebaut	*) Eine ersetzt 1880	*) 6 ersetzt 1880/86	*) 4 an Els.-Lothr. 1 ersetzt 1880	*) 2 nicht umgebaut	*) nur diese 5 umgebaut	*) Rest nicht umgebaut

5. Verzeichnis der Umbaulokomotiven

WA=Werkstätte Aalen, WE=Werkstätte Esslingen, WF=Werkstätte Friedrichshafen, WR=Werkstätte Rottweil

Umbau-Klasse	Bauart	Betr.-Nr.	Umbaujahr	Werkstätte	Werkstätten-Umbau-Nr.	ursprüngl. Klasse	ursprüngl. Bauart
A	1 B	318	99	WE	102	A (Aa)	1 B
		319	02	WE	106		
		320	98	WA	89		
		321	05	WE	112		
		322	05	WE	116		
		323	01	WE	103		
		324	05	WE	113		
		325	04	WE	110		
		326	05	WE	118		
		327	03	WE	107		
		334	05	WE	115		
		335	03	WE	108		
		336	96	WA	77		
Aa	1 B	142	82	WE	83	B	2'B
		179	82	WE	84		
Ab	1 B	7	97	WA	82	B2(U)	1 B
		58	95	WA	67	B (U)	
		60	96	WA	74	B2(U)	
		62	00	WA	92	B2(U)	
		75	98	WA	88	B2(U)	
		76	95	WA	68	B2(U)	
		77	94	WE	98	B2(U)	
		85	98	WA	87	B2(U)	
		96	01	WA	100	B2(U)	
		97	00	WA	96	B2(U)	
		114	01	WA	97	B2(U)	
		182	97	WA	83	B 2	
		183	96	WA	73	B 2	
		209	93	WA	60	B	
		232	02	WA	103	B	
		313	96	WA	71	B	
B	1 B	21	84	WA	45	D (U)	1 B
		33	79	WE	79	D	2'B
		55	70	WE	48	D	2'B
		*55	84	WR	14	B (U)	1 B
		58	69	WE	39	A	2'B
		63	78	WR	7	A	2'B
		71	83	WA	43	D	2'B
		74	78	WR	6	D	2'B
		80	74	WA	6	E	2'B
		81	75	WA	11	E	2'B
		82	75	WA	10	E	2'B
		83	72	WA	5	E	2'B
		91	83	WA	44	D	2'B
		93	82	WA	42	D	2'B
		116	84	WA	47	E	2'B
		119	84	WA	46	E	2'B
		125	74	WA	9	E	2'B

Umbau-Klasse	Bauart	Betr.-Nr.	Umbaujahr	Werkstätte	Werkstätten-Umbau-Nr.	ursprüngl. Klasse	ursprüngl. Bauart
B 2	1 B	7	77	WE	73	D	2'B
		59	70	WA	3	A	2'B
		60	69	WE	45	A	2'B
		61	68	WE	32	A	2'B
		62	69	WE	44	A	2'B
		72	82	WA	40	D	2'B
		75	68	WE	33	A	2'B
		76	70	WE	47	A	2'B
		77	69	WE	38	A	2'B
		78	77	WR	1	E	2'B
		85	73	WE	60	E	2'B
		96	71	WE	52	A	2'B
		97	71	WE	56	A	2'B
		112	71	WE	50	E	2'B
		114	78	WE	76	E	2'B
		128	77	WE	70	E	2'B
B 3	1 B	1	75	WA	13	D	2'B
		2	74	WE	62	D	2'B
		5	76	WA	14	D	2'B
		6	79	WR	10	D	2'B
		10	77	WA	18	D	2'B
		11	69	WE	40	D	2'B
		12	76	WE	67	D	2'B
		17	79	WA	27	C	2'B
		19	71	WE	53	C	2'B
		20	81	WA	39	D	2'B
		22	79	WR	8	D	2'B
		31	70	WE	46	D	2'B
		33	83	WR	13	B (U)	1 B
		38	75	WE	64	D	2'B
		41	78	WA	25	D	2'B
		42	77	WR	4	D	2'B
		44	78	WR	5	D	2'B
		45	77	WA	22	D	2'B
		47	67	WE	28	D	2'B
		49	80	WA	41	C	2'B
		51	79	WE	77	C	2'B
		52	79	WR	9	C	2'B
		53	69	WE	43	D (V)	2'B
		54	69	WE	37	D (V)	2'B
		56	81	WR	11	D (V)	2'B
		57	79	WA	31	D (V)	2'B
		64	76	WA	17	D	2'B
		65	76	WA	16	D	2'B
		66	76	WE	68	D	2'B
		68	78	WA	24	D	2'B
		70	80	WA	35	D	2'B
		73	77	WE	74	D	2'B
		90	80	WA	32	D	2'B

* (2. Umbau)

Umbau-Klasse	Bauart	Betr.-Nr.	Umbau-jahr	Werk-stätte	Werk-stätten-Umbau-Nr.	ursprüngl. Klasse	ursprüngl. Bauart
B 3	1 B	92	77	WA	20	D	2'B
		94	77	WR	3	D	2'B
		95	77	WA	21	D	2'B
		99	81	WA	37	D	2'B
		100	80	WA	36	D	2'B
		102	77	WA	19	D	2'B
		103	80	WA	34	D	2'B
		104	79	WA	28	D	2'B
		106	75	WA	12	D	2'B
		107	79	WA	29	D	2'B
		108	76	WE	66	D	2'B
		109	76	WE	69	D	2'B
		111	77	WA	23	D	2'B
		120	76	WA	15	D	2'B
		122	80	WA	33	D	2'B
		146	77	WR	2	D	2'B
		147	82	WR	12	D	2'B
		148	78	WA	26	D	2'B
B	1'B	140	90	WR	15	B	2'B
D	1 B	4	74	WA	8	D	2'B
		13	71	WE	55	C	2'B
		14	71	WE	59	C	2'B
		15	71	WE	54	C	2'B
		16	71	WE	57	C	2'B
		21	70	WE	49	C	2'B
		23	68	WE	34	C	2'B
		24	67	WE	30/31?	D	2'B
		25	67	WE	29	D	2'B
		26	69	WE	42	C	2'B
		27	71	WE	58	C	2'B
		29	70	WA	2	C	2'B
		34	67	WE	31/30?	D	2'B
		43	70	WA	1	C	2'B
		46	69	WE	36	D	2'B
		48	69	WE	41	D	2'B
E	1'B	88	73	WA	4	E	2'B
		118	74	WA	7	E	2'B
Fa	C	127	91	WA	57	F	C
		161	91	WA	55	F	C
		163	92	WA	62	F	C
		170	90	WA	53	F	C
		171	90	WA	54	F	C
		191	91	WA	56	F	C
		200	91	WA	58	F	C
		267	91	WE	90	F	C

Umbau-Klasse	Bauart	Betr.-Nr.	Umbau-jahr	Werk-stätte	Werk-stätten-Umbau-Nr.	ursprüngl. Klasse	ursprüngl. Bauart
F 2	C	8	10	WE	134	F(Fa)	C
		30	05	WE	111		
		50	09	WE	129		
		67	09	WE	130		
		79	96	WA	79		
		84	00	WR	44		
		86	98	WA	86		
		124	08	WE	126		
		130	93	WA	63		
		131	91	WR	16		
		132	96	WR	31		
		133	94	WE	97		
		134	00	WA	99		
		135	99	WR	38		
		136	95	WA	70		
		137	94	WA	65		
		138	98	WR	36		
		139	03	WR	50		
		152	95	WF	15		
		153	91	WE	89		
		154	94	WA	64		
		155	02	WE	105		
		156	94	WF	12		
		157	98	WF	18		
		158	01	WA	101		
		159	01	WR	46		
		160	99	WE	101		
		162	94	WA	66		
		164	96	WA	76		
		165	98	WF	17		
		166	91	WE	87		
		167	98	WE	100		
		168	06	WE	121		
		169	00	WA	98		
		184	93	WA	61		
		185	94	WR	22		
		186	03	WA	106		
		187	00	WA	95		
		188	03	WR	51		
		189	05	WE	119		
		190	97	WA	81		
		192	95	WE	95		
		193	95	WA	72		
		194	98	WA	84		
		195	96	WE	99		
		196	07	WE	125		
		197	98	WA	85		
		198	01	WA	102		
		199	00	WA	94		
		201	96	WA	78		

5. Umbaulokomotiven

Umbau-Klasse	Bauart	Betr.-Nr.	Umbau-jahr	Werk-stätte	Werk-stätten-Umbau-Nr.	ursprüngl. Klasse	ursprüngl. Bauart
F 2	C	202	99	WR	41	F(Fa)	C
		203	99	WR	40		
		204	06	WE	122		
		205	09	WE	131		
		206	03	WA	105		
		207	01	WE	104		
		252	03	WR	49		
		253	05	WE	120		
		254	05	WE	114		
		255	01	WA	107		
		256	95	WA	69		
		257	05	WE	123		
		258	09	WE	133		
		259	08	WE	128		
		260	10	WE	136		
		261	10	WE	135		
		262	09	WE	132		
		263	05	WE	117		
		264	03	WA	104		
		265	01	WR	45		
		266	91	WE	88		
		268	03	WR	48		
		269	00	WA	93		
		296	96	WA	75		
		297	99	WA	90		
		298	99	WA	91		
		299	07	WE	124		
		300	02	WR	47		
		301	92	WA	59		
		302	00	WR	42		
		303	95	WR	30		
		304	00	WR	43		
		305	97	WA	80		
		328	04	WA	108		
		330	96	WF	16		
		331	99	WF	19		
		332	08	WE	127		
		333	04	WE	109		
Fb	1'C	12	95	WR	25	B 3	1 B
		31	95	WR	24		
		41	98	WR	37		
		45	98	WR	34		
		68	96	WR	29		
		73	99	WR	39		
		92	99	WR	35		
		94	95	WR	23		
		102	96	WR	27		
		107	97	WR	33		
		108	96	WR	28		

Umbau-Klasse	Bauart	Betr.-Nr.	Umbau-jahr	Werk-stätte	Werk-stätten-Umbau-Nr.	ursprüngl. Klasse	ursprüngl. Bauart
Fb	1'C	148	97	WR	32	B 3	1 B
T	B-T	87	85	WA	48	E	2'B
		105	85	WA	49	D	2'B
		113	79	WA	30	E	2'B
		115	86	WA	50	E	2'B
		117	82	WA	38	E	2'B
		126	87	WA	52	E	2'B
		129	87	WA	51	E	2'B
T 2	1B-T	4	92	WF	11	D (U)	1 B
		13	92	WR	20	D (U)	1 B
		14	90	WF	4	D (U)	1 B
		15	90	WF	5	D (U)	1 B
		16	91	WF	9	D (U)	1 B
		23	91	WF	8	D (U)	1 B
		24	93	WE	94	D (U)	1 B
		25	93	WE	93	D (U)	1 B
		26	91	WF	7	D (U)	1 B
		27	93	WE	92	D (U)	1 B
		29	90	WF	3	D (U)	1 B
		34	94	WF	13	D (U)	1 B
		43	90	WF	6	D (U)	1 B
		46	91	WE	91	D (U)	1 B
		150	90	WF	2	D	2'B
T 2a	1B-T	36	72	WE	51	E	2'B
		37	75	WE	65	E	2'B
T 2aa	1B-T	88	92	WF	10	E (U)	1'B
		118	87	WF	1	E (U)	1'B
T 4a	2'B-T	3	74	WE	61	D	2'B
		9	75	WE	63	D	2'B
		28	79	WE	78	D	2'B
		32	68	WE	35	E	2'B
		*32	81	WE	80	E	2'B-T
		35	77	WE	75	E	2'B
		39	81	WE	82	D	2'B
		40	76	WE	71	D	2'B
		48	86	WE	86	D (U)	1 B
		89	76	WE	72	E	2'B
		98	85	WE	85	D	2'B
		123	81	WE	81	D	2'B
T 4n	2'B-T	101	93	WR	21	D	2'B
		110	91	WR	17	D	2'B
		144	92	WR	19	D	2'B
		145	94	WF	14	D	2'B
		149	95	WR	26	D	2'B
		151	91	WR	18	D	2'B

* (2. Umbau)

6. Die Lokomotivumbauten der Werkstätten

Aalen

Werkstatt-Umbau-Nr.	Jahr	Umbau-Klasse	Betr.-Nr.	Werkstatt-Umbau-Nr.	Jahr	Umbau-Klasse	Betr.-Nr.	Werkstatt-Umbau-Nr.	Jahr	Umbau-Klasse	Betr.-Nr.
1	70	D	43	48	85	T	87	98	01	F 2	169
2	70	D	29	49	85	T	105	99	01	F 2	134
3	70	B 2	59	50	86	T	115	100	00	Ab	96
4	73	E	88	51	87	T	129	101	01	F 2	158
5	72	B	83	52	87	T	126	102	01	F 2	198
6	74	B	80	53	90	Fa	170	103	02	Ab	232
7	74	E	118	54	90	Fa	171	104	03	F 2	264
8	74	D	4	55	91	Fa	161	105	03	F 2	206
9	74	B	125	56	91	Fa	191	106	03	F 2	186
10	75	B	82	57	91	Fa	127	107	03	F 2	255
11	75	B	81	58	92	Fa	200	108	02	F 2	328
12	75	B 3	106	59	92	F 2	301				
13	75	B 3	1	60	93	Ab	209				
14	76	B 3	5	61	93	F 2	184	**Esslingen**			
15	76	B 3	120	62	92	Fa	163				
16	76	B 3	65	63	93	F 2	130	28	67	B 3	47
17	76	B 3	64	64	94	F 2	154	29	68	D	25
18	77	B 3	10	65	94	F 2	137	30	68	D	24/34?
19	77	B 3	102	66	94	F 2	162	31	68	D	34/24?
20	77	B 3	92	67	95	Ab	58	32	68	B 2	61
21	77	B 3	95	68	95	Ab	76	33	68	B 2	75
22	77	B 3	45	69	95	F 2	256	34	68	D	23
23	77	B 3	111	70	95	F 2	136	35	68	E	32
24	78	B 3	68	71	96	Ab	313	36	69	D	46
25	78	B 3	41	72	96	F 2	193	37	69	B 3	54
26	78	B 3	148	73	96	Ab	183	38	69	B 2	77
27	79	B 3	17	74	96	Ab	60	39	69	B	58
28	79	B 3	104	75	96	F 2	296	40	69	B 3	11
29	79	B 3	107	76	96	F 2	164	41	69	D	48
30	79	T	113	77	96	A	336	42	69	D	26
31	79	B 3	57	78	97	F 2	201	43	69	B 3	53
32	80	B 3	90	79	97	F 2	79	44	69	B 2	62
33	80	B 3	122	80	97	F 2	305	45	69	B 2	60
34	80	B 3	103	81	97	F 2	190	46	70	B 3	31
35	80	B 3	70	82	97	Ab	7	47	70	B 2	76
36	80	B 3	100	83	97	Ab	182	48	70	B	55
37	81	B 3	99	84	97	F 2	194	49	70	D	21
38	82	T	117	85	98	F 2	197	50	71	B 2	112
39	81	B 3	20	86	98	F 2	86	51	72	T 2a	36
40	82	B 2	72	87	98	Ab	85	52	71	B 2	96
41	80	B 3	49	88	98	Ab	75	53	71	B 3	19
42	82	B	93	89	98	A	320	54	71	D	15
43	83	B	71	90	99	F 2	297	55	71	D	13
44	83	B	91	91	99	F 2	298	56	71	B 2	97
45	84	B	21	92	00	Ab	62	57	71	D	16
46	84	B	119	93	00	F 2	269	58	71	D	27
47	84	B	116	94	00	F 2	199	59	71	D	14
				95	00	F 2	187	60	73	B 2	85
				96	00	Ab	97	61	74	T 4a	3
				97	01	Ab	114	62	74	B 3	2

225

Werkstatt-Umbau-Nr.	Jahr	Umbau-Klasse	Betr.-Nr.
63	75	T 4a	9
64	75	B 3	38
65	75	T 2a	37
66	76	B 3	108
67	76	B 3	12
68	76	B 3	66
69	76	B 3	109
70	77	B 2	128
71	76	T 4a	40
72	76	T 4a	89
73	77	B 2	7
74	77	B 3	73
75	77	T 4a	35
76	78	B 2	114
77	79	B 3	51
78	79	T 4a	28
79	79	B	33
80	81	T 4a	32
81	81	T 4a	123
82	81	T 4a	39
83	82	Aa	142
84	82	Aa	179
85	85	T 4a	98
86	86	T 4a	48
87	91	F 2	166
88	91	F 2	266
89	91	F 2	153
90	91	Fa	267
91	91	T 2	46
92	93	T 2	27
93	93	T 2	25
94	93	T 2	24
95	95	F 2	192
96	94	F 2	156[1]
97	94	F 2	133
98	94	Ab	77
99	96	F 2	195
100	98	F 2	167
101	99	F 2	160
102	99	A	318
103	01	A	323
104	01	F 2	207
105	02	F 2	155
106	02	A	319
107	03	A	327
108	02	A	335
109	04	F 2	333
110	04	A	325
111	05	F 2	30
112	05	A	321
113	05	A	324
114	05	F 2	254
115	05	A	334

Werkstatt-Umbau-Nr.	Jahr	Umbau-Klasse	Betr.-Nr.
116	05	A	322
117	05	F 2	263
118	05	A	326
119	05	F 2	189
120	05	F 2	253
121	06	F 2	168
122	06	F 2	204
123	06	F 2	257
124	06	F 2	299
125	07	F 2	196
126	08	F 2	124
127	06	F 2	332
128	07	F 2	259
129	08	F 2	50
130	08	F 2	67
131	08	F 2	205
132	08	F 2	262
133	10	F 2	258
134	10	F 2	8
135	09	F 2	261
136	10	F 2	260
137	10	F 2	329[2]

WE 32 ist die erste einwandfrei nachweisbare Umbaunummer. Die Werkstätte Esslingen führte auch den Umbau der ALB-Lokomotiven in 2'B (1859/60) und den „Umbau" Klasse III in Klasse VII bzw. D (1854-1864) aus. Außerdem hat die Werkstätte insgesamt 18 Lokomotivneubauten erstellt : sechs Ersatzlok. Nrn. 1-6, acht Fc und vier T 3.

Friedrichshafen

Werkstatt-Umbau-Nr.	Jahr	Umbau-Klasse	Betr.-Nr.
1	87	T 2aa	118
2	90	T 2	150
3	90	T 2	29
4	90	T 2	14
5	90	T 2	15
6	90	T 2	43
7	91	T 2	26
8	91	T 2	23
9	91	T 2	16
10	92	T 2aa	88
11	92	T 2	4
12	94	F 2	156
13	94	T 2	34
14	94	T 4n	145
15	96	F 2	152
16	96	F 2	330
17	98	F 2	165
18	98	F 2	157
19	99	F 2	331

Rottweil

Werkstatt-Umbau-Nr.	Jahr	Umbau-Klasse	Betr.-Nr.
1	77	B 2	78
2	77	B 3	146
3	77	B 3	94
4	77	B 3	42
5	78	B 3	44
6	78	B	74
7	78	B	63
8	79	B 3	22
9	79	B 3	52
10	79	B 3	6
11	81	B 3	56
12	82	B 3	147
13	83	B 3	33
14	84	B	55
15	90	B	140
16	91	F 2	131
17	91	T 4n	110
18	91	T 4n	151
19	92	T 4n	144
20	92	T 2	13
21	93	T 4n	101
22	94	F 2	185
23	95	Fb	94
24	95	Fb	31
25	95	Fb	12
26	95	T 4n	149
27	96	Fb	102
28	96	Fb	108
29	96	Fb	68
30	96	F 2	303
31	96	F 2	132
32	97	Fb	148
33	97	Fb	107
34	98	Fb	45
35	98	Fb	92
36	98	F 2	138
37	98	Fb	41
38	99	F 2	135
39	99	Fb	73
40	99	F 2	203
41	00	F 2	202
42	00	F 2	302
43	00	F 2	304
44	00	F 2	84
45	01	F 2	265
46	01	F 2	159
47	02	F 2	300
48	03	F 2	268
49	03	F 2	252
50	03	F 2	139
51	04	F 2	188

1) Umbau unterblieb   2) Umbau nicht vollendet

7. Beteiligung der Werkstätten am Lokomotivumbau ab 1867

Umbau-Klasse	Werkstätte				Insgesamt	Bemerkungen
	Aalen	Esslingen	Friedrichshafen	Rottweil		
A	2	11			13	
Aa		2			2	
Ab	15	1			16	
B 140				1	1	
B	11	3		3 *)	17	*) Darunter 2. Umbau Nr. 55
B 2	2	13		1	16	
B 3	27	14		10	51	
D	3	13			16	
E	2				2	
Fa	7	1			8	
F 2	32	32	6	18	88	
Fb				12	12	
T	7				7	
T 2		4	10	1	15	
T 2a		2			2	
T 2aa			2		2	
T 4a		12*)			12	*) Darunter zweimaliger Umbau Nr. 32
T 4n			1	5	6	
Insgesamt	108	108	19	51	286	

8. Aufteilung des Lokomotivbestandes auf die Maschinenbezirke 1894, 1904, 1914 und 1920

Bestand am 31. März 1894

Lokomotiven nach Klassen:	Verteilung auf die Maschinenbezirke				insgesamt:
	Aalen	Esslingen	Friedrichs-hafen	Rottweil	
A	4	22	–	1	27
Ab	1	–	–	–	1
Ac	7	19	–	–	26
E	–	10	–	–	10
B	61	34	24	44	163
D	–	–	–	1	1
F	30	44	9	21	104
F 1	–	–	–	6	6
Fc	–	30	–	–	30
G	–	5	–	–	5
T	11	23	1	7	42
T 3	2	10	–	–	12
Fz	–	–	–	4	4
Ts 4 1000 mm Schmalspur	–	–	–	2	2
Lokomotiven zusammen:	116	197	34	86	433

Bestand am 31. März 1904

Lokomotiven nach Klassen:	Verteilung auf die Maschinenbezirke				insgesamt:
	Heilbronn	Stuttgart	Tübingen	Ulm	
A	10	–	3	12	25
Ab	–	–	16	–	16
Ac	17	14	–	–	31
AD	9	34	9	14	66
E	10	–	–	–	10
D	–	12	–	–	12
B	49	33	32	32	137
Fb	–	–	12	–	12
F	33	–	42	26	101
F 1	–	13	15	6	34
Fc	12	56	–	33	101
G	–	5	–	–	5
T	9	22	6	5	42
T 3	14	25	13	12	64
Fz	–	–	8	–	8
Ts 3 1000 mm-Spur	–	–	2	–	2
Ts 4 1000 mm-Spur	–	–	3	–	3
Tss 3 750 mm-Spur	2	–	–	2	4
Tss 4 750 mm-Spur	3	–	–	–	3
Tssd 750 mm-Spur	3	–	–	3	6
Lokomotiven zusammen:	171	214	161	136	682

Bestand am 31. März 1914

Lokomotiven nach Klassen :	Verteilung auf die Maschinen-Inspektionsbezirke				insgesamt :
	Heilbronn	Stuttgart	Tübingen	Ulm	
C	–	22	–	–	22
AD	44	19	10	25	98
ADh	–	17	–	–	17
D	–	14	–	–	14
E	10	–	–	–	10
A	–	–	–	24	24
Ac	–	14	17	–	31
Ab	–	–	16	–	16
B/B 3	22	31	3	26	82
Fb	12	–	–	–	12
F1c	–	–	–	6	6
F1	–	13	5	10	28
Fz	–	–	9	–	9
F2	19	10	71	3	103
Fc	38	51	–	36	125
G	–	–	–	5	5
H	–	8	–	–	8
Hh	–	6	–	8	14
T	6	3	5	4	18
T3	25	46	15	28	114
T4	–	–	–	8	8
T5	–	10	25	–	35
T9	–	10	–	–	10
KL	–	–	2	–	2
Ts 1000 mm	–	–	4	–	4
Tss 750 mm	10	–	–	6	16
Lokomotiven zus. :	186	274	182	189	831
sonstige Triebfahrzeuge :					
BW (Benzintriebwagen)	–	–	–	2	2
DW (Dampftriebwagen)	1	4	5	6	16
DWss (Dampftriebwagen 750 mm)	–	–	–	1	1
sonst. Triebfahrzeuge zus. :	1	4	5	9	19

Bestand am 31. März 1920

Lokomotiven nach Klassen:	Verteilung auf die Maschinen-Inspektionsbezirke				insgesamt:
	Heilbronn	Stuttgart	Tübingen	Ulm	
C	–	32	–	–	32
AD	40	17	11	29	97
ADh	14	–	–	–	14
D	–	–	–	8	8
E	10	–	–	–	10
A	8	–	–	16	24
Ac	–	12	19	–	31
Ab	–	5	11	–	16
B/B3	4	11	3	9	27
Fb	12	–	–	–	12
F1c	–	–	–	6	6
F1	–	16	–	12	28
Fz	–	–	9	–	9
F2	35	14	48	3	100
Fc	34	22	17	25	98
G	–	–	–	5	5
H	–	–	4	–	4
Hh	–	–	8	–	8
G 12	–	16	–	19	35
K	–	15	–	–	15
T	–	–	–	1	1
T3	24	46	14	30	114
T4	–	–	–	8	8
T5	–	29	34	–	63
T6	1	10	–	–	11
T9	–	7	–	3	10
T14	–	–	–	–	–
T18	–	11	9	–	20
Tn	–	–	–	–	–
Ts 1000 mm	–	–	4	–	4
Tss 750 mm	9	–	–	7	16
Lokomotiven zus.	191	262	191	181	825
sonstige Triebfahrzeuge: DW	1	8	4	2	15
DWss	–	–	–	1	1

9. Kriegsverluste 1914-1918

Klasse	Betriebs-Nr.	Verbleib	Klasse	Betriebs-Nr.	Verbleib
F2	328	östlicher Kriegsschauplatz	Fc	647	östlicher Kriegsschauplatz
F2	604	östlicher Kriegsschauplatz	Fc	681	östlicher Kriegsschauplatz
Fc	617	östlicher Kriegsschauplatz	Fc	693	östlicher Kriegsschauplatz
Fc	638	östlicher Kriegsschauplatz	Fc	709	östlicher Kriegsschauplatz

10. Waffenstillstands-Ablieferungen 1919

Klasse	Betriebs-Nr.	Verbleib Verwaltung/Nr.		
AD	1538	PKP	Od	102- 1
ADh	1549	ETAT		220-910
ADh	1553	ETAT		220-911
ADh	1555	ETAT		220-912
C	2001	ETAT		231-997
C	2010	PKP	Om	101- 1
C	2026	ETAT		231-998
C	2027	ETAT		231-999
D	423	PKP	Ok	102- 1
D	425	PKP	Ok	102- 2
D	426	ETAT		230-985
D	429	ETAT		230-986
D	430	PKP	Ok	102- 3
D	432	PKP	Ok	102- 4
Fc	616	PKP	Th	102- 1
Fc	626	PKP	Th	102- 2
Fc	630	PKP	Th	102- 3
Fc	632	PKP	Th	102- 4
Fc	637	PKP	Th	102- 5
Fc	642	PKP	Th	102- 6
Fc	645	PKP	Th	102- 7
Fc	648	PKP	Th	102- 8
Fc	675	PKP	Th	102- 9
Fc	684	PKP	Th	102- 10
Fc	688	PKP	Th	102- 11
Fc	696	PKP	Th	102- 12
Fc	699	PKP	Th	102- 13
Fc	713	PKP	Th	102- 14
Fc	719	PKP	Th	102- 15
Fc	720	PKP	Th	102- 16
Fc	722	PKP	Th	102- 17
Fc	723	PKP	Th	102- 18
Fc	726	PKP	Th	102- 19
Fc	733	PKP	Th	102- 20
Fc	735	PKP	Th	102- 21

Klasse	Betriebs-Nr.	Verbleib Verwaltung/Nr.	
H	811	ETAT	050-901
H	813	ETAT	050-902
H	814	EST	5005
H	815	ETAT	050-903
Hh	823	siehe Anmerkung	
Hh	825	EST	5006
Hh	826	EST	5007
Hh	828	EST	5008
Hh	829	siehe Anmerkung	
Hh	830	EST	5009
Hh	831	EST	5010
Hh	834	siehe Anmerkung	
Hh	835	AL	5436
T5	1205	NORD	3.1495
T5	1217	NORD	3.1496
T5	1248	NORD	3.1497
T6	1407	ETAT	40 -903

Anmerkung
zu den Lokomotiven Hh 823, 829 und 834:

Das Schicksal dieser bisher als „verschollen" betrachteten Maschinen konnte durch die Aussage von Oberlokomotivführer a. D. Josef Bechtle (geb. 1886) aus Stuttgart geklärt werden. Bechtle, damals in Freudenstadt, mußte mehrmals Lokomotiven, die an die Entente abzuliefern waren, zu den Sammelplätzen in den französischen Ostprovinzen fahren, wo sie den Abnahmekommissionen zu übergeben waren. So wußte er zu berichten, daß die Maschinen nach dem Eintreffen auf dem Sammelpunkt Avricourt auf höhere Weisung unverzüglich durch Arbeitskommandos deutscher Kriegsgefangener verschrottet wurden.

Kriegsbedingte Verluste

An Entente:		Klasse:	C	AD	ADh	D	F2	Fc	H	Hh	T5	T6
A: Französische Bahnen												
	AL		–	–	–	–	–	–	–	1	–	–
	EST		–	–	–	–	–	–	1	5	–	–
	ETAT		3	–	3	2	–	–	3	–	–	1
	NORD		–	–	–	–	–	–	–	–	3	–
	vgl. Anm. Tab. 10:		–	–	–	–	–	–	–	3	–	–
B: Polen	PKP		1	1	–	4	–	21	–	–	–	–
Aus dem Osten nicht zurückgekehrt:			–	–	–	–	2	6	–	–	–	–
Gesamtverlustziffer an Lokomotiven:			4	1	3	6	2	27	4	9	3	1

231

11. Umnummerung (endgültige) durch die Deutsche Reichsbahn

Klasse	bisherige Betr.-Nr. K.W.St.E.	neue Nr. DR	Klasse	bisherige Betr.-Nr. K.W.St.E.	neue Nr. DR	Klasse	bisherige Betr.-Nr. K.W.St.E.	neue Nr. DR
AD	449	13 1601	C	2013	18 111	Fc	635	53 810
AD	451	13 1602	C	2014	18 112	Fc	636	53 811
AD	452	13 1603	C	2015	18 113	Fc	643	53 812
AD	455	13 1604	C	2016	18 114	Fc	646	53 813
AD	456	13 1605	C	2017	18 115	Fc	649	53 814
AD	457	13 1606	C	2018	18 116	Fc	652	53 815
AD	461	13 1607	C	2019	18 117	Fc	653	53 816
AD	462	13 1608	C	2020	18 118	Fc	654	53 817
AD	463	13 1609	C	2021	18 119	Fc	655	53 818
AD	464	13 1610	C	2022	18 120	Fc	658	53 819
AD	465	13 1611	C	2023	18 121	Fc	659	53 820
AD	468	13 1612	C	2024	18 122	Fc	661	53 821
AD	470	13 1613	C	2025	18 123	Fc	665	53 822
AD	476	13 1614	C	2028	18 124	Fc	666	53 823
AD	478	13 1615	C	2029	18 125	Fc	667	53 824
AD	485	13 1616	C	2030	18 126	Fc	668	53 825
AD	486	13 1617	C	2031	18 127	Fc	669	53 826
AD	490	13 1618	C	2032	18 128	Fc	670	53 827
AD	494	13 1619	C	2033	18 129	Fc	671	53 828
AD	499	13 1620	C	2034	18 130	Fc	676	53 829
AD	1521	13 1621	C	2035	18 131	Fc	677	53 830
AD	1522	13 1622	C	2036	18 132	Fc	680	53 831
AD	1524	13 1623	C	2037	18 133	Fc	682	53 832
AD	1528	13 1624	C	2038	18 134	Fc	686	53 833
			C	2039	18 135	Fc	687	53 834
ADh	1541	13 1701	C	2040	18 136	Fc	690	53 835
ADh	1542	13 1702	C	2041	18 137	Fc	691	53 836
ADh	1543	13 1703				Fc	694	53 837
ADh	1544	13 1704	A	336	34 8101	Fc	695	53 838
ADh	1545	13 1705	A	366	34 8102	Fc	698	53 839
ADh	1546	13 1706				Fc	700	53 840
ADh	1547	13 1707	Ac	342	34 8201	Fc	701	53 841
ADh	1548	13 1708	Ac	343	34 8202	Fc	702	53 842
ADh	1550	13 1709	Ac	345	34 8203	Fc	703	53 843
ADh	1551	13 1710	Ac	347	34 8204	Fc	704	53 844
ADh	1552	13 1711	Ac	348	34 8205	Fc	706	53 845
ADh	1554	13 1712	Ac	350	34 8206	Fc	707	53 846
ADh	1556	13 1713	Ac	354	34 8207	Fc	708	53 847
ADh	1557	13 1714	Ac	375	34 8208	Fc	710	53 848
			Ac	376	34 8209	Fc	711	53 849
C	2002	18 101				Fc	712	53 850
C	2003	18 102	Fc	611	53 801	Fc	714	53 851
C	2004	18 103	Fc	615	53 802	Fc	715	53 852
C	2005	18 104	Fc	619	53 803	Fc	716	53 853
C	2006	18 105	Fc	621	53 804	Fc	717	53 854
C	2007	18 106	Fc	623	53 805	Fc	718	53 855
C	2008	18 107	Fc	625	53 806	Fc	721	53 856
C	2009	18 108	Fc	628	53 807	Fc	724	53 857
C	2011	18 109	Fc	633	53 808	Fc	725	53 858
C	2012	18 110	Fc	634	53 809	Fc	727	53 859

Klasse	bisherige Betr.-Nr. K.W.St.E.	neue Nr. DR	Klasse	bisherige Betr.-Nr. K.W.St.E.	neue Nr. DR	Klasse	bisherige Betr.-Nr. K.W.St.E.	neue Nr. DR
Fc	728	53 860	G 12	1919	58 519	K	–	59 025
Fc	729	53 861	G 12	1920	58 520	K	–	59 026
Fc	730	53 862	G 12	1921	58 521	K	–	59 027
Fc	731	53 863	G 12	1922	58 522	K	–	59 028
Fc	732	53 864	G 12	1923	58 523	K	–	59 029
Fc	734	53 865	G 12	1924	58 524	K	–	59 030
			G 12	1925	58 525	K	–	59 031
F2	166	53 8301	G 12	1926	58 526	K	–	59 032
			G 12	1927	58 527	K	–	59 033
H	812	57 301	G 12	1928	58 528	K	–	59 034
H	816	57 302	G 12	1929	58 529	K	–	59 035
H	817	57 303	G 12	1930	58 530	K	–	59 036
H	818	57 304	G 12	1931	58 531	K	–	59 037
			G 12	1932	58 532	K	–	59 038
Hh	821	57 401	G 12	1933	58 533	K	–	59 039
Hh	822	57 402	G 12	1934	58 534	K	–	59 040
Hh	824	57 403	G 12	1935	58 535	K	–	59 041
Hh	827	57 404	G 12	Cassel 5761	58 536	K	–	59 042
Hh	832	57 405	G 12	Cassel 5762	58 537	K	–	59 043
Hh	833	57 406	G 12	Cassel 5763	58 538	K	–	59 044
Hh	836	57 407	G 12	Cassel 5764	58 539			
Hh	837	57 408	G 12	Cassel 5765	58 540	T5	1201	75 001
Hh	838	57 409	G 12	Cassel 5766	58 541	T5	1202	75 002
Hh	839	57 410	G 12	Cassel 5767	58 542	T5	1203	75 003
Hh	840	57 411	G 12	Cassel 5768	58 543	T5	1204	75 004
Hh	841	57 412				T5	1206	75 005
Hh	842	57 413	K	1801	59 001	T5	1207	75 006
Hh	843	57 414	K	1802	59 002	T5	1208	75 007
Hh	844	57 415	K	1803	59 003	T5	1209	75 008
Hh	845	57 416	K	1804	59 004	T5	1210	75 009
Hh	846	57 417	K	1805	59 005	T5	1211	75 010
			K	1806	59 006	T5	1212	75 011
G 12	1901	58 501	K	1807	59 007	T5	1213	75 012
G 12	1902	58 502	K	1808	59 008	T5	1214	75 013
G 12	1903	58 503	K	1809	59 009	T5	1215	75 014
G 12	1904	58 504	K	1810	59 010	T5	1216	75 015
G 12	1905	58 505	K	1811	59 011	T5	1218	75 016
G 12	1906	58 506	K	1812	59 012	T5	1219	75 017
G 12	1907	58 507	K	1813	59 013	T5	1220	75 018
G 12	1908	58 508	K	1814	59 014	T5	1221	75 019
G 12	1909	58 509	K	1815	59 015	T5	1222	75 020
G 12	1910	58 510	K	–	59 016	T5	1223	75 021
G 12	1911	58 511	K	–	59 017	T5	1224	75 022
G 12	1912	58 512	K	–	59 018	T5	1225	75 023
G 12	1913	58 513	K	–	59 019	T5	1226	75 024
G 12	1914	58 514	K	–	59 020	T5	1227	75 025
G 12	1915	58 515	K	–	59 021	T5	1228	75 026
G 12	1916	58 516	K	–	59 022	T5	1229	75 027
G 12	1917	58 517	K	–	59 023	T5	1230	75 028
G 12	1918	58 518	K	–	59 024	T5	1231	75 029

Klasse	bisherige Betr.-Nr. K.W.St.E.	neue Nr. DR	Klasse	bisherige Betr.-Nr. K.W.St.E.	neue Nr. DR	Klasse	bisherige Betr.-Nr. K.W.St.E.	neue Nr. DR
T5	1232	75 030	T5	1283	75 080	T3	897	89 396
T5	1233	75 031	T5	1284	75 081	T3	898	89 397
T5	1234	75 032	T5	1285	75 082	T3	899	89 398
T5	1235	75 033	T5	1286	75 083	T3	900	89 399
T5	1236	75 034	T5	1287	75 084	T3	901	89 389
T5	1237	75 035	T5	1288	75 085	T3	902	89 390
T5	1238	75 036	T5	1289	75 086	T3	903	89 391
T5	1239	75 037	T5	1290	75 087	T3	904	89 392
T5	1240	75 038	T6	1291	75 088	T3	905	89 393
T5	1241	75 039	T5	1292	75 089	T3	906	89 394
T5	1242	75 040	T5	1293	75 090	T3	907	89 384
T5	1243	75 041	T5	1294	75 091	T3	908	89 385
T5	1244	75 042	T5	1295	75 092	T3	909	89 386
T5	1245	75 043	T5	1296	75 093	T3	910	89 387
T5	1246	75 044				T3	911	89 388
T5	1247	75 045	T18	1121	78 146	T3	912	89 381
T5	1249	75 046	T18	1122	78 147	T3	913	89 382
T5	1250	75 047	T18	1123	78 148	T3	914	89 383
T5	1251	75 048	T18	1124	78 149	T3	915	89 376
T5	1252	75 049	T18	1125	78 150	T3	916	89 377
T5	1253	75 050	T18	1126	78 151	T3	917	89 378
T5	1254	75 051	T18	1127	78 152	T3	918	89 379
T5	1255	75 052	T18	1128	78 153	T3	919	89 380
T5	1256	75 053	T18	1129	78 154	T3	920	89 371
T5	1257	75 054	T18	1130	78 155	T3	921	89 372
T5	1258	75 055	T18	1131	78 156	T3	922	89 373
T5	1259	75 056	T18	1132	78 157	T3	923	89 374
T5	1260	75 057	T18	1133	78 158	T3	924	89 375
T5	1261	75 058	T18	1134	78 159	T3	925	89 366
T5	1262	75 059	T18	1135	78 160	T3	926	89 367
T5	1263	75 060	T18	1136	78 161	T3	927	89 368
T5	1264	75 061	T18	1137	78 162	T3	928	89 369
T5	1265	75 062	T18	1138	78 163	T3	929	89 370
T5	1266	75 063	T18	1139	78 164	T3	930	89 363
T5	1267	75 064	T18	1140	78 165	T3	931	89 364
T5	1268	75 065				T3	932	89 365
T5	1269	75 066	T	100.	88 7401	T3	933	89 361
T5	1270	75 067				T3	934	89 362
T5	1271	75 068	T3	885	89 408	T3	935	89 354
T5	1272	75 069	T3	886	89 409	T3	936	89 355
T5	1273	75 070	T3	887	89 406	T3	937	89 356
T5	1274	75 071	T3	888	89 407	T3	938	89 357
T5	1275	75 072	T3	889	89 410	T3	939	89 358
T5	1276	75 073	T3	890	89 400	T3	940	89 359
T5	1277	75 074	T3	891	89 401	T3	941	89 360
T5	1278	75 075	T3	892	89 402	T3	942	89 352
T5	1279	75 076	T3	893	89 403	T3	943	89 353
T5	1280	75 077	T3	894	89 404	T3	944	89 349
T5	1281	75 078	T3	895	89 405	T3	945	89 350
T5	1282	75 079	T3	896	89 395	T3	946	89 351

Klasse	bisherige Betr.-Nr. K.W.St.E.	neue Nr. DR	Klasse	bisherige Betr.-Nr. K.W.St.E.	neue Nr. DR	Klasse	bisherige Betr.-Nr. K.W.St.E.	neue Nr. DR
T3	947	89 339	T9	1101	91 2001	T14	1459	93 813
T3	948	89 340	T9	1102	91 2002	T14	1460	93 814
T3	949	89 341	T9	1103	91 2003	T14	1461	93 836
T3	950	89 342	T9	1104	91 2004	T14	1462	93 837
T3	951	89 343	T9	1105	91 2005	T14	1463	93 838
T3	952	89 344	T9	1106	91 2006	T14	1464	93 839
T3	953	89 345	T9	1107	91 2007	T14	1465	93 840
T3	954	89 346	T9	1108	91 2008	T14	1466	93 841
T3	955	89 347	T9	1109	91 2009	T14	1467	93 842
T3	956	89 348	T9	1110	91 2010	T14	1468	93 843
T3	957	89 331				T14	1469	93 844
T3	958	89 332	T6	1401	92 001	T14	1470	93 845
T3	959	89 333	T6	1402	92 002	T14	1471	93 846
T3	960	89 334	T6	1403	92 003	T14	1472	93 847
T3	961	89 335	T6	1404	92 004	T14	1473	93 848
T3	962	89 336	T6	1405	92 005	T14	1474	93 849
T3	963	89 337	T6	1406	92 006	T14	1475	93 850
T3	964	89 338	T6	1408	92 007			
T3	965	89 318	T6	1409	92 008	Tn	1001	94 101
T3	966	89 319	T6	1410	92 009	Tn	1002	94 102
T3	967	89 320	T6	1411	92 010	Tn	1003	94 103
T3	968	89 321	T6	1412	92 011	Tn	1004	94 104
T3	969	89 322				Tn	1005	94 105
T3	970	89 323	T4	851	92 101	Tn	1006	94 106
T3	971	89 324	T4	852	92 102	Tn	1007	94 107
T3	972	89 325	T4	853	92 103	Tn	1008	94 108
T3	973	89 326	T4	854	92 104	Tn	1009	94 109
T3	974	89 327	T4	855	92 105	Tn	1010	94 110
T3	975	89 328	T4	856	92 106	Tn	1011	94 111
T3	976	89 329	T4	857	92 107	Tn	1012	94 112
T3	977	89 330	T4	858	92 108	Tn	1013	94 113
T3	978	89 313				Tn	1014	94 114
T3	979	89 312	T14	1441	93 795	Tn	1015	94 115
T3	980	89 317	T14	1442	93 796	Tn	1016	94 116
T3	981	89 314	T14	1443	93 797	Tn	1017	94 117
T3	982	89 301	T14	1444	93 798	Tn	1018	94 118
T3	983	89 302	T14	1445	93 799	Tn	1019	94 119
T3	984	89 303	T14	1446	93 800	Tn	1020	94 120
T3	985	89 304	T14	1447	93 801	Tn	1021	94 121
T3	986	89 305	T14	1448	93 802	Tn	1022	94 122
T3	987	89 306	T14	1449	93 803	Tn	1023	94 123
T3	988	89 307	T14	1450	93 804	Tn	1024	94 124
T3	989	89 308	T14	1451	93 805	Tn	1025	94 125
T3	990	89 309	T14	1452	93 806	Tn	1026	94 126
T3	991	89 310	T14	1453	93 807	Tn	1027	94 127
T3	992	89 311	T14	1454	93 808	Tn	1028	94 128
T3	993	89 315	T14	1455	93 809	Tn	1029	94 129
T3	994	89 316	T14	1456	93 810	Tn	1030	94 130
			T14	1457	93 811			
T3	996	89 411	T14	1458	93 812			

Klasse	bisherige Betr.-Nr. K.W.St.E.	neue Nr. DR	Bemerkungen
Fz	591	97 301	
Fz	592	97 302	
Fz	593	97 303	
Fz	594	97 304	
Fz	595	97 305	
Fz	596	97 306	
Fz	599	97 307	
Hz	–	97 501	
Hz	–	97 502	
Hz	–	97 503	
Hz	–	97 504	
Ts3	9 ex WEG 4	99 121	1000 mm-Spur
Ts4	1	99 171	1000 mm-Spur
Ts4	2	99 172	1000 mm-Spur
Ts4	3	99 173	1000 mm-Spur
Ts5	–	99 191	1000 mm-Spur
Ts5	–	99 192	1000 mm-Spur

Klasse	bisherige Betr.-Nr. K.W.St.E.	neue Nr. DR	Bemerkungen
Ts5	–	99 193	1000 mm-Spur
Ts5	–	99 194	1000 mm-Spur
Tss3	21	99 501	750 mm-Spur
Tss3	22	99 502	750 mm-Spur
Tss3	23	99 503	750 mm-Spur
Tss3	24	99 504	750 mm-Spur
Tss4	12	99 621	750 mm-Spur
Tss4	13	99 622	750 mm-Spur
Tssd	41	99 631	750 mm-Spur
Tssd	42	99 632	750 mm-Spur
Tssd	43	99 633	750 mm-Spur
Tssd	44	99 634	750 mm-Spur
Tssd	45	99 635	750 mm-Spur
Tssd	46	99 636	750 mm-Spur
Tssd	47	99 637	750 mm-Spur
Tssd	48	99 638	750 mm-Spur
Tssd	49	99 639	750 mm-Spur

12. Hauptabmessungen

Laufende Nr.	Klasse	Betriebs-Nr.	Bauart mit Zylinder-Verhältnis	Zylinder-Durchmesser	Kolbenhub	Treibrad-Durchmesser	Kesseldruck	Rostfläche	Verdampfungs-Heizfläche	Überhitzer-Heizfläche	Dienstgewicht	Reibungs-gewicht	Vorräte (bei Tender-lokomotiven) Kohle	Vorräte (bei Tender-lokomotiven) Wasser	Anmerkungen
				mm	mm	mm	kg/cm²	m²	m²	m²	t	t	t	m³	
1	I	1–3	2'B-n 2	318	635	1530	6,3	0,87	~60,00	–	16,00	10,00	–	–	
2	II	4–6	1'B-n 2	318	508	1530	6,3	0,75	~51,00	–	14,00	~9,00	–	–	
3	III/C	7…52	2'B-n 2	356	559	1372	6,3	0,81	59,06	–	22,00	11,00	–	–	
4	III/C	13, 14, 24	2'B-n 2	354	561	1380	•	•	•	–	•	•	–	–	Maffei
5	IV(Alb)	30…37	C-n 2	447	612	1230	7,0	0,90	97,00	–	33,50	33,50	–	–	
6	V	53–57	2'B-n 2	381	561	1392	6,3	0,89	68,06	–	25,00	12,00	–	–	
7	VI/A	58…97	2'B-n 2	381	561	1842	7,0	0,89	67,82	–	27,80	14,36	–	–	
8	VII/D	Ersatz 1…151	2'B-n 2	381	561	1386	7,0	0,89	67,79	–	26,50	14,25	–	–	
9	B	140…179	2'B-n 2	435	612	1830	9,0	1,15	100,08	–	33,00	19,00	–	–	
10	E	Ersatz 30…119	2'B-n 2	410	610	1218	8,0	1,03	85,12	–	29,00	19,50	–	–	

Laufende Nr.	Klasse	Betriebs-Nr.	Bauart mit Zylinder-Verhältnis	Zylinder-Durchmesser	Kolbenhub	Treibrad-Durchmesser	Kesseldruck	Rostfläche	Verdampfungs-Heizfläche	Überhitzer-Heizfläche	Dienstgewicht	Reibungs-gewicht	Vorräte (bei Tender-lokomotiven) Kohle	Wasser	Anmerkungen
				mm	mm	mm	kg/cm²	m²	m²	m²	t	t	t	m³	
11	F	Ersatz 8...333	C-n2	480	612	1230	9,0	1,46	136,84	–	33,50	33,50	–	–	
12	B	172–177	B-n2-T	370	600	1530	10,0	1,26	91,55	–	26,30	26,30	1,20	4,00	
13	D/B	180–183	1B-n2	381	561	1530	9,0	0,98	102,58	–	29,15	20,00	–	–	
14	B	208...317	1B-n2	408	561	1530	9,0*	0,98	102,58	–	29,15	20,00	–	–	*)10 atü für Lok Nr. 314-317
15	Aa	142,179 (Umbau) 318 ff (Neubau)	1B-n2	408	561	1650	10,0*	1,57	105,30	–	36,90	24,40	–	–	*)ab Ersatz 69 (1886) 12 atü
16	A	337 ff.	1B-n2	420	560	1650	12,0	1,60	105,30	–	39,35	26,35	–	–	
17	A	Umbau	1B-n2	420	560	1650	12,0	1,60	105,30	–	38,90	26,40	–	–	Umbau
18	Ac	342–362	1B-2v	420/600	560	1650	14,0	1,60	105,30	–	41,30	27,70	–	–	
19	F1	511–538	C-n2i	450	612	1380	14,0	1,40	116,70	–	41,60	41,60	–	–	Innenzylinder
20	F1c	501–506	C-n2v	480/685	612	1380	14,0	1,40	116,70	–	41,60	41,60	–	–	
21	Fc	611–735	C-n2v	480/685	612	1230	12,0*	1,40	117,90	–	39,70	39,70	–	–	*) ab Nr. 651 = 14 atü
22	Fa	Ersatz 127...267 Umbau	C-n2	480	612	1230	10,0	1,46	122,33	–	36,00	36,00	–	–	
23	F2	Umbau F und Neubau 601-606	C-n2	450	612	1230	12,0	1,40	117,90	–	38,00	38,00	–	–	
24	D	Umbau	1B-n2	381	561	1380	7,0	0,89	67,79	–	29,15	14,90	–	–	
25	B3	Umbau	1B-n2	381	561	1380	9,0	0,97	90,60	–	30,50	21,00	–	–	
26	B	Umbau	1B-n2	408	561	1530	9,0	0,97	90,80	–	31,00	22,00	–	–	
27	B2	Umbau	1B-n2	408	561	1530	9,0	0,98	90,80	–	31,00	22,30	–	–	
28	E	Umbau	1'B-n2	406	609	1220	8,0	1,03	90,74	–	27,00	18,00	–	–	
29	Ab	Umbau	1B-n2	408	561	1530	12,0	1,40	104,60	–	35,40	23,50	–	–	
30	Fb	Umbau	1'B-n2	400	561	1380	12,0	1,40	116,70	–	39,40	29,00	–	–	
31	T	Umbau	B-n2-T	320	612	1230	9,0	0,95	55,85	–	26,00	26,00	0,33	2,25	
32	T2	Umbau	1B-n2-T	381	561	1380	7,0	0,98	68,45	–	35,00	23,60	1,41	4,85	
33	T2a	Umbau	1B-n2-T	381	573	1280	7,0	0,89	68,13	–	31,60	25,60	1,10	3,60	
34	T2aa	118 Stuifen 88 Tuebingen	1B-n2-T	410 / 413	605 / 609	1219 / 1200	9,0	1,03 / 0,96	90,74 / 96,13	–	39,50 / 38,25	28,60 / 27,70	• / 1,00	• / 3,25	Umbau
35	T4a	Umbau	2'B-n2-T	381	573	1219	7,0	0,98	64,94	–	35,40	22,40	1,15	2,80	
36	T4n	Umbau	2'B-n2-T	381	561	1260	7,0	0,89	68,45	–	39,00	20,80	1,80	5,80	
37	Fz	591–599	1'C-n2(4v)-T	2x 420 Adh / 2x 420 Zahn	612 Zahn / 540	Adh 1230 / Zahn 478/1082	14,0	1,40	112,40	–	54,10	42,00	1,00	4,20	Zahnstange Riggenbach
38	E	401–410	1'B1'-n3v	420	560	1650	12,0	2,00	148,10	–	55,20	29,20	–	–	
39	D	421–434	2'C-n4v	380/600	560	1650	14,0	2,30	162,00	–	64,40	44,80	–	–	*) später 344 mm
40	T3	981–988	C-n2-T	380	540	1045	12,0	1,00	63,90	–	29,70	29,70	1,47	3,10	Bauart Krauss
41	T3	885–980 989–994	C-n2-T	380	540	1045	12,0	1,00	63,90	–	35,70	35,70	1,50	5,00	Bauart Esslingen mit langem Wasserkast.
42	T3	996–999	C-n2-T	380	540	1045	12,0	1,00	63,80	–	32,31	32,31	1,47	3,00	Bauart Klose
43	AD	441–500 1501–1538	2'B-n2v	450/670	560	1800	14,0	2,00	129,10	–	50,20 51,00	29,20 29,70	–	–	Flachsch. Kolbensch.
44	ADh	1541–1557	2'B-h2	490	560	1800	12,0	2,00	104,60	30,30	51,40	29,90	–	–	

Laufende Nr.	Klasse	Betriebs-Nr.	Bauart mit Zylinder-Verhältnis	Zylinder-Durchmesser	Kolbenhub	Treibrad-Durchmesser	Kesseldruck	Rostfläche	Verdampfungs-Heizfläche	Überhitzer-Heizfläche	Dienstgewicht	Reibungs-gewicht	Vorräte (bei Tender-lokomotiven) Kohle	Vorräte (bei Tender-lokomotiven) Wasser	Anmerkungen
				mm	mm	mm	kg/cm²	m²	m²	m²	t	t	t	m³	
45	C	2001–2011 2025–2041	2'C1'-h4v	420/620	612	1800	15,0	3,95	208,60	53,00 65,00	87,80	48,00	–	–	
46	C	2012–2024	2'C1'-h4v	430/635	612	1800	15,0	3,95	208,00	53,00	85,20	47,80	–	–	
47	G	801–805	E-n3v	480	612	1230	12,0	2,18	197,60	–	69,40	69,40	–	–	
48	H	811–818	E-n2v	565/860	612	1250	15,0	2,83	272,40	–	73,80	73,80	–	–	
49	Hh	821–846	E-h2	620	612	1250	13,0	2,58	159,20	46,50	73,80	73,80	–	–	Vorwärmer ab Nr. 835
50	K	1801–1815 59016–59044	1F-h4v	510/760	650	1350	15,0	4,20	233,50	80,00	110,00	96,00	–	–	
51	T	1001–1005 1006–1010	B-n2-T	270	380	800 700	12,0	0,51	26,50 27,42	–	15,30 18,81	15,30 18,81	0,50 2,00	1,60 1,00	
52	T4	851–858	D-n2-T	530	612	1380	14,0	2,08	143,40	–	64,50	64,50	1,30	6,00	
53	T5	1201–1216	1'C1'-h2-T	500	612	1450	12,0	1,93	109,40	38,60	69,50	43,90	3,30	8,40	
54	T5	1217–1237	1'C1'-h2-T	500	612	1450	12,0	1,93	112,30	33,70	71,20	44,90	4,00	10,00	
55	T5	1238–1245	1'C1'-h2-T	500	612	1450	12,0	1,93	110,00	38,50	74,10	46,50	4,00	10,00	Vorwärmer
56	T5	1246–1251	1'C1'-h2-T	500	612	1450	12,0	1,93	145,96	33,70	74,09	46,50	4,00	10,04	
57	T5	1252–1296	1'C1'-h2-T	500	612	1450	12,0	1,93	148,49	38,50	74,09	46,50	4,00	10,04	
58	T6	1401–1406 1407–1412	D-h2-T	500 485	560	1150	13,0	1,50	71,40	44,00	57,50	57,50	3,50	8,00	
59	Hz	97501–97504	E-h2(4v)T	560	560	1150	14,0	2,50	159,40	42,30	74,90	74,90	3,00	7,00	Zahnstange Riggenbach
60	Tk	1, 2	B1-n2-T	380	560	1380	9,0	0,92	82,72	–	30,52	21,12	0,60	2,70	
61	Tu	1, 2	B-n2-T	330	508	1086	8,0	0,87	55,00	–	20,70	20,70	0,42	2,39	
62	KL	1, 2	B-h2-T	275	520	1150	16,0	0,98	59,04	14,39	25,50	25,50	0,70	2,70	
63	Ts3	9	C-n2-T	340	500	900	12,0	1,02	70,62	–	28,00	28,00	0,75	2,40	
64	Ts3	10	C-n2-T	270	400	800	12,0	0,52	35,16	–	28,50	28,50	1,20	3,00	
65	Ts4	1–3	D-n2i-T	340	500	900	12,0	1,02	70,60	–	29,90	29,90	0,70	2,40	Innenzylinder
66	Ts5	99191–99194	E-h2-T	430	400	800	14,0	1,60	64,00	24,50	43,50	43,50	2,50	4,66	
67	Tss3	21–24	C-n2i-T	300	500	900	12,0	0,76	37,94	–	20,68	20,68	0,80	1,80	Innenzylinder
68	Tss4	11–13	D-n2i-T	340	500	900	12,0	0,98	59,67	–	27,72	27,72	1,70	3,04	Innenzylinder
69	Tssd	41–46 47–49	B'+B-n4v-T	275/420	450	900	12,0	0,98	56,40	–	28,70	28,70	1,00	2,50 3,00	
70	DW	1	A1-n2	190	300	1000	16,0	0,46	18,52	–	20,30	14,70	1,07	•	
71	DW	2–4	A1-n2	190	300	1000	16,0	0,46	18,52	–	17,90	11,90	0,82	0,27	
72	DW	5, 7	A1-n2	200	300	1000	16,0	0,62	27,04	–	22,30	12,87	0,82	0,45	
73	DW	6	A1-n2	200	300	1000	16,0	0,71	33,57	–	22,30	12,87	0,82	0,45	
74	DW	8–17	A1-h2	220	300	1000	16,0	0,71	33,57	4,6	24,30	13,90	1,50	0,62	
75	DWss	1	1A'2'-h2	220	300	900	16,0	0,71	35,09	4,6	21,46	7,18	1,50	0,40	

13. Bezeichnung der Wagengattungen

Personenwagen		Gepäckwagen		bedeckte Güterwagen		Privatwagen	
A	Salonwagen für das Herrscherhaus	Gep	Gepäckwagen	F	bed. Güterwagen	–	Bierwagen
A	Salonwagen	GepP	Gepäckw. m. Postabt.	H	bed. Güterwagen	–	Kesselwagen
A	Arztwagen	Gep	Güterzugs-Gepäckw.	H	Bierwagen	–	Kehrichtwagen
A	Krankenwagen	Gep	Gepäckw. m. Sitzen 4.	H	Pferdestallwagen	–	Kühlwagen
A	Revisionswagen	–	Hilfsgepäckwagen	HS	bed. Güterwagen		
A	Durchgangswagen I			M	doppelbödige Viehwg.	**Spezialwagen**	
A	Coupé-Wagen I	**Postwagen**		V	einbödige Viehwagen	–	Arbeitswagen
A	Durchgangswagen I II	P	Postwagen			–	Hilfswagen
A	Coupé-Wagen I II	–	Hilfspostwagen	**offene Güterwagen**		–	Werkzeugwagen
AB	Durchgangswagen I II			J	offene Güterwagen	–	Stellwerkschlosser
ABBi	Durchgangswagen I II			J	Salzwagen	–	Brückenprüfwagen
ABBü	Durchgangswagen I II			J	Cichorienwagen	–	Kranprüfwagen
ABCCü	Durchgangswagen I II III			J	Torfwagen	–	Wg. f. el. Beleuchtung
B	Durchgangswagen II			J	Latrinenwagen	–	Tarierwagen
D	Durchgangswagen II			K	eiserne Kohlenwg.	–	Gewichtswagen
D	Coupé-Wagen II			L	Langholzwagen	–	Gaswagen
Bi+Bi	Doppelwagen II+II			N	Kieswagen	–	Heizwagen
A^C	Durchgangswagen II III			NL	Kieswagen	–	Schmalspurtransp.
BC	Durchgangswagen II III			O	offene Güterwagen	–	Trajektwagen
BCz	Durchgangswagen II III			OL	Langholz- u. Bretterw.	–	Schwellenwagen
D^a	Durchgangswagen II III			R	Kesseltransportwg.	–	Wasserwagen
BCCi	Durchgangswagen II III			S	Plattformwagen	–	Latrinenpumpen
BCCü	Durchgangswagen II III			SS	Plattformwagen	–	Latrinenwagen
C	Durchgangswagen III			SSS	Plattformwagen	–	Düngerwagen
C3	Coupé-Wagen III					–	Schlackenwagen
E	Durchgangswagen III					–	Schuttwagen
CCi	Durchgangswagen III					–	Überladewagen
CCü	Durchgangswagen III					–	Magazinswagen
Ci+Ci	Doppelwagen III+III					–	Überführwagen
C^4	Durchgangswagen 4.					–	Kranwagen
E^4	Durchgangswagen 4.					–	Schneepflüge
Di+Di	Doppelwagen 4+4.						
Gef	Gefangenenwagen (III)						

Grundsätzliche Bemerkungen:

Die Klassenkennzeichen I–III stets in römischen Ziffern. Abweichungen: bei Neubeschaffungen ab 1919 arabische Ziffern. Die 4. Klasse (ab 1906) stets arabische Ziffern. Farbgebung (bis ca. 1910): Hofsalonwagen blau Salonwagen grün I, I II und I II III grün II gelb (später (ab 1895) grün mit gelben Längsstreifen) II III rot III, III 4 u. 4 rot Gepäckwagen grün Postwagen grün Güterwagen oliv Schmalspurwagen grün.

Schmalspurwagen							
Personenwagen		Gepäckwagen		bedeckte Güterwagen		offene Güterwagen	
Spurweite 1000 mm							
–	Durchgangsw. II +Postabt. Gepäck-	–	Gepäckw. m. Postabt.	G	bedeckte Güterwg.	X	offene Güterwagen
–	Durchgangswagen II III			GG	bedeckte Güterwg.	XX	offener Güterwagen
–	Durchgangswagen III					H	Langholzwagen
–	Durchgangsw. III 4.						
–	Durchgangswagen 4.						
Spurweite 750 mm							
–	Durchgangswagen II III	–	Gepäckw. m. Postabt.	G	bedeckte Güterwg.	O	offene Güterwagen
–	Durchgangswagen III					X	offene Güterwagen
–	Durchgangsw. III 4.					H	offene Güterwagen
–	Durchgangswagen 4						

239

14. Verzeichnis der Personenwagen

Litera	Betriebsnummern	1. Baujahr	Anzahl Sitzplätze				Farbe	Achsen	Anmerkungen
			I	II	III	4			
	Salonwagen								
A	20	1905					blau	6	Hof-Salonwagen König Wilhelm II
A	1	1853						4	Hof-Salonwagen
A	2	1887						4	Hof-Salonwagen Umbau 1893
ABBü	717	1905					grün	4	Hof-Salonwagen Herzog Albrecht
ABBü	722	1908					grün	4	Hof-Salonw. im Wechsel mit A 20
A	15	1914						4	Hof-Salonwagen; 1918 = ABBü 730
A	139	1876						3	Salonwagen
A	140	1876						3	Salonwagen
A	23 (ex 123)	1872						3	Hof-Salonwagen Königin Olga
A	125	1874						2	Salonwagen
A	171	1892						3	Hof-Salonwagen
AB3i	852	1896					grün	3	Gefolgewagen (zweiteilig)
A	49	1863						2	Cavalierwagen
A	55	1866						2	Dienerschaftswagen
A	56	1866						2	Salonwagen
A	22 (ex 122)	1873						2	Hof-Salonwagen
	Arzt-, Kranken- und Revisionswagen								
A	16	(1891) 1911						4	Krankenwagen; Umbau ex A 328 (3 Achsen)
A	71 – 75	1904						4	Arztwagen
A	191	1892						3	Bahnrevisionswagen ähnl. A 171 (s.o.)
	Durchgangswagen								
ABCCü	1801 – 1840	1901	6	12	36	–	grün	4	
A	1 – 25	1846	6	36	–	–	grün	4	
A	26 – 32	1857	6	36	–	–	grün	4	
A	33 70	1861	9	40	–	–	grün	4	
A	71 175	1867	6	24	–	–	grün	2	
ABBi	651 – 684	1903	11	39	–	–	grün	4	ohne 677 (s. unter BCCi)
ABBü	701 – 724	1895	12	24	–	–	grün	4	717+722 zeitw. Hof-Salonw. (s.o.)
ABBü	725 – 729 (730)	1912	18	24	–	–	grün	4	730: 1918 ex Hof-Salonwagen A 15
B	1	1845	–	52	–	–	gelb	4	Prototypwagen Eaton, Gilbert & Co. (USA)
B	·2 50	1845	–	52	–	–	gelb	4	
B	51 103	1872	–	28	–	–	gelb	2	
AᶜC	1, 4	1850	–	14	48	–	rotbraun	4	
BCCi	2451 – 2502	1901	–	20	50	–	rotbraun	4	
BCCi	677	1903	–	24	40	–	rotbraun	4	
BCCi	2503 – 2512	1907	–	20	40	–	rotbraun	4	
BCCü	5801 – 5815	1909	–	18	40	–	rotbraun	4	
BCCi	2551 – 2570	1911	–	24	40	–	rotbraun	4	

Litera	Betriebsnummern	1. Baujahr	Anzahl Sitzplätze				Farbe	Achsen	Anmerkungen
			I	II	III	4			
	Durchgangswagen								
C	1 – 190	1846	–	–	68-76	–	rotbraun	4	
CCi	191	1899	–	–	64	–	rotbraun	4	
C	3801 – 3840	1900	–	–	64	–	rotbraun	4	
CCi	4901 – 4985	1901	–	–	64	–	rotbraun	4	
CCü	6401 – 6410; 8331 – 8353	1905	–	–	72	–	rotbraun	4	
CCi	5001 – 5010	1911	–	–	68	–	rotbraun	4	
AB3i	901 – 912	1891	6	32	–	–	grün	3	
AB3i	851 – 856	1895	6	24	–	–	grün	3	Nr. 852 zeitweilig Gefolgewagen (s. o.)
BCz	79 – 81; 91 – 98	1893	–	16	55	–	rotbraun	3	Mittelachse Bremszahnrad Riggenbach
BC	51 – 58; 71 – 82	1895	–	16	45	–	rotbraun	3	
BC	95, 98, 101 – 103	1899	–	16	49	–	rotbbraun	3	
C	3701 – 3706	1896	–	–	56	–	rotbraun	3	
A	124 – 132	1874	21	–	–	–	grün	2	
A	120, 121	1862	8	12	–	–	grün	2	
A	71 – 78	1867	3	28	–	–	grün	2	
A	87 – 89	1869	6	15	–	–	grün	2	
A	133 – 135	1874	9	16	–	–	grün	2	
A	141	1877	3	27	–	–	grün	2	
A	142 – 153	1879	6	28	–	–	grün	2	
A	154 – 165	1883	6	24	–	–	grün	2	
A	801 – 816	1890	6	24	–	–	grün	2	
D	15 – 84; 89 – 103	1868	–	28	–	–	gelb	2	später grün mit gelben Streifen
Bi	3201 – 3210	1914	–	40	–	–			
D^a	11 – 41	1869	–	10	30	–	rotbraun	2	
D^a	1, 2	1876	–	20	52	–	rotbraun	2	
D^a	3 – 10	1879	–	12	58	–	rotbraun	2	
D^a	11''	1888	–	22	29	–	rotbraun	2	1899 ex Kirchheimer EG Nr. 1
D^a	12''	1894	–	22	31	–	rotbraun	2	1899 ex Kirchheimer EG Nr. 2
BCi	4601 – 4650	1908	–	16	28	–	rotbraun	2	
E^4	1 – 117	1867	–	–	44	–	rotbraun	2	
E^4	118 – 302	1871	–	–	44	–	rotbraun	2	
E^4	431 – 502	1869	–	–	54	–	rotbraun	2	Umbauten 431 – 469
E^4	351 – 354	1873	–	–	44	–	rotbraun	2	1904 ex Ermsthalbahn Nr. 1 – 4
E^4	2701 – 2872	1899	–	–	58	–	rotbraun	2	
E^4	3401 – 3437	1891	–	–	44	–	rotbraun	2	
E^4	3501 – 3620	1891	–	–	54	–	rotbraun	2	
E^4	3621 – 3626	1891	–	–	44	–	rotbraun	2	
E^4	3680 – 3700	1899	–	–	58	–	rotbraun	2	
E^4	2873 – 3036	1905	–	–	50	–	rotbraun	2	
E^4	11001 – 11395	1908	–	–	–	70	rotbraun	2	
E^4	3844 3899	1907	–	–	–	44-48	rotbraun	2	Umbauten aus Fahrz. von 1864-79
Ci	6501 – 6510	1918	–	–	52	–	–	2	
Ci + Ci	4001 – 4016	1919	–	–	76	–	–	2x2	Doppelwagen
Ci	6511 – 6574	1921	–	–	64	–	–	2	
Cid	11401 – 11460	1921	–	–	70	–	–	2	
Di + Di	10001 – 10330	1918	–	–	102	–	–	2x2	Doppelwagen
Di + Di		1920	–	–	102	–	–	2x2	Doppelwagen Nachbau

Litera	Betriebsnummern	1. Baujahr	Anzahl Sitzplätze				Farbe	Achsen	Anmerkungen
			I	II	III	4			
	Coupé-Wagen								
A	301 – 306	1896	12	20	–	–	grün	3	
A	307 – 327; 331 – 335	1890	11	20	–	–	grün	3	
C³	3901 – 3924	1892	–	–	60	–	rot	3	
A	90, 117 – 119	1862	14	–	–	–	grün	2	
A	39 . . . 48	1862	5	13	–	–	grün	2	
A	45 . . . 116	1862	6	20	–	–	grün	2	
A	20 – 24; 251 – 260; 295 – 299	1887	5	21	–	–	grün	2	
D	85, 86, 88	1876	–	32	–	–	gelb	2	später grüner Anstrich mit gelben Streifen
D	87	1876	–	20	–	–	gelb	2	später grüner Anstrich mit gelben Streifen
	Spurweite 1000 mm								alle Schmalspurfahrzeuge sind Durchgangswagen
–	29	1892	–	8	–	–	–	2	Gepäckwagen mit Personenabteil
–	21, 22	1892	–	12	20	–	–	2	
–	31, 32	1892	–	–	32	–	–	2	
–	33, 34	1911	–	–	–	48	–	4	
–	1, 2	1892	–	–	16	22	–	4	
	Spurweite 750 mm								
–	101 – 112, 161 – 172	1894	–	–	32	–	–	2	
–	121 – 132	1894	–	8	40	–	–	2	
–	173 – 178, 182	1899	–	–	48	–	–	2	
–	331 – 333	1914	–	–	16	32	–	2	
–	373 – 383	1911	–	–	–	32	–	2	ab Nr. 384 bis 411 Nachbau Deutsche Reichsbahn

15. Verzeichnis der Gepäck- und Postwagen

Litera	Betriebsnummern	1. Baujahr	Achsen	Anmerkungen
	Gepäckwagen			
GEP	1 – 30	1858	4	
GEP	31 – 36	1862	2	
GEP	37 – 50	1864	4	
GEP	51 – 64	(1870)	4	Umbau aus Postwagen
GEP	65 – 76	(1870)	2	Umbau aus Postwagen
GEP	77 – 102	1871	2	
GEP	103 – 140	1876	2	
GEP	141 – 160	1884	2	
GEP	174 – 180	1899	2	mit Postabteil
GEP	181 – 190	1890	2	
GEP	191, 192, 199	(1898)	2	Umbau aus D 13, D 14, A 120.
GEP	201 – 275	1891	2	Dachaufbau
GEP	281 – 284	1892	2	Dachaufbau
GEP	285 – 300	•	2	mit Postabteil
GEP^Z	290 – 292	1899	3	Mittelachse Bremszahnrad
GEP^Z	295 – 297	1899	3	Mittelachse Bremszahnrad
GEP^Z	298, 299	1893	3	Mittelachse Bremszahnrad
GEP	301 – 305	1895	2	mit Faltenbälgen
GEP	311 – 320	1895	2	
GEP	501 – 615	1900	3	gewölbter Dachaufbau
GEP	8561 – 8590	1904	4	für Schnellzüge; gewölbter Dachaufbau Mitte
GEP	15381 – 15400	1909	2	Güterzugs-Packwagen + 42 Pl. 4. Klasse
GEP	15401 – 15542	1909	2	Dachaufbau
GEP	15801 – 15819	1912	3	Dachaufbau
GEP	16121 – 16219	1913	3	Dachaufbau
GEP^Z	17421, 17422	1912	3	Postabteil, Mittelachse Bremszahnrad
Ni	22344 – 22363		2	Hilfsgepäckwagen aus dem Güterwagenpark
	Postwagen			
P.	1 – 68	1869	2	11 – 68 Oberlichtaufbauten 1886/87 angebracht
P.	69 – 73	1887	3	
P.	81 – 85	1891	3	
P.	91 – 105	1892	3	
P.	121 – 156	1898	2	Bremserhaus
P.	7351 – 7366	1902	3	Bremserhaus
P.	7501 – 7505	1906	4	Bremserhaus
P.	7506 – 7513	1908	4	Bremserhaus
P.	7531 – 7534	1914	4	Bremserhaus
Gml.	36474 – 36477	1901	2	Paketpost-Kurswagen (,,Specialwagen")

Gepäckwagen Schmalspur

Spurweite 1000 mm			Spurweite 750 mm		
Betriebsnummern	1. Baujahr	Achsen	Betriebsnummern	1. Baujahr	Achsen
41 mit Post	1892	2	141 – 151 mit Post	1894	2
29 8 Pl. II mit Post	1892	2			

16. Wagenbestandszahlen 1883, 1900 und 1913

Etatjahr 1883 (April 1883-März 1884)

	Wagengattung	Anzahl der Wagen						
		mit	ohne	mit				zusammen
				2	3	4	6	
		Bremse		Achsen				
	Personenwagen							
1	Salonwagen			6	1	1		8
2	Durchgangswagen I, I+II			82	–	49		131
3	Durchgangswagen II			87	–	39		126
4	Durchgangswagen II+III			41	–	2		43
5	Durchgangswagen III			271	–	181		452
6	Coupé-Wagen I, I+II			17	–	–		17
7	Coupé-Wagen II			4	–	–		4
8	Gefangenenwagen			17	–	–		17
	Lastwagen							
9	Postwagen			68	–	–		68
10	Gepäckwagen			81	–	58		139
11	bed. Güterwagen			2195	–	236		2431
12	Pferdestallwagen			23	–	–		23
13	doppelbod. Viehwagen			45	–	–		45
14	offene Güterwagen			1503	–	94		1597
15	Latrinenwagen			28	–	–		28
16	eiserne Kohlenwagen			100	–	–		100
17	Langholzwagen			500	–	–		500
18	Kieswagen			214	–	–		214
19	Kesseltransportwagen			1	–	–		1
20	Wagen für große Maschinenteile			1	–	–		1

Etatjahr 1906 (April 1906-März 1907)

	Personenwagen							
	a) Regelspur							
1	Salonwagen	4	3	2	2	2	1	7
2	Arzt-, Kranken- und Revisionswagen	2	–	–	2	–	–	2
3	Durchgangswagen I und I II	179	–	62	18	99	–	179
4	Durchgangswagen II	43	–	43	–	–	–	43
5	Durchgangswagen I II III	24	–	–	–	24	–	24
6	Durchgangswagen II III	154	–	43	31	80	–	154
7	Durchgangswagen III	383	–	213	6	164	–	383
8	Durchgangswagen 4.	811	–	652	–	159	–	811
9	Coupé-Wagen I und I II	49	–	15	34	–	–	49
10	Coupé-Wagen II	–	–	–	–	–	–	–
11	Coupé-Wagen III	24	–	–	24	–	–	24
12	Benzin-Triebwagen	1	–	1	–	–	–	1
13	Dampftriebwagen	14	–	14	–	–	–	14
14	Gefangenenwagen	17	–	17	–	–	–	17
	b) Spurweite 1000 mm							
15	Durchgangswagen II und II III	4	–	2	–	2	–	2
16	Durchgangswagen III und III 4.	2	–	2	–	–	–	2
17	Durchgangswagen 4.	–	–	–	–	–	–	–

	Wagengattung	Anzahl der Wagen						
		mit	ohne	mit				zusammen
				2	3	4	6	
		Bremse		Achsen				
	Personenwagen							
	c) Spurweite 750 mm							
18	Durchgangswagen II III	16	–	16	–	–	–	16
19	Durchgangswagen III	–	–	–	–	–	–	–
20	Durchgangswagen III 4.	–	–	–	–	–	–	–
21	Durchgangswagen 4.	22	–	22	–	–	–	22
	Post- und Gepäckwagen							
	a) Regelspur							
1	Postwagen	131	–	91	35	5		131
2	Gepäckwagen	374	–	223	81	70		374
	b) Spurweite 1000 mm							
3	Gepäckwagen	2	–	2	–	–		2
	c) Spurweite 750 mm							
4	Gepäckwagen	8	–	8	–	–		8
	Güterwagen							
	a) Regelspur							
1	Bedeckte Güterwagen	3953	689	4598	10	34		4642
2	Viehwagen	30	–	30	–	–		30
3	Offene Güterwagen	1835	436	2271	–	–		2271
4	Salzwagen	161	30	191	–	–		191
5	Cichorienwagen	12	–	12	–	–		12
6	Torfwagen	1	–	1	–	–		1
7	Latrinenwagen	96	–	96	–	–		96
8	Kieswagen	229	198	427	–	–		427
9	Langholz- und Bretterwagen	70	515	585	–	–		585
10	Plattform- und Tiefladewagen	234	469	681	–	22		703
11	Bahndienst- und Arbeitswagen	140	30	146	–	24		170
12	Kesselwagen ⎫	45	9	50	2	2		54
13	Bierwagen ⎪ Privat-	36	–	36	–	–		36
14	Müllwagen ⎬	1	–	1	–	–		1
15	Kühlwagen ⎪ Wagen	–	–	–	–	–		–
16	Latrinenwagen ⎭	–	–	–	–	–		–
	b) Spurweite 1000 mm							
17	bedeckte Güterwagen	4	–	–	2	2		4
18	offene Güterwagen	4	–	–	3	1		4
	c) Spurweite 750 mm							
19	bedeckte Güterwagen	20	–	–	20	–		20
20	offene Güterwagen	40	–	4	36	–		40

245

16. Wagenbestand

Etatjahr 1912 (April 1912-März 1913)

	Wagengattung	Anzahl der Wagen						
		mit	ohne	mit				zusammen
				2	3	4	6	
		Bremse		Achsen				
	Personenwagen							
	a) Regelspur							
1	Salonwagen	5	–	1	1	2	1	5
2	Arzt-, Kranken- und Revisionswagen	6	–	–	1	5	–	6
3	Durchgangswagen I II	92	–	16	18	58	–	92
4	Durchgangswagen II	52	–	30	–	22	–	52
5	Durchgangswagen I II III	35	–	–	–	35	–	35
6	Durchgangswagen II III	199	–	50	31	118	–	199
7	Durchgangswagen III	385	–	260	6	119	–	385
8	Durchgangswagen 4.	1313	2	1051	1	263	–	1315
9	Coupé-Wagen I II	–	–	–	–	–	–	–
10	Coupé-Wagen II	–	–	–	–	–	–	–
11	Coupé-Wagen III	–	–	–	–	–	–	–
12	Coupé-Wagen 4.	–	–	–	–	–	–	–
13	Benzin-Triebwagen 4.	1	–	1	–	–	–	1
14	Dampftriebwagen 4.	17	–	17	–	–	–	17
15	Gefangenenwagen (4.)	17	–	17	–	–	–	17
	b) Spurweite 1000 mm							
16	Durchgangswagen II III	2	–	2	–	–	–	2
17	Durchgangswagen III+III 4.	4	–	2	–	2	–	4
18	Durchgangswagen 4.	2	–	–	–	2	–	2
	c) Spurweite 750 mm							
19	Durchgangswagen II III	16	–	16	–	–	–	16
20	Durchgangswagen III+III 4.	2	–	–	–	2	–	2
21	Durchgangswagen 4.	27	–	25	–	2	–	27
23	Dampftriebwagen 4.	1	–	–	–	1	–	1
	Post- und Gepäckwagen							
	a) Regelspur							
1	Postwagen	150	–	96	41	13	–	150
2	Gepäckwagen	532	–	319	145	68	–	532
	b) Spurweite 1000 mm							
3	Gepäckwagen	2	–	2	–	–	–	4
	c) Spurweite 750 mm							
4	Gepäckwagen	10	–	10	–	–	–	10
	Güterwagen							
	a) Regelspur							
1	bedeckte Güterwagen (zus.)	3507	3591	7088	10	–	–	7098
2	Viehwagen (doppelbödig)	30	–	30	–	–	–	30
3	offene Güterwagen	896	1664	2560	–	–	–	2560
4	Salzwagen	114	65	179	–	–	–	179
5	Zichorienwagen	12	–	12	–	–	–	12
6	Rungenwagen	219	642	861	–	–	–	861

Wagengattung		Anzahl der Wagen						
		mit	ohne	mit				zusammen
				2	3	4	6	
		Bremse		Achsen				
	Güterwagen a) Regelspur							
7	Schienenwagen	35	–	–	–	35	–	35
8	Latrinenwagen	105	–	105	–	–	–	105
9	Langholzwagen	–	588	588	–	–	–	588
10	Langholz- und Bretterwagen	70	50	120	–	–	–	120
11	Plattform- und Tiefladewagen	–	5	–	–	5	–	5
12	Arbeitswagen	1010	175	1185	–	–	–	1185
13	Bahndienstwagen	191	32	197	–	26	–	223
	b) Spurweite 1000 mm							
14	bedeckte Güterwagen	4	–	–	2	2	–	4
15	offene Güterwagen	4	–	–	3	1	–	4
	c) Spurweite 750 mm							
16	bedeckte Güterwagen	26	–	–	26	–	–	26
17	offene Güterwagen	42	–	–	42	–	–	42

17. Streckeneröffnungen

lfd. Nr.	Eröffnungs- tag Jahr	Teilstrecke von	nach	Betriebs- länge km	Spurweite n=1435 m/m	Anmerkungen
1	22.10.1845	Cannstatt	Untertürkheim	3,52	n	
2	7.11.1845	Untertürkheim	Obertürkheim	2,40	n	
3	20.11.1845	Obertürkheim	Esslingen	3,88	n	
4	15.10.1846	Cannstatt	Ludwigsburg	17,34	n	
5	14.12.1846	Esslingen	Plochingen	9,05	n	
6	11.10.1847	Plochingen	Süßen	27,55	n	
7	11.10.1847	Ludwigsburg	Bietigheim	9,49	n	
8	8.11.1847	Ravensburg	Friedrichshafen	19,34	n	1. Eisenbahn zum Bodensee: vom übrigen Netz noch isoliert
9	25. 7.1848	Bietigheim	Heilbronn	29,19	n	
10	26. 5.1849	Ravensburg	Biberach	46,91	n	
11	14. 6.1849	Süßen	Geislingen	10,88	n	
12	1. 6.1850	Biberach	Ulm	37,33	n	
13	29. 6.1850	Geislingen	Ulm	32,69	n	
14	1.10.1853	Bietigheim	Bruchsal	55,13	n	Verbindung mit Südbahn hergestellt, Rückkauf Bretten-Bruchsal durch Baden 15.11.78
15	1. 5.1854	Ulm	Landesgrenze Neu Ulm	0,97	n	
16	20. 9.1857	Plochingen	Reutlingen	34,72	n	

lfd. Nr.	Eröffnungs- tag Jahr	Teilstrecke von	nach	Betriebs- länge km	Spurweite n=1435 m/m	Anmerkungen
17	25. 7. 1861	Cannstatt	Wasseralfingen	74,20	n	
18	15. 10. 1861	Reutlingen	Rottenburg	24,90	n	
19	4. 8. 1862	Heilbronn	Hall	53,83	n	
20	1. 6. 1863	Durlach (badische Bahn)	Mühlacker Einführung	1,53	n	
21	3. 10. 1863	Wasseralfingen	Landesgrenze Nördlingen	33,57	n	Vorbehalt „Brenzbahn-Klausel"
22	15. 9. 1864	Aalen	Heidenheim	22,12	n	
23	21. 9. 1864	Unterboihingen	Kirchheim unter Teck	6,11	n	Kirchheimer Eisenbahn-Gesellschaft = 1. Privatbahn
24	1. 11. 1864	Rottenburg	Eyach	12,97	n	
25	11. 9. 1866	Heilbronn	Jagstfeld	11,20	n	
26	15. 11. 1866	Goldshöfe	Crailsheim	30,45	n	
27	1. 12. 1866	Eyach	Horb	7,97	n	
28	8. 10. 1867	Horb	Talhausen	36,61	n	
29	10. 12. 1867	Hall	Crailsheim	34,31	n	
30	11. 6. 1868	Pforzheim	Wildbad	20,87	n	„Inselbahn" bis Nr. 56.
31	23. 7. 1868	Talhausen	Rottweil	6,47	n	
32	2. 8. 1868	Ulm	Blaubeuren	16,43	n	
33	23. 9. 1868	Zuffenhausen	Ditzingen	7,73	n	
34	13. 6. 1869	Blaubeuren	Ehingen	17,06	n	
35	29. 6. 1869	Tübingen	Hechingen	24,70	n	
36	15. 7. 1869	Rottweil	Tuttlingen	27,75	n	
37	25. 7. 1869	Waldsee	Saulgau	28,47	n	
38	5. 8. 1869	Meckesheim (badische Bahn)	Jagstfeld Einführung	0,57	n	
39	26. 8. 1869	Rottweil	Villingen	25,98	n	
40	27. 9. 1869	Jagstfeld	Osterburken	36,86	n	
41	10. 10. 1869	Saulgau	Herbertingen	9,00	n	
42	10. 10. 1869	Riedlingen	Mengen	17,19	n	
43	23. 10. 1869	Königshofen (badische Bahn)	Mergentheim Einführung	0,77	n	
44	23. 10. 1869	Crailsheim	Mergentheim	58,99	n	
45	1. 12. 1869	Ditzingen	Weil der Stadt	17,95	n	
46	15. 6. 1870	Ehingen	Riedlingen	31,68	n	
47	26. 7. 1870	Tuttlingen	Immendingen	9,47	n	
48	15. 9. 1870	Waldsee	Kißlegg	20,19	n	
49	13. 11. 1870	Mengen	Scheer	3,67	n	
50	20. 6. 1872	Weil der Stadt	Nagold	41,91	n	
51	1. 9. 1872	Kißlegg	Leutkirch	10,95	n	
52	26. 7. 1873	Scheer	Sigmaringen	6,64	n	
53	27. 12. 1873	Metzingen	Urach	10,43	n	Ermsthalbahn-Gesellschaft in Urach
54	6. 9. 1873	Meßkirch (bad. Bahn)	Mengen Einführung	0,66	n	
55	6. 9. 1873	Krauchenwies (badische Bahn)	Sigmaringen Einführung	0,63	n	
56	1. 6. 1874	Calw	Pforzheim	24,94	n	isolierter Zustand von Nr. 30 beendet
57	1. 6. 1874	Nagold	Horb	23,56	n	
58	1. 8. 1874	Hechingen	Balingen	16,91	n	
59	15. 8. 1874	Leutkirch	Isny	15,93	n	
60	1. 6. 1875	Crailsheim	Landesgrenze Dombühl	10,31	n	
61	25. 6. 1875	Heidenheim	Niederstotzingen	24,81	n	
62	14. 8. 1875	Altshausen	Pfullendorf	24,70	n	

lfd. Nr.	Eröffnungs-tag Jahr	Teilstrecke von	nach	Betriebs-länge km	Spurweite n=1435 m/m	Anmerkungen
63	15. 11. 1875	Niederstotzingen	Langenau	9,48	n	
64	5. 1. 1876	Langenau	Ulm	16,11	n	Brenzbahn-Klausel erledigt
65	26. 10. 1876	Waiblingen	Backnang	18,55	n	
66	10. 11. 1876	Wasseralfingen Hüttenwerk	Erzgrube	3,78 Adhäsion +Zahnst.	s 1000	1. deutsche Zahnradbahn System Riggenbach
67	11. 4. 1878	Backnang	Murrhardt	16,08	n	
68	4. 7. 1878	Balingen	Sigmaringen	45,87	n	
69	10. 10. 1878	Heilbronn	Schwaigern	11,32	n	
70	24. 5. 1879	Neckarelz (bad. Bahn)	Jagstfeld Einführung	0,65	n	
71	1. 9. 1879	Stuttgart	Eutingen	58,47	n	
72	1. 9. 1879	Hochdorf	Freudenstadt	25,26	n	
73	1. 12. 1879	Hessental	Gaildorf	11,58	n	
74	8. 12. 1879	Bietigheim	Backnang	25,66	n	
75	15. 5. 1880	Murrhardt	Gaildorf	14,52	n	
76	31. 7. 1880	Kißlegg	Wangen	13,27	n	
77	8. 8. 1880	Schwaigern	Eppingen	11,60	n	
78	15. 10. 1881	Ludwigsburg	Beihingen	5,13	n	
79	23. 8. 1884	Stuttgart Zahnradbahnhof	Degerloch	2,00	s 1000	Filderbahn Zahnrad System Riggenbach
80	4. 11. 1886	Freudenstadt	Schiltach	24,61	n	
81	6. 1. 1888	Ravensburg	Weingarten	4,16	s 1000	Lokalbahn AG München
82	12. 12. 1888	Degerloch	Hohenheim	8,34	s 1000	Filderbahn
83	2. 10. 1889	Leutkirch	Landesgrenze Memmingen	24,97	n	
84	15. 7. 1890	Wangen im Allgäu	Landesgrenze Hergatz	2,10	n	
85	27. 11. 1890	Tuttlingen	Inzigkofen	37,08	n	
86	29. 12. 1891	Nagold	Altensteig	15,11	s 1000	1. Schmalspurbahn KWStE
87	2. 6. 1892	Reutlingen	Honau	11,04	n	
88	2. 10. 1892	Waldenburg	Künzelsau	12,16	n	
89	9. 10. 1892	Schiltach	Schramberg	8,54	n	
90	1. 10. 1893	Honau	Münsingen	23,48	n	Honau-Lichtenstein Zahnstange System Riggenbach
91	10. 5. 1894	Marbach am Neckar	Beilstein	14,39	s 750	
92	1. 11. 1895	Stuttgart Nordbahnhof	Verbindungskurve Gäubahn	1,20	n	
93	4. 12. 1895	Meckenbeuren	Tettnang	4,30	n	Lokalbahn AG München 1. deutsche elektrische Vollbahn! Oscar von Miller
94	28. 8. 1896	Lauffen am Neckar	Güglingen	11,82	s 750	
95	1. 10. 1896	Untertürkheim	Kornwestheim	11,50	n	
96	13. 10. 1896	Schussenried	Buchau	9,45	s 750	
97	17. 12. 1896	Zufahrt aus Richtung Bietigheim	Heilbronn Rangierbahnhof	0,39	n	Güterzugsgleis
98	17. 12. 1896	Zufahrt aus Richtung Jagstfeld	Heilbronn Rangierbahnhof	1,33	n	Güterzugsgleis
99	1. 5. 1897	Untertürkheim Rangierbahnhof	Remsbahn bei Posten 5	2,37	n	Güterzugsgleis
100	24. 12. 1897	Möhringen	Vaihingen a. d. Fildern	2,59	s 1000	Filderbahn
101	24. 12. 1897	Möhringen	Neuhausen a. d. Fildern	14,34	s 1000	Filderbahn
102	14. 12. 1898	Trossingen Staatsbahnhof	Trossingen Ort	4,46	n	Trossinger Eisenbahn, elektrischer Betrieb
103	1. 9. 1899	Reutlingen	Eningen unter Achalm	4,69	s 1000	
104	1. 10. 1899	Friedrichshafen	Landesgrenze Lindau	15,05	n	
105	1. 10. 1899	Kirchheim	Oberlenningen	11,32	n	

lfd. Nr.	Eröffnungs-tag Jahr	Teilstrecke von	nach	Betriebs-länge km	Spurweite n=1435 m/m	Anmerkungen
106	25. 11. 1899	Beilstein	Ilsfeld	5,50	s 750	
107	30. 11. 1899	Warthausen	Ochsenhausen	18,98	s 750	
108	22. 1. 1900	Blaufelden	Langenburg	12,01	n	
109	1. 3. 1900	Biberach	Warthausen	3,24	s 750	
110	29. 3. 1900	Sigmaringendorf	Bingen	5,61	n	
111	1. 6. 1900	Nürtingen	Neuffen	8,93	n	
112	1. 12. 1900	Ilsfeld	Heilbronn Südbhf.	14,36	s 750	
113	15. 3. 1901	Möckmühl	Dörzbach	38,59	s 750	
114	18. 3. 1901	Hechingen Privatbhf	Burladingen	14,68	n	
115	11. 4. 1901	Abzw. Kocherbahn	Heilbronn Südbhf.	2,80	n	Güterzugsgleis
116	11. 4. 1901	Heilbronn Südbhf.	Talheim	7,24	n	Einbau 3. Schiene
117	18. 6. 1901	Eyach	Stetten b. Haigerloch	13,60	n	
118	14. 7. 1901	Ebingen	Onstmettingen	8,17	n	
119	1. 8. 1901	Münsingen	Schelklingen	23,73	n	
120	2. 10. 1901	Friedrichshafen	Landesgrenze Markdorf	6,43	n	
121	19. 10. 1901	Güglingen	Leonbronn	8,43	s 750	
122	20. 10. 1901	Amstetten	Laichingen	18,96	s 1000	
123	31. 10. 1901	Aalen	Ballmertshofen	38,91	s 1000	
124	6. 11. 1901	Kleinengstingen	Gammertingen	19,73	n	
125	21. 11. 1901	Freudenstadt	Klosterreichenbach	11,85	n	Zahnstange System Riggenbach
126	7. 12. 1901	Süßen	Weißenstein	10,41	n	
127	20. 4. 1902	Reutlingen	Gönningen	16,50	n	
128	1. 10. 1902	Möhringen	Vaihingen	2,59	n	3. Schiene
129	1. 10. 1902	Möhringen	Echterdingen	5,99	n	Umspurung auf Normalspur
130	16. 10. 1902	Echterdingen	Bernhausen	4,31	n	Umspurung auf Normalspur
131	1. 11. 1902	Bernhausen	Neuhausen	4,04	n	Umspurung auf Normalspur
132	1. 10. 1903	Gaildorf	Untergröningen	18,46	n	
133	21. 10. 1903	Geislingen	Wiesensteig	21,27	n	
134	1. 5. 1904	Vaihingen Abzweigung	Vaihingen Ort	0,69	s 1000	
135	17. 5. 1904	Laupheim	Schwendi	16,02	n	
136	21. 6. 1904	Roßberg	Wurzach	10,99	n	
137	16. 10. 1904	Vaihingen an der Enz Staatsbahnhof	Enzweihingen	7,21	n	
138	4. 4. 1906	Ballmertshofen	Dillingen	16,58	s 1000	
139	1. 7. 1906	Amstetten	Gerstetten	19,93	n	
140	14. 8. 1906	Korntal	Weißach	22,25	n	
141	15. 9. 1907	Jagstfeld	Neuenstadt am Kocher	12,00	n	
142	1. 4. 1908	Zuffenhausen Hauptbahn	Zuffenhausen Schwarzwaldbahn	0,30	n	Verbindungskurve
143	15. 9. 1908	Kirchheim Vorstadt	Weilheim an der Teck	7,74	n	
144	28. 11. 1908	Schorndorf	Rudersberg	9,91	n	
145	6. 12. 1908	Burladingen	Bingen in Hohenzollern	36,72	n	
146	12. 8. 1909	Herrenberg	Pfäffingen	13,91	n	
147	15. 10. 1909	Isny	Sibratshofen	9,64	n	
148	17. 11. 1909	Weikersheim	Röttingen in Unterfranken ausschließlich	•	n	Strecke Röttingen-Bieberehren Bestandteil der K.BAY.STS.EB.- Lokalbahnstrecke Ochsenfurt-Röttingen
149	17. 11. 1909	Bieberehren ausschließl.	Creglingen	•	n	
150	1. 5. 1910	Pfäffingen	Tübingen	7,42	n	
151	5. 10. 1910	Hanfertal	Sigmaringen Privatbahn	2,02	n	keine Schienenverbindung zum Bhf. Sigmaringen der K.W.St.E.
152	16. 10. 1910	Böblingen	Weil im Schönbuch	12,97	n	

lfd. Nr.	Eröffnungs-tag Jahr	Teilstrecke von	nach	Betriebs-länge km	Spurweite n=1435 m/m	Anmerkungen
153	1. 5. 1911	Sontheim-Brenz	Landesgr. Gundelfingen	2,63	n	
154	12. 6. 1911	aus fünf Richtungen	Ulm Rangierbahnhof	8,04	n	
155	29. 7. 1911	Weil im Schönbuch	Dettenhausen	4,00	n	
156	1. 8. 1911	Gmünd	Wäschenbeuren	16,33	n	
157	13. 9. 1911	Weingarten	Baienfurt Ort	2,40	s 1000	elektrisch
158	1. 10. 1911	Niederbiegen	Baienfurt Güterbhf.	2,95	n	
159	1. 10. 1911	Abzweigung km 2,10	Weingarten Güterbhf.	1,94	n	3schienig mit Nr. 157
160	25. 10. 1911	Balingen	Schömberg	12,85	n	
161	25. 11. 1911	Rudersberg	Welzheim	12,92	n	
162	15. 5. 1912	Göppingen	Wäschenbeuren	10,91	n	
163	25. 7. 1912	Reutlingen	Betzingen	2,67	s 1000	
164	17. 11. 1912	Cannstatt	Untertürkheim Gbhf.	2,75	n	
165	24. 12. 1912	Stetten bei Haigerloch	Hechingen Privatbahn	14,50	n	
166	1. 8. 1913	Neuenstadt am Kocher	Ohrnberg	10,58	n	
167	1. 8. 1914	Maulbronn	Maulbronn Stadt	2,34	n	
168	23. 12. 1914	Böblingen	Sindelfingen	2,26	n	
169	1. 10. 1915	Sindelfingen	Renningen	12,00	n	
170	15. 11. 1915	Buchau	Dürmentingen	10,03	s 750	
171	29. 9. 1916	Reutlingen Süd Abzweig.	Pfullingen	2,15	s 1000	
172	27. 11. 1916	Dürmentingen	Riedlingen	9,86	s 750	
173	4. 12. 1916	Ludwigsburg	Markgröningen	8,35	n	
174	29. 7. 1918	Stuttgart Gbhf.	Kornwestheim Rangierbhf.	9,24	n	
175	1. 6. 1919	Kornwestheim Rangierbahnhof	Ludwigsburg	5,87	n	Güterbahn
176	1. 10. 1920	Kornwestheim Rangierbahnhof	Stammheim	1,86	n	Güterbahn
177	1. 10. 1920	Vaihingen a. d. Fildern	Echterdingen	7,14	n	Neubaustrecke
178	30. 10. 1920	Unterböbingen	Heubach	4,40	n	
179	1. 5. 1922	Schönaicher First	Schöneich	3,02	n	
180	1. 6. 1922	Friedrichshafen	Oberteuringen	10,42	n	Teuringer Talbahn GmbH.
181	13. 11. 1923	Untertürkheim	Wangen, Gaisburg	4,26	n	
182	22. 6. 1924	Künzelsau	Forchtenberg	11,36	n	
183	29. 7. 1924	Stuttgart	Feuerbach	3,31	n	Gütergeleise
184	1. 7. 1926	Göppingen	Boll	12,19	n	
185	2. 1. 1928	Möhringen	Leinfelden	4,22	s 1000	
186	31. 3. 1928	Leinfelden	Echterdingen Ort	2,72	s 1000	
187	26. 5. 1928	Spaichingen	Reichenbach	17,71	n	
188	23. 6. 1928	Leinfelden	Waldenbuch	11,70	n	
189	14. 7. 1928	Klosterreichenbach	Raumünzach	11,08	n	
190	26. 10. 1928	Schömberg	Rottweil	16,08	n	
191	8. 10. 1933	Eutingen alter Bahnhof	Blockstelle Abel (Richtung Hochdorf)	2,57	n	
192	15. 5. 1934	Tuttlingen	Hattingen in Baden	7,11	n	
193	1. 12. 1935	Kornwestheim Rbhf.	Korntal	4,08	n	Güterbahn
194	5. 10. 1940	Seewald Blockstelle	Rotenmoos Blockstelle	3,20	n	Entlastungskurve Friedrichshafen
195	6. 10. 1940	Zufahrten Geislingen West, Altenstadt Geislingen	Eybtal Kehrbahnhof	4,40	n	

18. Streckenübersicht mit Betriebsstellen

01 Stuttgart–Bretten

0,00	Stuttgart Hptbhf.	I
1,95	Blockstation Posten 4	
2,70	Stuttgart Nordbhf Pbhf	V
3,15	Blockstation Posten 6	
4,45	Feuerbach	II
6,52	Zuffenhausen	II
8,80	Blockstation Posten 12	
10,43	Kornwestheim Pbhf.	II
11,76	Blockstation Posten 15	
13,90	Ludwigsburg	I
15,97	Blockstation Posten 21	
17,54	Asperg	III
18,51	Blockstation Posten 24	
20,20	Thamm	III
21,82	Blockstation Posten 28	
23,40	Bietigheim	I
25,78	Blockstation Posten 33	
27,39	Metterzimmern Blockstation	V
30,15	Großsachsenheim	
36,09	Vaihingen a. d. Enz Staatsbhf.	II
33,58	Sersheim Blockstation	V
38,88	Ensingen Blockstation	V
41,04	Illingen	III
43,35	Blockstation Posten 30	
46,56	Mühlacker	I
49,49	Ötisheim	IV
52,61	Maulbronn Bahnhof	III
56,56	Ölbronn Blockstation	V
58,03	Landesgrenze Baden	
59,56	Ruit Blockstation	V
63,64	Bretten	I

02 Ludwigsburg–Beihingen–Heutingsheim
Nebenbahn

0,00	Ludwigsburg	I
2,52	Favoritepark Blockstation	V
5,13	Beihingen–Heutingsheim	III

03 Ludwigsburg–Markgröningen
Nebenbahn

0,00	Ludwigsburg	I
2,36	Osterholz	V
5,53	Möglingen	IV
8,35	Markgröningen	IV

04 Maulbronn Bahnhof–Maulbronn Stadt
Nebenbahn

0,00	Maulbronn Bahnhof	III
2,34	Maulbronn Stadtbhf.	IV

05 Stuttgart–Friedrichshafen
Hauptbahn

0,00	Stuttgart Hptbhf	I
2,39	Blockstation Verbindungsbahn	
3,98	Cannstatt	I
6,15	Blockstation Stellwerk IV	
7,35	Blockstation Stellwerk III	
7,61	Untertürkheim Pbhf	
10,04	Obertürkheim	II
12,03	Mettingen Blockstation	V
13,21	Esslingen	I
16,05	Oberesslingen Blockstation	V
18,66	Zell am Neckar Blockstation	V
20,13	Altbach	III
22,95	Plochingen	I
25,76	Blockstation Posten 35	
27,29	Reichenbach an der Fils	III
30,01	Blockstation Posten 40	
31,99	Ebersbach	III
34,47	Blockstation Posten 46	
36,66	Uhingen	III
39,02	Faurndau Hauptbahn Blockstation	V
42,08	Göppingen	I
44,09	Blockstation Posten 57	
46,11	Eislingen an der Fils	II
48,59	Salach Blockstation	V
50,41	Süßen	II
52,12	Blockstation Posten 65/66	
53,66	Gingen an der Fils	III
56,22	Kuchen Blockstation	V
57,98	Altenstadt Hauptbahn	IV
61,29	Geislingen an der Steige	I
64,24	Blockstation Knoll	
65,69	Blockstation Posten 82	
67,01	Amstetten	III
70,91	Urspring Blockstation	V
72,85	Lonsee	III
75,95	Westerstetten	III
79,81	Blockstation Posten 97	
81,99	Beimerstetten	III
84,91	Blockstation Posten 103	
85,90	Jungingen	V
88,07	Blockstation Posten 106	
91,23	Blockstation Posten 110	
92,90	Einmündung Ulm Rgbhf	
93,98	Ulm Hptbhf	I
98,04	Donautal Blockstation	V
99,40	Grimmelfingen	V
101,82	Einsingen	III
105,16	Erbach	III
108,01	Dellmensingen Blockstation	V

05 Stuttgart–Friedrichshafen
Hauptbahn

112,02	Rißtissen-Achstetten	III
116,40	*Laupheim Hptbhf*	III
121,15	Schemmerberg	III
124,03	Langenschemmern	IV
128,10	*Warthausen*	III
131,30	*Biberach an der Riß*	II
135,63	Ummendorf	III
138,72	Schweinhausen	V
140,73	Hochdorf an der Riß	IV
143,82	Essendorf	III
147,43	Wattenweiler Blockstation	V
151,31	*Schussenried*	III
156,29	*Aulendorf*	II
163,29	Durlesbach	III
168,22	Mochenwangen	III
172,94	*Niederbiegen*	III
178,22	*Ravensburg*	II
180,44	Weißenau	V
182,63	Oberzell Blockstation	V
188,96	*Meckenbeuren*	III
190,98	Kehlen	V
192,34	Gerbertshaus Blockstation	V
195,34	Löwenthal	V
197,56	Friedrichshafen Stadtbhf	I
197,64	Friedrichshafen Hafenbhf	

06 (Stahringen–) Fischbach–Hemigkofen–Nonnenbach (–Lindau)
km ab Stahringen
Hauptbahn

45,34	Landesgrenze Baden	
46,77	Fischbach	IV
47,85	Manzell	V
49,11	Seemoos	V
51,77/		
0,00	*Friedrichshafen Stadtbhf*	I
5,09	Eriskirch	IV
9,66	Langenargen	III
13,95	Hemigkofen-Nonnenbach	III
15,05	Landesgrenze Bayern	

Untertürkheim Pbhf–Kornwestheim Pbhf. Rgbhf
Hauptbahn

0,00	*Untertürkheim Pbhf*	
0,83	*Untertürkheim Gtbhf*	I
3,00	Cannstatt Ebitzweg Blockstation	V
5,21	Münster am Neckar	III
7,87	Zazenhausen Blockstation	V
9,52	*Blockstation Posten 8 Einmdg.*	
11,52	*Kornwestheim Pbhf*	II

08 Göppingen–Boll
Nebenbahn

0,00	*Göppingen*	I
1,10	Anschluß A. Gutmann & Cie	
1,45	Anschluß Leonhard Weiß	
3,01	Holzheim	IV
4,21	Anschluß Jura-Ölschieferwerk	
4,73	St. Gotthard-Jurawerk	V
5,74	Schlat	IV
7,41	Eschenbach	V
9,06	Heiningen	IV
10,92	Dürnau	V
12,19	Boll	IV

09 Süßen–Weißenstein
Nebenbahn

0,00	Süßen	II
0,97	Anschluß Elektrizitätswerk	
3,42	Donzdorf	IV
5,69	Winzingen	V
6,96	Grünbach	V
8,71	Nenningen	IV
10,41	Weißenstein	IV

10 Geislingen an der Steige–Wiesensteig
Nebenbahn

0,00	*Geislingen an der Steige*	I
1,42	Anschluß Gaswerk	
1,69	Anschluß Heller	
2,27	Anschluß Alb-Elektrizitätswerk	
3,14	Altenstadt bei Geislingen	IV
6,30	Bad Überkingen	IV
8,97	Hausen an der Fils	IV
11,25	Reichenbach im Täle	IV
13,07	Deggingen	IV
14,78	Bad Ditzenbach	IV
16,52	Gosbach	IV
18,43	Mühlhausen-Gruibingen	IV
21,26	Wiesensteig	IV

11 Laupheim–Schwendi
Nebenbahn

0,00	*Laupheim Hptbhf.*	III
2,32	Laupheim Stadtbhf.	III
5,27	Bronnen	IV
8,11	Burgrieden	IV
9,71	Rot bei Laupheim	IV
12,22	Orsenhausen-Bußmannshausen	IV

11 Laupheim–Schwendi
Nebenbahn

14,05	Großschafhausen-Bußmannshausen	IV
16,02	Schwendi	IV

12 Biberach–Ochsenhausen
Nebenbahn

0,00	*Biberach an der Riß*	II
3,24	*Warthausen*	III
4,49	Herrlishöfen	V
6,03	Barabein	V
8,25	Aepfingen	IV
9,01	Sulmingen	V
11,39	Maselheim	IV
13,86	Wennedach	IV
17,71	Reinstetten	IV
20,31	Goppertshofen	V
21,69	Anschluß Ochsenhausen Gbhf	
22,22	Ochsenhausen	IV

13 Biberach–Uttenweiler
Nebenbahn nie fertiggestellt!

0,00	*Biberach an der Riß*	II
.	Biberach Süd	V
.	Mittelbiberach	IV
.	Oberdorf	V
.	Stafflangen	IV
.	Attenweiler	IV
.	Rupertshofen	IV
20,6	Uttenweiler	IV

14 Schussenried–Riedlingen
Nebenbahn 750 mm

0,00	*Schussenried*	III
1,72	Anschluß Hüttenwerk	
1,92	Schussenried Ort	V
2,29	Anschluß Torfschuppen Heilanstalt	
5,00	Sattenbeuren	V
5,56[1]	*Anschluß Riedbahn*	
5,70[2]		
5,73	Torfwerk	V
9,45	Buchau	III
10,29	Kappel	IV
11,54	Volloch–Dürnau	V
14,22	Kanzach	IV
15,76	Seelenwald	IV
19,49	Dürmentingen	IV

1) Anschluß in Richtung Schussenried
2) Anschluß in Richtung Buchau
(Riedbahn : Eigentümer württ. Fiskus)

22,45	Hailtingen	IV
24,31	Göffingen	V
25,55	Unlingen Ort	IV
29,35	*Riedlingen an der Donau*	II

15 Stuttgart–Nördlingen
Hauptbahn

0,00	*Stuttgart Hptbhf*	I
2,39	*Blockstation Verbindungsbahn*	
3,98/		
0,00	*Cannstatt*	I
2,73	Einmündung Blockstation Posten 5	
6,18	Fellbach	III
8,57	*Waiblingen*	II
10,42	Rommelshausen	V
11,41	Beinstein	V
12,95	Stetten im Remstal	V
14,36	Endersbach	III
15,61	Beutelsbach	V
18,09	Grunbach	III
19,67	Geradstetten	V
22,83	Winterbach	III
24,36	Weiler an der Rems	V
25,37	Anschluß Dampfziegelei Groß & Arnold	
26,37	*Schorndorf*	II
29,95	Urbach	IV
31,86	Plüderhausen	III
35,37	Waldhausen bei Lorch	III
39,87	Lorch	III
43,87	Deinbach Blockstation	V
47,47	*Gmünd Hptbhf*	I
52,60	Hussenhofen Blockstation	V
57,31	Unterböbingen	III
60,76	Mögglingen	III
66,41	Essingen	III
72,61	*Aalen*	I
74,21	Wasseralfingen	II
76,00	Hofen bei Aalen	V
77,01	Blockstation Posten 91	
78,85	*Goldshöfe*	III
81,55	Frankenreute	V
83,95	Westhausen	IV
88,17	Lauchheim	III
91,96	Röttingen	V
95,91	Aufhausen	V
99,14	Bopfingen	III
103,61	Trochtelfingen bei Bopfingen	V
106,53	Pflaumloch	III
107,78	Landesgrenze Bayern	
111,53	*Nördlingen*	I

16 Schorndorf–Welzheim Nebenbahn

0,00	Schorndorf	II
2,97	Haubersbronn	IV
5,36	Miedelsbach-Steinenberg	IV
7,52	Michelau	IV
8,80	Schlechtbach	IV
9,91	Rudersberg	IV
11,44	Oberndorf	IV
14,30	Klaffenbach-Althütte	IV
16,92	Laufenmühle	IV
20,39	Breitenfürst	IV
22,83	Welzheim	III

17 Gmünd–Göppingen
Nebenbahn

0,00	Gmünd Hptbhf	I
3,25	Gmünd Süd	V
6,69	Straßdorf	IV
9,26	Metlangen-Hohenrechberg	IV
10,28	Reitrechts+Anschluß Bühler	V
12,12	Lenglingen	V
13,41	Maitis-Hohenstaufen	IV
16,33	Wäschenbeuren	IV
19,43	Birenbach	IV
20,96	Adelberg-Börtlingen	V
22,39	Rechberghausen	IV
23,00	Anschluß Sägmühle	
24,83	Faurndau Nebenbahn	IV
25,52[1]	Göppingen Nebenbahn	IV
27,23	Göppingen	I

18 Unterböbingen–Heubach
Nebenbahn

0,00	Unterböbingen	III
1,71	Oberböbingen	V
4,40	Heubach	III

19 Aalen–Ulm
Hauptbahn

0,00	Aalen	I
0,84	Übergang Walkstraße	
1,99	Straßenübergang in der Erlau	
3,88	Unterkochen	III
8,41	Oberkochen	III
13,87	Königsbronn	III
15,59	Itzelberg	V
18,87	Schnaitheim	III
21,67	Übergang bei der Cattunmanufactur	
22,12	Heidenheim	II
25,27	Mergelstetten	III
27,82	Bolheim	V
28,49	Herbrechtingen	III
33,37	Giengen an der Brenz	III
37,39	Hermaringen	III
39,66	Bergenweiler	V
41,84	Sontheim-Brenz	III
46,93	Niederstotzingen	III
51,10	Rammingen	IV
56,42	Langenau	III
58,38	Landesgrenze Bayern	
61,64	Unterelchingen	IV
62,85	Oberelchingen	V
65,94	Thalfingen	IV
66,51	Landesgrenze Württemberg	
70,56	Einmündung „Ostgleis" der Stadt Ulm	
71,00	Ulm Stuttgarter Tor	V
71,71	Einmündung Ulm Rgbhf	
72,52	Ulm Hptbhf	I

20 (Gundelfingen–) Landesgrenze–Sontheim-Brenz Nebenbahn

6,06	Landesgrenze Württemberg	
8,70	Sontheim-Brenz	III

21 Waiblingen–Hessental
Hauptbahn

0,00	Waiblingen	II
4,27	Neustadt	IV
6,80	Schwaikheim	IV
9,86	Winnenden	III
13,00	Nellmersbach Blockstation	V
15,89	Maubach	IV
18,55	Backnang	II
20,79	Backnang Spinnerei	V
22,36	Steinbach	V
24,94	Oppenweiler	III
28,43	Sulzbach an der Murr	III
31,35	Schleisweiler	V
34,63	Murrhardt	III
39,34	Fornsbach	IV
44,17	Fichtenberg	III
46,85	Mittelrot	V
49,15	Gaildorf Staatsbahnhof	III
52,22	Ottendorf Blockstation	V
56,71	Wilhelmsglück	III
60,73	Hessental	II

[1] Bhf Göppingen Nebenbahn nur bis zur Fertigstellung des Umbaus des Bhf Göppingen

255

22 Backnang–Bietigheim
Hauptbahn

0,00	*Backnang*	II
4,73	Burgstall	IV
8,52	Kirchberg an der Murr	IV
11,00	Erdmannshausen-Rielingshausen Blockstation	V
13,71	*Marbach am Neckar*	II
15,19	Benningen Blockstation	V
19,38	Beihingen-Heutingsheim	III
25,66	*Bietigheim*	I

23 Marbach am Neckar–Heilbronn Südbhf
Nebenbahn 750 mm

0,00	*Marbach am Neckar*	II
2,77	Murr	IV
4,29	Steinheim an der Murr	IV
6,25	Kleinbottwar	IV
8,58	Großbottwar	IV
10,45	Hof und Lembach	IV
11,75	Oberstenfeld	IV
14,38	Beilstein	IV
17,70	Auenstein	IV
19,89	Ilsfeld	IV
23,99	Schozach	IV
24,74	Abzweigung Steinbruch	
27,01	*Talheim*	IV
28,22	Steinverladestelle am Rauhen Stich	
28,35	Rauher Stich	V
32,32	Sontheim	III
34,25	*Heilbronn Südbhf*	II

24 Talheim–Blockstation Einmündung Kocherbahn (–Heilbronn Hptbhf.)
Nebenbahn

27,01	Talheim	IV
28,22	Steinverladestelle am Rauhen Stich	
28,35	Rauher Stich	V
32,32	Sontheim	III
34,25	*Heilbronn Südbhf*	II
37,21	*Blockstation Einmündung Kocher-Bahn*	

Strecke Talheim–Heilbronn Südbhf
Dreischienengleis 1435–750 mm

25 Goldshöfe–Eppingen
Hauptbahn

0,00	*Goldshöfe*	III
3,72	Schwabsberg	IV
7,19	Schrezheim	V
7,75	Anschluß Sandverladestelle	
9,05	Ellwangen	II
12,93	Schönau Blockstation	V
15,78	Schweighausen	V
17,79	Jagstzell	III
21,13	Stimpfach	IV
23,51	Steinbach an der Jagst	V
25,15	Jagstheim	III
30,45	*Crailsheim*	I
36,22	Maulach	IV
40,83	Eckartshausen-Ilshofen	III
42,27	Gaugshausen	V
44,69	Großaltdorf	IV
47,90	Talheim-Vellberg	V
51,89	Sulzdorf	III
57,67	*Hessental*	II
59,86	Michelbach an der Bilz Blockstation	V
64,76	Hall	II
71,18	Gailenkirchen	IV
75,69	Kupfer	IV
79,37	*Waldenburg*	III
84,96	Neuenstein	III
88,54	Blockstation Posten 98	
91,88	Öhringen	II
97,85	Bretzfeld	III
102,36	Eschenau	III
104,26	Affaltrach	V
105,94	Willsbach	III
107,40	Sülzbach	V
109,32	Ellhofen	V
111,38	Weinsberg	II
115,81	*Blockstation Einmündung Bottwar-Bahn*	
116,12	Heilbronn Karlstor	V
118,59	*Heilbronn Hptbhf*	I
125,05	Großgartach	III
125,76	Landesgrenze Baden	
126,26	Schluchtern	V
128,53	Landesgrenze Württemberg	
129,90	Schwaigern	III
133,16	Stetten am Heuchelberg	IV
134,56	Landesgrenze Baden	
136,11	Gemmingen	III
142,69	*Eppingen*	

26 Waldenburg–Forchtenberg
Nebenbahn

0,00	*Waldenburg*	III
1,68	Heselbronn	V
3,92	Kupferzell	IV
4,43	Anschluß „Getreidelagerhaus"	
7,61	Haag	IV
12,16	Künzelsau	III

256

26 Waldenburg–Forchtenberg
Nebenbahn

13,62	Nagelsberg	V
15,29	Ingelfingen	IV
17,06	Criesbach	IV
18,92	Niedernhall	IV
21,64	Weißbach	IV
23,52	Forchtenberg	IV

27 Crailsheim–Landesgrenze Richtung Ansbach Hauptbahn

0,00	*Crailsheim*	I
7,99	Ellrichshausen	IV
10,31	Landesgrenze Bayern	

28 Crailsheim–Bad Mergentheim
Hauptbahn

0,00	*Crailsheim*	I
1,89	Anschluß Dampfziegelei Crailsheim	
4,14	Satteldorf Ort	V
5,08	Satteldorf	IV
9,00	Wallhausen	III
14,46	Roth am See	III
16,19	Brettenfeld	V
19,88	Blaubach	V
22,21	*Blaufelden*	III
26,84	Kälberbach	V
29,10	Schrozberg	III
34,36	Oberstetten	V
38,57	Niederstetten	III
40,94	Vorbachzimmern	V
44,66	Laudenbach	III
47,87	*Weikersheim Bahnhof*	III
51,03	Elpersheim	V
53,54	Markelsheim	III
55,96	Igersheim	V
57,82	Karlsbad	V
58,99	*Bad Mergentheim*	II

29 Blaufelden–Langenburg
Nebenbahn

0,00	*Blaufelden*	III
1,95	Wittenweiler	V
3,01	Raboldshausen	IV
4,76	Oberweiler	V
7,06	Gerabronn	III
9,24	Ludwigsruhe	IV
12,00	Langenburg	IV

30 Weikersheim–Creglingen
Nebenbahn

0,00	*Weikersheim Bahnhof*	III
0,57	Weikersheim Stadt	V
2,15	Schäftersheim	IV
3,04	Landesgrenze Bayern	
4,35	Tauberrettersheim	IV
7,13	Röttingen in Unterfranken Stadt	V
8,15	*Röttingen Bahnhof (K.BAY.STS.E.B.)*	
10,99	*Bieberehren (K.BAY.STS.E.B.)*	
13,15	Reinsbronn	IV
14,85	Klingen	V
15,24	Landesgrenze Württemberg	
17,13	Creglingen	IV

Strecke Röttingen Bhf–Bieberehren je einschließlich Mitbenutzung der bayerischen Nebenbahnstrecke Ochsenfurt–Röttingen

31 Bietigheim–Osterburken
Hauptbahn

0,00	*Bietigheim*	I
3,59	Blockstation Posten 34	
6,42	Besigheim	II
8,65	Walheim	IV
11,77	Kirchheim am Neckar	III
17,13	*Lauffen am Neckar*	II
23,08	Nordheim	III
24,66	Klingenberg	V
27,21	Böckingen	V
27,42	*Einmdg. Rgbhf. Blockstation Stwerk 1*	
27,86	*Heilbronn Rgbhf.*	
28,19	*Heilbronn Hbhf.*	I
29,00	Abzweigung Kleinäulein	
29,51	Heilbronn Sülmertor	V
30,81	Blockstation Posten 68	
34,78	Neckarsulm	II
38,62	Kochendorf	III
40,39	*Jagstfeld*	I
43,79	Heuchlingen-Obergriesheim	V
45,47	Untergriesheim	III
50,22	Herbolzheim	V
51,74	Neudenau	III
55,32	Siglingen	IV
57,74	Züttlingen	III
62,45	*Möckmühl*	III
67,80	Roigheim	IV
69,06	Landesgrenze Baden	
71,38	Sennfeld	IV

31 Bietigheim–Osterburken
Hauptbahn

74,69	Adelsheim	IV
78,42	*Osterburken*	

32 Lauffen–Leonbronn
Nebenbahn 750 mm

0,00	*Lauffen am Neckar*	II
2,73	Hausen an der Zaber	V
3,65	Anschluß Untere Schellenmühle	
3,72	Anschluß Muschelkalksteinbruch	
4,33	Anschluß Obere Schellenmühle	
5,22	Meimsheim	IV
7,36	Brackenheim	III
10,17	Frauenzimmern-Cleebronn	IV
11,82	Güglingen	III
12,51	Güglingen-Eibensbach	V
14,46	Pfaffenhofen	IV
16,20	Weiler an der Zaber	IV
17,79	Zaberfeld	IV
20,25	Leonbronn	IV

33 Stuttgart–Schiltach
Hauptbahn

0,00	*Stuttgart Hptbhf.*	I
2,01	*Einmdg. Nordbhf. Blockstation Stw. I*	
2,73	*Einmdg. Nordbhf. Blockstation Stw. III*	
7,84	Stuttgart Westbhf.	II
8,72	Karlsvorstadt	V
10,39	Wildpark Blockstation	V
14,85	*Vaihingen auf den Fildern*	II
15,92	Rohr	V
20,16	Blockstation Posten 22	
25,20	*Böblingen*	II
30,44	Ehningen	III
34,04	Gärtringen	IV
36,90	Nufringen	IV
40,87	*Herrenberg*	III
45,48	Nebringen	III
49,96	Bondorf	III
54,09	Ergenzingen	III
57,73	*Eutingen* (Spitzkehre)	II
62,07	*Hochdorf*	III
69,82	Altheim-Rexingen	IV
73,72	Bittelbronn	V
74,63	Landesgrenze Preußen	
76,19	Landesgrenze Württemberg	
77,13	Schopfloch	IV
81,63	*Dornstetten*	III
84,20	Grüntal	IV
87,33	*Freudenstadt Hptbhf.*	II
93,09	Loßburg–Rodt	III
97,69	Blockstation Posten 98	
103,56	Alpirsbach	III
106,06	Landesgrenze Baden	
108,48	Schenkenzell	III
112,19	*Schiltach Bahnhof*	

34 Zuffenhausen–Calw
Hauptbahn

0,00	*Zuffenhausen*	II
3,63	*Korntal*	III
7,73	*Ditzingen*	III
11,06	Höfingen Blockstation	V
14,39	*Leonberg*	II
17,90	Rutesheim	V
20,51	*Renningen*	III
22,67	Malmsheim Blockstation	V
25,68	Weil der Stadt	III
29,57	Schafhausen	III
32,58	Ostelsheim	V
37,75	Althengstett	III
45,36	Anschluß Regiesteinbruch Welsberg	
48,52	*Calw*	II

35 Pforzheim–Horb
Hauptbahn

0,00	*Pforzheim*	
2,93	*Brötzingen*	II
4,36	Dillstein	V
5,60	Dill(stein)-Weißenstein	III
9,01	Grunbach-Salmbach	V
10,18	Landesgrenze Württemberg	
12,26	Unterreichenbach	III
15,74	Monbach-Neuhausen	IV
18,93	Bad Liebenzell	III
21,80	Ernstmühl	V
23,52	Hirsau	III
26,78	*Calw*	II
30,33	Bad Teinach	III
32,71	Talmühle	V
33,33	Blockstation Posten 38	
37,09	Wildberg	III
41,67	Emmingen	IV
45,85	*Nagold*	II
48,79	Iselshausen	V
52,01	Gündringen	IV

35 Pforzheim–Horb
Hauptbahn

56,26	*Hochdorf*	III
60,59	*Eutingen*	II
64,61	Blockstation Posten 7	
69,41	*Horb*	I

36 Brötzingen–Wildbad
Hauptbahn

0,00	*Brötzingen*	II
1,59	Landesgrenze Württemberg	
2,33	Birkenfeld	III
5,84	Engelsbrand Blockstation	V
7,52	Neuenbürg	III
8,10	Neuenbürg Stadt	V
11,20	Rotenbach	III
14,27	Höfen an der Enz	III
16,88	Calmbach	III
19,77	*Wildbad*	II

37 Nagold–Altensteig
Nebenbahn 1000 mm

0,00	*Nagold*	II
1,17	Anschluß Sägwerk Reichert	
1,37	Abstellgleis Waldachtal	
1,87	Nagold Stadt	V
3,41	Anschluß Ölfabrik	
5,33	Anschluß Tuchfabrik	
6,14	Rohrdorf	IV
8,51	Ebhausen	IV
13,20	Berneck	IV
15,11	Altensteig	III

38 Vaihingen–Neuhausen auf den Fildern
Nebenbahn

0,00	*Vaihingen auf den Fildern*	II
1,06	Rohr	V
3,26	Oberaichen	V
4,87	*Leinfelden*	IV
6,74	Anschluß Latrinengleis	
7,14	Echterdingen	IV
11,45	Bernhausen	IV
12,33	Anschluß Latrinengleis	
13,35	Sielmingen	IV
15,48	Neuhausen auf den Fildern	IV

39 Leinfelden–Waldenbuch
Nebenbahn

0,00	*Leinfelden*	IV
1,60	Musberg	V
3,73	Steinenbronn	IV
5,45	Schlößlesmühle	V
7,15	Kochenmühle	V
9,26	Burkhardtsmühle	V
10,53	Glashütte	V
11,70	Waldenbuch	IV

40 Böblingen–Renningen
Nebenbahn

0,00	*Böblingen*	II
2,26	Sindelfingen	III
5,52	Maichingen	IV
8,04	Magstadt	IV
12,02	Renningen Süd	V
14,25	*Renningen*	III

41 Böblingen–Dettenhausen
Nebenbahn

0,00	*Böblingen*	II
2,38	Böblingen Süd	V
4,47	*Schönaicher First*	IV
9,02	Holzgerlingen	IV
12,97	Weil im Schönbuch	IV
16,97	Dettenhausen	IV

42 Schönaicher First–Schönaich
Nebenbahn

0,00	*Schönaicher First*	IV
3,02	Schönaich	IV

43 Dornstetten–Pfalzgrafenweiler
Nebenbahn, Bau in Angriff genommen, aber nie fertiggestellt

0,00	*Dornstetten*	III
.	Hallwangen	IV
.	Kälberbronn	V
.	Herzogsweiler	IV
10,9	Pfalzgrafenweiler	IV

44 Freudenstadt–Schönmünzach (–Rastatt)
Nebenbahn

0,00	*Freudenstadt Hptbhf.*	II
2,83	Freudenstadt Stadtbhf.	III
5,88	Friedrichstal Eisenwerk	V
6,90	Friedrichstal	IV
8,55	Baiersbronn	III
11,87	Klosterreichenbach	IV

44 Freudenstadt–Schönmünzach (–Rastatt)
Nebenbahn

15,24	Röt	IV
18,39	Huzenbach	IV
19,36	Schwarzenberg	V
20,76	Schönmünzach	III

45 Schiltach–Schramberg
Nebenbahn

0,00	Schiltach Bahnhof	
0,95	Schiltach Stadt	V
3,59	Lehengericht	V
4,13	Anschluß Kunstmühle	
6,84	Landesgrenze Württemberg	
7,63	Rappenfelsen	V
7,64	Anschluß Uhrenfabrik	
7,65	Anschluß K. Mayer & Söhne	
8,49	Anschluß Porzellanfabrik	
8,75	Schramberg	II

46 Plochingen–Immendingen
Hauptbahn

0,00	Plochingen	I
2,60	Pfauhausen-Steinbach	IV
6,37	Unterboihingen	II
9,26	Oberboihingen Blockstation	V
12,30	Nürtingen	II
13,40	Anschluß Portlandzementfabrik	
16,80	Neckartailfingen	III
21,87	Bempflingen	III
25,88	Metzingen	II
31,18	Sondelfingen	IV
33,03	Reutlingen Gbhf.	
34,39	Reutlingen Hptbhf.	I
35,08	Reutlingen Tübinger Vorstadt	V
35,76	Wärterhaus Nr. 40	V
37,16	Betzingen	III
39,71	Wannweil	IV
40,71	Wärterhaus Nr. 45	V
41,87	Kirchentellinsfurt	III
45,57	Lustnau	V
46,46	Blockstation Stellwerk I	
47,86	Tübingen Gtbhf.	
48,76	Tübingen Hptbhf.	I
51,54	Weilheim bei Tübingen	V
53,50	Kilchberg	IV
56,31	Kiebingen	V
59,39	Rottenburg	II
61,18	Anschluß Steinbruch Zuchthaus Ro.	
62,92	Bad Niederau	III
66,07	Bieringen am Neckar	IV

72,36	Eyach	III
77,04	Mühlen am Neckar	IV
80,32	Horb Pbhf.	I
81,58	Horb Rgbhf.	
82,03	Blockstation Stellwerk IV	
83,68	Landesgrenze Preußen	
85,58	Dettingen in Hohenzollern	V
87,28	Neckarhausen	III
90,32	Fischingen	V
91,16	Landesgrenze Württemberg	
94,37	Sulz am Neckar	II
99,68	Ausweichstelle Posten 110	
100,80	Anschluß Eisenbahnbausektion Horb	
103,35	Aistaig	V
105,52	Oberndorf	II
108,90	Altoberndorf	V
111,58	Epfendorf	III
115,25	Thalhausen-Herrenzimmern	V
116,93	Thalhausen	IV
121,33	Anschluß Pulverfabrik+Gaswerk	
123,41	Rottweil	I
130,19	Neufra bei Rottweil	IV
131,77	Neuhaus	V
134,21	Aldingen	III
136,41	Hofen bei Spaichingen	V
138,43	Spaichingen	III
140,56	Balgheim	V
143,51	Rietheim	IV
145,30	Weilheim	V
146,82	Wurmlingen	IV
147,92	Wurmlingen Ort	V
151,16	Tuttlingen	II
152,18	Landesgrenze Baden	
154,71	Möhringen in Baden	III
161,26	Immendingen	

47 Unterboihingen–Oberlenningen
Nebenbahn

0,00	Unterboihingen	II
4,04	Ötlingen	III
6,11	Kirchheim unter Teck	II
7,27	Kirchheim unter Teck Vorstadt	IV
9,97	Dettingen unter Teck	IV
13,30	Owen (Auen)	III
14,83	Brucken	V
15,95	Unterlenningen	IV
17,43	Oberlenningen	III

48 Kirchheim unter Teck–Weilheim an der Teck
Nebenbahn

0,00	*Kirchheim unter Teck Vorstadt*	IV
3,15	Jesingen	IV
5,31	Holzmaden	IV
7,02	Weilheim Weberei	V
7,74	Weilheim an der Teck	III

49 Metzingen–Urach
Nebenbahn

0,00	*Metzingen*	II
1,67	Neuhausen an der Erms	V
4,60	Dettingen an der Erms	IV
6,33	Anschluß Papierfabrik Bruderhaus	
7,70	Weg zum Uracher Wasserfall	V
10,43	Urach	III

50 Reutlingen–Schelklingen
Nebenbahn

0,00	*Reutlingen Hptbhf.*	I
3,14	*Reutlingen Südbhf.*	IV
4,91	Pfullingen	III
6,09	Anschluß Fabrik Laiblin	
6,12	Anschluß Fabrik Krauß	
6,18	Pfullingen Papierfabriken	V
6,25	Anschluß Fabrik Laiblin	
8,18	Anschluß Baumwollspinnerei	
8,32	Unterhausen Spinnerei	V
8,36	Anschluß Baumwollspinnerei	
9,87	Unterhausen	IV
11,04	Honau	III
13,19	Lichtenstein	IV
15,29	*Kleinengstingen*	IV
18,98	Kohlstetten	IV
22,04	Offenhausen	V
24,14	Marbach an der Lauter	IV
33,92	Anschluß Zementfabrik	
34,53	Münsingen	III
38,76	Oberheuthal	V
40,72	Mehrstetten	IV
48,98	Sondernach	V
50,75	Hütten	IV
51,91	Talsteußlingen	V
56,42	Schmiechen Ort	V
58,25	*Schelklingen*	III

51 Tübingen–Herrenberg
Nebenbahn

0,00	*Tübingen Hptbhf.*	I
1,59	Tübingen Westbhf.	III
4,09	Ammern	V
5,85	Unterjesingen	IV
7,42	Pfäffingen	IV
9,91	Entringen	IV
11,35	Breitenholz	IV
14,55	Altingen	IV
17,23	Gültstein	IV
21,33	*Herrenberg*	III

52 Tübingen–Sigmaringen
Hauptbahn

0,00	*Tübingen Hptbhf.*	I
1,87	Derendingen	V
2,00	Anschluß Sägwerk Seiler & Wurster	
8,15	Dußlingen	III
13,40	Nehren	V
16,14	Mössingen	III
17,74	Belsen	V
20,60	Landesgrenze Preußen	
21,00	Landesgrenze Württemberg	
21,35	Bodelshausen	IV
21,39	Landesgrenze Preußen	
24,73	*Hechingen Staatsbahnhof*	II
30,95	Zollern	IV
34,26	Bisingen	III
37,36	Landesgrenze Württemberg	
38,73	Engstlatt	IV
41,67	*Balingen*	II
46,68	Frommern	III
50,02	Laufen an der Eyach	IV
54,13	Lautlingen	IV
56,82	Ausweichstelle Posten 58	
59,62	*Ebingen*	II
63,56	Landesgrenze Preußen	
65,83	Straßberg-Winterlingen	III
68,88	Kaiseringen-Frohnstetten	IV
73,48	Storzingen	III
77,89	Oberschmeien	IV
82,43	*Inzigkofen*	IV
87,51	*Sigmaringen*	II

53 Balingen–Rottweil
Nebenbahn

0,00	*Balingen*	II
0,92	Anschluß Zementfabrik	
1,07	Balingen Süd	V
2,61	Endingen	IV
4,65	Erzingen	IV
8,59	Dotternhausen-Dormettingen	IV
12,85	Schömberg	IV
15,80	Schörzingen	IV
17,80	Eckerwald	V
21,26	Wellendingen	IV
27,08	Rottweil Altstadt	IV
28,93	*Rottweil*	I

54 Rottweil–Villingen
Nebenbahn

0,00	*Rottweil*	I
0,83	Wärterhaus Nr. 138	V
3,14	Wärterhaus Nr. 140	V
6,14	Lauffen bei Rottweil	V
7,61	Deißlingen	IV
11,74	*Trossingen Staatsbahnhof*	IV
15,07	Mühlhausen	V
17,70	Schwenningen am Neckar	II
20,66	Landesgrenze Baden	
21,21	Zollhaus bei Schwenningen	V
23,86	Marbach bei Villingen	V
26,87	*Villingen*	I

55 Spaichingen–Nusplingen
Nebenbahn, Reststrecke Reichenbach–Nusplingen
begonnen, nicht mehr fertiggestellt

0,00	*Spaichingen*	III
2,08	Spaichingen Nebenbahn	V
5,02	Denkingen	IV
9,64	Gosheim	IV
13,92	Wehingen	IV
16,09	Harras-Obernheim	IV
17,71	Reichenbach am Heuberg	IV
·	Egesheim	IV
25.90	Nusplingen	IV

56 Tuttlingen–Inzigkofen
Hauptbahn

0,00	*Tuttlingen*	II
1,93	Tuttlingen Vorstadt	V
2,21	Anschluß Gaswerk	
5,69	Nendingen	IV
7,83	Stetten an der Donau	V
9,01	Mühlheim an der Donau	III
13,73	Fridingen	IV
14,83	Landesgrenze Preußen	
17,36	Beuron	III
19,53	Landesgrenze Baden	
19,85	Landesgrenze Preußen	
19,95	Landesgrenze Baden	
23,65	Hausen im Tal	III
28,47	Landesgrenze Preußen	
30,58	Thiergarten	IV
30,96	Landesgrenze Baden	
33,09	Gutenstein	IV
34,29	Landesgrenze Preußen	
37,08	*Inzigkofen*	IV

57 Ulm–Sigmaringen
Hauptbahn

0,00	*Ulm Hptbhf.*	I
1,72	*Ulm Rgbhf.*	
2,36	*Söflingen*	III
5,61	Ehrenstein	IV
6,62	Klingenstein	V
7,41	Herrlingen	III
11,15	Ausweichstelle Posten 11	
13,83	Anschluß Terrazzowerk Altental	
15,20	Gerhausen	V
16,43	Blaubeuren	II
19,21	Blockstation Posten 18	
22,61	*Schelklingen*	III
24,11	Schmiechen	V
28,22	Allmendingen	III
32,10	Berkach	V
33,50	Ehingen an der Donau	III
36,78	Dettingen	V
40,60	Rottenacker	III
44,86	Munderkingen	III
47,70	Untermarchtal	IV
52,49	Rechtenstein	IV
57,63	Zwiefaltendorf	III
61,66	Unlingen Bahnhof	IV
65,17	*Riedlingen*	II
67,71	Neufra an der Donau	V
70,99	Ertingen	III
76,41	*Herbertingen*	II
82,36	*Mengen*	II
83,90	Ennetach	V
86,03	Scheer	III
86,46	Landesgrenze Preußen	
89,17	*Sigmaringendorf*	III
92,67	*Sigmaringen*	II

58 Herbertingen–Isny
Herbertingen–Leutkirch=Hauptbahn
Leutkirch–Isny=Nebenbahn

0,00	*Herbertingen*	II
1,92	Herbertingen Ort	V
3,22	Mieterkingen	V
9,00	Saulgau	II
13,05	Hochberg	IV
14,22	Boms	V
19,47	*Altshausen*	II
23,61	Steinenbach-Blönried	IV
28,01	*Aulendorf*	II
32,98	Torfverladestelle Herdtle	
37,47	Waldsee	III
45,34	*Roßberg*	III
48,14	Alttann	V
50,85	Wolfegg	III
55,53	Hahnensteig-Krumbach	V
57,67	*Kißlegg*	III
60,34	Reipertshofen	V
61,95	Freibolz	V
63,30	Gebrazhofen	IV
65,90	Heggelbach	V
68,61	*Leutkirch*	II
73,83	Urlau	V
77,26	Friesenhofen	III
80,83	Aigeltshofen	V
84,54	*Isny*	II

59 Altshausen–Pfullendorf
Nebenbahn

0,00	*Altshausen*	II
1,06	Anschluß Zuckerfabrik	
5,90	Kreenried	V
9,19	Hoßkirch-Königsegg	IV
12,24	Landesgrenze Baden	
13,99	Ostrach	III
17,72	Burgweiler	IV
25,14	*Pfullendorf*	II

60 Roßberg–Wurzach
Nebenbahn

0,00	*Roßberg*	III
3,54	Mennisweiler	IV
4,90	Ehrensberg	V
7,08	Haidgau	IV
10,99	Wurzach	IV

Kißlegg–Hergatz
Hauptbahn

0,00	*Kißlegg*	III
5,14	Sommersried	V
8,96	Ratzenried	IV
13,31	Wangen im Allgäu	II
15,37	Landesgrenze Bayern	
18,59	*Hergatz*	

62 (Kempten-) Sibratshofen–Isny
Nebenbahn, km ab Kempten

27,90	Sibratshofen	
30,70	Kleinweiler-Hofen	IV
31,81	Landesgrenze Württemberg	
32,37	Großholzleute	IV
35,30	Rotenbach bei Isny	V
37,55	*Isny*	II

63 Leutkirch–Memmingen
Hauptbahn

0,00	*Leutkirch*	II
3,41	Unterzeil	IV
5,43	Auenhofen	V
7,95	Altmannshofen	V
10,11	Aichstetten	III
16,79	Marstetten-Aitrach	IV
19,96	Mooshausen	V
23,20	Tannheim	IV
24,97	Landesgrenze Bayern	
26,26	Buxheim	
31,62	*Memmingen*	

Anmerkungen zur Tabelle 18

Rang-klasse	offizielle Bezeichnung der Dienststelle	Bezeichnung des Vorstehers
I	Bahnhof	Bahnhofsinspektor
II	Bahnhof	Bahnhofsverwalter
III	Station	Stationsverwalter
IV	Haltestelle	Haltestellen-Vorsteher
V	Haltepunkt	Haltepunkts-Vorsteher

Vorsteher von IV und V kann auch ein Agent sein, vor allem auf Nebenbahnen.
Bei Klasse V gibt es eine größere Zahl unbesetzter Haltepunkte.

19. Übersicht sämtlicher Tunnelbauten

lfd. Nr.	Bezeichnung des Tunnels	Bauzeit	Länge in m	geologische Formation	Strecke
1	Hochdorfer Tunnel	1869/73	1557,42	Muschelkalkgebirge	Pforzheim-Horb
2	Weinsberger Tunnel	1859/62	891,30	Keupermergel mit Gipsbän.	Heilbronn-Crailsheim
3	Schanztunnel (bei Fichtenberg)	1878/60	860,10	bunte Mergel u. Gipskeuper	Waiblingen-Hessental
4	Forsttunnel	1868/71	695,61	Muschelkalk+Keupermergel	Zuffenhausen-Calw
5	Schanztunnel (bei Friedingen)	1889/90	684,40	Kalksteingebirge	Tuttlingen-Sigmaringen
6	Pragtunnel (links)	1843/46	680,00	Keuperformation,Gipskeuper	Stuttgart-Bretten
7	Pragtunnel (rechts)	1908/10	680,00	Keupermergel	Stuttgart-Bretten
8	Tiersteintunnel	1865/67	650,90	Muschelkalk	Horb-Immendingen
9	Kirchheimer Tunnel (rechts)	1846/48	583,90	oberer Muschelkalk	Bietigheim-Osterb urken
10	Kirchheimer Tunnel (links)	1892/93	583,90	oberer Muschelkalk	Bietigheim-Osterb urken
11	Kriegsbergtunnel	1875/76	579,02	Keuperformation+ Gipsmergel	Stuttgart-Eutingen
12	Bildwasentunnel	1861/63	573,60	weißer Jura mit vulkanischem Tuff	Stuttgart-Nördlingen
13	Zelgenbergtunnel	1871/74	560,50	Buntsandstein	Pforzheim-Horb
14	Hirsauer Tunnel	1868/71	553,89	Buntsandstein	Zuffenhausen-Calw
15	Sulzauer Tunnel	1864/65	492,78	Ton, Muschelkalk	Tübingen-Horb
16	Rudersbergtunnel	1866/70	477,00	Buntsandsteinfels	Pforzheim-Horb
17	Kappelesbergtunnel	1878/80	415,00	bunte Mergel mit Gipsadern	Waiblingen-Hessental
18	Brötzinger Tunnel	1866/67	405,50	Buntsandstein	Pforzheim-Horb
19	Lerchenbergtunnel	1898/ 1900	400,00	Gipsmergel und bunte Mergel	Abzweigung Kocher- bahn–Talheim
20	Loßburger Tunnel	1884/86	380,00	Buntsandstein	Freudenst.-Schiltach
21	Weißensteiner Tunnel	1871/74	371,20	Hauptbuntsandstein	Pforzheim-Horb
22	Schwenkenhardt-Tunnel	1884/86	370,50	Buntsandstein	Freudenst.-Schiltach
23	Rosensteintunnel alt	1843/44	331,00	Diluvialschicht	Stuttgart-Ulm
25	Rosensteintunnel neu (Nord)	1912/13	331,00	künstliche Oberfläche	Stuttgart-Ulm
25	Rosensteintunnel neu (Süd)	1912/13	331,00	künstliche Oberfläche	Stuttgart-Ulm
26	Höhnbergtunnel	1877/78	325,54	zerklüfteter Kalkfelsen	Tübingen-Sigmaringen
27	Mühlener Tunnel	1871/74	309,04	Muschelkalk	Tübingen-Horb
28	Schwaikheimer Tunnel	1878/80	309,00	bunte Mergel+ Gipskeuper	Waiblingen-Hessental
29	Sulzer Tunnel	1865/67	296,60	Muschelkalk	Horb-Immendingen
30	Schloßbergtunnel (Tübingen)	1908	288,40	Sandsteinmergel+Keuper	Tübingen-Herrenberg
31	Gottwollshäuser Tunnel	1859/62	286,50	Hauptmuschelkalk	Heilbronn-Crailsheim
32	Schloßbergtunnel (b. Bad Teinach)	1869/72	280,01	Buntsandstein	Pforzheim-Horb
33	Thiergartener Tunnel	1889/90	275,04	weißer Jura	Tuttlingen-Sigmaringen
34	Schnarrenbergtunnel	1893/96	272,32	Schilfsandstein u. Mergel	Untertürkh.-Kornwesth.
35	Niederstettener Tunnel	1862/64	272,07	Anhydritgruppe	Crailsh.-Mergentheim
36	Bernbergtunnel	1865/67	269,10	Muschelkalk	Horb-Immendingen
37	Hasenbergtunnel	1875/76	258,00	Keuper+Gipsmergel	Stuttgart-Eutingen
38	Brunnenkopftunnel	1862/64	257,80	standfestes Juragebirge	Aalen-Ulm
39	Wildberger Tunnel	1869/72	253,28	Buntsandstein	Pforzheim-Horb
40	Kengeltunnel	1869/72	226,45	Buntsandstein	Pforzheim-Horb
41	Berghautunnel	1877/79	200,00	Keuper	Stuttgart-Eutingen
42	Käpfletunnel	1889/90	180,85	feste Tonmergel	Tuttlingen-Sigmaringen
43	Bettenbergtunnel	1869/72	166,09	Buntsandstein	Pforzheim-Horb
44	Kaufwaldtunnel	1878	150,00	Keuperformation	Stuttgart-Eutingen
45	Hessentaler Tunnel	1865/67	143,35	Lettenkohle mit Gipsknollen	Heilbronn-Crailsheim

lfd. Nr.	Bezeichnung des Tunnels	Bauzeit	Länge in m	geologische Formation	Strecke
46	Schloßbergtunnel (bei Neuenbürg)	1866/67	134,70	Buntsandstein	Brötzingen-Wildbad
47	Tullauer Tunnel	1865/67	129,40	bänkiger Muschelkalk	Heilbronn-Crailsheim
48	Autunnel II (bei Gosheim)	1922/23	126,00	Braunjura Gehängeschutt	Spaichingen-Reichenbach
49	Wendenbühltunnel	1877/78	124,85	Weißer Jura	Tübingen-Sigmaringen
50	Schiltach-Tunnel	1884/86	117,17	Granit	Schiltach-Schramberg
51	Autunnel I (bei Rottweil)	1865/67	114,40	Muschelkalk	Horb-Immendingen
52	Hohensteiner Tunnel	1865/68	103,10	Muschelkalkfelsen	Horb-Immendingen
53	Schloßberg-Tunnel (bei Scheer)	1871/72	94,60	lettiger Kies	Ulm-Sigmaringen
54	Farbmühletunnel	1884/86	90,20	Granit	Freudenst.-Schiltach
55	Stocktunnel	1884/86	78,03	Granit	Freudenst.-Schiltach
56	Dietfurter Tunnel	1889/90	74,30	Weißjura	Tuttlingen-Sigmaringen
57	Haller Tunnel	1859/62	71,70	Muschelkalk und Geschiebe	Heilbronn-Crailsheim
58	Schenkenbergtunnel	1884/86	70,00	Granit	Freudenst.-Schiltach
59	Daistunnel	1884/86	5,80	Granit	Freudenst.-Schiltach

20. Übersicht über die Brückenbauwerke
(über 25,00 m Stützweite)

lfd. Nr.	Lage km	überquert werden	Konstruktion	Stütz- weite in m	Baujahr
1	4,281	Neckar+Ortsstraßen König-Wilhelm-Viadukt	Fachwerk	661,40 m	1894
2	14,657	Neckar+Landstraße Marbacher Viadukt	Fachwerk	335,00 m	1877/79
3	26,300	Stockerbach+Landstraße bei Grüntal	Blechträger	279,01 m	1875/79
4	25,516	Kübelbach+Straße bei Dornstetten	Fachwerk	279,00 m	1875/79
5	2,818	Neckar+Ortsstraße neue Cannstatter Brücke	Gewölbe	244,03 m	1913
6	24,980	Enz-Fluß+Ortsstraße Enzviadukt Bietigheim	Gewölbe	240,66 m	1851/53
7	2,891	Rems Neustädter Remsviadukt	Blechträger	239,00 m	1874/76
8	62,522	Kocher+Landstraße zwischen Michelbach/Hall	Fachwerk	228,59 m	1867
9	28,526	Enz bei Besigheim	Blechträger	213,30 m	1847
10	32,310	Landstraße Lauterviadukt	Fachwerk	212,16 m	1885/1920
11	8,102	Feuerbach+Ortsstraße Zazenhäuser Viadukt	Fachwerk	202,20 m	1894/97
12	49,245	Bühler bei Vellberg	Fachwerk	184,18 m	1866
13	27,768	Ettenbach+Feldweg Grüntal/Freudenstadt	Fachwerk	159,00 m	1875/79
14	8,520	Wettbach+Feldweg Denkingen/Gosheim	Fachwerk	154,31 m	1920/27
15	31,542	Donau Thiergarten/Gutenstein	Fachwerk	151,74 m	1889/90
16	7,655	Setzenbach Denkingen/Gosheim	Blechträger+ Fachwerk	148,20 m	1920/27
17	6,695	Landstraße Hattinger Kurve	Gewölbe	141,50 m	1931/32
18	60,542	Neckar Rottenburg am Neckar	Blechträger	141,28 m	1864
19	14,643	Staatsstraße+Nesenbach Vaihinger Viadukt	Fachwerk	139,39 m	1877/78
20	62,721	Kocher+Feldweg nach Kochendorf	Blechträger	137,75 m	1866

lfd. Nr.	Lage km	überquert werden	Konstruktion	Stützweite in m	Baujahr
21	28,229	Nagold+Landstraße Calw/Bad Teinach	Blechträger	137,40 m	1866/72
22	83,592	Jagst vor Mäckmühl	Blechträger	137,04 m	1869
23	12,951	Überschwemmungsgebiet vor Fridingen+Feldwege	Fachwerk	136,72 m	1889/91
24	17,195	Wieslauf+Landstraße Laufenmühle-Viadukt	Gewölbe	121,80 m	1909
25	8,370	Wettbach Denkingen/Gosheim	Gewölbe	119,00 m	1917/20
26	22,013	Weiherbach+Feldweg nach Wellendingen	Fachwerk+ Blechträger	118,00 m	1927/28
27	25,919 +987	Prim, Feldweg+2 Gleise Kreuzungsbauwerk vor Rottweil Altstadt	Gewölbe+	117,40 m	1928
28	14,406	Argen+Ortsstraße+Feldweg Argenbrücke Wangen	Fachwerk	117,16 m	1889
29	1,186	Fils nach Bahnhof Plochingen	Fachwerk	112,76 m	1898 (1859)
30	8,330	Argen Argenviadukt Ratzenried	Blechträger	112,00 m	1879
31	19,114	Donau nach Beuron	Fachwerk	107,80 m	1890
32	32,298	Donau Thiergarten/Gutenstein	Fachwerk	104,06 m	1889/90
33	16,586	Donau+Feldwege	Blechträger	103,24 m	1890
34	153,711	Donau Möhringen an der Donau	Fachwerk	103,14 m	1870
35	58,330	Tauber beim Kurpark Bad Mergentheim	Blechträger	102,60 m	1869
36	3,431	Enz+Ortsstraße in Brötzingen	Blechträger	102,36 m	1871/74
37	13,208	Donau+Feldweg vor Fridingen	Fachwerk	101,70 m	1890
38	12,095	Donau+Feldwege vor Fridingen	Fachwerk	96,30 m	1889/91
39	14,970	Strümpfelbach Steinbach-Viadukt	Gewölbe	91,20 m	1909
40	16,549	Kocher vor Criesbach	Blechträger+ Fachwerk	90,22 m	1922/23
41	12,737	Kocher nach Künzelsau	Gewölbe	88,00 m	1919/21
42	32,201	Würm+Landstraße Würmbrücke bei Ehningen	Fachwerk	86,56 m	1879
43	22,212	Weiherbach+Feldweg bei Gosheim	Fachwerk	85,20 m	1927/28
44	53,493	Schlucht Freudenstadt	Gewölbebogen	84,00 m	1880
45	2,522	Reichenbach+Feldweg Musberg/Steinenbronn	Gewölbe	82,00 m	1923
46	72,843	Eyach nach Bahnhof Eyach	Fachwerk	76,86 m	1866
47	44,790	Kinzig+Feldwege Freudenstadt/A	Fachwerk	76,80 m	1886
48	30,961	Donau nach Thiergarten	Fachwerk	75,84 m	1890
49	11,057	Argen Langenargen/Hemigkofen	Fachwerk	74,20 m	1899
50	34,346	Donau	Fachwerk	73,00 m	1889/90
51	50,959	Kinzig+Feldwege	Blechträger	72,60 m	1879
52	24,750	Würm+Landstraße vor Weil der Stadt	Blechträger	72,48 m	1868
53	49,263	Tauber Weikersheim/Elpersheim	Gewölbe	71,60 m	1867
54	150,647	Donau+Feldwege bei Tuttlingen	Blechträger	70,20 m	1869
55	2,873	Aispach+Feldwege Musberg/Steinenbronn	Gewölbe	65,60 m	1923
56	43,711	Steinbach Balingen/Frommern	Blechträger	63,00 m	1877
57	16,287	Aitrach vor Marstetten-Aitrach	Fachwerk	62,80 m	1889
58	12,401	Nagold+Landstraße in Unterreichenbach	Fachwerk	60,00 m	1869/74
59	50,957	Kocher vor Ottendorf	Fachwerk	60,00 m	1877
60	54,770	Talbach+Ortsstraße Viadukt in Lautlingen	Gewölbe	60,00 m	1877
61	49,954	Kinzig+Straße Freudenstadt/Schiltach	Fachwerk	59,40 m	1886
62	66,446	Starzel+Mühlbach nach Bieringen	Peinerträger	58,35 m	1864
63	53,280	Ortsstraße vor Heilbronn Sülmertor	Blechträger	56,00 m	1862/66
64	53,109	Neckar in Heilbronn	Blechträger	56,00 m	1862/66
65	5,641	Lauter+Feldweg Plochingen/Unterboihingen	Fachwerk	55,50 m	1859
66	40,541	Murg Röt/Huzenbach	Stahlbeton	55,30 m	1923
67	92,490	Ohrn+Landstraße bei Öhringen	Gewölbe	54,08 m	1861/63

lfd. Nr.	Lage km	überquert werden	Konstruktion	Stütz- weite in m	Baujahr
68	27,487	Nagold+Ortsstraße im Ortsbereich von Calw	Fachwerk	54,00 m	1866/72
69	52,128	Kinzig+zwei Feldwege Schenkenzell/Schiltach	Fachwerk	54,00 m	1886
70	34,776	Nagold+Feldweg Talmühle/Wildberg	Fachwerk	53,00 m	1867/72
71	8,494	Enz+Feldweg nach Neuenbürg Stadt	Fachwerk	52,70 m	1866/68
72	37,977	Nagold+Feldweg nach Wildberg	Fachwerk	52,60 m	1867/72
73	118,794	Neckar Talhausen/Rottweil	Blechträger	52,60 m	1867
74	6,463	Schussen Eriskirch/Langenargen	Fachwerk	52,00 m	1899
75	0,275	Kinzig+Feldweg Schiltach/Schiltach Stadt	Fachwerk	50,00 m	1892
76	33,829	Argen Großholzleute/Isny	Fachwerk	49,52 m	1908
77	59,996	Schmieche in Ebingen	Blechträger	49,35 m	1877
78	15,486	Jagst vor Hp Schweighausen	Blechträger	49,24 m	1866
79	31,386	Nagold Bad Teinach/Talmühle	Blechträger	49,21 m	1869/72
80	3,422	Landstraße+Kesselbach Steinenbronner Viadukt	Gewölbe	49,20 m	1923
81	30,947	Nagold nach Bad Teinach	Fachwerk	48,33 m	1869/72
82	117,296	Neckar nach Talhausen	Blechträger	48,30 m	1867
83	7,621	Enz+Ortsstraße in Neuenbürg	Fachwerk	48,00 m	1866/68
84	52,510	Kinzig+Feldweg Freudenstadt/Schiltach	Fachwerk	47,16 m	1886
85	7,352	Jagst nach Schrezheim	Blechträger	46,80 m	1866
86	35,754	Ortsstraße +Mühlbach in Walheim am Neckar	Blechträger	46,00 m	1895
87	123,802	Neckar Bahnhof Rottweil	Blechträger	45,00 m	1869
88	93,114	Seckach vor Sennfeld	Blechträger	43,10 m	1869
89	20,311	Weißach+Gemeindestraße vor Hp. Backnang Spinnerei	Blechträger	42,58 m	1878
90	0,241	Donau+Feldwege Tuttlingen	Blechträger	41,60 m	1890
91	120,754	Feldweg+Neckar Talhausen/Rottweil	Blechträger+ Fachwerk	41,17 m	1867
92	195,697	Rotach+Ortsstraße in Friedrichshafen	Blechträger+ Träger in Beton	40,97 m	1905
93	29,768	Brenz+Landstraße Herbrechtingen/Giengen	Fachwerk	40,45 m	1876
94	29,477	Rems+Feldweg bei Urbach	Blechträger	39,60 m	1860
95	49,597	Feldweg+Zehrenstallbach Frommern/Laufen a. d. Eyach	Fachwerk	38,76 m	1877/78
96	104,184	Eger Trochtelfingen/Pflaumloch	Blechträger	38,70 m	1863
97	43,872	Rot vor Bahnhof Fichtenberg	Blechträger	38,34 m	1878
98	2,288	Schiltach Schiltach Stadt/Lehengericht	Fachwerk+ Blechträger	38,11 m	1892
99	2,188	Murr Murrbrücke vor Murr an der Murr	Fachwerk	38,06 m	1893
100	22,574	Strecke nach Backnang Einfahrt Bietigheim	Blechträger	38,00 m	1877/78
101	1,984	Rotach Friedrichshafen	Fachwerk	37,80 m	1899
102	1,765	Maubach Ausfahrt Backnang nach Burgstall	Fachwerk	37,70 m	1878/79
103	7,372	Feldweg+Graben Denkingen/Gosheim	Gewölbe	37,60 m	1917
104	4,487	zwei Feldwege+Ach Unterzeil/Altmannshofen	Blechträger+ Fachwerk	36,60 m	1889
105	82,831	Argen Aigeltshofen/Isny	Fachwerk	36,00 m	1874
106	121,108	Neckar Talhausen/Rottweil	Fachwerk	36,00 m	1867
107	44,353	Murg bei Friedrichstal Eisenwerk	Stahlbeton	35,48 m	1923
108	74,973	Schmeie Storzingen/Oberschmeien	Fachwerk	34,32 m	1878
109	39,926	Fornsbach+Ortsstraße nach Bahnhof Fornsbach	Blechträger	33,75 m	1878
110	1,737	Rems Schorndorf/Haubersbronn	Fachwerk	33,00 m	1908
111	71,439	Kocher+Ortsstraße in Aalen	Blechträger	31,52 m	1861
112	78,403	Schmeie+Feldweg Oberschmeien/Inzigkofen	Fachwerk+ Blechträger	31,17 m	1878

lfd. Nr.	Lage km	überquert werden	Konstruktion	Stütz- weite in m	Baujahr
113	12,237	Eyach Neuenbürg Stadt/Höfen an der Enz	Fachwerk	30,89 m	1866/68
114	73,912	Schmeie+Feldweg nach Storzingen	Fachwerk	30,80 m	1877
115	22,295	Brenz+Ortsstraße Heidenheim	Blechträger	30,80 m	1875
116	78,643	Schmeie Oberschmeien/Inzigkofen	Fachwerk	30,79 m	1878
117	4,643	Schiltach Lehengericht/Rappenfelsen	Blechträger	30,78 m	1892
118	75,328	Schmeie+Ortsstraße Storzingen/Oberschmeien	Blechträger	30,60 m	1878
119	75,916	Eschach Urlau/Friesenhofen	Fachwerk	30,25 m	1874
120	72,999	Feldweg+Schmeie vor Storzingen	Fachwerk+ Blechträger	29,72 m	1878
121	2,783	Ortsstraße in Stuttgart vor Stuttgart Nordbahnhof	Fachwerk	28,96 m	1909/12
122	0,660	Überwerfungsbauwerk Remsbahn Bahnhof Cannstatt	Stahlbeton	28,80 m	1912/14
123	13,430	Ostrach+Feldweg Hoßkirch=Königsegg/Ostrach	Fachwerk	28,80 m	1874
124	79,409	Feldweg+Schmeie Oberschmeien/Inzigkofen	Blechträger	28,72 m	1878
125	48,734	Steinlach Tübingen Hauptbahnhof	Blechträger	28,68 m	1911/12
126	14,119	Bach+Ortsstraße	Gewölbe+ Stein	28,64 m	1860
127	7,697	Steinlach+Feldweg Derendingen/Dußlingen	Gewölbe	28,08 m	1867/69
128	5,328	Bettenbach+Feldweg Hattinger Kurve	Gewölbe	28,00 m	1931/32
129	53,012	Wilhelmskanal in Heilbronn	Blechträger	28,00 m	1862/66
130	76,881	Schmeie+Feldweg Storzingen/Oberschmeien	Blechträger	27,60 m	1878
131	40,361	Eyach bei Balingen	Fachwerk	27,37 m	1876/78
132	14,013	Igelsbach+Feldweg Oberndorf/Klaffenbach	Gewölbe	27,00 m	1909
133	49,481	Kinzig nach Bahnhof Alpirsbach	Fachwerk	27,00 m	1886
134	6,079	Buchenbach Burgstall/Kirchberg	Fachwerk	27,00 m	1878/79
135	79,052	Schmeie Oberschmeien/Inzigkofen	Fachwerk	27,00 m	1878
136	15,525	Maubach+Landstraße vor Maubach	Blechträger	27,00 m	1876
137	8,161	Aitrach Altmannshofen/Aichstetten	Blechträger	26,60 m	1889
138	49,341	Eselsgraben+Feldweg Frommern/Laufen an der Eyach	Blechträger	26,58 m	1877
139	1,561	Rems+Fußweg Gmünd/Gmünd Süd	Fachwerk	26,46 m	1909
140	48,951	Feldweg+Sägmühlenbach Frommern/Laufen a. d. Eyach	Blechträger	26,40 m	1877
141	9,648	Zipfelbach+Landstraße vor Winnenden	Fachwerk	26,20 m	1874/76
142	1,368	Güterbahn nach Kornwestheim +Straße Cannstatt/Ein- mündung Güterbahn in Remsbahn	Blechträger	26,00 m	1896
143	129,579	Prim+Überschwemmungsgebiet vor Neufra	Gewölbe	25,80 m	1912
144	37,026	Übersetzung Gönninger Bahn vor Bhf Betzingen	Walzträger	25,80 m	1902
145	7,502	Schiltach vor Schramberg	Fachwerk	25,80 m	1892
146	103,769	Flutgelände+Fußweg nach Hp. Trochtelfingen	Blechträger	25,80 m	1863
147	73,692	Eschach+Fußweg vor Urlau	Blechträger	25,50 m	1873
148	3,170	Wilhelmstraße in Cannstatt	Blechträger	25,12 m	1914

Typenskizzen

1. Lokomotiven und Triebwagen

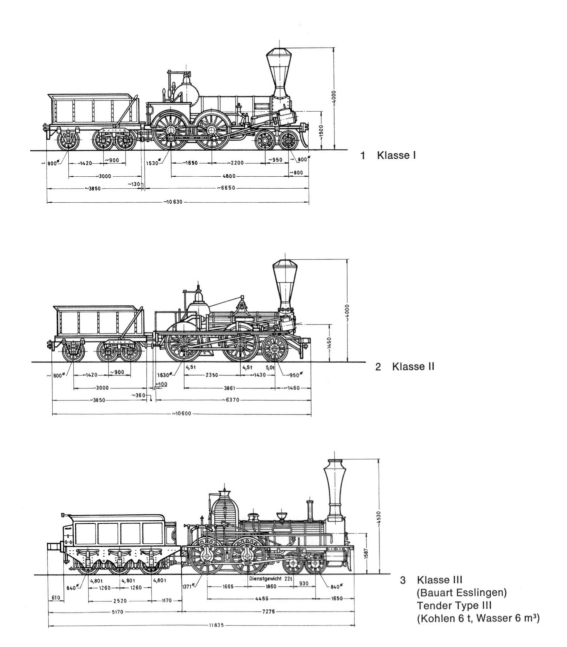

1   Klasse I

2   Klasse II

3   Klasse III
(Bauart Esslingen)
Tender Type III
(Kohlen 6 t, Wasser 6 m³)

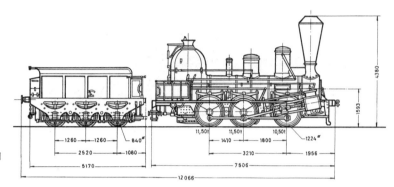

4 Klasse IV
   (ALB-Klasse)
   Tender Type III

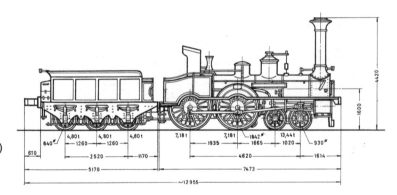

5 Klasse VI
   (ab 1858: Klasse A)
   Tender Type III

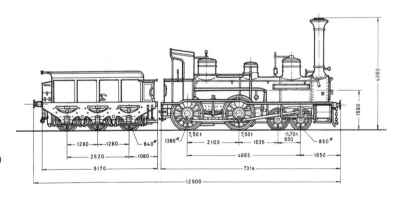

6 Klasse VII
   (ab 1858: Klasse D)
   Bauart mit 2 Domen ab Nr. 90
   Tender Type III

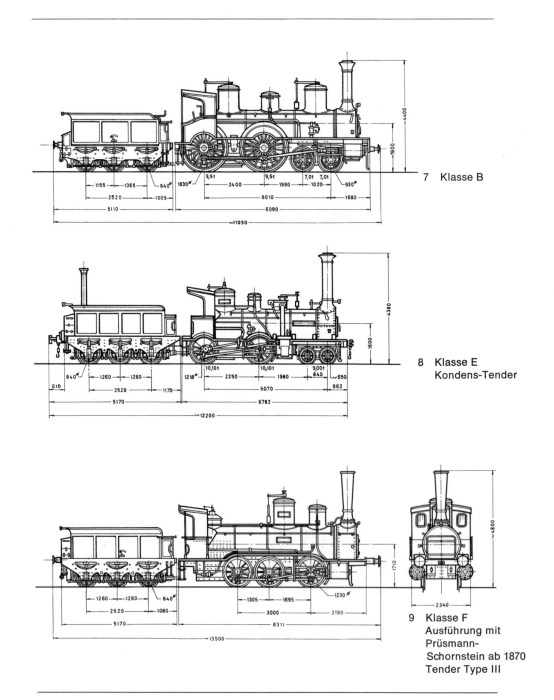

7 Klasse B

8 Klasse E
Kondens-Tender

9 Klasse F
Ausführung mit
Prüsmann-
Schornstein ab 1870
Tender Type III

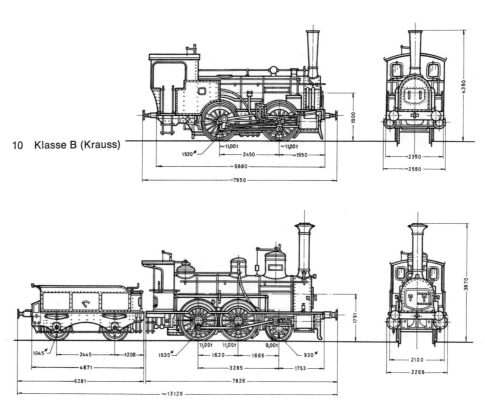

10   Klasse B (Krauss)

11   Klasse D (ab 1869: Klasse B) – Nrn. 180–183   Tender Type XI (Kohlen 6,2 t, Wasser 6,5 m³)

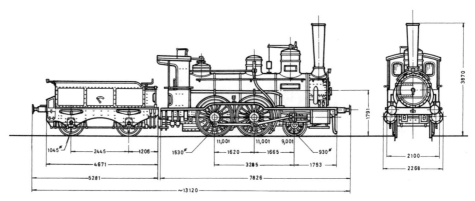

12   Klasse B – 2. Ausführung ab Nr. 208   Tender Type XI

273

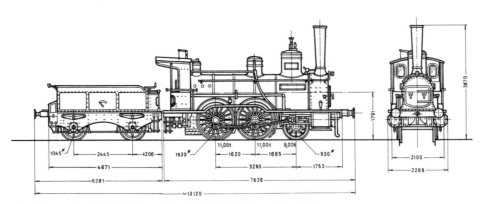

13　Klasse B – 3. Ausführung Nrn. 306–313　Tender Type XI

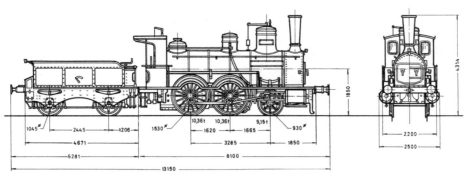

14　Klasse B (Umbau)　Tender Type XI

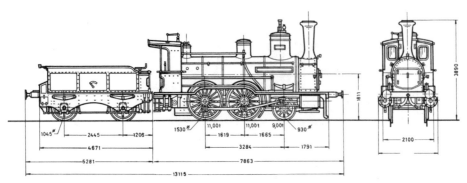

15　Klasse B 2 (Umbau)　Tender Type XI
15 a D (Umbau) und 15 b E (Umbau) Seite 307

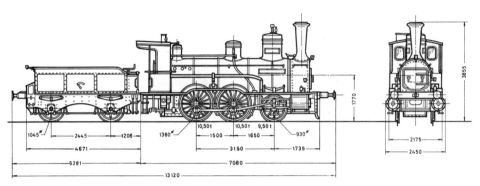

16 Klasse B 3 Tender Type XI

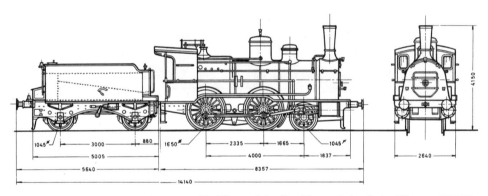

17 Klasse A (später Klasse Aa) – 2. Ausführung 1886/88
    Tender Type XIV (Kohlen 6 t, Wasser 10 m³)

18 Klasse A (später Klasse Aa)
    1. Ausführung 1878 (Nrn. 318–327)

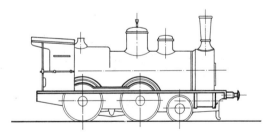

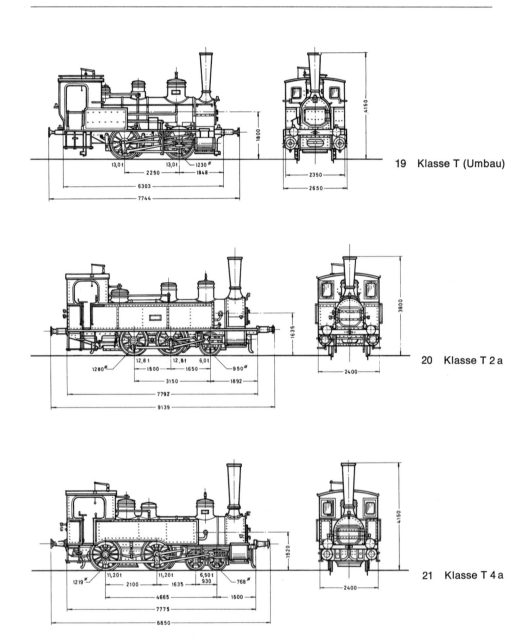

19 Klasse T (Umbau)

20 Klasse T 2 a

21 Klasse T 4 a

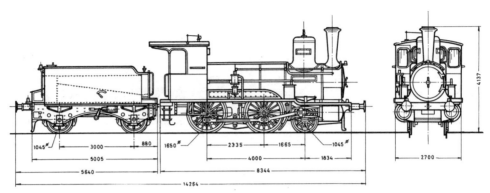

22 Klassen A (n2) — ab Nr. 337 — und Ac (n2v)   Tender Type XIV

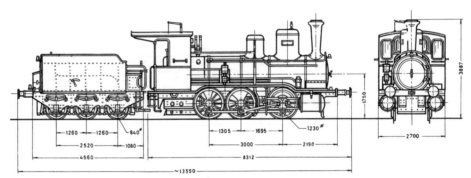

23 Klasse F 2 (Neubau und Umbau)   Tender Type IIIu (Kohlen 9,7 t, Wasser 9,5 m³)

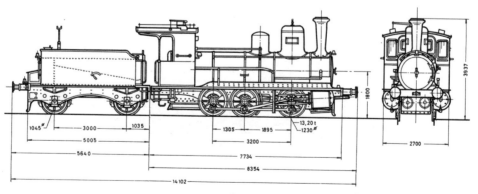

24 Klasse Fc   Tender Type XIV fn (Kohlen 6 t, Wasser 10 m³)

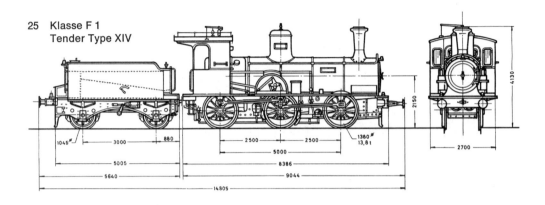

25 Klasse F 1
    Tender Type XIV

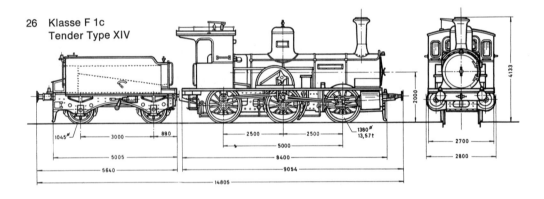

26 Klasse F 1c
    Tender Type XIV

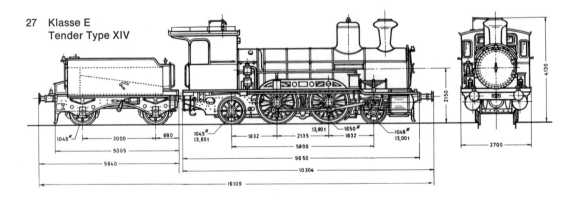

27 Klasse E
    Tender Type XIV

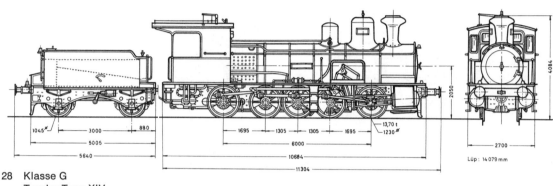

28 Klasse G
    Tender Type XIV

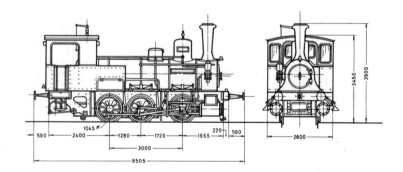

29 Klasse T 3 – Bauart Krauss

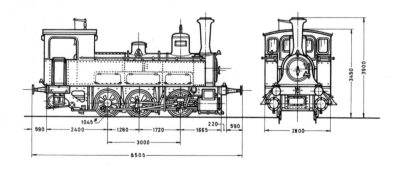

30 Klasse T 3 – Bauart Esslingen
    (langer Wasserkasten)

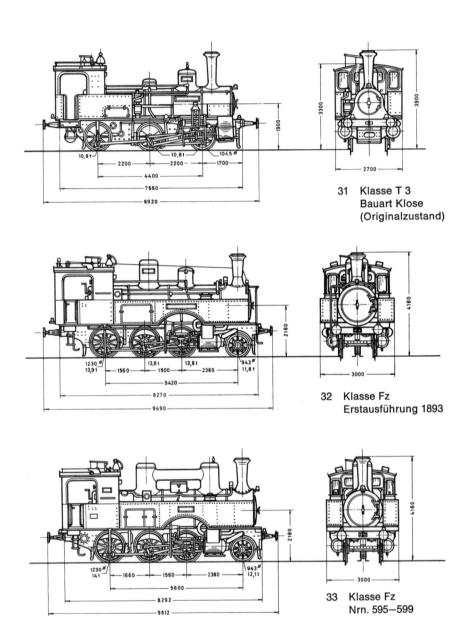

31 Klasse T 3
Bauart Klose
(Originalzustand)

32 Klasse Fz
Erstausführung 1893

33 Klasse Fz
Nrn. 595–599

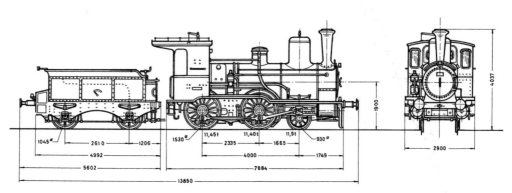

34　Klasse Ab　Tender Type XII

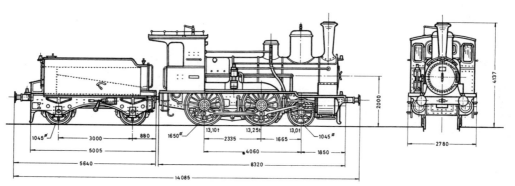

35　Klasse A (Umbau)　Tender Type XIV

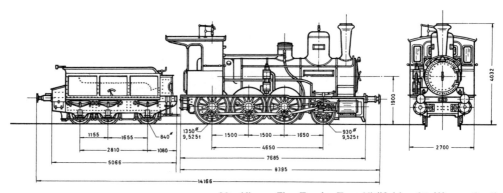

36　Klasse Fb　Tender Type VI (Kohlen 6 t, Wasser 9 m³)

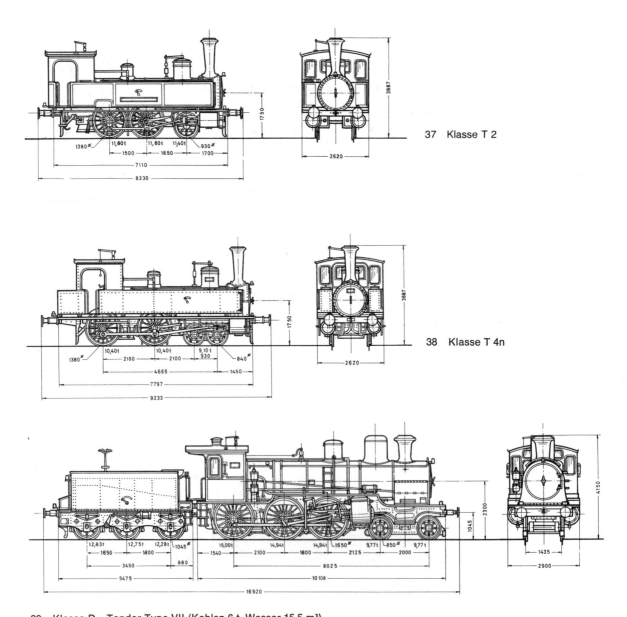

37   Klasse T 2

38   Klasse T 4n

39   Klasse D   Tender Type VII (Kohlen 6 t, Wasser 15,5 m³)

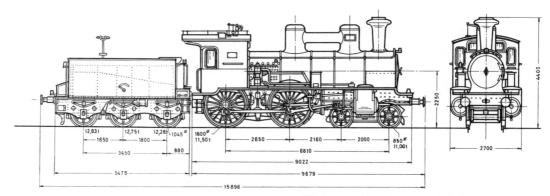

40   Klasse AD — Nrn. 441—500   Tender Type VII

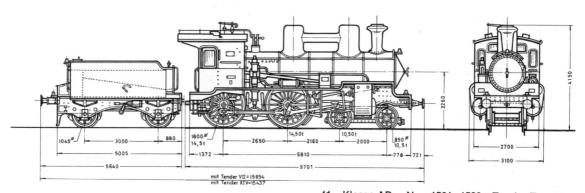

41   Klasse AD — Nrn. 1501—1538   Tender Type XIV

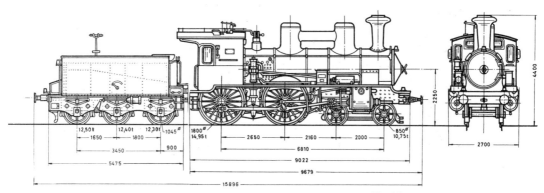

42   Klasse ADh   Tender Type VII

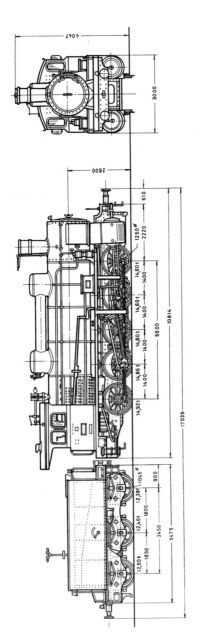

43 Klasse H Tender Type VIIh

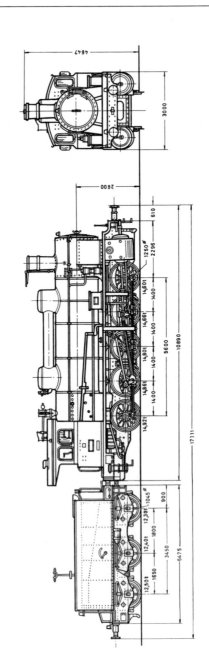

44 Klasse Hh Tender Type VIIh

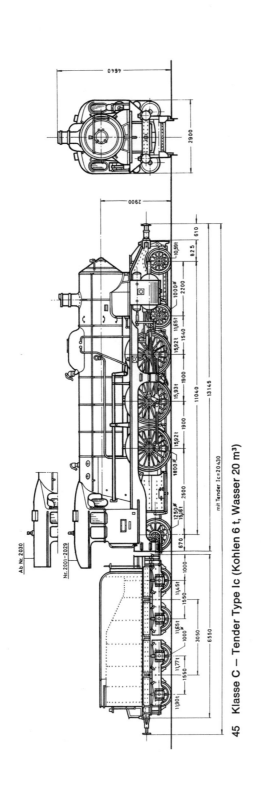

45   Klasse C – Tender Type Ic (Kohlen 6 t, Wasser 20 m³)

46   Klasse K   Tender Type II (Kohlen 9 t, Wasser 30 m³)

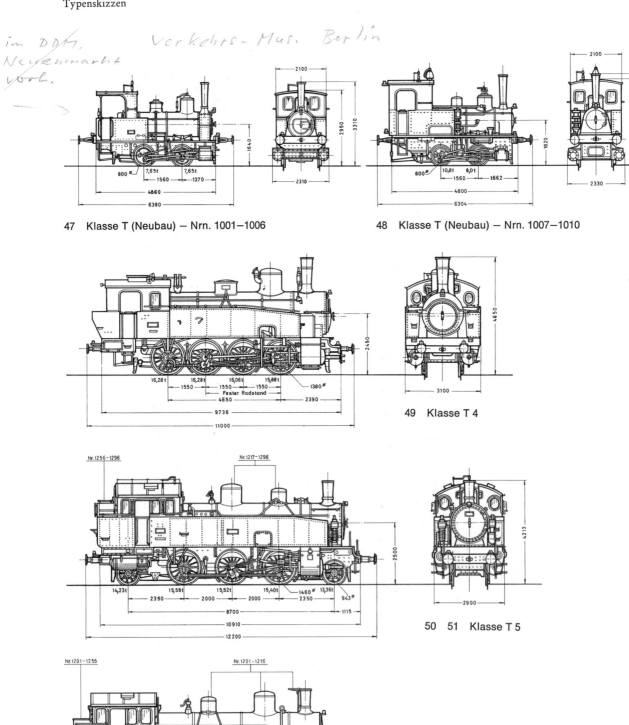

im DDM,
Neuenmarkt
vorh.

Verkehrs-Mus. Berlin

47 Klasse T (Neubau) – Nrn. 1001–1006

48 Klasse T (Neubau) – Nrn. 1007–1010

49 Klasse T 4

50 51 Klasse T 5

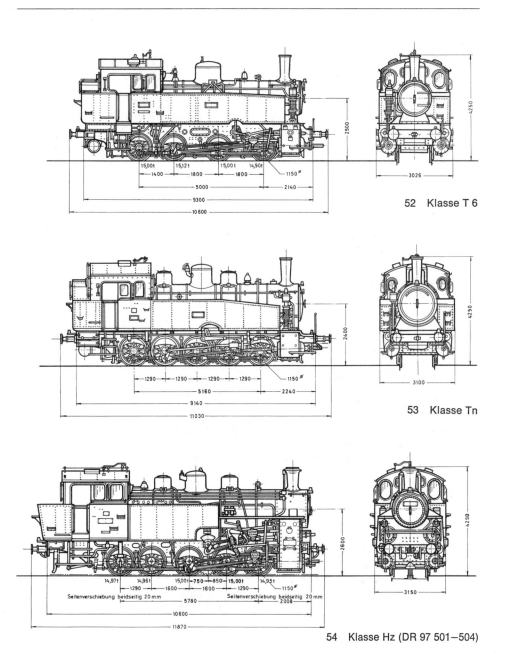

52 Klasse T 6

53 Klasse Tn

54 Klasse Hz (DR 97 501—504)

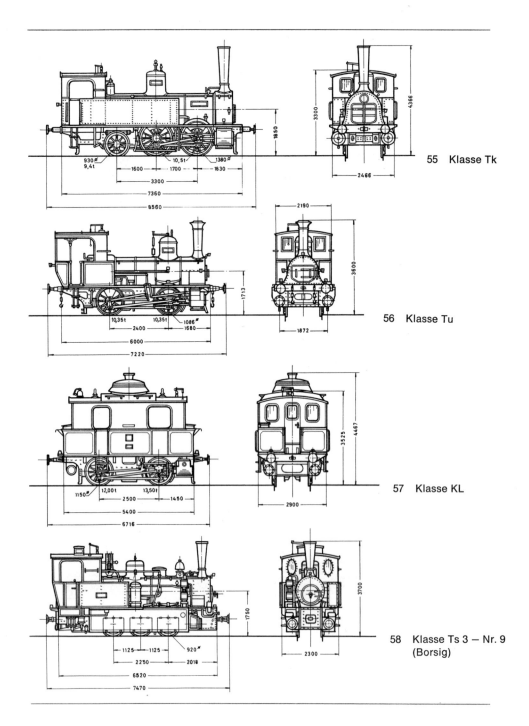

55 Klasse Tk

56 Klasse Tu

57 Klasse KL

58 Klasse Ts 3 — Nr. 9
    (Borsig)

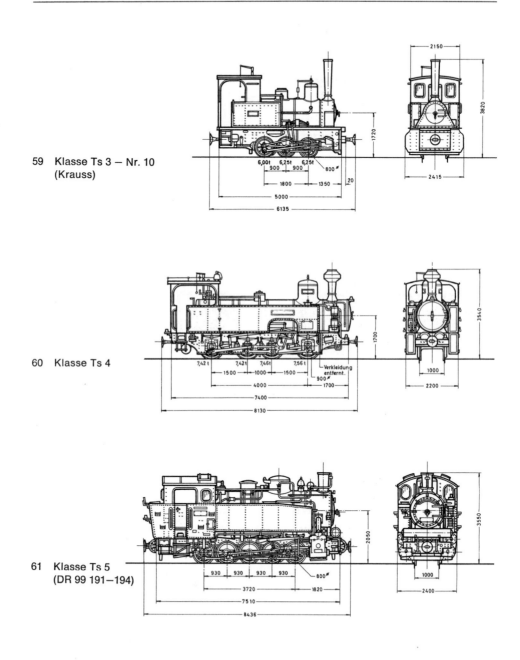

59   Klasse Ts 3 — Nr. 10
     (Krauss)

60   Klasse Ts 4

61   Klasse Ts 5
     (DR 99 191—194)

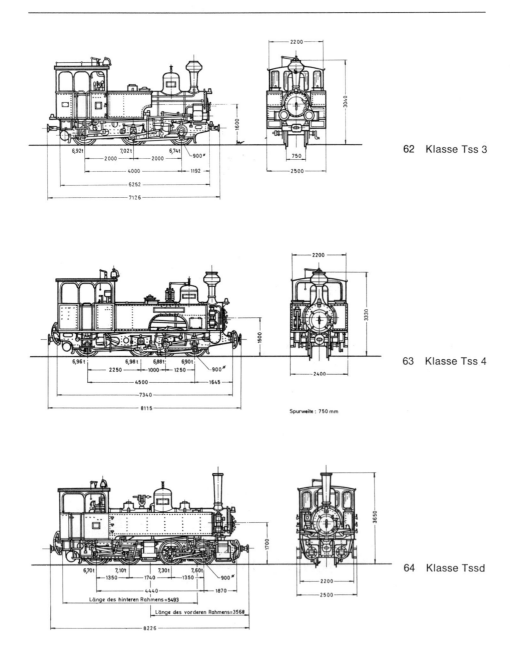

62   Klasse Tss 3

63   Klasse Tss 4

Spurweite : 750 mm

64   Klasse Tssd

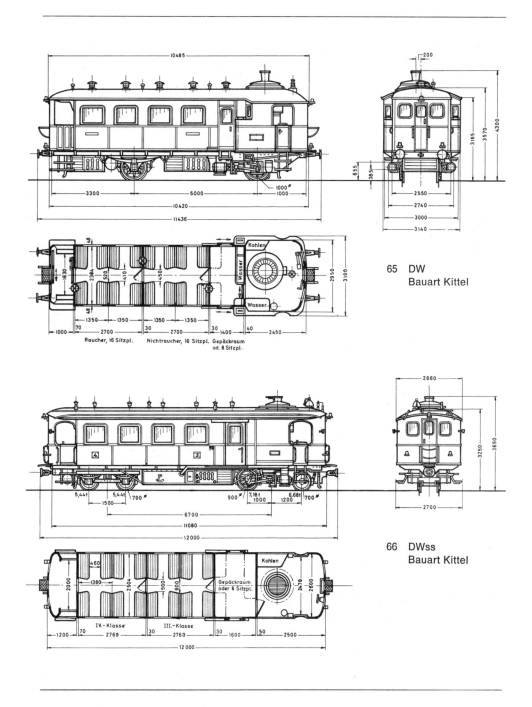

65 DW
Bauart Kittel

66 DWss
Bauart Kittel

2. Wagen

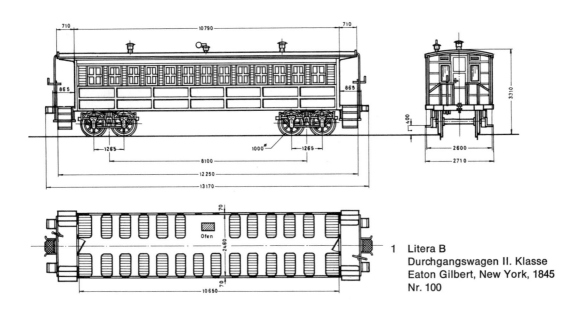

1 Litera B
Durchgangswagen II. Klasse
Eaton Gilbert, New York, 1845
Nr. 100

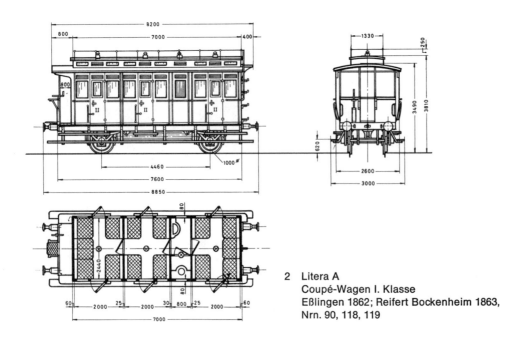

2 Litera A
Coupé-Wagen I. Klasse
Eßlingen 1862; Reifert Bockenheim 1863,
Nrn. 90, 118, 119

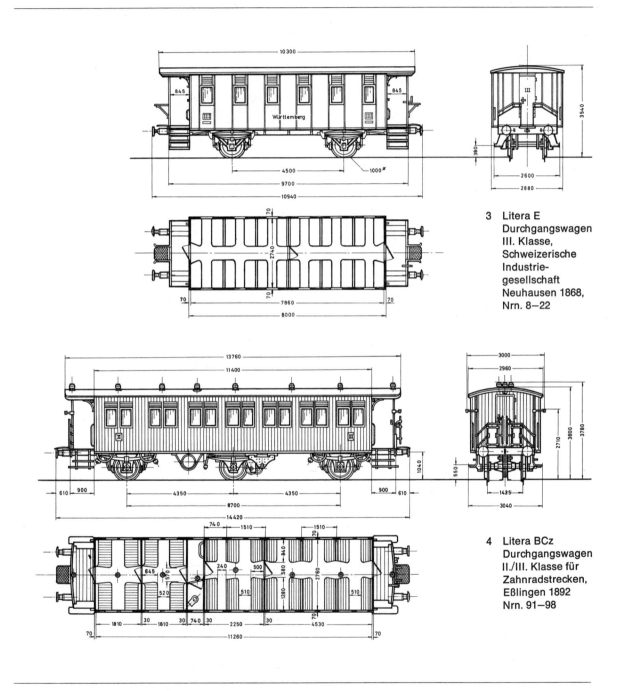

3 Litera E
Durchgangswagen
III. Klasse,
Schweizerische
Industrie-
gesellschaft
Neuhausen 1868,
Nrn. 8–22

4 Litera BCz
Durchgangswagen
II./III. Klasse für
Zahnradstrecken,
Eßlingen 1892
Nrn. 91–98

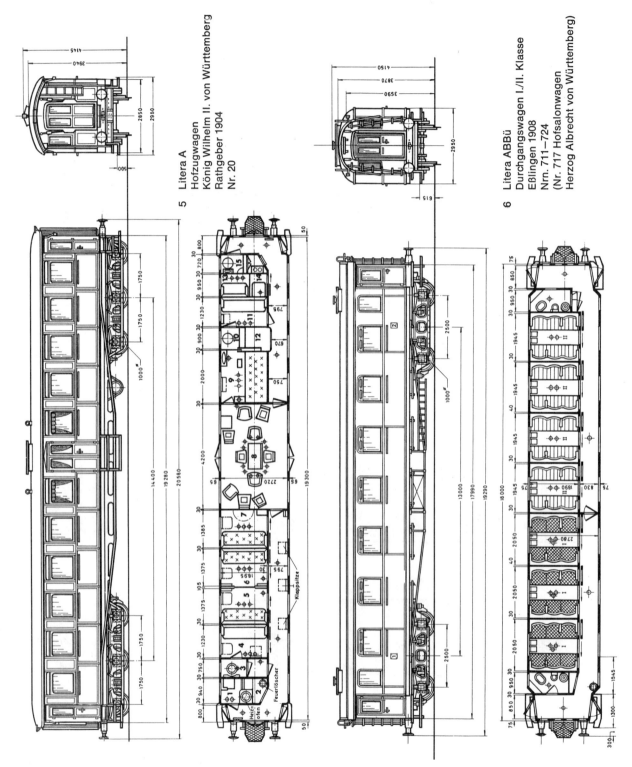

5 Litera A
Hofzugwagen
König Wilhelm II. von Württemberg
Rathgeber 1904
Nr. 20

6 Litera ABBü
Durchgangswagen I./II. Klasse
Eßlingen 1908
Nrn. 711–724
(Nr. 717 Hofsalonwagen
Herzog Albrecht von Württemberg)

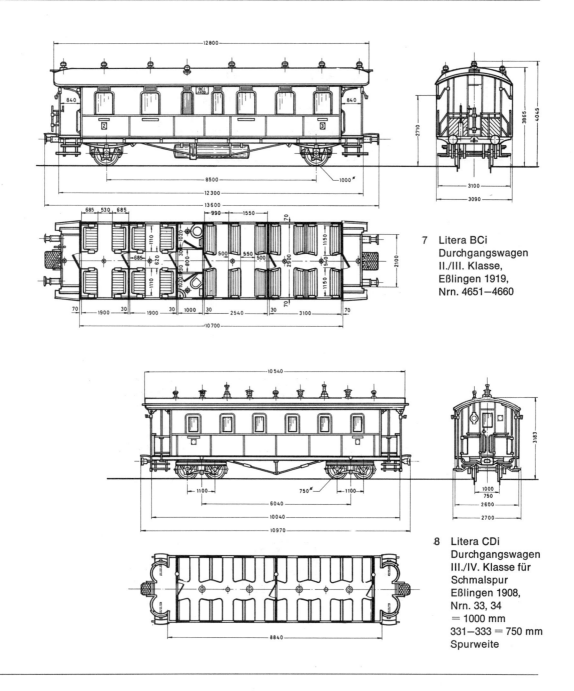

7 Litera BCi
Durchgangswagen
II./III. Klasse,
Eßlingen 1919,
Nrn. 4651—4660

8 Litera CDi
Durchgangswagen
III./IV. Klasse für
Schmalspur
Eßlingen 1908,
Nrn. 33, 34
= 1000 mm
331—333 = 750 mm
Spurweite

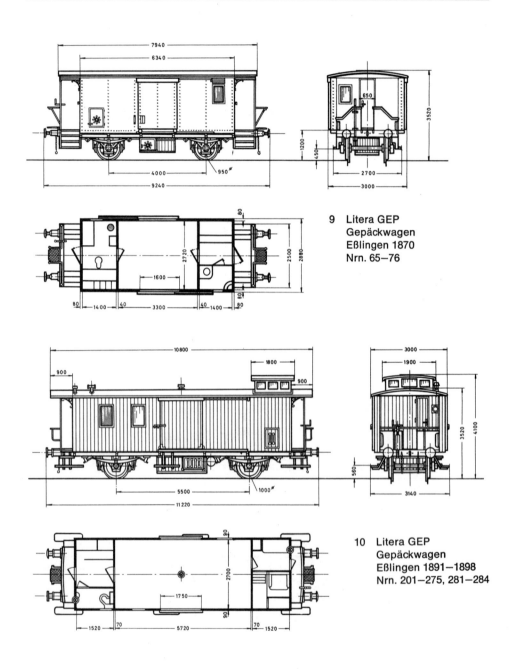

9 Litera GEP
Gepäckwagen
Eßlingen 1870
Nrn. 65—76

10 Litera GEP
Gepäckwagen
Eßlingen 1891—1898
Nrn. 201—275, 281—284

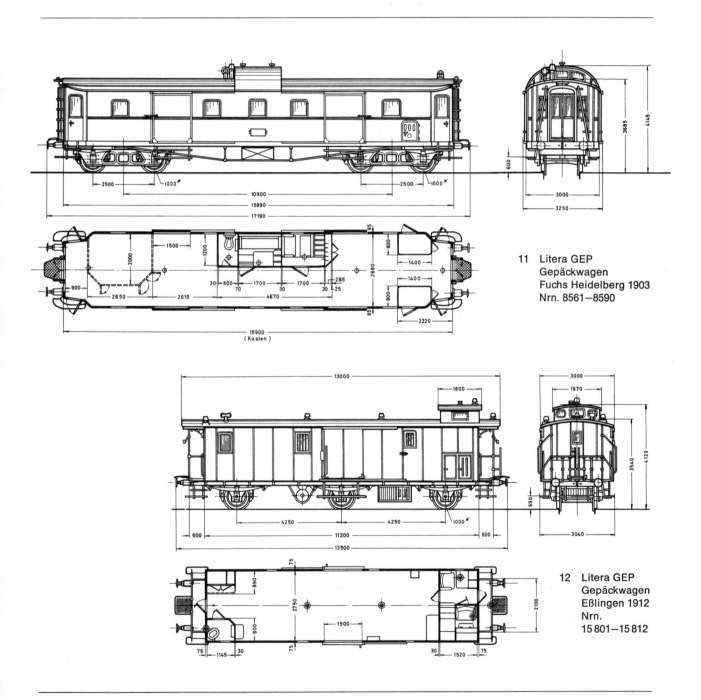

11 Litera GEP
    Gepäckwagen
    Fuchs Heidelberg 1903
    Nrn. 8561–8590

12 Litera GEP
    Gepäckwagen
    Eßlingen 1912
    Nrn.
    15 801–15 812

297

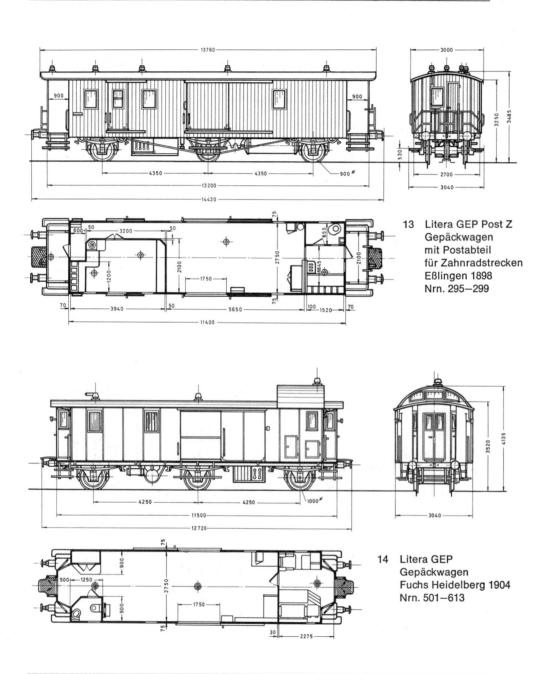

13 Litera GEP Post Z
    Gepäckwagen
    mit Postabteil
    für Zahnradstrecken
    Eßlingen 1898
    Nrn. 295–299

14 Litera GEP
    Gepäckwagen
    Fuchs Heidelberg 1904
    Nrn. 501–613

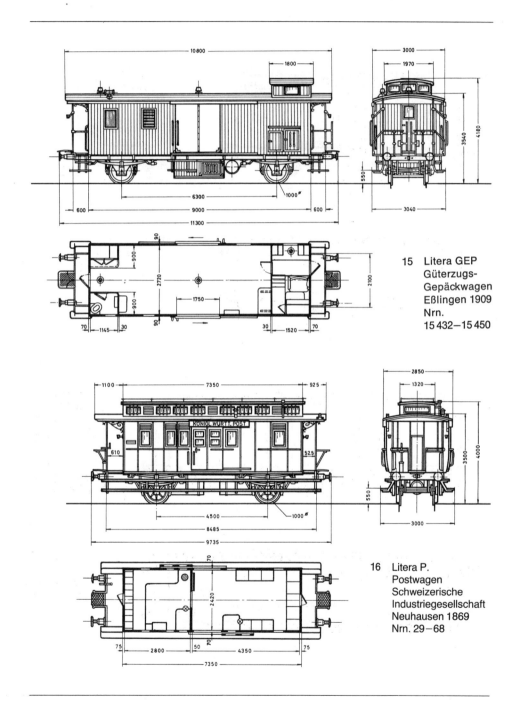

15 Litera GEP
Güterzugs-
Gepäckwagen
Eßlingen 1909
Nrn.
15 432—15 450

16 Litera P.
Postwagen
Schweizerische
Industriegesellschaft
Neuhausen 1869
Nrn. 29—68

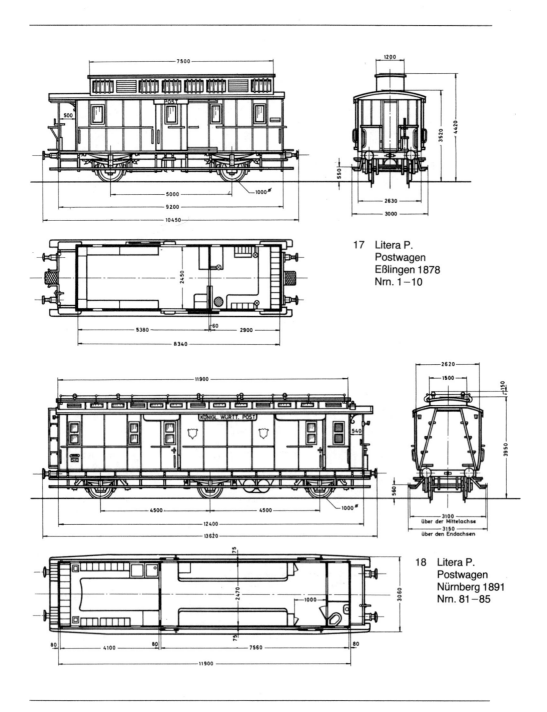

17 Litera P.
Postwagen
Eßlingen 1878
Nrn. 1–10

18 Litera P.
Postwagen
Nürnberg 1891
Nrn. 81–85

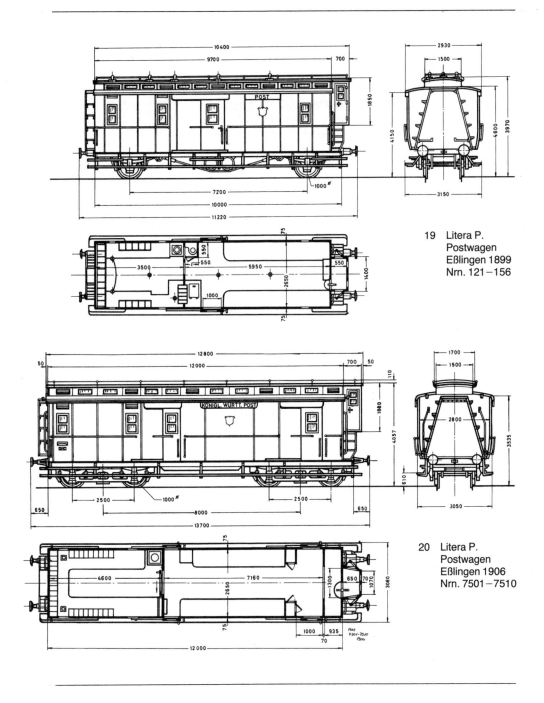

19 Litera P.
Postwagen
Eßlingen 1899
Nrn. 121–156

20 Litera P.
Postwagen
Eßlingen 1906
Nrn. 7501–7510

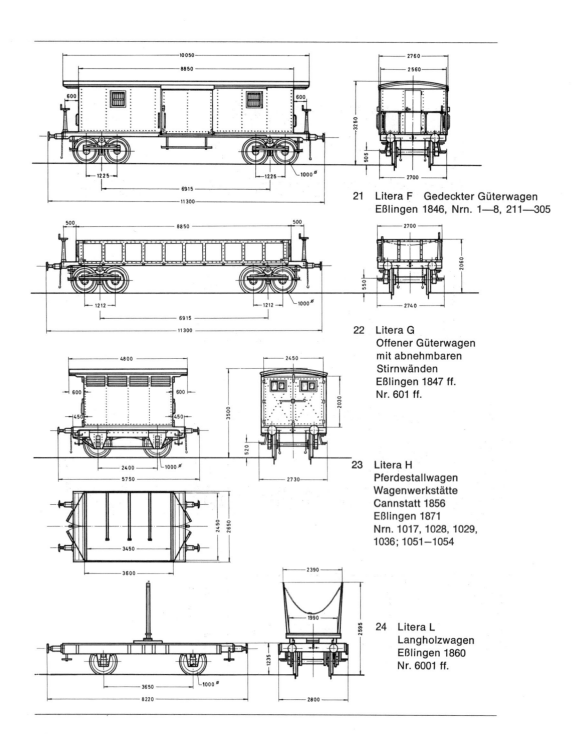

21 Litera F Gedeckter Güterwagen
Eßlingen 1846, Nrn. 1—8, 211—305

22 Litera G
Offener Güterwagen
mit abnehmbaren
Stirnwänden
Eßlingen 1847 ff.
Nr. 601 ff.

23 Litera H
Pferdestallwagen
Wagenwerkstätte
Cannstatt 1856
Eßlingen 1871
Nrn. 1017, 1028, 1029,
1036; 1051—1054

24 Litera L
Langholzwagen
Eßlingen 1860
Nr. 6001 ff.

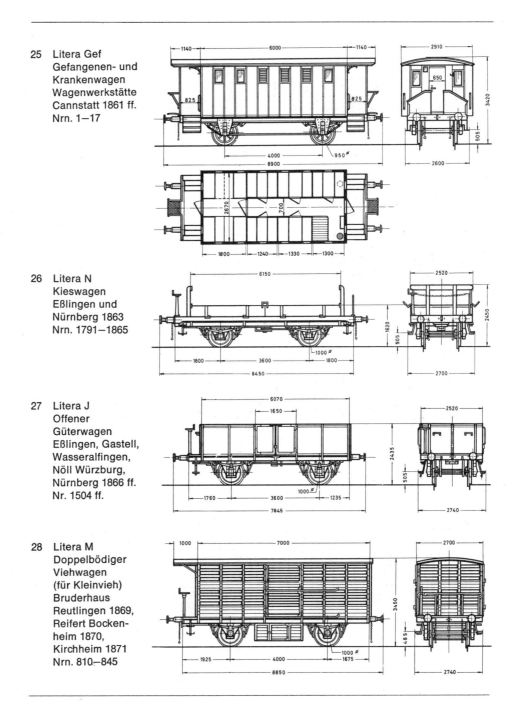

25 Litera Gef
    Gefangenen- und
    Krankenwagen
    Wagenwerkstätte
    Cannstatt 1861 ff.
    Nrn. 1–17

26 Litera N
    Kieswagen
    Eßlingen und
    Nürnberg 1863
    Nrn. 1791–1865

27 Litera J
    Offener
    Güterwagen
    Eßlingen, Gastell,
    Wasseralfingen,
    Nöll Würzburg,
    Nürnberg 1866 ff.
    Nr. 1504 ff.

28 Litera M
    Doppelbödiger
    Viehwagen
    (für Kleinvieh)
    Bruderhaus
    Reutlingen 1869,
    Reifert Bocken-
    heim 1870,
    Kirchheim 1871
    Nrn. 810–845

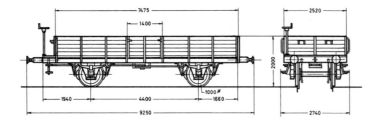

29 Litera O
Offener Güterwagen
Waggonfabrik Ludwigshafen 1873
Nrn. 5501—5550

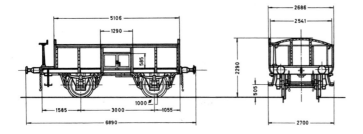

30 Litera K
Eiserner Kohlenwagen
Traub Dettingen; Nürnberg 1871
Nrn. 5001—5050; 5051—5096

31 Litera S
Plattformwagen mit hölzernen
Rungen, Stirn- und Seitenwände
abnehmbar, Eßlingen 1886,
Nrn. 5701—5718

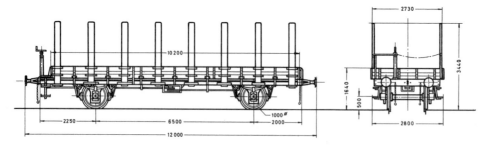

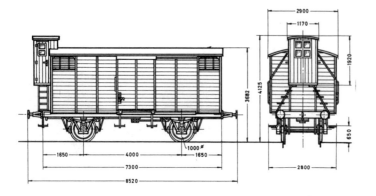

32 Litera H
Gedeckter Güterwagen mit
bedecktem Bremsersitz,
Rathgeber, Schmieder
& Mayer, Ver. Königs- und
Laurahütte, la Métallurgique
Bruxelles, Fuchs Heidelberg
1889 ff., Nrn. 17 251—17 366,
17 401—17 600

33 Litera O
Offener Güter-
wagen mit
bedecktem
Bremsersitz
Eßlingen, Gastell,
Waggonfabrik
Ludwigshafen,
Waggonfabrik
Rastatt, Baume et
Marpent Haine-
St. Pierre 1889 ff.
Nrn. 28 111—28 173,
28 180—28 183,
29 001—29 062,
29 501—29 696,
29 963—30 122

34 Litera Gas
Gaswagen
Fuchs Heidelberg
und Wagenwerk-
stätte Cannstatt
1896
Nrn. 1, 2
(Umbau auf J 1695
und J 1710)

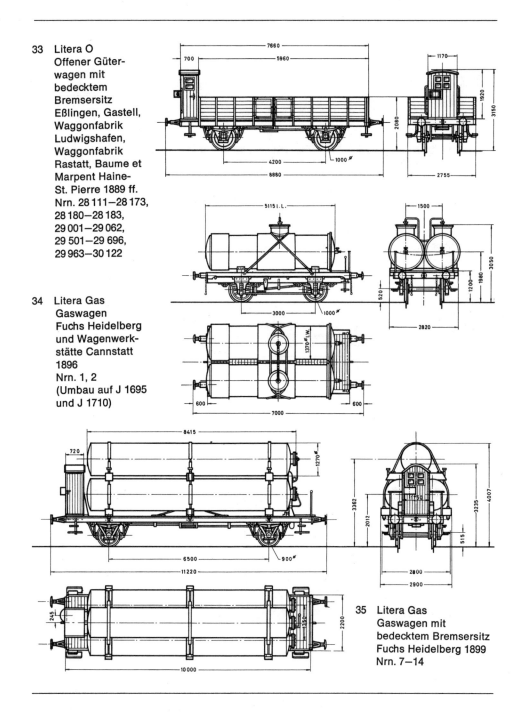

35 Litera Gas
Gaswagen mit
bedecktem Bremsersitz
Fuchs Heidelberg 1899
Nrn. 7—14

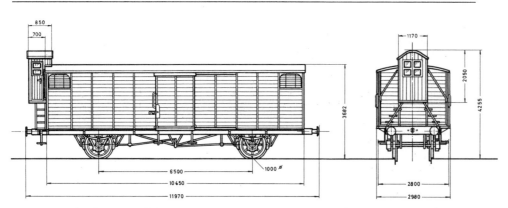

36   Litera HS   Gedeckter Güterwagen mit bedecktem Bremsersitz, Eßlingen, Fuchs Heidelberg,
Rathgeber, Nürnberg 1894 ff., Nrn. 19 001–19 080

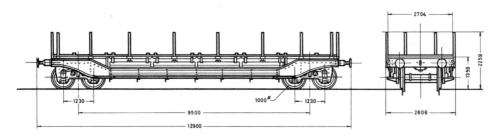

37   Litera SS   Plattformwagen, Eßlingen 1890, Nrn. 5991–5995 (5993 und 5994 mit Verladegleis
für 1000 mm Spurweite)

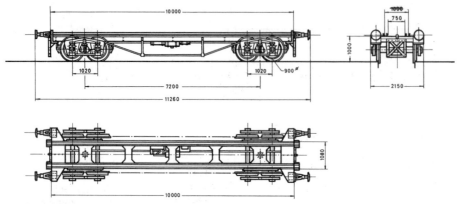

38   Litera SSS   Transporteur für Schmalspurfahrzeuge 1000 mm/750 mm, Eßlingen 1895,
Nr. 5999

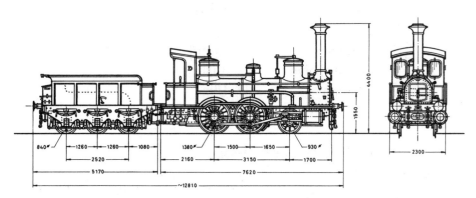

15 a   Klasse D (Umbau), Tender Type III

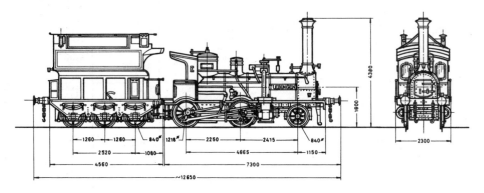

15 b   Klasse E (Umbau), Torftender Type III+

K.W.St.E.

Organisationsübersicht Stand 1914

I. Eisenbahn-Betriebsinspektionen

1. Aalen
2. Calw
3. Crailsheim
4. Friedrichshafen
5. Heilbronn
6. Mühlacker
7. Rottweil
8. Stuttgart
9. Tübingen
10. Ulm

II. Eisenbahn-Bauinspektionen

Bezirk	Bahnmeistereien	Bezirk	Bahnmeistereien	Bezirk	Bahnmeistereien
1 Mühlacker	Besigheim Großsachsenheim Mühlacker	9 Calw	Calw Nagold Weil der Stadt	17 Aalen	Aalen Bopfingen Ellwangen Giengen an der Brenz Königsbronn Wasseralfingen
2 Ludwigsburg	Bietigheim Ludwigsburg Marbach	10 Jagstfeld	Jagstfeld Möckmühl Neckarsulm Schwaigern	18 Reutlingen	Kirchheim unter Teck Metzingen Nürtingen Reutlingen
3 Stuttgart	Feuerbach Leonberg Stuttgart Hptbhf. Stuttgart Westbhf.	11 Heilbronn	Heilbronn Hptbhf. Heilbronn Südbhf. Lauffen am Neckar Öhringen Weinsberg	19 Sulz	Horb II Oberndorf Sulz
4 Eßlingen	Cannstatt Eßlingen Göppingen Plochingen	12 Hall	Backnang Gaildorf Hall I Hall II Winnenden	20 Rottweil	Rottweil Schwenningen Spaichingen Tuttlingen
5 Geislingen	Beimerstetten Geislingen I Geislingen II Süßen	13 Crailsheim	Blaufelden Crailsheim Eckartshausen Niederstetten Weikersheim	21 Balingen	Balingen Ebingen Hechingen
6 Ulm	Biberach Erbach Langenau Ulm I Ulm II Warthausen	14 Böblingen	Böblingen Herrenberg Horb I	22 Sigmaringen	Altshausen Beuron Riedlingen Sigmaringen
7 Ravensburg	Aulendorf Friedrichshafen I Friedrichshafen II Ostrach Ravensburg	15 Freudenstadt	Alpirsbach Dornstetten Freudenstadt	23 Ehingen	Blaubeuren Ehingen Münsingen Schelklingen
8 Pforzheim	Brötzingen Hirsau Neuenbürg	16 Schorndorf	Gmünd I Gmünd II Schorndorf Waiblingen	24 Leutkirch	Kißlegg Leutkirch I Leutkirch II Waldsee

III. Maschineninspektionen

Maschinen-Inspektionen	Eisenbahn-Betriebswerkstätten	Lokomotivstationen			
		Lokomotiven + Triebwagen	nur Triebwagen	Schmalspur 1000 mm	750 mm
Heilbronn	Heilbronn	Künzelsau			Beilstein Güglingen
	Crailsheim	Aalen Langenburg			
Stuttgart	Stuttgart Nordbhf.	Eßlingen Kirchheim unter Teck Mühlacker Untertürkheim Welzheim	Böblingen		
Tübingen	Tübingen	Calw Freudenstadt Horb Reutlingen Rottweil Schramberg Tuttlingen Urach		Altensteig	
Ulm	Ulm	Aulendorf Friedrichshafen Geislingen Leutkirch Münsingen Schwendi	Kißlegg Saulgau		Buchau Ochsenhausen

IV. Eisenbahn-Werkstätteninspektionen

Werkstätten-Inspektion	besondere Aufgaben
Aalen	———
Cannstatt	ausschließlich für Wagen
Eßlingen	" " " Lokomotiven
Friedrichshafen	zugleich für technische Aufsicht der Schiffe und der Werft der Bodensee-Dampfschiffahrt
Rottweil	———

V. Eisenbahn-Telegrapheninspektion

Cannstatt

VI. Eisenbahn-Bausektionen

a) Eisenbahn-Bausektionen

1. Biberach an der Riß
2. Böblingen
3. Cannstatt
4. Eßlingen
5. Göppingen
6. Horb
7. Knittlingen
8. Künzelsau
9. Ludwigsburg
10. Pforzheim
11. Rottweil
12. Schorndorf
13. Spaichingen
14. Stuttgart
15. Tübingen
16. Ulm

b) Eisenbahn-Hochbausektionen

1. Cannstatt
2. Stuttgart I
3. Stuttgart II
4. Ulm

c) Eisenbahnbauamt

für das neue Gebäude der Generaldirektion in Stuttgart

Personenregister

Fotonachweis

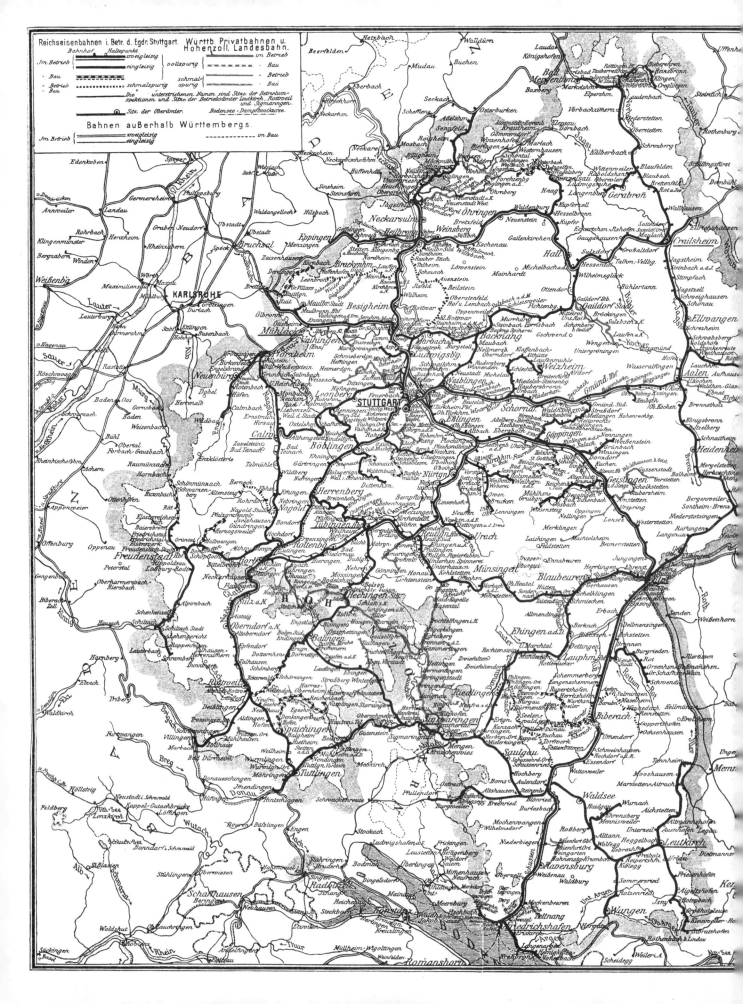